AF392708

HISTOIRE

DU

CONSULAT

ET DE

L'EMPIRE

TOME XVI

PARIS. IMPRIMÉ PAR HENRI PLON, RUE GARANCIÈRE, 8.

HISTOIRE

DU

CONSULAT

ET DE

L'EMPIRE

FAISANT SUITE

A L'HISTOIRE DE LA RÉVOLUTION FRANÇAISE

PAR M. A. THIERS

TOME SEIZIÈME

PARIS

PAULIN, LIBRAIRE-ÉDITEUR

80, RUE RICHELIEU

1857

HISTOIRE

DU CONSULAT

ET

DE L'EMPIRE.

LIVRE QUARANTE-NEUVIÈME.

DRESDE ET VITTORIA.

Napoléon se hâte peu d'arriver à Dresde, afin de différer sa rencontre avec M. de Bubna. — Ses dispositions pour le campement, le bien-être et la sûreté de ses troupes pendant la durée de l'armistice. — Son retour à Dresde et son établissement dans le palais Marcolini. — A peine est-il arrivé que M. de Bubna présente une note pour déclarer que la médiation de l'Autriche étant acceptée par les puissances belligérantes, la France est priée de nommer ses plénipotentiaires, et de faire connaître ses intentions. — En réponse à cette note, Napoléon élève des difficultés de forme sur l'acceptation de la médiation, et évite de s'expliquer sur le désir exprimé par M. de Metternich de venir à Dresde. — Conduite du cabinet autrichien en recevant cette réponse. — M. de Metternich se rend auprès des souverains alliés pour convenir avec eux de tout ce qui est relatif à la médiation. — Il obtient l'acceptation formelle de cette médiation, et repart après avoir acquis la connaissance précise des intentions des alliés. — Comme l'avait prévu M. de Metternich, Napoléon en apprenant cette entrevue, veut le voir, et l'invite à se rendre à Dresde. — Arrivée de M. de Metternich dans cette ville le 25 juin. — Discussions préalables avec M. de Bassano sur la médiation, sur sa forme, sa durée, et la manière de la concilier avec le traité d'alliance. — Entrevue avec Napoléon. — Entretien orageux et célèbre. — Napoléon, regrettant les emportements imprudents auxquels il s'est livré, charge M. de Bassano de reprendre l'entretien avec M. de Metternich. — Nouvelle entrevue dans laquelle Napoléon, déployant autant de souplesse qu'il avait d'abord montré de violence, consent à la médiation, mais en arrachant à M. de Metternich une prolongation d'armistice jusqu'au 17 août, seule chose à laquelle il tint, dans l'intérêt de ses préparatifs militaires. — Acceptation formelle de la médiation autrichienne, et assignation du 5 juillet pour la réunion des plénipotentiaires à Prague. — Retour de M. de Metternich à Gitschin, auprès de l'empereur François. — La nécessité de s'entendre avec la Prusse et la Russie sur la prolongation de l'armistice et sur l'envoi des plénipotentiaires à Prague entraîne un nouveau délai, d'abord jusqu'au 8, puis jusqu'au 12 juillet. — Napoléon, auquel ces délais convenaient, s'en réjouit en affectant de s'en plaindre, et en fait naître de nouveaux en partant lui-même pour Magdebourg. — Son départ le 10 juillet. — Il apprend en route les événements d'Espagne. — Ce qui s'était passé dans ce pays depuis que les Anglais avaient été expulsés de la Castille, et que les armées du centre, d'Andalousie et de Portugal avaient été réunies. — Projets de lord Wellington pour la campagne de 1813. — Il se propose de marcher sur la Vieille-Castille avec 70 mille Anglo-Portugais et 30 mille Espagnols. — Projets des Français. — Possibilité en opérant bien de tenir tête aux Anglais, et de les rejeter même en Portugal. — Nouveaux conflits entre l'autorité de Paris et celle de Madrid, et fâcheuses instructions qui en sont la suite. — Il résulte de ces instructions et de la lenteur de Joseph à évacuer Madrid une nouvelle dispersion des forces françaises. — Reprise des opérations en mai 1813. — Quatre divisions de l'armée de Portugal ayant été envoyées au général Clausel dans le nord de la Péninsule, Joseph, qui aurait pu réunir 76 mille hommes contre lord Wellington, n'en a que 52 mille à lui opposer. — Retraite sur Valladolid et Burgos. — Le manque de vivres précipite notre marche rétrograde. — Deux opinions dans l'armée, l'une consistant à se retirer sur la Navarre afin d'être plus sûr de rejoindre le général Clausel, l'autre consistant à se tenir toujours sur la grande route de Bayonne afin de couvrir la frontière de France. — Les ordres réitérés de Paris font incliner Joseph et Jourdan vers cette dernière opinion. — Nombreux avis expédiés au général Clausel pour l'engager à se réunir à l'armée entre Burgos et Vittoria. — Retraite sur Miranda del Ebro et sur Vittoria. — Espérance d'y rallier le général Clausel. — Malheureuse inaction de Joseph et de Jourdan dans les journées du 19 et du 20 juin. — Funeste bataille de Vittoria le 21 juin, et ruine complète des affaires des Français en Espagne. — A qui peut-on imputer ces déplorables événements? — Irritation violente de Napoléon contre son frère Joseph, et ordre de le faire arrêter s'il vient à Paris. — Envoi du maréchal Soult à Bayonne pour rallier l'armée, et reprendre l'offensive. — Retour de Napoléon à Dresde, après une excursion de quelques jours à Torgau, à Wittenberg, à Magdebourg et à Leipzig. — Suite des négociations de Prague. — MM. de Humboldt et d'Anstett nommés représentants de la Prusse et de la Russie au congrès de Prague. — Ces négociateurs, rendus le 11 juillet à Prague, se plaignent amèrement de n'y pas voir arriver les plénipotentiaires

français au jour convenu. — Chagrin et doléances de M. de Metternich.
— Napoléon, revenu le 15 à Dresde, après avoir différé sous divers
prétextes la nomination des plénipotentiaires français, désigne enfin
MM. de Narbonne et de Caulaincourt. — Une fausse interprétation
donnée à la convention qui prolonge l'armistice lui fournit un nouveau prétexte pour ajourner le départ de M. de Caulaincourt. — Son
espérance en gagnant du temps est de faire remettre au 1er septembre la reprise des hostilités. — Redoublement de plaintes de la
part des plénipotentiaires, et déclaration de M. de Metternich qu'on
n'accordera pas un jour de plus au delà du 10 août pour la dénonciation de l'armistice, et du 17 pour la reprise des hostilités. — La difficulté soulevée au sujet de l'armistice étant levée, Napoléon expédie
M. de Caulaincourt avec des instructions qui soulèvent des questions
de forme presque insolubles. — Pendant ce temps il quitte Dresde le
25 juillet pour aller voir l'Impératrice à Mayence. — Finances et police de l'Empire durant la guerre de Saxe; affaires des séminaires de
Tournay et de Gand, et du jury d'Anvers. — Retour de Napoléon à
Dresde le 4 août, après avoir passé la revue des nouveaux corps qui se
rendent en Saxe. — Vaines difficultés de forme au moyen desquelles
on a même empêché la constitution du congrès de Prague. — M. de
Metternich déclare une dernière fois que si le 10 août à minuit les
bases de paix n'ont pas été posées, l'armistice sera dénoncé, et l'Autriche se réunira à la coalition. — Pensée véritable de Napoléon dans
ce moment décisif. — Ne se flattant plus d'empêcher la Russie et la
Prusse de reprendre les hostilités le 17 août, il voudrait, en ouvrant une négociation sérieuse avec l'Autriche, différer l'entrée en
action de celle-ci. — Il entame effectivement avec l'Autriche une négociation secrète qui doit être conduite par M. de Caulaincourt et
ignorée de M. de Narbonne. — Ouverture de M. de Caulaincourt à
M. de Metternich le 6 août, quatre jours avant l'expiration de l'armistice. — Surprise de M. de Metternich. — Sa réponse sous quarante-
huit heures, et déclaration authentique des intentions de l'Autriche,
donnée au nom de l'empereur François. — Avantages tout à fait
inespérés offerts à Napoléon. — Nobles efforts de M. de Caulaincourt pour décider Napoléon à accepter la paix qu'on lui offre. —
Contre-proposition de celui-ci, envoyée seulement le 10, et jugée
inacceptable par l'Autriche. — Le 10 août s'étant passé sans l'adoption des bases proposées, l'Autriche déclare le congrès de Prague
dissous avant qu'il ait été ouvert, et proclame son adhésion à la
coalition. — Napoléon, éprouvant un moment de regret, ordonne,
mais inutilement, à M. de Caulaincourt de prolonger son séjour à
Prague. — L'empereur de Russie ayant précédé le roi de Prusse en
Bohême, et ayant conféré avec l'empereur François, déclare, au nom
des souverains alliés, les dernières propositions de Napoléon inacceptables. — Retour et noble affliction de M. de Caulaincourt. — Départ de Napoléon de Dresde le 16 août. — Sa confiance et ses projets.
— Profondeur de ses conceptions pour la seconde partie de la campagne de 1813. — Il prend le cours de l'Elbe pour ligne de défense,
et se propose de manœuvrer concentriquement autour de Dresde, afin

En signant l'armistice de Pleiswitz, Napoléon n'avait d'autre intention que de gagner deux mois pour compléter ses armements, et les proportionner aux forces des nouveaux ennemis qu'il allait s'attirer, mais il n'avait pas eu un moment la pensée de la paix, ne voulant à aucun prix la conclure aux conditions que l'Autriche prétendait y mettre. Ces conditions révélées tant de fois depuis quatre mois, tantôt par de simples insinuations, tantôt par les déclarations récentes et formelles de M. de Bubna, étaient, comme on l'a vu, les suivantes : Dissolution du grand-duché de Varsovie; reconstitution de la Prusse au moyen d'une partie considérable de ce grand-duché, et de quelques portions des provinces anséatiques; restitution à l'Allemagne des villes li-

bres de Lubeck, de Brême, de Hambourg; abolition
de la Confédération du Rhin; rétrocession à l'Autriche de l'Illyrie et des portions de la Pologne qui lui
avaient jadis appartenu. Quoique cette paix continentale, prélude assuré de la paix maritime, laissât
à la France, indépendamment de la Belgique et des
provinces rhénanes, la Hollande, le Piémont, la
Toscane, l'État romain, maintenus en départements
français, la Westphalie, la Lombardie, Naples, cons-
titués en royaumes vassaux, Napoléon la repoussait
absolument, non à cause des pertes de territoire qui
étaient presque nulles, mais comme une atteinte à
sa gloire, et lui préférait sans hésiter la guerre avec
l'Europe entière. C'était sans doute une insigne témérité pour lui-même, une cruauté pour tant de
victimes destinées à périr sur les champs de bataille, une sorte d'attentat envers la France, exposée à tant de dangers uniquement pour l'orgueil de
son chef, mais enfin c'était une résolution à peu près
prise, et dans laquelle il y avait fort peu de chance
de l'ébranler. Il eût fallu autour de lui de meilleurs
conseillers, et surtout de plus autorisés, pour le
faire revenir de cette détermination fatale. Pourtant, bien que tout à fait résolu (ce qui résulte d'une
manière incontestable de ses ordres, de ses communications diplomatiques, et de quelques aveux
inévitables faits à ses coopérateurs les plus in-
times), il ne pouvait lui convenir de laisser apercevoir sa véritable pensée, ni aux puissances avec
lesquelles il avait à traiter, ni à la plupart des
agents de son gouvernement, du zèle desquels il
avait grand besoin. En effet, connue de l'Autriche,

Juin 1813.

Sa pensée
est
de continuer
la guerre,
et de prendre
seulement
le temps
d'achever ses
préparatifs.

Soin
de Napoléon
à cacher
ses desseins,
afin de ne pas
exciter de trop
graves mécon-
tentements
dans le public
et
dans l'armée.

Juin 1813.

la pensée de Napoléon aurait définitivement décidé cette puissance contre nous, accéléré ses armements déjà bien assez actifs, répandu le désespoir parmi nos alliés déjà bien assez dégoûtés de notre alliance, rendu impossible une prolongation d'armistice à laquelle Napoléon tenait essentiellement, et qu'il ne désespérait pas d'obtenir en traînant les négociations en longueur. Avouée aux hommes qui composaient son gouvernement, sa résolution de ne pas accepter la paix se serait bientôt répandue dans le public, aurait augmenté l'aversion qu'inspirait sa politique, étendu cette aversion à sa personne et à sa dynastie, rendu les levées d'hommes plus difficiles, et irrité, découragé l'armée, qui ne voyant plus de terme à l'effusion de son sang, serait devenue plus hardie et plus sévère dans son langage. Il semblait effectivement que l'opposition, comprimée partout, se fût réfugiée dans les camps, et que nos militaires de tout grade, pour prix des sacrifices qu'on exigeait d'eux, voulussent exercer la liberté inaliénable de l'esprit français. Après s'être précipités le matin au milieu des dangers, ils déploraient le soir dans les bivouacs l'obstination fatale qui faisait couler tant de sang pour une politique qu'ils commençaient à ne plus comprendre. Ils avaient bien admis qu'après Moscou et la Bérézina il fallût une revanche éclatante aux armes françaises; mais après Lutzen, après Bautzen, le prestige de nos armes étant rétabli, ils auraient été révoltés, et peut-être glacés dans leur zèle, s'ils avaient appris que Napoléon pouvant conserver la Belgique, les provinces rhénanes, la Hollande, le Piémont, la Toscane, Naples, ne s'en contentait pas,

et voulait encore immoler des milliers d'hommes
pour garder Lubeck, Hambourg, Brème, pour conserver le vain titre de protecteur de la Confédération
du Rhin! Par toutes ces raisons, Napoléon ne dit à
personne, excepté peut-être à M. de Bassano, sa
pensée tout entière; il n'en dit à chacun que ce que
chacun avait besoin d'en savoir pour accomplir sa
tâche particulière, réservant pour lui seul la connaissance complète de ses funestes desseins.

On vient de voir que M. de Bubna avait reparu au
quartier général avec les conditions de l'Autriche, et
que ces conditions avaient été considérablement modifiées, puisqu'en remettant à la paix maritime le sacrifice des villes anséatiques et de la Confédération du
Rhin, on avait fait tomber la seule objection qu'elles
pussent raisonnablement provoquer. Napoléon se
sentant alors serré de près, et craignant d'avoir à
se prononcer immédiatement, ce qui lui eût mis l'Autriche sur les bras avant qu'il fût en mesure de lui
résister, avait signé l'armistice si désavantageux de
Pleiswitz, non pour avoir le temps de traiter, mais
pour avoir celui d'armer. Il écrivit sous le secret au
prince Eugène et au ministre de la guerre qu'il si-
gnait cet armistice, dont il prévoyait en partie le
danger, pour avoir le temps de se préparer contre
l'Autriche, à laquelle il entendait faire la loi au lieu
de la recevoir d'elle. Il recommanda à l'un et à
l'autre de ne rien négliger pour que l'armée d'Italie
destinée à menacer l'Autriche par la Carinthie, pour
que l'armée de Mayence destinée à la menacer par la
Bavière, fussent prêtes à la fin de juillet, et d'agir
de manière que les jours *comptassent double*, car on

Juin 1843

Napoléon
dit une partie
de son secret
au prince
Eugène
et au ministre
de la guerre,
parce qu'il ne
peut pas faire
autrement.

avait à peine deux mois pour achever les armements
que les circonstances rendaient indispensables. Toutefois il n'avoua ni à l'un ni à l'autre quelle était cette
loi de l'Autriche qu'il ne voulait pas subir, il leur
laissa même croire que les exigences de cette puissance étaient exorbitantes, et ne tendaient à rien
moins qu'à ruiner la puissance de la France et à
offenser son honneur. Il écrivit au prince Cambacérès, auquel il avait remis en partant le dépôt de son
autorité, que l'armistice signé pourrait sans doute
conduire à la paix, qu'il *ne fallait pas toutefois que
ce fût une raison de ralentir les préparatifs de guerre,
mais au contraire une raison de les redoubler, car ce
n'était qu'autant qu'on verrait que nous étions formi-
dables sur tous les points, que la paix pourrait être
sûre et honorable.* — Mais au prince Cambacérès pas
plus qu'aux autres, il n'osa dire ce qu'il entendait
par une paix sûre et honorable, et il se garda de lui
avouer qu'il ne considérait pas comme telle une paix
qui, indépendamment du Rhin et des Alpes, concédait directement ou indirectement à la France la
Hollande, la Westphalie, le Piémont, la Lombardie,
la Toscane, les États romains et Naples.

A M. de Bassano seul, qu'il ne pouvait pas tromper, puisque ce ministre était l'intermédiaire de
toutes les communications de la France avec les puissances européennes, et duquel il n'avait pas d'ailleurs la moindre objection à craindre, il découvrit
sa vraie pensée, en lui confiant le soin de recevoir à
sa place M. de Bubna. Il lui dit qu'il ne voulait pas
voir cet envoyé, pour n'avoir pas à se prononcer sur
les conditions de l'Autriche; il lui enjoignit de l'en-

mener à Dresde, où devait bientôt revenir le quartier général français, et de l'y retenir jusqu'à son retour, ce qui ferait gagner une dizaine de jours, et conduirait à la mi-juin avant d'avoir réuni les plénipotentiaires. En soulevant ensuite des difficultés de forme, il était possible d'atteindre le mois de juillet sans s'être prononcé sur le fond des choses. Puis en montrant au dernier moment quelque disposition à traiter, et en argumentant du peu de temps qui resterait alors, il serait encore possible de faire prolonger d'un mois la durée de l'armistice, ce qui après juin et juillet assurerait tout le mois d'août, et procurerait ainsi trois mois pour armer, trois mois dont les puissances coalisées profiteraient sans doute, mais pas autant que la France, car elles n'étaient administrées ni avec la même activité ni avec le même génie.

Ce plan arrêté, Napoléon fit partir M. de Bassano pour Dresde, en le chargeant d'annoncer sa prochaine arrivée dans cette capitale, et de lui chercher en dehors des résidences royales une habitation commode et convenable, où il fût à la fois à la ville et à la campagne, où il pût travailler en liberté, respirer un air pur, et se trouver à portée des camps d'instruction établis au bord de l'Elbe. Il ordonna d'y amener une partie de sa maison, la Comédie française elle-même, afin d'y déployer une sorte de splendeur pacifique, qui respirât la satisfaction, la confiance et le penchant au repos, penchant qui n'avait jamais moins pénétré dans son âme. *Il est bon*, écrivit-il au prince Cambacérès, *qu'on croie que nous nous amusons ici.* —

Juin 1813.

Napoléon songe à se faire accorder un mois de plus de suspension d'armes, en feignant de négocier.

Juin 1813.

Avant
de retourner
à Dresde,
Napoléon met
tous ses soins
à bien
cantonner
ses troupes.

Leur
distribution
sur la ligne
frontière
stipulée par
l'armistice.

Suivant son usage, Napoléon ne quitta point ses troupes sans avoir assuré leur entretien, leur bonne santé, et leur instruction pendant la durée de la suspension d'armes. Il s'était réservé, d'après les conditions de cet armistice, la basse Silésie, pays riche en toutes sortes de ressources tant pour la nourriture que pour le vêtement des hommes. Il y répartit ses corps d'armée, depuis les montagnes de la Bohême jusqu'à l'Oder, de la manière suivante. Il plaça Reynier à Gorlitz avec le 7ᵉ corps, Macdonald à Lowenberg avec le 11ᵉ, Lauriston à Goldberg avec le 5ᵉ, Ney à Liegnitz avec le 3ᵉ, Marmont à Buntzlau avec le 6ᵉ, Bertrand à Sprottau avec le 4ᵉ, Mortier aux environs de Glogau avec l'infanterie de la jeune garde, Victor à Crossen avec le 2ᵉ, Latour-Maubourg et Sébastiani au bord de l'Oder avec la cavalerie de réserve. Le maréchal Oudinot, avec le corps destiné à marcher sur Berlin, fut cantonné sur les limites de la Saxe et du Brandebourg, lesquelles formaient de l'Oder à l'Elbe la ligne de démarcation stipulée par l'armistice. Ces divers corps durent camper dans des villages ou des baraques, manœuvrer, se reposer et bien vivre. Ils devaient être entretenus au moyen de réquisitions sur le pays, ménagées de manière à pouvoir y subsister trois mois au moins, et à y former des approvisionnements pour l'époque du renouvellement des hostilités. Napoléon prescrivit en outre des levées de draps et de toiles dans la partie de la Silésie qui lui était restée, et qui les produisait en abondance, afin de réparer le vêtement déjà usé de ses soldats. La Silésie devant, dans tous les cas, revenir à la Prusse, puisque l'Autriche n'en voulait pas, il n'avait à la ménager que pour en faire durer les ressources aussi longtemps que ses besoins.

De toutes ses places sur l'Oder et la Vistule, celle de Glogau ayant eu seule l'avantage d'être débloquée, il en renouvela la garnison et les approvisionnements, et ordonna d'en perfectionner les moyens de défense. Il expédia des officiers à Custrin, Stettin, Dantzig, pour apprendre à ces garnisons les derniers triomphes de nos armes, pour leur porter des récompenses, et veiller à ce que les vivres consommés chaque jour fussent remplacés immédiatement par des quantités égales, conformément aux conditions expresses de l'armistice. Il avait été convenu par l'une des stipulations de l'armistice que l'importante place de Hambourg dépendrait du sort des armes, et resterait à ceux qui l'occuperaient le 8 juin au soir. Elle était rentrée dans nos mains le 29 mai, par l'arrivée du général Vandamme à la tête de deux divisions, et serait redevenue plus tôt notre propriété sans l'intervention singulière et un moment inexplicable du Danemark dans cette occasion. Jusque-là le Danemark nous avait été fidèle, et il nous le devait, puisque c'était pour lui conserver la Norvége que nous avions la guerre avec la Suède. A la suite de notre désastre de Moscou, il avait été vivement sollicité par la Russie et l'Angleterre d'abandonner la Norvége à la Suède, avec promesse de l'indemniser aux dépens de la France s'il cédait, et avec menace, s'il résistait, d'abattre la monarchie danoise. A ces sollicitations menaçantes de la Russie et de l'Angleterre, s'étaient

Juin 1813.

Ce qui s'était passé à Hambourg pendant les derniers événements.

Attitude équivoque du Danemark.

jointes les instances plus douces de l'Autriche, invitant le Danemark à s'unir à elle, et lui promettant la conservation de la Norvége, s'il adhérait à sa politique médiatrice. Au milieu de ce conflit de suggestions de tout genre, le Danemark craignant que la France ne fût plus en mesure de le soutenir, avait loyalement demandé à Napoléon l'autorisation de traiter pour son compte, afin d'échapper aux périls qui le menaçaient, et Napoléon touché de sa franchise y avait généreusement consenti. Il lui avait même renvoyé les matelots danois qui servaient sur notre flotte, pour que sa situation s'approchât davantage de la neutralité. L'espérance du Danemark avait été en se remettant en paix avec l'Angleterre par l'intermédiaire de la Russie, et en restant neutre ensuite avec tout le monde, de s'assurer la conservation de la Norvége. Bientôt on lui avait signifié que

non-seulement il fallait qu'il nous déclarât la guerre, ce qui coûtait fort à sa loyauté, mais qu'il fallait en outre qu'il renonçât à la Norvége, sauf une indemnité éventuelle, de manière que la défection envers nous ne l'aurait pas même sauvé de la spolia-

tion. Révolté de ces exigences, le Danemark nous était enfin revenu, et l'une de ses divisions, qui s'était tenue aux portes de Hambourg dans une attitude équivoque, et presque inquiétante, nous avait tendu la main, au lieu de nous menacer. Vandamme

alors que rien ne retenait, avait expulsé le rassemblement de Tettenborn, composé de Cosaques, de Prussiens, de Mecklembourgeois, de soldats des villes anséatiques, et avait arboré de nouveau les aigles françaises sur tout le cours de l'Elbe inférieur. Napoléon avait sur-le-champ expédié au maréchal Davout l'ordre de s'établir fortement dans Hambourg, Brème et Lubeck, lui avait réitéré l'injonction de punir sévèrement la révolte de ces villes, d'en tirer les ressources nécessaires pour l'armée, et de créer sur le bas Elbe un vaste établissement militaire qui complétât les défenses de ce grand fleuve, où nous allions avoir Kœnigstein, Dresde, Torgau, Wittenberg, Magdebourg et Hambourg. Cette ligne si importante, objet de si vifs débats dans la négociation de l'armistice, nous était donc assurée, indépendamment de celle de l'Oder, dont nous avions la partie la plus essentielle, celle qui faisait face à Dresde. Quelques troupes de partisans, il est vrai, avaient passé la ligne de l'Elbe, et parcouraient en ce moment la Westphalie, la Hesse, la Saxe, répandant partout la terreur des Cosaques, devenue presque superstitieuse. Napoléon forma sur ses derrières un corps d'infanterie et de cavalerie pour les poursuivre à outrance, et sabrer sans pitié ceux qu'on prendrait en deçà de l'Elbe. Le duc de Padoue destiné, comme on l'a dit, à commander un troisième corps de cavalerie, lorsque les deux premiers, ceux de Latour-Maubourg et de Sébastiani, seraient complétés, se trouvait alors à Leipzig avec le noyau de son corps. Il comptait environ trois mille cavaliers et quelques pièces d'artillerie attelée. Napoléon lui adjoignit la division polonaise Dombrowski, la division Teste (quatrième de Marmont), laissée en arrière pour achever son organisation, une seconde division wurtembergeoise récemment arrivée, quelques bataillons de garnison de Magdebourg, ce qui

Juin 1813.

Renouvellement
des ordres
sévères
de Napoléon.

Corps
de cavalerie
et d'infanterie
confié au duc
de Padoue
pour purger
la rive gauche
de l'Elbe
de la présence
des
Cosaques.

formait un rassemblement de 8 mille cavaliers et de 12 mille fantassins. Il lui prescrivit de s'occuper uniquement de la police du pays compris entre l'Elbe et le Rhin, de le pacifier, de le purger de coureurs, et s'il en surprenait quelques-uns postérieurement au 8 juin, terme extrême assigné aux hostilités, de les traiter comme des bandits, et tout au moins de les faire prisonniers, afin de s'emparer de leurs chevaux qui étaient excellents.

Retour de Napoléon à Dresde.

Ces premiers soins donnés à l'exécution de l'armistice et au bien-être des troupes pendant la suspension d'armes, Napoléon s'achemina vers Dresde, où il avait le projet de passer tout le temps des prochaines négociations, et rétrograda vers l'Elbe avec la cavalerie et l'infanterie de la vieille garde, marchant lui-même au pas de ses troupes par journées d'étapes. Il ne fut de retour à Dresde que le 10 juin, ce qui convenait à son calcul de se trouver le plus tard possible en présence de M. de Bubna. Le roi de Saxe vint à sa rencontre, et les habitants de Dresde eux-mêmes, voyant avec plaisir la guerre écartée de leurs foyers, et leur roi honoré, lui firent un accueil auquel on n'aurait pas dû s'attendre de la part d'une population allemande.

Son établissement au palais Marcolini, et sa manière d'y vivre.

Napoléon descendit au palais Marcolini, dont M. de Bassano avait fait choix pour lui. Ce palais, entouré d'un vaste et beau jardin, était situé dans le faubourg de Friedrichstadt, tout près de la prairie de l'Osterwise, où des troupes nombreuses pouvaient manœuvrer au bord de l'Elbe. Napoléon y trouva sa maison déjà installée et toute prête à le recevoir. Là, sans être à charge à la cour de Saxe, sans être incommodé par elle, il avait ce qu'il désirait, un établissement convenable, de l'air, de la verdure et un champ de manœuvre. Il décida qu'il aurait le matin un lever comme aux Tuileries, au milieu du jour des revues et des manœuvres, le soir des dîners, des réceptions, et les chefs-d'œuvre de Corneille, de Racine, de Molière, représentés par les premiers acteurs de la Comédie française. Le lendemain même de son retour à Dresde, sa vie telle qu'il l'avait ordonnée commençait avec la précision et l'invariabilité d'une consigne militaire. Mais en même temps M. de Bubna, qui, arrivé de Vienne depuis plus de quinze jours, attendait vainement le moment de le voir, lui rappela sa présence par une note formelle, à laquelle il fallait de toute nécessité répondre clairement et promptement.

Pour comprendre cette note et son importance, il est indispensable de connaître les dernières circonstances survenues en Autriche, où comme ailleurs les événements se succédaient avec une prodigieuse rapidité, sous la violente impulsion que Napoléon imprimait partout à la marche des choses. En employant M. de Caulaincourt dans la négociation de l'armistice, afin de susciter l'occasion d'un arrangement direct avec la Russie, Napoléon avait fourni à celle-ci une arme dangereuse, et dont elle devait faire un funeste usage. Si l'empereur Alexandre, moins blessé par les dédains de Napoléon, moins épris du rôle tout nouveau de roi des rois, avait pu partager à quelque degré l'opinion du prince Kutusof, qui voulait qu'on se tirât de cette guerre en signant avec la France une paix toute russe, c'eût été un

Juin 1813.

Longue
attente
de M. de
Bubna, et note
par lui remise
à l'arrivée
de Napoléon.

Communications entre
les coalisés
et la cour
d'Autriche
pendant
la négociation
de
l'armistice.

Juin 1813.

On se sert
de la présence
de M. de
Caulaincourt
aux
avant-postes
pour effrayer
l'Autriche,
et la décider
par la crainte
de
l'arrangement
direct.

grand à-propos de lui envoyer M. de Caulaincourt, qui avait été longtemps son confident et presque son ami. Mais enivré de l'encens que brûlaient devant lui les Allemands, Alexandre était devenu malgré sa douceur ordinaire un ennemi implacable, auquel il était dangereux de chercher à s'adresser. Au lieu de le toucher par l'envoi de M. de Caulaincourt, on lui fournit seulement un moyen de mettre un terme aux longues hésitations de l'Autriche. C'était le cas en effet pour Alexandre de dire à cette puissance : Décidez-vous, car si, faute de nous secourir, vous nous laissez encore battre comme à Lutzen, comme à Bautzen, nous serons forcés de traiter avec notre commun ennemi, d'accepter les avances qu'il nous fait, de conclure avec lui une paix exclusivement avantageuse à la Russie, et de vous livrer définitivement à son ressentiment, qui ne doit pas être médiocre, car si vous n'avez pas assez fait pour nous secourir, vous avez assez fait pour lui inspirer une profonde défiance. — Ce langage à la cour de Vienne serait venu d'autant plus à propos le lendemain de Bautzen, qu'un nouveau mouvement en arrière allait éloigner les coalisés des frontières de l'Autriche, et les priver de tout contact avec elle. C'était donc le moment ou jamais de s'unir, car un pas de plus, et les mains tendues les unes vers les autres ne pourraient plus se joindre.

Telles sont les raisons qu'on avait résolu d'employer auprès de l'empereur François et de M. de Metternich; et tandis que MM. Kleist et de Schouvaloff négociaient à Pleiswitz l'armistice du 4 juin, on avait appelé M. de Stadion, on lui avait fait re-

marquer le choix de M. de Caulaincourt pour cette
négociation, on avait même ajouté le mensonge à
la vérité, car on avait parlé de prétendues insinuations que ce personnage se serait permises (ce qui
était faux), et desquelles on pouvait conclure que
Napoléon songeait à s'entendre directement avec la
Russie aux dépens de l'Autriche. Tout ce que l'envoi de M. de Caulaincourt permettait de supposer en
fait de tentatives diplomatiques, on l'avait donné
pour accompli, et on avait pressé M. de Stadion de
déclarer à son cabinet, que ce qu'on refusait aujour-
d'hui, on serait obligé de l'accepter dans quelques
jours, sous la pression des circonstances et des victoires de Napoléon. M. de Stadion, qui n'aimait pas
la France, et qui avait été fort offusqué de la présence de M. de Caulaincourt, s'était hâté de peindre
à sa cour, en l'exagérant beaucoup, le danger d'un
arrangement direct entre la France et la Russie. Ne
comptant même pas assez sur l'influence des paroles
écrites, on avait expédié, comme nous l'avons dit,
M. de Nesselrode, le même qui pendant quarante
ans n'a cessé de conseiller à ses divers maîtres une
politique profonde par sa patience, mais pas toujours
d'accord avec leur tempérament irritable. Jeune
alors, simple, modeste, moins dogmatique que M. de
Metternich, moins entreprenant, mais doué d'autant de finesse, et fait pour gagner la confiance d'un
prince éclairé comme Alexandre, il avait déjà obtenu
sur lui un ascendant très-marqué. Le czar, quoiqu'il
eût laissé à M. de Romanzoff le vain titre de chancelier, en mémoire de la Finlande et de la Bessarabie
conquises sous son ministère, avait amené M. de

Juin 1813.

Envoi
de M. de
Nesselrode
à Vienne
pour menacer
l'Autriche
d'un arrange-
ment direct
avec
la France.

Nesselrode à son quartier général, et ne dirigeait plus les affaires qu'avec lui et par son conseil. Il l'avait expédié dès le 1ᵉʳ juin pour Vienne, avec la mission de prier, de supplier, de menacer au besoin la cour d'Autriche, en lui montrant la tête de Méduse, c'est-à-dire Napoléon s'abouchant avec Alexandre, et renouvelant sur l'Oder l'entrevue du Niémen, et peut-être à Breslau l'alliance de Tilsit. M. de Nesselrode s'était mis en route sur-le-champ, se dirigeant sur Vienne à travers la Bohême.

Il n'en fallait pas tant pour donner à deux esprits aussi clairvoyants que l'empereur François et M. de Metternich une commotion décisive. L'Autriche, en effet, replacée par la fortune dans une grande situation, dont elle avait été précipitée depuis vingt ans par l'épée de Napoléon, courait cependant un grave danger. Tout le monde la caressait en ce moment, tout le monde se présentait à elle les mains pleines des dons les plus magnifiques. Alexandre lui offrait non-seulement l'Illyrie et une part de la Pologne, mais l'Italie, mais le Tyrol, mais la couronne impériale d'Allemagne, que Napoléon avait fait tomber de sa tête, et, plus que tout cela, l'indépendance. La France lui offrait avec l'Illyrie et une part de la Pologne, non pas l'Italie, non pas le Tyrol, non pas la couronne impériale, mais ce qui l'eût charmée un siècle auparavant, la Silésie, sans l'indépendance il est vrai, à laquelle elle tenait plus qu'à tout le reste. Elle n'avait donc qu'à choisir; mais si, voulant jouir trop longtemps de ce rôle de puissance universellement courtisée, elle ne se décidait pas à propos, il était possible qu'après avoir été flattée, caressée par tous, elle finit par être honnie par tous aussi, et écrasée sous leur commun ressentiment, car si Napoléon et Alexandre s'entendaient, il devait en résulter une paix exclusivement russe; l'Autriche n'aurait rien de la Pologne, rien de l'Illyrie, rien de l'Italie; on ne céderait point à son désir de reconstituer l'Allemagne, sauf quelques dédommagements qu'on accorderait peut-être à la Prusse, et, loin de recouvrer son indépendance, elle retomberait sous la domination de Napoléon devenue plus dure que jamais. Il suffisait pour cela d'un instant, et, dans les conjonctures présentes, les choses se décidant à coups d'épée, et quels coups d'épée! c'était assez de quarante-huit heures pour changer la face du monde.

Plein de ces préoccupations, M. de Metternich avait déjà songé à conduire son maître à Prague, afin d'être tout près du théâtre des batailles et des négociations, et de pouvoir, du haut de la Bohême comme d'un observatoire élevé et voisin, suivre le torrent si rapide des choses, et s'y jeter au besoin. La nouvelle du choix de M. de Caulaincourt pour négocier l'armistice l'avait affecté au point de rendre son émotion visible aux yeux pénétrants de M. de Narbonne. Les lettres de M. de Stadion ne lui avaient plus laissé un seul doute, et en vingt-quatre heures l'empereur et son ministre avaient formé la résolution de quitter Vienne pour Prague, au grand étonnement du public, surpris non d'une telle résolution, mais de la promptitude avec laquelle elle avait été prise. Dans les rapports où l'on était avec la France, on avait en quelque sorte l'obligation de lui tout expliquer, et M. de Metternich s'était hâté de dire à M. de Narbonne, que les négociations étant à la veille de commencer par l'intermédiaire de l'Autriche, il fallait que le médiateur se rapprochât des parties soumises à sa médiation, qu'à Prague on gagnerait six jours au moins sur chaque communication, ce qui importait fort, la paix du monde devant se conclure en six semaines. Cette raison justifiait le voyage à Prague, mais non pas le départ en vingt-quatre heures. Des renseignements secrets et l'air contraint de M. de Metternich avaient achevé de tout révéler à la vigilance de la légation française. M. de Narbonne avait su, par des informations sûres, que la cour de Vienne accélérait son départ par la crainte d'un arrangement direct de la France avec la Russie, et ces informations lui expliquaient en outre les nouveaux sentiments qu'il avait cru découvrir chez M. de Metternich. M. de Narbonne, en effet, avait trouvé le ministre autrichien sensiblement refroidi, ce qui était naturel, car si M. de Metternich s'était échappé de notre alliance comme un serpent s'échappe à force de mouvements alternatifs des étreintes d'une main puissante, toutefois il n'avait pas entièrement déserté notre cause, et dans l'intention fort sage de tout terminer sans guerre, il avait défendu auprès des coalisés le système d'une paix modérée, ce qui n'avait pas été facile, et il était fondé à nous en vouloir de chercher à négocier une paix désastreuse pour lui, tandis qu'il s'efforçait d'en stipuler une très-acceptable pour nous.

Du reste, M. de Narbonne avait eu à peine le temps d'entretenir M. de Metternich, et ce dernier, parti en toute hâte, était avec l'empereur François à Gitschin, résidence située à une vingtaine de lieues de Prague, dès le 3 juin au soir. En y arrivant il avait rencontré M. de Nesselrode, qui apprenant le départ de la cour, avait rebroussé chemin pour la joindre. Les paroles que ces deux hommes d'État, alors si importants, avaient pu s'adresser, on les devine. M. de Nesselrode avait, au nom de l'empereur de Russie et du roi de Prusse, supplié M. de Metternich de mettre fin à de trop longues hésitations, de ne pas laisser battre de nouveau les alliés, car, battus encore une fois, ils seraient obligés de se soumettre à Napoléon, de traiter avec lui aux dépens de l'Autriche, et de consacrer pour jamais la dépendance de l'Europe. M. de Nesselrode s'était appliqué surtout à montrer à M. de Metternich que Napoléon trahissait les Autrichiens, car tandis que ceux-ci soutenaient pour lui le système d'une paix modérée, il songeait à les sacrifier, et à conclure une paix accablante pour eux seuls. Il avait donc pressé instamment le ministre autrichien de suivre enfin l'exemple de la Prusse, et de s'unir par un traité formel aux souverains alliés. M. de Metternich n'avait besoin d'être ni éclairé ni excité, car il l'était suffisamment. Mais ce ministre, dont le mérite a toujours été d'avoir, avec un esprit sans froideur, une politique sans passion, s'attachait de plus en plus au système de conduite qu'il avait adopté, celui d'épuiser le rôle intermédiaire d'arbitre, avant de passer au rôle de belligérant. Ce système de conduite, outre qu'il dégageait l'honneur de l'empereur François, son honneur de souverain et de père, avait l'avantage de ménager

Juin 1813.

aussi la considération de l'Autriche, de lui procurer le temps dont elle avait besoin pour armer, et, par-dessus tout, de rendre possible une conclusion pacifique, car c'eût été un bien beau résultat pour elle que de reconstituer la Prusse, de rétablir l'indépendance de l'Allemagne, de recouvrer en outre l'Illyrie et la part perdue de la Gallicie, sans courir les hasards peut-être funestes (personne ne le savait alors) d'une nouvelle guerre avec Napoléon.

M. de Metternich avec une prévoyance profonde voulait s'épargner non-seulement la chance bien dangereuse de voir tout le monde, fatigué de ses temporisations, s'arranger à ses dépens, mais la chance aussi de se faire battre par la France, ce qu'il redoutait fort malgré les événements de l'année précédente, et, par ce motif, il cherchait d'une main à tenir la Prusse et la Russie, pour qu'elles ne pussent lui échapper, et de l'autre à contenir Napoléon, pour lui faire accepter une paix que l'Europe pût agréer.

Promesse à la Russie de s'unir à la coalition, si la France reste sourde à toute proposition raisonnable, mais après avoir tout fait pour éclairer celle-ci.

Aussi avait-il dit à M. de Nesselrode qu'il s'était engagé à être médiateur, qu'il remplirait franchement ce rôle pendant les deux mois qui allaient suivre, qu'il lui fallait indispensablement, à l'égard de la France, passer par le rôle de médiateur avant d'en arriver à celui d'ennemi, que jusque-là il ne pouvait prendre parti, mais que si des conditions de paix raisonnables étaient définitivement repoussées, il conseillerait à son maître, l'armistice expiré, de s'unir aux puissances alliées, et de tenter un suprême et dernier effort pour arracher l'Europe à la domination de Napoléon.

Ce qu'on s'était promis actuellement, en consé-

quence de ces vues, c'était, de la part de la Russie,
de ne pas se laisser séduire par l'appât d'un arrangement direct, de la part de l'Autriche, de déclarer
la guerre au jour indiqué, si les conditions de la
médiation n'étaient pas acceptées par la France.
M. de Metternich, profitant du voisinage de Prague,
y avait rappelé M. de Bubna pour vingt-quatre heures, lui avait bien expliqué la position, lui avait positivement affirmé qu'on n'était pas encore engagé
avec les belligérants, l'avait autorisé à donner à
l'appui de ce fait la parole d'honneur de l'empereur
François, mais l'avait autorisé aussi à signifier de la
manière la plus expresse qu'on finirait par s'engager, si la durée de l'armistice n'était pas employée à
négocier sincèrement une paix modérée. Il l'avait
en même temps chargé d'annoncer au cabinet français, que la médiation de l'Autriche était formellement acceptée par la Prusse et par la Russie, ce qui
obligeait dès lors le médiateur à demander à chacun
ses conditions, et notamment à la France qui était
instamment priée de faire connaître les siennes. M. de
Bubna devait à cette occasion témoigner le désir de
M. de Metternich de venir un moment à Dresde,
pour tout terminer sur les lieux, dans un entretien
cordial avec Napoléon. Là, en effet, on pouvait finir
en quelques heures, car si M. de Metternich parvenait à persuader Napoléon, tout serait dit, les coalisés étant dans l'impossibilité de refuser les conditions que l'Autriche déclarerait acceptables.

Telles sont les choses, fort importantes comme on
le voit, que M. de Bubna, revenu à Dresde, voulait
communiquer à Napoléon, et dont il ne disait qu'une

Juin 1813.

Double
déclaration
en ce sens que
M. de Balan
est chargé
de porter à
Dresde.

Note
de
M. de Bubna,
constituant

pour
le cabinet
français
une vraie mise
en demeure.

partie à M. de Bassano, sachant l'inutilité des explications avec ce ministre, qui recevait les opinions de son maître et ne les faisait pas. Napoléon étant arrivé le 10 juin, M. de Bubna avait remis le 11 une note pour déclarer que la Russie et la Prusse avaient officiellement accepté la médiation de l'Autriche, que celle-ci était occupée à leur demander leurs conditions de paix, et qu'on attendait que la France voulût bien énoncer les siennes. Ce n'était là qu'une mise en demeure, ayant pour but non d'amener une entière et immédiate énonciation des conditions de la France, mais de provoquer les pourparlers préliminaires, les épanchements confidentiels, préalable indispensable et plus ou moins long, suivant le temps dont on dispose, des déclarations officielles et définitives.

Preuve
évidente
que Napoléon
ne voulait
pas la paix,
résultant
de plusieurs
pertes
de temps
volontaires.

Si Napoléon avait voulu la paix, celle du moins qui était possible et dont il connaissait les conditions, il n'aurait pas perdu de temps, quarante jours au plus lui restant pour la négocier. On était en effet au 10 juin, et l'armistice expirait au 20 juillet. Avec son ardeur accoutumée, il aurait appelé M. de Metternich à Dresde, aurait tâché de lui arracher quelque modification aux propositions de l'Autriche, ce qui était très-possible avec le désir qu'elle avait d'en finir pacifiquement, et aurait renvoyé ce ministre, une, deux et trois fois, au quartier général des puissances alliées, pour aplanir les difficultés de détail toujours nombreuses dans tout traité, mais devant l'être bien davantage dans un traité qui allait embrasser les intérêts du monde entier. Mais la preuve évidente qu'il ne la voulait pas (indépen-

Juin 1813.

damment des preuves irréfragables contenues dans sa correspondance), c'était le temps qu'il perdait et qu'il allait perdre encore. Son projet, comme nous l'avons dit, c'était de différer le moment de s'expliquer, de multiplier pour cela les questions de forme, puis de paraître s'amender tout à coup lorsque la suspension d'armes serait près d'expirer, de se montrer alors disposé à céder, d'obtenir à la faveur de ces manifestations pacifiques une prolongation d'armistice, de se donner ainsi jusqu'au 1er septembre pour terminer ses préparatifs militaires, de rompre à cette époque sur un motif bien choisi qui pût faire illusion au public, et de tomber soudainement avec toutes ses forces sur la coalition, de la dissoudre, et de rétablir plus puissante que jamais sa domination actuellement contestée, calcul pardonnable assurément, et dont l'histoire des princes conquérants n'est que trop remplie, s'il avait été fondé sur la réalité des choses ! Avec de telles vues il n'était pas temps encore de recevoir M. de Bubna, et de lui répondre par oui ou par non, sur des conditions qui se réduisaient à un petit nombre de points dont aucun ne prêtait à l'équivoque. Aussi Napoléon prit-il la résolution de laisser passer quatre ou cinq jours avant d'admettre auprès de lui M. de Bubna et de répondre à sa note, ajournement fort concevable si aucun terme n'avait été fixé aux négociations, et si, comme lors du traité de Westphalie, on avait eu pour négocier des mois et même des années. Mais perdre quatre ou cinq jours sur quarante pour une première question de forme, qui en supposait encore mille autres, c'était trop dire ce qu'on voulait, ou plutôt ce qu'on ne voulait pas.

Napoléon prend quelques jours pour répondre à la note remise le 11 juin par M. de Bubna.

Juin 1813.

Toutefois Napoléon venait d'arriver à Dresde, fatigué sans doute, accablé de soins de tout genre, et à la rigueur on pouvait comprendre qu'il ne reçût point M. de Bubna le jour même. Il n'y avait pas d'ailleurs de souverain au monde qui fût plus dispensé que lui de se plier aux convenances d'autrui, et qui s'y pliât moins. Ces retards envers M. de Bubna n'avaient donc encore rien de bien significatif. Seulement Napoléon prouvait ainsi qu'il n'était pas pressé, car lorsqu'il l'était, les jours, les nuits, la fatigue, le repos, tout devenait égal pour lui, et n'être pas pressé de la paix en ce moment, c'était ne pas la désirer. M. de Bassano reçut la dépêche de M. de Bubna, affecta de la trouver infiniment grave, dit que sous trois ou quatre jours on répondrait, et que sous trois ou quatre jours aussi Napoléon donnerait audience à M. de Bubna, et s'expliquerait avec lui sur le contenu de sa note.

Nombreuses chicanes de forme.

On conteste d'abord à M. de Bubna le caractère nécessaire pour remettre une note.

Dans cet intervalle la réponse fut préparée et rédigée. Elle était de nature, plus encore que le temps volontairement perdu, à révéler les dispositions véritables du gouvernement français. On objecta d'abord à M. de Bubna qu'il n'avait aucun caractère pour remettre une note. Cet agent, en effet, reçu officieusement par Napoléon, et envoyé auprès de lui comme lui étant plus agréable qu'un autre, et comme plus spirituel notamment que le prince de Schwarzenberg qui l'était peu, n'avait jamais été formellement accrédité, ni à titre de plénipotentiaire ni à titre d'ambassadeur; il n'avait donc pas qualité pour remettre une note. C'était là une difficulté bien mesquine, car on avait déjà échangé avec ce personnage les com-

munications les plus importantes. Néanmoins on
rédigea une première réponse à M. de Bubna, dans
laquelle on soutint qu'il fallait que la note qu'il avait
présentée fût signée de M. de Metternich, pour prendre place dans les archives du cabinet français, car
il n'avait quant à lui aucun titre qui pût donner à
cette note un caractère d'authenticité. Après cette
difficulté de forme, on éleva des difficultés de fond.
La première était relative à la médiation elle-même.
Sans doute, disait-on, la France avait paru disposée
à admettre la médiation de l'Autriche, avait même
promis de l'accepter, mais une résolution si importante ne pouvait pas se supposer, se déduire d'un
simple entretien, et il fallait un acte officiel, dans
lequel on déterminerait le but, la forme, la portée,
la durée de cette médiation. Ce n'était pas tout : cette
médiation comment se concilierait-elle avec le traité
d'alliance ? le cabinet autrichien serait-il médiateur,
c'est-à-dire arbitre, arbitre prêt à se prononcer contre l'une ou l'autre partie, et à se prononcer les armes
à la main, comme il était d'usage que le fit un médiateur armé ? alors que devenait le traité d'alliance de
l'Autriche avec la France ? Il fallait s'expliquer sur ce
point. Enfin, quelle que fût la portée de la médiation,
il y avait une question de forme sur laquelle l'honneur
ne permettait pas de garder le silence. Ainsi le médiateur se saisissant si brusquement, et on peut dire si
cavalièrement, de son rôle, annonçait déjà une manière de traiter qui ne pouvait convenir à la France. Il
paraissait en effet vouloir s'entremettre entre toutes
les parties belligérantes, porter lui seul la parole de
celles-ci à celles-là, et ne les jamais placer en pré-

Juin 1813.

On
élève ensuite
des objections
sur
la prétention
du cabinet
autrichien,
de réunir
la double
qualité
de médiateur
et d'allié.

Juin 1813.

On s'oppose
formellement
à une autre
prétention
de l'Autriche,
celle d'être
l'intermé-
diaire unique
entre
les parties
contractantes.

sence les unes des autres (ce qui était effectivement le secret désir de l'Autriche, afin d'empêcher l'arrangement direct). Une telle manière de négocier n'était pas admissible. La France ne reconnaissait à personne le droit de traiter pour elle ses propres affaires. S'y prendre de la sorte, c'était lui imposer une paix concertée avec d'autres, et la France si longtemps victorieuse, au point de dicter des conditions à l'Europe, n'en était pas réduite, surtout quand la victoire lui était revenue, à accepter les conditions de qui que ce soit. Elle voulait bien, pour parvenir à la paix dont tout le monde avait besoin, renoncer à dicter des conditions; jamais elle ne consentirait à s'en laisser dicter, l'Europe fût-elle réunie tout entière pour lui faire la loi. —

On remplit plusieurs notes de ces chicanes, et Napoléon en remplit lui-même un long entretien avec M. de Bubna. Il lui accorda cet entretien le 14 juin, et les notes furent signées et remises le 15. M. de Bassano les accompagna d'une lettre personnelle pour M. de Metternich, dont le ton était même contraire au but qu'on se proposait d'atteindre, car Napoléon voulait qu'on gagnât du temps, et la hauteur de langage n'était pas un moyen d'y réussir. Dans cette lettre, il imputait le temps perdu à M. de Metternich, se plaignait maladroitement de ce que l'armistice ayant été signé le 4 juin, on fût si peu avancé le 15, comme si M. de Bubna n'avait pas été dès les derniers jours de mai au quartier général français, demandant une entrevue sans pouvoir l'obtenir, comme si l'Autriche sur tous les points ne se fût pas montrée impatiente de provoquer et de donner des explications. Enfin, quant au désir exprimé par M. de Metternich de venir à Dresde, M. de Bassano, sans même éluder, répondait d'une manière à peine polie que les questions étaient encore trop peu mûries pour qu'une entrevue de M. de Metternich, soit avec le ministre des affaires étrangères, soit avec Napoléon lui-même, pût avoir l'utilité qu'on en attendait, et qu'on en espérait plus tard.

Telles furent les réponses dont M. de Bubna dut se contenter, et qui furent expédiées à M. de Metternich à Prague. Il fallait un jour pour se rendre dans cette capitale de la Bohème, un jour pour en revenir, et si M. de Metternich et son maître mettaient trois ou quatre jours pour se résoudre, on devait atteindre le 20 juin avant d'être obligé de parler de nouveau. De son côté il serait bien permis à la diplomatie française d'employer quelques jours à se décider sur le texte de la convention par laquelle on accepterait la médiation, d'employer quelques jours encore pour réunir les plénipotentiaires, et on aurait ainsi gagné le 1ᵉʳ juillet sans s'être abouché avec la diplomatie européenne. Il suffirait alors de se montrer conciliant un moment, du 1ᵉʳ au 10 juillet par exemple, pour être fondé à demander que l'expiration de l'armistice fût reportée du 20 juillet au 20 août, ce qui, avec six jours pour la dénonciation des hostilités, conduirait au 26 août, fort près de ce 1ᵉʳ septembre, terme désiré par Napoléon. Tels étaient ses calculs et les moyens employés pour en obtenir le succès.

Pendant qu'il ne visait qu'à perdre le temps dans les négociations, il ne visait au contraire qu'à le bien employer dans l'accomplissement de ses vastes

Juin 1813.

On répond d'une manière presque négative au désir de venir à Dresde exprimé par M. de Metternich.

Napoléon se flatte par ces divers ajournements de faire proroger l'armistice jusqu'au 1ᵉʳ septembre.

Vastes projets militaires de Napoléon, pour lesquels

conceptions militaires. Le premier projet de Napoléon, lorsqu'il comptait sur l'alliance ou la neutralité de l'Autriche, était de s'avancer jusqu'à l'Oder et à la Vistule, pour rejeter les Russes sur le Niémen, et les ramener chez eux vaincus et séparés des Prussiens. Tous les préparatifs actuels étant faits dans la supposition de la guerre avec l'Autriche, les plans ne pouvaient plus être les mêmes, car en s'avançant seulement jusqu'à l'Oder, il eût laissé les armées autrichiennes sur ses flancs et ses derrières. Il n'avait donc à choisir pour future ligne défensive qu'entre l'Elbe et le Rhin, ou le Main tout au plus. Il préféra l'Elbe pour des raisons profondes, généralement peu connues et mal appréciées. (Voir la carte n° 28.) Disons d'abord que se porter sur le Rhin ou sur le Main revenait à peu près au même, car la petite rivière du Main, en décrivant plusieurs contours à travers le pays montueux de la Franconie, et venant après un cours de peu d'étendue tomber dans le Rhin à Mayence, pouvait bien servir à défendre les approches du Rhin, quand on se battait avec des armées de soixante ou quatre-vingt mille hommes, mais ne pouvait plus avoir cet avantage depuis qu'on se battait avec des masses de cinq à six cent mille, et eût été débordée par la droite ou par la gauche avant quinze jours. On devait donc ne considérer le Main que comme une annexe de la ligne du Rhin, c'est-à-dire comme le Rhin lui-même, et il n'y avait à choisir qu'entre le Rhin et l'Elbe. Poser ainsi la question, c'était presque la résoudre. Se retirer tout de suite sur le Rhin, c'était faire à l'Europe un abandon de territoire plus humiliant cent fois que les sacrifices qu'elle deman-

dait pour accorder la paix. C'était abandonner non-
seulement les alliances de la Saxe, de la Bavière,
du Wurtemberg, de Bade, etc., mais les villes anséatiques qui nous étaient si vivement disputées,
mais la Westphalie et la Hollande qui ne l'étaient
pas, car la Hollande elle-même n'est plus couverte
quand on est sur le Rhin. Et comment exiger dans
un traité le protectorat de la Confédération du Rhin,
qu'on déclarait en rétrogradant sur le Rhin ne pouvoir plus défendre? comment prétendre aux villes
anséatiques, à la Westphalie, à la Hollande qu'on
reconnaissait ne pouvoir plus occuper? A prendre
ce terrain pour champ de bataille, il eût été bien
plus simple d'accepter tout de suite les conditions
de paix de l'Autriche, car en renonçant à la Confédération du Rhin et aux villes anséatiques, on eût
conservé au moins sans contestation la Westphalie
et la Hollande, et soustrait définitivement à tous
les hasards le trône de Napoléon, et, ce qui valait mieux, la grandeur territoriale de la France.
Indépendamment de ces raisons, qui politiquement
étaient décisives, il y en avait une autre, qui moralement et patriotiquement était tout aussi forte,
c'est que rétrograder sur le Rhin, c'était consentir à
transporter en France le théâtre de la guerre. Sans
doute tant que le Rhin n'était point franchi par l'ennemi, on pouvait considérer la guerre comme se
faisant hors de France; mais le voisinage était tel,
que pour les provinces frontières la souffrance était
presque la même. De plus, en obtenant des victoires
sur le haut Rhin, entre Strasbourg et Mayence par
exemple, Napoléon n'était pas assuré qu'un de

Juin 1813.

Nécessité
d'adopter
cette ligne,
puisqu'il
continuait
la guerre
pour ne pas
abandonner
les villes
anséatiques et
la Confédéra-
tion du Rhin.

Avantage
qu'avait la li-
gne de l'Elbe
d'éloigner
les hostilités
de la frontière
de France.

ses lieutenants ne laisserait pas forcer sa position
au-dessous de lui, et alors la guerre se trouverait
transportée en France, et ce ne serait plus la situation d'un conquérant se battant pour la domination
du monde, ce serait celle d'un envahi réduit à se
battre pour la conservation de ses propres foyers.
Mieux eût valu, nous le répétons, accepter la paix
tout de suite, car outre qu'elle n'était pas humiliante,
qu'elle était même infiniment glorieuse, elle n'exigeait pas de Napoléon un sacrifice comparable à celui
que lui eût infligé la retraite volontaire sur le Rhin.
Ceux donc qui le blâment d'avoir adopté la ligne de
l'Elbe, feraient mieux de lui adresser le reproche
de n'avoir pas accepté la paix, car cette paix entraînait cent fois moins de sacrifices de tout genre
que la retraite immédiate sur le Rhin. La déplorable
idée de continuer la guerre pour les villes anséatiques, et pour la Confédération du Rhin, étant admise,
il n'y avait évidemment qu'une conduite à tenir,
c'était d'occuper et de défendre la ligne de l'Elbe.

Le grand esprit de Napoléon ne pouvait pas se
tromper à cet égard, et planant comme l'aigle sur
la carte de l'Europe, il s'était abattu sur Dresde,
comme sur le roc d'où il tiendrait tête à tous ses
ennemis. Le récit des événements prouvera bientôt
que s'il y fut forcé, ce fut, non point par le vice de
la position elle-même, mais par suite de l'extension
extraordinaire donnée à ses combinaisons, de l'épuisement de son armée, et des passions patriotiques
excitées contre lui dans toute l'Europe. Six ans plus
tôt, avec l'armée de Friedland, il y aurait tenu contre le monde entier.

La ligne de l'Elbe, quoique présentant dans sa partie supérieure un obstacle moins considérable que le Rhin, avait cependant l'avantage d'être moins longue, moins accidentée, plus facile à parcourir intérieurement pour porter secours d'un point à un autre, et, depuis les montagnes de la Bohême jusqu'à la mer, semée de solides appuis, tels que Kœnigstein, Dresde, Torgau, Wittenberg, Magdebourg, Hambourg. Quelques-uns de ces appuis exigeaient des travaux, et c'est pour ce motif que Napoléon dans ses calculs militaires, qui étaient plus profonds que ses calculs politiques, voulait sans cesse allonger l'armistice, pour réparer la faute de l'avoir signé. Il s'agissait de savoir si la ligne de l'Elbe s'appuyant à son extrême droite aux montagnes de la Bohême, et si la Bohême donnant à l'Autriche le moyen de déboucher sur les derrières de cette position, il était possible de se défendre contre un mouvement tournant de l'ennemi. C'était la question que s'adressaient beaucoup d'esprits éclairés, et qu'ils s'adressaient tout haut. Mais Napoléon qui, à mesure que son malheur commençait à délier certaines langues timides, permettait ces objections, Napoléon faisait des gestes de dédain quand on lui disait que sa position de Dresde pourrait être tournée par une descente des Autrichiens sur Freyberg ou sur Chemnitz. (Voir les cartes n°s 28 et 58.) Ce n'était pas, en effet, au général de l'armée d'Italie, qui retrouvait agrandie la position qu'il avait si longtemps occupée autour de Vérone, qui retrouvait dans l'Elbe l'Adige, dans la Bohême le Tyrol, dans Dresde Vérone elle-même, et qui fortement établi jadis au débouché

Juin 1813.

Propriétés
militaires
de la ligne
de l'Elbe.

Danger
d'y être tourné
par
la Bohême.

des Alpes, avait fondu tour à tour sur ceux qui se présentaient ou devant lui ou derrière lui, et les avait plus maltraités encore lorsqu'ils s'aventuraient sur ses derrières, ce n'était pas au général de l'armée d'Italie qu'on pouvait faire peur d'une position semblable. Il répondait avec raison que ce qu'il demanderait au ciel de plus heureux, c'était que la principale masse ennemie voulût bien, tandis qu'il serait posté sur l'Elbe, déboucher en arrière de ce fleuve, qu'il courrait sur elle, et la prendrait tout entière entre l'Elbe et la forêt de Thuringe. Le prochain désastre des coalisés à Dresde prouva bientôt la justesse de ses prévisions, et si plus tard, comme on le verra, il fut forcé sur l'Elbe, ce ne fut point par la Bohème, mais par l'Elbe inférieur, que ses lieutenants n'avaient pas su défendre, et après plusieurs accidents qui l'avaient prodigieusement affaibli. Sa pensée, toujours profonde et d'une portée sans égale lorsqu'il s'agissait des hautes combinaisons de la guerre, était donc de s'établir fortement sur les divers points de l'Elbe, de manière à pouvoir s'en éloigner quelques jours sans crainte, soit qu'il fallût prévenir la masse qui s'avancerait de front, soit qu'il fallût revenir rapidement sur celle qui aurait par la Bohème débouché sur ses derrières, en un mot de recommencer avec 500 mille hommes contre 700 mille, ce qu'il avait accompli dans sa jeunesse avec 50 mille Français contre 80 mille Autrichiens, et les résultats prouveront qu'avec des éléments moins usés, la supériorité incomparable de ses conceptions eût triomphé cette seconde fois comme la première. Mais la gloire de réaliser sur une échelle si vaste les prodiges de sa jeunesse ne devait pas lui être accordée, pour le punir d'avoir trop abusé des hommes et des choses, des corps et des âmes!

Pour que la ligne de l'Elbe pût avoir toute sa valeur, il fallait employer le temps de la suspension d'armes à en fortifier les points principaux, et se hâter, soit qu'on réussît ou non à prolonger la durée de l'armistice. Le premier point était celui de Kœnigstein, à l'endroit même où l'Elbe sort des montagnes de la Bohême pour entrer en Saxe. (Voir la carte n° 58.) Deux rochers, ceux de Kœnigstein et de Lilienstein, placés comme deux sentinelles avancées, l'une à gauche, l'autre à droite du fleuve, resserrent l'Elbe à son entrée dans les plaines germaniques, et en commandent le cours fort étroit en cette partie. Sur le rocher de Kœnigstein, situé de notre côté, c'est-à-dire sur la gauche du fleuve, se trouvait la forteresse de ce nom, laquelle domine le célèbre camp de Pirna, illustré par les guerres du grand Frédéric. Il n'y avait rien à ajouter aux ouvrages de cette citadelle; seulement la garnison étant saxonne, Napoléon prit soin de la renouveler peu à peu et sans affectation par des troupes françaises. Il ordonna d'y rassembler dix mille quintaux de farine et d'y construire des fours, afin de pouvoir y nourrir une centaine de mille hommes pendant neuf ou dix jours, on va voir dans quelle intention. Sur le rocher opposé situé à la rive droite, celui de Lilienstein, presque tout était à créer. Napoléon commanda des travaux rapides qui permissent d'y loger deux mille hommes en sûreté, et en chargea le général Roguet, l'un des généraux distingués de sa garde. Puis il fit ramasser

3.

Juin 1813.

le nombre de bateaux nécessaires pour y jeter un pont spacieux et solide, capable de donner passage à une armée considérable, et qui, protégé par ces deux forts de Lilienstein et de Kœnigstein, fût à l'abri de toute attaque. Dans sa profonde prévoyance, Napoléon calculait que si une armée ennemie, réalisant les pronostics de plus d'un esprit alarmé, débouchait de la Bohême sur ses derrières, pour attaquer Dresde pendant qu'il serait sur Bautzen par exemple, il pourrait passer l'Elbe à Kœnigstein, et prendre à revers cette armée imprudente. On reconnaîtra bientôt quelle vue pénétrante de l'avenir supposait une telle précaution.

Dresde.

Après Kœnigstein et Lilienstein, placés au débouché des montagnes, venait Dresde, centre des prochaines opérations, Dresde, qui allait devenir, comme nous l'avons déjà dit, ce que Vérone avait été dans les guerres d'Italie. Pendant sa dernière campagne d'Autriche, ne voulant pas exposer Dresde à être le but des opérations de l'ennemi, et désirant épargner à son placide allié le roi de Saxe l'épreuve d'un siége, Napoléon avait conseillé aux ministres saxons de démolir les fortifications de Dresde, et de les remplacer par celles de Torgau.

État de cette place. Napoléon s'occupe de suppléer aux fortifications détruites.

Par une négligence trop ordinaire, on avait démoli Dresde sans édifier Torgau, dont les ouvrages étaient à peine commencés. C'était chose fort regrettable, mais Napoléon y pourvut par des travaux qui bien qu'improvisés devaient suffire à leur objet. De l'enceinte de Dresde il restait les bastions, qu'il fit réparer et armer. Il suppléa aux courtines par des fossés remplis d'eau et par de fortes palissades.

En avant de Dresde, comme dans toutes les villes
déjà anciennes, il existait de grands faubourgs, dont
la défense importait autant que celle de la ville elle-
même. Napoléon les fit envelopper de palissades,
et, en avant de toutes les parties saillantes de leur
pourtour, il ordonna de construire des redoutes bien
armées, se flanquant les unes les autres, et offrant
une première ligne d'ouvrages difficile à forcer. Sur
la rive droite, c'est-à-dire dans la Neustadt (ville
neuve), il décida la construction d'une suite d'ouvrages plus serrés, qui devinrent bientôt une vaste
tête de pont presque complétement fortifiée. Deux
ponts en charpente, établis l'un au-dessus, l'autre
au-dessous du pont de pierre, servaient avec celui-ci
aux communications de la ville et de l'armée. Les
choses ainsi disposées, trente mille hommes devaient
se soutenir dans Dresde environ quinze jours contre
deux cent mille hommes, si un chef de grand caractère était chargé du commandement. A ces moyens
de défense Napoléon ajouta d'immenses magasins,
dont nous ferons bientôt connaître le mode d'approvisionnement, ainsi que de vastes hôpitaux suffisants pour l'armée la plus nombreuse. Il y avait déjà
seize mille malades ou blessés dans Dresde; il en
prépara l'évacuation, afin d'avoir à sa disposition
les seize mille lits qui deviendraient vacants, outre
tous ceux qu'il allait établir encore. Avec les toiles
de la Silésie il avait de quoi se procurer le principal
matériel de ces hôpitaux.

Après Dresde Napoléon s'occupa de Torgau et de
Wittenberg. Il avait pour principe qu'avec du bois
on pouvait tout, et que des ouvrages en terre pour-

vus de fortes palissades étaient capables d'opposer la plus longue résistance. C'est ainsi qu'il résolut de suppléer à ce qui manquait aux fortifications de Torgau et de Wittenberg, et il donna les ordres nécessaires pour que ces travaux fussent achevés en six ou sept semaines. Des milliers de paysans saxons bien payés travaillaient jour et nuit à Kœnigstein, à Dresde, à Torgau, à Wittenberg. Sur ces deux derniers points comme sur les autres, l'établissement des magasins et des hôpitaux accompagnait la construction des ouvrages défensifs. A Magdebourg, l'une des plus fortes places de l'Europe, il n'y avait rien ou presque rien à ajouter en fait de murailles; il suffisait d'en terminer l'armement et d'en composer la garnison. Napoléon résolut d'y consacrer un corps d'armée, qui sans être entièrement immobilisé, pût tout à la fois servir de garnison et rayonner autour de la place, de manière à lier entre elles nos deux principales masses agissantes, celle du haut Elbe et celle du bas Elbe. Dans cette vue, il imagina de transférer à Magdebourg la presque totalité de ses blessés, et de plus le dépôt de cavalerie du général Bourcier. D'abord il importait que nos blessés et le dépôt de nos remontes en Allemagne fussent à l'abri de toute attaque, et dans un emplacement qui ne gênât pas le mouvement de nos forces actives. Sous ces divers rapports Magdebourg présentait tous les avantages nécessaires, car à des remparts presque invincibles cette place joignait de nombreux bâtiments pour hôpitaux, et des espaces libres pour y construire des écuries en planches. Elle était en outre située à une distance presque

égale de Hambourg et de Dresde, ce qui en faisait
un dépôt précieux entre les deux points extrêmes
de notre ligne de bataille. Napoléon après y avoir
nommé pour gouverneur son aide de camp le général Lemarois, officier intelligent et vigoureux, lui
donna pour instructions sommaires *de convertir Magdebourg tout entier en écuries et en hôpitaux.* Il calculait qu'en faisant descendre par eau à Magdebourg
tous les blessés et malades qui le gênaient à Dresde,
qu'en y transportant le dépôt de cavalerie du général Bourcier actuellement en Hanovre, il aurait toujours sur quinze ou dix-huit mille blessés ou convalescents, sur dix ou douze mille cavaliers démontés,
trois à quatre mille convalescents guéris, trois à
quatre mille cavaliers en état de servir à pied, et
pouvant fournir à la défense un fond de garnison de
sept à huit mille hommes constamment assuré. Dès
lors un corps mobile d'une vingtaine de mille hommes, établi à Magdebourg pour y lier entre elles nos
armées du haut et du bas Elbe, pourrait en laissant
cinq à six mille hommes au dedans, en porter quinze
mille au dehors, et rayonner même à une grande
distance sans que la place fût compromise. On voit
avec quel art subtil et profond il savait combiner ses
ressources, et les faire concourir à l'accomplissement
de ses vastes desseins.

De Magdebourg à Hambourg le cours de l'Elbe
restait sans défense, car de l'une à l'autre de ces
villes il n'y avait pas un seul point fortifié. Ce sujet
avait occupé Napoléon dès le jour de la signature
de l'armistice, et après avoir conçu divers projets,
il avait envoyé le général Haxo pour vérifier sur

Juin 1843.

Garnison
mobile
de
cette place.

Manière
de remplir
la lacune
de
Magdebourg à
Hambourg.

les lieux mêmes quel était celui qui vaudrait le mieux. A la suite d'un long examen, il s'était arrêté à l'idée de construire à Werben, plus près de Magdebourg que de Hambourg, au sommet du coude que l'Elbe forme en tournant du nord à l'ouest, et à son point le plus rapproché de Berlin, une espèce de citadelle faite avec de la terre et des palissades, munie de baraques et de magasins, et dans laquelle trois mille hommes pourraient se maintenir assez longtemps. Enfin Hambourg fut le dernier et le plus important objet de sa sollicitude.

Il fallait bien que cette grande place de commerce, qui était l'un des principaux motifs pour lesquels il se refusait à une paix nécessaire, fût non pas seulement défendue en paroles contre les négociateurs, mais en fait contre les armées coalisées. Le temps manquait malheureusement, et là comme ailleurs on ne pouvait exécuter que des travaux d'urgence. Il eût fallu dix ans et quarante millions pour faire de Hambourg une place qui comme Dantzig, Magdebourg ou Metz, pût soutenir un long siége. Napoléon, en faisant relever et armer les bastions de l'ancienne enceinte, en faisant creuser et inonder ses fossés, remplacer ses murailles par des palissades, et lier entre elles les différentes îles qui entourent Hambourg, y prépara un vaste établissement militaire, moitié place forte, moitié camp retranché, où un homme ferme, comme le prouva bientôt l'illustre maréchal Davout, pouvait opposer une longue résistance. Restait au-dessous de Hambourg, à l'embouchure même de l'Elbe, le fort de Gluckstadt, dont la garde fut confiée aux Danois, réduits alors par d'indignes traitements à vaincre ou à succomber avec nous.

Ainsi des montagnes de la Bohême jusqu'à l'Océan du nord, la ligne de l'Elbe devait se trouver jalonnée d'une suite de points fortifiés, d'une valeur proportionnée au rôle de chacun d'eux, et pourvue de ponts qui nous appartiendraient exclusivement, de telle sorte qu'on pût à volonté se porter au delà, revenir en deçà, manœuvrer en un mot dans tous les sens, offensivement et défensivement. La maxime de Napoléon, qu'on ne devait défendre le cours d'un fleuve qu'offensivement, c'est-à-dire en s'assurant de tous ses passages, et en se ménageant toujours le moyen de le franchir, cette maxime allait recevoir ici sa plus savante application.

Il fallait toutefois suffire à la dépense de ces travaux, qui pour s'exécuter avec rapidité devaient être soldés comptant. Il fallait joindre aux établissements militaires qui viennent d'être énumérés d'immenses approvisionnements, afin que les masses d'hommes qui allaient se mouvoir sur cette ligne y fussent pourvues de tout ce qui leur serait nécessaire. Ici l'esprit ingénieux de Napoléon ne lui fit pas plus défaut que son impitoyable volonté pour faire subir aux peuples les lourdes charges de la guerre.

On a vu qu'il avait ordonné au maréchal Davout de tirer une cruelle vengeance de la révolte des habitants de Hambourg, de Lubeck et de Brême, de faire fusiller immédiatement les anciens sénateurs, les officiers ou soldats de la légion anséatique, les fonctionnaires de l'insurrection qui n'auraient pas eu le

Juin 1813.

Ensemble
de la ligne
de l'Elbe.

Après
avoir assuré
la défense
de cette ligne,
Napoléon
s'occupe
d'en assurer
l'approvision-
nement.

Premiers
ordres rigou-
reux donnés
à l'égard
de Hambourg.

temps de s'évader, et puis de dresser une liste des cinq cents principaux négociants pour prendre leurs biens, et *déplacer la propriété*, avait-il dit. Il avait compté en donnant ces ordres sur l'inexorable rigueur du maréchal Davout, mais aussi, pour l'honneur de tous deux, sur le bon sens et la probité de ce maréchal. Celui-ci était arrivé quelques jours après le général Vandamme, n'avait pas trouvé un seul délinquant à fusiller, et s'y était pris du reste de manière à n'en trouver aucun. La frontière du Danemark placée aux portes mêmes de la ville, l'avait aidé à sauver tout le monde. Quelques exécutions regrettables avaient eu lieu antérieurement, mais c'était lors du premier mouvement insurrectionnel du mois de février, et en punition des indignes traitements exercés contre les fonctionnaires français.

Le maréchal fut donc assez heureux pour n'avoir personne à fusiller. Il restait à dresser des listes de proscription, qui n'entraîneraient pas la perte de la vie, mais celle des biens, et cette mesure ne lui semblait pas plus sage que l'autre. Les Hambourgeois coupables, ou supposés tels, étaient en masse dans la petite ville d'Altona, véritable faubourg de la ville de Hambourg, demandant à revenir dans leurs demeures, à charge au Danemark qui ne voulait pas être compromis avec la France, et faisant faute à celle-ci, qui désirait et pouvait tirer d'eux de grandes ressources, ce qui était plus profitable que d'en tirer des vengeances. Le maréchal Davout représenta à Napoléon qu'il valait mieux pardonner à ceux qui rentreraient dans un temps prochain, leur imposer pour unique châtiment une forte contribu-

tion, qu'ils se diraient d'abord incapables de payer,
qu'ils payeraient ensuite, se borner ainsi à leur faire
peur, et les punir par un côté très-sensible pour eux,
très-utile pour l'armée, l'argent. Pas de sang et de
grandes ressources, fut le résumé de la politique
qu'il conseilla à l'Empereur.

Napoléon qui avait le goût des grandes ressources
et pas du tout celui du sang, accepta cette transac-
tion. — *Si le lendemain de votre entrée*, écrivit-il au
maréchal Davout, *vous en eussiez fait fusiller quelques-uns, c'eût été bien, maintenant c'est trop tard.
Les punitions pécuniaires valent mieux.* — C'est ainsi
que le despotisme et la guerre habituent les hommes
à parler, même ceux qui n'ont aucune cruauté dans
le cœur. Il fut donc décidé que tout Hambourgeois
rentré dans quinze jours serait pardonné, que les autres seraient frappés de séquestre, et que la ville de
Hambourg acquitterait en argent ou en matières une
contribution de cinquante millions. Une petite partie
de cette contribution dut peser sur Lubeck, Brême,
et les campagnes de la 32ᵉ division militaire. Dix
millions durent être soldés comptant, vingt en bons
à échéance. Quant au surplus, il fut ouvert un
compte pour payer les chevaux, les blés, les riz,
les vins, les viandes salées, le bétail, les bois, qu'on
allait exiger de Hambourg, de Lubeck et de Brême.
Sur le même compte devait être porté le prix de
toutes les maisons qu'on allait démolir pour élever
les ouvrages défensifs de Hambourg. Les Hambourgeois se plaignirent beaucoup, voulurent présenter
leurs doléances à Napoléon, qui refusa de les recevoir, et cette fois trouvèrent inflexible le maréchal

Juin 1813.

Contribution
de cinquante
millions
frappée sur
les Hambour-
geois,
et acquittable
en argent
ou
en matières.

qu'ils avaient eu pour défenseur quelques jours auparavant. Ils acquittèrent néanmoins la partie de la contribution qui devait être soldée sur-le-champ, soit en argent, soit en matières. C'était ce qui importait le plus aux besoins de l'armée. Dix millions environ furent envoyés à Dresde; de grandes quantités de grains, de bétail, de spiritueux furent embarqués sur l'Elbe pour le remonter.

Dès que Napoléon se vit en possession de ces ressources, il en disposa de manière à se procurer sur tous les points du fleuve et particulièrement à Dresde, de quoi nourrir les nombreuses troupes qu'il allait y concentrer. Il voulait avoir à Dresde, centre principal de ses opérations, de quoi entretenir trois cent mille hommes pendant deux mois, et notamment une suffisante réserve de biscuit, laquelle portée sur le dos des soldats permettrait de manœuvrer sept ou huit jours de suite sans être retenu par la considération des vivres. Il fallait pour cela cent mille quintaux de grains ou de farine à Dresde, huit ou dix mille à Kœnigstein. Il s'en trouvait environ soixante-dix mille à Magdebourg, qu'on avait mis tout l'hiver à réunir dans cette place, soit pour l'approvisionnement de siége, soit pour suffire à l'entretien des troupes de passage. Napoléon ordonna que ces soixante-dix mille quintaux fussent transportés par l'Elbe à Dresde, et remplacés immédiatement par une quantité égale tirée de Hambourg. Grâce à cette combinaison, ces masses immenses de denrées n'avaient que la moitié du chemin à parcourir. On s'était aperçu que la chaleur et la fatigue donnaient la dyssenterie à nos jeunes soldats, et qu'une ration de riz les guérissait très-vite. On s'empara de tout ce qu'il y avait de riz à Hambourg, à Brême, à Lubeck; on prit de même les spiritueux, les viandes salées, le bétail, les chevaux, les cuirs, les draps, les toiles. Ces matières furent embarquées sur l'Elbe, en suivant le procédé que nous venons d'indiquer, de prendre à Magdebourg ce qui s'y trouvait déjà, et de le remplacer par des envois de Hambourg. Tous les bateliers du fleuve requis et payés avec des bons sur Hambourg, furent mis en mouvement dès les premiers jours de juin, dans le moment même où sous prétexte de fatigue, Napoléon refusait de recevoir M. de Bubna. Ainsi dans les mains de Napoléon l'Elbe était tout à la fois une puissante ligne de défense, et une source inépuisable d'approvisionnements.

Mais il ne borna pas ses précautions à cette ligne seule. Au delà de Dresde à Liegnitz, et en deçà de Dresde à Erfurt, il voulait avoir aussi des magasins bien fournis. Profitant de la richesse de la basse Silésie, sur laquelle était campée l'armée qui avait combattu à Bautzen, et n'ayant guère à ménager cette province, il ordonna qu'on employât les deux mois de l'armistice à réunir une réserve de vingt jours de vivres pour chaque corps, en confectionnant tous les jours beaucoup plus que le nécessaire. En arrière de Dresde, à Erfurt, à Weimar, à Leipzig, à Nuremberg, à Wurzbourg, pays saxons ou franconiens, il était chez des alliés, et il n'usa de l'abondance du pays qu'en payant ce qu'il prenait. Il y ordonna la formation à prix d'argent de très-grands approvisionnements. Toutefois il s'écarta de ces mé-

nagements à l'égard de la ville de Leipzig, qui
s'était montrée ouvertement hostile. Il prit les tissus
de toile et de laine, les grains, les spiritueux, dont
les magasins de Leipzig étaient abondamment pour-
vus, et de plus fit occuper les établissements publics
pour y créer des hôpitaux. Il y joignit la menace de
faire brûler la ville au premier mouvement insurrectionnel. Les villes d'Erfurt, de Naumbourg, de
Weimar, de Wurzbourg, furent également remplies
d'hôpitaux. Erfurt dont il s'était toujours réservé la
possession depuis 1809, Wurzbourg qui était la capitale du grand-duché de Wurzbourg, places qui
l'une et l'autre étaient susceptibles d'une certaine
résistance, furent armées, afin d'avoir une suite
de points fortifiés sur la route de Mayence, si des
événements qu'on ne prévoyait pas alors rendaient
une retraite nécessaire, car, ainsi que nous l'avons
déjà fait remarquer, Napoléon, qui dans ses calculs
politiques ne voulait jamais admettre la possibilité
des revers, l'admettait toujours dans ses calculs militaires. Enfin ne pouvant trouver qu'en France les
armes, les munitions de guerre, et certains objets
d'équipement, tandis que les vivres il les trouvait
partout, il conclut avec des compagnies allemandes,
des marchés, soldés comptant, pour transporter de
Mayence à Dresde, par les trois routes de Cassel,
d'Eisenach et de Hof, les objets d'armement et
d'équipement qu'il était impossible de se procurer
en Saxe.

Telles furent les mesures imaginées par Napoléon,
pour qu'à la reprise des opérations sa ligne de bataille fût tout à la fois fortement défendue, et lar-

gement approvisionnée. Restait un dernier soin à
prendre, celui de proportionner le nombre des soldats à l'étendue que la guerre allait acquérir, et Napoléon ne l'avait pas négligé, car dans son vaste
esprit toutes les mesures allaient ensemble, sans
attendre que l'une fît naître la pensée de l'autre.
Toutes étaient conçues simultanément, avec un accord parfait, et ordonnées sans perte d'une heure.

On a déjà vu qu'en se flattant de l'idée que l'Autriche accéderait peut-être à ses plans, il avait pourtant pris ses mesures dans une hypothèse contraire,
et qu'il avait préparé en Westphalie, sur le Rhin, en
Italie, trois armées de réserve capables d'entrer prochainement en ligne. Les deux mois de l'armistice,
qu'il voulait étendre à trois mois, étaient destinés à
terminer vers le commencement d'août cette œuvre
commencée en mars.

En Westphalie c'étaient, comme nous l'avons dit,
les régiments réorganisés de la grande armée de Russie qui devaient composer deux grands corps sous
les maréchaux Victor et Davout, celui-ci de seize régiments, celui-là de douze. Les autres régiments de
la grande armée avaient été renvoyés en Italie d'où
ils étaient originaires. Les bataillons de chaque régiment ne pouvant être réorganisés tous à la fois,
on avait d'abord reconstitué les seconds bataillons,
puis les quatrièmes, enfin les premiers, selon l'époque du retour des cadres, et on avait successivement
composé les divisions de seconds, de quatrièmes et
de premiers bataillons, de manière que chaque régiment était réparti en trois divisions. Napoléon pressé
de faire cesser un état de choses vicieux, voulut

réunir les trois bataillons déjà prêts, et former les divisions par régiments, non plus par bataillons. Il ne manquait que les troisièmes bataillons, qui allaient être bientôt disponibles à leur tour, et alors tous les régiments devaient être portés à quatre bataillons. Le maréchal Davout forma avec les siens quatre belles divisions, et le maréchal Victor trois. Tandis que ces organisations s'achevaient, Napoléon arrêta l'emplacement et l'emploi de ces deux corps d'armée. Celui du maréchal Victor resté en arrière jusqu'ici, fut acheminé sur la ligne frontière de l'armistice, et cantonné le long de l'Oder, aux environs de Crossen, pour achever de s'y instruire, et pour s'y approvisionner conformément aux prescriptions adressées à tous les autres corps.

Napoléon pensant que pour garder les départements anséatiques et le bas Elbe, le maréchal Davout, renforcé par les Danois, aurait trop de quatre divisions, car d'après toutes les vraisemblances les grands coups devaient se porter sur l'Elbe supérieur, imagina de partager le corps de ce maréchal, de lui laisser deux divisions, d'en confier deux au général Vandamme, et de placer celles-ci à Wittenberg, d'où il pourrait les attirer à lui, s'il en avait besoin, ou les renvoyer sur le bas Elbe, si elles devenaient nécessaires au maréchal Davout.

Les autres corps destinés à renforcer la masse des troupes actives s'organisaient à Mayence. Là, comme on doit s'en souvenir, se rendaient les cadres tirés de France ou d'Espagne, qu'on remplissait sur les bords du Rhin de conscrits rapidement instruits, et qu'on réunissait ensuite dès qu'on avait pu se procurer deux bataillons du même régiment, afin d'éviter autant que possible la formation vicieuse en régiments provisoires. Il y avait à Mayence quatre divisions dont l'organisation était presque achevée, et qui dans deux mois seraient en aussi bon état qu'on pouvait l'espérer dans la situation des choses. Napoléon les destinait au maréchal Saint-Cyr, blessé en 1812 sur la Dwina, mais actuellement remis de ses fatigues et de sa blessure. C'étaient par conséquent trois corps d'armée, ceux du maréchal Victor, du général Vandamme, du maréchal Saint-Cyr, comprenant environ 80 mille hommes d'infanterie, sans les armes spéciales, dont Napoléon allait accroître ses forces en Saxe contre l'apparition éventuelle de l'Autriche sur le théâtre de la guerre. Ce puissant renfort était indépendant de l'augmentation que devaient recevoir les corps avec lesquels il avait ouvert la campagne. Outre les quatre divisions déjà prêtes à Mayence, Napoléon avait encore rassemblé les éléments de deux autres, qui allaient se former sous le maréchal Augereau, et être rejointes par deux divisions bavaroises. La cour de Bavière un moment attirée, comme la Saxe, à la politique médiatrice de l'Autriche, s'était subitement rejetée en arrière, dès qu'on lui avait demandé sur les bords de l'Inn des sacrifices sans compensation. Elle s'était hâtée de renouveler ses armements, et on pouvait compter de sa part sur deux bonnes divisions, à la condition toutefois que la victoire viendrait contenir l'esprit de son peuple, et encourager la fidélité de son roi. Ces quatre divisions, deux françaises et deux bavaroises, devaient menacer l'Autriche vers le haut Palatinat.

Enfin Napoléon avait suivi avec son attention accoutumée l'exécution des ordres donnés au prince Eugène, pour qu'avec les cadres revenus de Russie, avec ceux qui revenaient chaque jour d'Espagne, on refît en Italie une armée de soixante mille hommes, à laquelle il voulait joindre vingt mille Napolitains. Murat, toujours flottant entre les sentiments les plus contraires, blessé par les traitements de Napoléon, mais voulant avant tout sauver sa couronne, ne sachant avec qui elle serait sauvée plus sûrement, ou avec l'Autriche, ou avec la France, faisait encore attendre l'envoi de son contingent. Napoléon à peine rentré à Dresde l'avait sommé de se décider, et avait enjoint à M. Durand de Mareuil, ministre de France à Naples, de se retirer si les ordres de marche n'étaient donnés immédiatement au corps napolitain. Il restait dans les dépôts de quoi fournir six à sept mille hommes de cavalerie légère à la future armée d'Italie, ce qui suffisait dans cette contrée, où la cavalerie, trouvant peu l'occasion de charger en ligne, n'était qu'un moyen de s'éclairer. Les arsenaux et les dépôts d'Italie contenaient encore les éléments d'une belle artillerie. Napoléon se flattait donc d'avoir en Italie au 1er août une armée de 80 mille hommes, pourvue de 200 bouches à feu, menaçant d'envahir l'Autriche par l'Illyrie, et ayant pour but Vienne elle-même. Il calculait que l'Autriche, eût-elle armé trois cent mille hommes, ce qui était beaucoup dans l'état de ses finances et avec le temps dont elle disposait, n'en pourrait pas tirer plus de deux cent mi le combattants présents

Juin 1813.

au feu, dont il faudrait qu'elle détournât cinquante mille pour tenir tête au prince Eugène en Italie, trente mille pour faire face au maréchal Augereau en Bavière, ce qui ne lui laisserait pas plus de cent vingt mille hommes à ajouter à la masse des troupes coalisées sur l'Elbe.

Les trois corps de Victor, de Vandamme, de Saint-Cyr (sans compter celui d'Augereau, qui n'était pas destiné à agir sur l'Elbe), lui semblaient déjà une ressource presque suffisante contre l'apparition de l'Autriche sur le terrain de cette lutte formidable. Mais le corps de Poniatowski, après bien des vicissitudes, amené à travers la Gallicie et la Bohême à Zittau, sur la ligne où campaient nos corps de Silésie, était une nouvelle ressource d'une véritable importance, bien moins par la quantité, que par la qualité des soldats. Il n'y en avait pas de plus braves, de plus aguerris, de plus dévoués à la France. De leur patrie, il ne leur restait que le souvenir, et le désir de la venger. Napoléon résolut de leur en donner une, en les faisant Français, et en les prenant au service de la France. En attendant leur annexion définitive à l'armée française, il les plaça sous l'administration directe de M. de Bassano, et prescrivit à ce ministre de leur payer leur solde arriérée, de les pourvoir de vêtements, d'armes, de tout ce qui leur manquait, de leur faire en un mot passer ces deux mois dans une véritable abondance. Ils pouvaient, en recueillant quelques débris de troupes polonaises épars çà et là, mais sans toucher ni à la division Dombrowski, ni à divers détachements de leur nation répandus dans les places,

Corps du prince Poniatowski, amené par la Bohême en Silésie.

4.

Juin 1813.

réunir environ douze mille hommes d'infanterie et trois mille de cavalerie. C'était une nouvelle force ajoutée à celles qui avaient combattu à Lutzen et à Bautzen.

L'organisation de la garde complétée.

Enfin, au nombre des ressources créées pour la campagne d'automne, et pour l'éventualité de la guerre avec l'Autriche, il fallait compter le développement donné à la garde impériale. Elle n'avait eu que deux divisions à l'entrée en campagne, une de vieille, l'autre de jeune garde. Une troisième division avait rejoint au moment de l'armistice, une quatrième venait d'arriver, une cinquième était en marche, ce qui avec douze mille hommes de cavalerie et deux cents bouches à feu, devait composer un corps de près de cinquante mille hommes, dont trente mille de jeune infanterie, que Napoléon entendait ne pas ménager comme la vieille garde, mais employer dans toutes les grandes batailles, qui malheureusement allaient être nombreuses et sanglantes.

La cavalerie de l'armée portée à une force suffisante.

Restait la cavalerie, qui avait manqué au commencement de la campagne, et qui avait été l'un des motifs de Napoléon pour signer l'armistice. Une cavalerie insuffisante équivaut à peu près à une cavalerie nulle, car elle n'ose pas s'engager de peur d'être accablée, et demeure cachée derrière l'infanterie qu'elle ne sert pas même à éclairer. C'est ce qu'on avait vu à Lutzen et à Bautzen. Les deux corps de Latour-Maubourg et de Sébastiani ne montaient pas au 1er juin à plus de huit mille cavaliers. On pouvait en tirer quatre mille des dépôts du général Bourcier, et environ vingt-huit mille de France, les uns amenés par le duc de Plaisance, les autres en marche sous le duc de Padoue, ce qui devait porter à quarante mille hommes les forces de l'armée d'Allemagne en troupes à cheval, sans compter la cavalerie de la garde impériale et des alliés, Saxons, Wurtembergeois et Bavarois. Seulement dans les vingt-huit mille cavaliers tirés de France, il y en avait quelques mille venant à pied, et auxquels il fallait fournir des chevaux. Les troubles survenus sur la gauche de l'Elbe par suite de l'insurrection des villes anséatiques, avaient singulièrement nui aux remontes. Napoléon ordonna de les reprendre, et fit insérer sur cet objet un article dans le traité d'alliance par lequel le Danemark s'était définitivement rattaché à la France. Par ce traité la France promettait d'entretenir toujours vingt mille hommes de troupes actives à Hambourg, afin de concourir à la défense des provinces danoises, et le Danemark s'engageait en retour à fournir à la France dix mille hommes d'infanterie, deux mille de cavalerie, les uns et les autres soldés par le trésor français, et à procurer dix mille chevaux à condition qu'ils seraient payés comptant. C'était, indépendamment des achats recommencés en Hanovre, une nouvelle ressource pour monter les cavaliers qui venaient de France à pied. On avait donc la presque certitude de réunir sous deux ou trois mois près de quarante mille cavaliers de toutes armes, non compris dix à douze mille de la garde, et huit à dix mille des alliés, ce qui devait composer une force totale de soixante mille hommes à cheval. Napoléon attribua deux mille hommes environ de cavalerie légère ou de ligne à chaque corps d'armée pour s'éclairer. Le reste il le forma suivant son usage en divers corps de réserve, destinés à combattre en ligne. Les généraux Latour-Maubourg et Sébastiani en commandaient déjà deux, qui avaient fait la campagne du printemps. Le duc de Padoue commandait le troisième, qui venait d'arriver et était occupé à châtier les Cosaques. Le comte de Valmy, fils du vieux duc de Valmy, fut placé à la tête du quatrième. Napoléon en voulut créer un cinquième avec des régiments nouvellement tirés d'Espagne. Depuis qu'il avait donné l'ordre d'évacuer Madrid, et de concentrer toutes les forces françaises dans le nord de la Péninsule, la cavalerie qui avait eu pour mission principale de lier entre eux les divers corps d'occupation, était beaucoup moins nécessaire. Il y avait encore trente-six régiments de cavalerie dans la Péninsule, dont vingt de dragons, onze de chasseurs, cinq de hussards. Napoléon crut que c'était assez de vingt, surtout en ne prenant que les cadres, et en laissant la plus grande partie des hommes en Espagne. Il ordonna donc le départ de dix régiments de dragons, quatre de chasseurs, deux de hussards. Il en destina deux à l'Italie, quatorze à l'Allemagne, et recommanda de transporter tout de suite ces cadres à Mayence, où ils allaient se remplir de sujets empruntés aux dernières conscriptions et déjà passablement instruits. Les chevaux requis en France, et payés comptant, devaient servir à les monter. Napoléon se promettait encore quatorze ou quinze mille cavaliers, provenant de cette origine, et enfermés tous dans des cadres excellents. C'était un dernier supplément qui à l'automne devait porter à soixante-quinze mille hommes au moins le total de sa cavalerie. A ces préparatifs pour l'infanterie et la cavalerie, Napoléon ajouta ceux qui concernaient l'artillerie, et il fit ses dispositions pour qu'elle pût mettre en mouvement mille bouches à feu de campagne.

Ainsi établi sur la ligne de l'Elbe, qu'il avait rendue formidable par les appuis qu'il s'y était ménagés, Napoléon se flattait d'avoir sans les garnisons 400 mille combattants, plus 20 mille en Bavière et 80 mille en Italie, ce qui porterait la totalité de ses ressources à 500 mille hommes de troupes actives, et à 700 mille en y comprenant les non présents sous les armes. C'était pour atteindre à ces nombres énormes, suffisants dans sa puissante main pour battre la coalition même accrue de l'Autriche, qu'il avait consenti à un armistice qui donnait aux coalisés le temps d'échapper à ses poursuites, et malheureusement aussi celui d'augmenter considérablement leurs forces. La question était de savoir si en fait de création de ressources, le temps profiterait aux coalisés autant qu'à Napoléon. Les coalisés, il est vrai, n'avaient pas son génie, et c'est sur quoi il fondait ses espérances, mais ils avaient la passion, seule chose qui puisse suppléer au génie, surtout quand elle est ardente et sincère. Napoléon, ne tenant guère compte de la passion, avait supposé que le temps lui servirait plus qu'à ses ennemis, et c'est dans cet espoir qu'il mettait tant d'art à le bien employer en fait de préparatifs militaires, et à le perdre en fait de négociations.

La réponse envoyée à M. de Metternich le 15 juin, avait été interprétée comme elle devait l'être, et

Juin 1813.

Totalité des forces dont Napoléon se flattait de disposer pour soutenir la guerre contre l'Europe entière.

Effet produit par la réponse

Juin 1813.

de Napoléon
sur
l'empereur
François
et sur M. de
Metternich.

l'habile ministre autrichien avait parfaitement compris que lorsque sur quarante jours restant pour négocier la paix générale, on en perdait d'abord cinq pour répondre à la note constitutive de la médiation, indépendamment de ceux qu'on allait perdre encore pour résoudre les questions de forme, il fallait en conclure qu'on était peu pressé d'arriver à une solution pacifique. Il se pouvait, à la vérité, que Napoléon ne voulût dire sa véritable pensée que dans les derniers moments; il se pouvait aussi que dans les difficultés qu'il avait soulevées, il y en eût quelqu'une qui lui tînt sérieusement à cœur, et par ces considérations M. de Metternich ne désespérait pas complétement de la paix, soit aux conditions proposées par l'Autriche, soit à des conditions qui s'en approcheraient. Dans l'un et l'autre cas, il avait pensé qu'il fallait à son tour attendre Napoléon, en employant toutefois un moyen de le stimuler. Les deux souverains de Prusse et de Russie insistaient vivement pour voir l'empereur François, dans l'espérance de l'attacher définitivement à ce qu'ils appelaient la cause européenne. Mais l'empereur François, croyant devoir à sa qualité de père et de médiateur, d'observer une extrême réserve à l'égard de deux souverains devenus ennemis implacables de la France, ne voulait pas, tant qu'il n'aurait pas été contraint à nous déclarer la guerre, s'aboucher avec eux. Les mêmes raisons de réserve n'existaient pas pour M. de Metternich, et ce ministre s'était rendu à Oppontschna afin de conférer avec les deux monarques coalisés. Son intention était de profiter de cette occasion pour les amener à ses idées,

M. de
Metternich
se rend à
Oppontschna
auprès
des
souverains
coalisés.

Juin 1813.

chose plus facile sans doute que d'y amener Napoléon, mais difficile aussi, et exigeant bien des soins et
des efforts, car ils voulaient la guerre tout de suite,
à tout prix, et jusqu'au renversement de Napoléon,
ce qui n'était pas encore, du moins alors, le point
de vue de l'Autriche. M. de Metternich était donc
parti ostensiblement, certain que lorsque Napoléon
le saurait en conférence avec les deux souverains,
il en éprouverait une vive jalousie, et au lieu de
lui refuser de venir à Dresde, lui en adresserait la
pressante invitation. Cette vue, bientôt confirmée par
l'événement, avait paru aussi fine que juste à l'empereur François, qui par ce motif avait approuvé le
voyage de M. de Metternich à Oppontschna.

Tandis que ce ministre était en route pour s'y
rendre, la Prusse et la Russie venaient de se lier par
un traité de subsides avec l'Angleterre. Par ce traité,
conclu le 15 juin et revêtu de la signature de lord
Cathcart, de M. de Nesselrode et de M. de Hardenberg, l'Angleterre s'engageait à fournir immédiatement 2 millions sterling à la Russie et à la Prusse,
et à prendre à sa charge la moitié d'une émission de
papier monnaie, intitulé *papier fédératif*, et destiné
à circuler dans tous les États alliés. La somme émise
devait être de 5 millions sterling. C'étaient donc
4 millions 1/2 sterling (112 millions 500 mille francs)
que l'Angleterre fournissait aux deux puissances, à
condition qu'elles tiendraient sur pied, en troupes
actives, la Russie 160 mille hommes, la Prusse 80
mille, qu'elles feraient à l'ennemi commun de l'Europe une guerre à outrance, et qu'elles ne traiteraient pas sans l'Angleterre, ou du moins sans se

Traité
de subsides
entre
l'Angleterre et
les puissances
coalisées.

Condition
imposée
par ce traité
de ne pas faire
la paix sans
l'Angleterre.

Juin 1813.

concerter avec elle. Les souverains de Russie et de
Prusse ayant informé lord Cathcart qu'ils étaient
sommés d'accepter la médiation de l'Autriche, et
qu'ils y étaient disposés, sauf les conditions de paix
qui seraient déterminées d'accord avec le cabinet
britannique, lord Cathcart n'avait pas vu là une infraction au traité de subsides, et il avait reconnu
lui-même qu'il fallait se prêter à tous les désirs de
l'Autriche, car probablement les conditions que cette
puissance regardait comme indispensables ne seraient pas admises par Napoléon, et l'on entraînerait
ainsi cette puissance à la guerre par la voie toute
pacifique de la médiation.

M. de Metternich arrivé à Oppontschna avait été
accablé de caresses et de sollicitations par les souverains et leurs ministres. Les uns et les autres,
pour le décider, disaient leurs forces immenses,
irrésistibles même si l'Autriche se joignait à eux,
et dans ce cas Napoléon perdu, l'Europe sauvée.
Ils disaient encore la paix impossible avec lui, car

évidemment il ne la voulait pas, et en outre peu
sûre, car si on laissait échapper l'occasion de l'accabler pendant qu'il était affaibli, il reprendrait
les armes dès qu'il aurait recouvré ses forces, et
la lutte avec lui serait éternelle. Ces points de vue
n'étaient pas, ne pouvaient pas être ceux de l'Au-

triche. Cette puissance n'était pas comme la Russie
enivrée du rôle de libératrice de l'Europe, comme
la Prusse réduite à vaincre ou à périr, comme l'Angleterre à l'abri de toutes les conséquences d'une
guerre malheureuse : elle avait de plus des liens
avec Napoléon, que la décence, et chez l'empereur

François l'affection pour sa fille, ne permettaient pas de rompre sans les plus graves motifs. Elle rêvait d'ailleurs la possibilité de rétablir l'indépendance de l'Europe sans une guerre qu'elle regardait comme pleine de périls, même contre Napoléon affaibli. Elle était donc d'avis que si on pouvait conclure une paix avantageuse et qui offrît des sûretés, il fallait en saisir l'occasion, et ne pas tout compromettre pour vouloir tout regagner d'un seul coup. Si par exemple Napoléon renonçait à sa chimère polonaise (c'est ainsi qu'on qualifiait le grand-duché de Varsovie), s'il consentait à reconstituer la Prusse, à rendre à l'Allemagne son indépendance par l'abolition de la Confédération du Rhin, à lui rendre son commerce par la restitution des villes anséatiques, il valait mieux accepter cette paix que s'exposer au danger d'une guerre formidable, qui à côté de bonnes chances en présentait d'effrayantes. Si l'Angleterre n'inclinait pas vers cette manière de penser, il fallait l'y amener forcément, en lui signifiant qu'on la laisserait seule. Pour elle d'ailleurs le point le plus important était obtenu, car il était facile de voir que Napoléon allait renoncer à l'Espagne, puisqu'il admettait au congrès les représentants de l'insurrection de Cadix, ce qu'il n'avait jamais accordé. Il fallait donc imposer la paix à l'Angleterre comme à Napoléon, car cette paix était un besoin urgent pour le monde entier, et on avait le moyen de l'obtenir, en menaçant l'Angleterre de traiter sans elle, et Napoléon de l'accabler sous les forces réunies de l'Europe. Telles étaient les idées de l'Autriche, que les deux souverains de

Juin 1813.

Prusse et de Russie, dominés par les passions du
moment, étaient loin de partager. Ils auraient voulu
une paix beaucoup plus rigoureuse pour la France,
et par exemple la Westphalie, la Hollande, ne leur
semblaient pas devoir être concédées à Napoléon.
Ils parlaient de lui ôter une partie au moins de l'Italie, pour la rendre à l'Autriche, qui n'avait pas besoin qu'on éveillât en elle ce genre d'appétit, mais
chez laquelle la prudence faisait taire l'ambition.
M. de Metternich, tout en trouvant ces vœux fort
légitimes, avait déclaré que l'Autriche, dans l'espoir
d'une conclusion pacifique, se bornerait à demander
l'abandon du duché de Varsovie, la reconstitution de
la Prusse, l'abolition de la Confédération du Rhin,
la restitution des villes anséatiques, et ne ferait la
guerre que si ces conditions étaient refusées par la
France. On lui avait répondu qu'elles le seraient
inévitablement, à quoi le ministre autrichien avait
facilement répliqué que si elles étaient refusées, alors
son maître pourrait honorablement devenir membre
de l'alliance, et le deviendrait résolûment.

Résolutions
formelles
exprimées
par M. de
Metternich.

Il suffisait que l'Autriche posât des conditions
d'une manière formelle, pour qu'on fût obligé de
les admettre, car sans elle la guerre à Napoléon ne
présentait aucune chance. Dictant la loi à la Prusse
et à la Russie, elle la dictait par suite à l'Angleterre,
qui bientôt se verrait contrainte de traiter si le continent finissait lui-même par traiter. On devait donc
subir les volontés de l'Autriche, mais on les subissait
sans répugnance, car on était convaincu que les conditions par elle imaginées seraient rejetées par Napoléon, et on croyait en lui cédant la tenir bien plus

Les
monarques
coalisés
adhèrent
aux vues
de l'Autriche,
convaincus
que,

qu'être tenu par elle. Le résultat de ces conférences avait été qu'on accepterait la médiation autrichienne, qu'on s'aboucherait avec Napoléon par l'intermédiaire de l'Autriche, que celle-ci lui proposerait les conditions précitées, qu'elle ne lui déclarerait la guerre qu'en cas de refus, que jusque-là elle demeurerait neutre, que relativement à l'Angleterre, en l'informant de cette situation, on ajournerait la paix avec elle pour simplifier la question : toutefois l'opinion était que la paix continentale devait entraîner prochainement et inévitablement la paix maritime.

Ces bases adoptées, M. de Metternich était revenu à Gitschin, auprès de son maître, et avait trouvé en y arrivant sa prévoyance parfaitement justifiée. En effet Napoléon, inquiet de ce qui se passait en Bohême, sachant que les allées et venues étaient continuelles entre Gitschin, résidence de son beau-père, et Reichenbach, quartier général des coalisés, sachant même que M. de Metternich avait dû voir les deux souverains de Russie et de Prusse à Oppontschna, n'avait pas pensé qu'il fallût pousser l'application à perdre son temps, jusqu'à rester étranger à tout ce qui se tramait entre les puissances, et peut-être jusqu'à laisser nouer à côté de lui une coalition redoutable, dont il pourrait prévenir la formation en intervenant à propos. En voyant M. de Metternich, avec lequel il avait fort la coutume de s'entretenir, il se flattait au moins de pénétrer les desseins de la coalition, ce qui pour lui n'était pas de médiocre importance, et surtout de se ménager une nouvelle prolongation d'armistice, seul résultat auquel il tînt beaucoup, car pour la paix il n'y te-

Juin 1813.

par la faute de Napoléon, elle sera bientôt ramenée vers eux.

Retour de M. de Metternich à Gitschin.

nait nullement aux conditions proposées. En conséquence il avait fait dire par M. de Bassano à M. de
Bubna qu'il recevrait volontiers M. de Metternich à
Dresde, et qu'il croyait même sa présence devenue
nécessaire pour l'entier éclaircissement des questions qu'il s'agissait de résoudre. M. de Bubna avait
sur-le-champ écrit à Gitschin, et c'est ainsi que
M. de Metternich, en revenant de son entrevue avec
Alexandre et Frédéric-Guillaume, avait trouvé l'invitation de se rendre à Dresde auprès de Napoléon.
Comme c'était justement ce que lui et l'empereur
François désiraient, il n'y avait pas à hésiter sur
l'acceptation du rendez-vous offert, et M. de Metternich s'était décidé à se mettre de nouveau en
route. Au moment de son départ, l'empereur François lui avait remis une lettre pour son gendre, dans
laquelle il donnait pouvoir à son ministre des affaires étrangères de signer tous articles relatifs à la
modification du traité d'alliance, et à l'acceptation
de la médiation autrichienne. Dans cette lettre, il
pressait de nouveau Napoléon de se résoudre à la
paix, qui était, disait-il, la plus belle et l'unique
gloire qui lui restât à conquérir.

M. de Metternich arriva le 25 juin à Dresde, et le
lendemain 26 eut une première entrevue avec M. de
Bassano, car ostensiblement c'était avec ce ministre
qu'il devait négocier. Ils employèrent environ deux
jours à de vaines chicanes sur le traité d'alliance, qui
existait toujours et pourtant devait rester suspendu,
sur la manière de concilier le rôle de médiateur et
celui d'allié, sur la forme de la médiation, sur la
prétention du médiateur d'être le seul intermédiaire

des puissances belligérantes. Fidèle à son système
de gagner du temps, Napoléon avait ainsi gagné
deux jours; mais M. de Metternich n'était pas venu
pour s'aboucher uniquement avec un ministre sans
influence, et il avait d'ailleurs à remettre une lettre
de l'empereur François à l'empereur Napoléon: il
fallait donc qu'il le vît, et sans de plus longs retards. Napoléon, de son côté, plein d'un courroux
que la présence de M. de Metternich faisait bouil-
lonner dans ses veines, était maintenant tout disposé à le recevoir. Pénétrer le secret de son interlocuteur, lui arracher une prolongation d'armistice,
n'était déjà plus son but, mais lui dire son fait,
épancher sa passion, était en réalité son plus pressant besoin. Il reçut M. de Metternich le 28 juin
dans la seconde moitié du jour. En traversant les
antichambres du palais Marcolini, M. de Metternich
les trouva remplies de ministres étrangers, d'officiers
de tous grades, et rencontra notamment le prince
Berthier, qui souhaitait la paix, sans l'oser dire à
Napoléon, et ne savait manifester ses désirs qu'auprès de ceux auxquels il aurait fallu les cacher. A
l'aspect de M. de Metternich, une sorte d'anxiété
parut sur tous les visages. Le prince Berthier, en le
conduisant jusqu'à l'appartement de l'Empereur, lui
dit : Eh bien, nous apportez-vous la paix ?... Soyez
donc raisonnable... terminons cette guerre, car nous
avons besoin de la faire cesser, et vous autant que
nous. — A ce ton, M. de Metternich put juger que
les rapports de ses espions étaient parfaitement
vrais, que partout en France on désirait ardemment
la paix, même dans l'armée, ce qui malheureuse-

Juin 1813.

Célèbre
entrevue
de M. de
Metternich
avec
Napoléon,
le
28 juin 1813.

ment n'était pas une manière de disposer nos ennemis à la conclure. Il eût mieux valu en effet montrer plus d'amour de la paix à Napoléon, et moins à M. de Metternich ; mais ainsi sont faites les cours où l'on n'ose pas parler : souvent on dit à tout le monde ce qu'il faudrait ne dire qu'au maître.

Dispositions de Napoléon.

M. de Metternich introduit dans le cabinet de Napoléon, le trouva debout, l'épée au côté, le chapeau sous le bras, se contenant comme quelqu'un qui ne va pas se contenir longtemps, poli mais froid. — Vous voilà donc, monsieur de Metternich, lui dit-il, vous venez bien tard !... et sur-

Thème de convention, tendant à imputer les pertes de temps à l'Autriche.

le-champ, suivant le langage convenu du cabinet français, il s'efforça, par un premier exposé de la situation, de mettre sur le compte de l'Autriche le temps perdu depuis l'armistice, et il n'y avait pas moins de vingt-quatre jours écoulés sans aucun résultat, puisqu'on était au 28 juin, et que l'armistice avait été signé le 4. Puis il fit un détail de ses relations avec l'Autriche, se plaignit d'elle amèrement, et s'étendit fort au long sur le peu de sûreté des rapports avec cette puissance. — J'ai,

Plaintes amères contre l'Autriche.

dit-il, rendu trois fois son trône à l'empereur François ; j'ai même commis la faute d'épouser sa fille, espérant me le rattacher, mais rien n'a pu le ramener à de meilleurs sentiments. L'année dernière, comptant sur lui, j'ai conclu un traité d'alliance par lequel je lui garantissais ses États, et par lequel il me garantissait les miens. S'il m'avait dit que ce traité ne lui convenait point, je n'aurais pas insisté, je ne me serais même pas engagé dans la guerre de Russie. Mais enfin il l'a signé, et après une seule campagne,

que les éléments ont rendue malheureuse, le voilà
qui chancelle, et ne veut plus ce qu'il semblait vouloir chaudement, s'interpose entre mes ennemis et
moi, pour négocier la paix, à ce qu'il dit, mais en
réalité pour m'arrêter dans mes victoires, et arracher de mes mains des adversaires que j'allais détruire... — Si vous ne teniez plus à mon alliance,
ajouta Napoléon, qui commençait à s'animer en parlant, si elle vous pesait, si elle vous entraînait avec
le reste de l'Europe à une guerre qui vous répugnait, pourquoi ne pas me le dire? Je n'aurais pas
insisté pour vous contraindre; votre neutralité m'aurait suffi, et à l'heure qu'il est la coalition serait déjà
dissoute. Mais sous prétexte de ménager la paix en
interposant votre médiation, vous avez armé, et puis,
vos armements terminés, ou presque terminés, vous
prétendez me dicter des conditions qui sont celles
de mes ennemis eux-mêmes; en un mot, vous vous
posez comme gens qui sont prêts à me déclarer la
guerre. Expliquez-vous : est-ce la guerre que vous
voulez avec moi?... Les hommes seront donc toujours
incorrigibles !... les leçons ne leur serviront donc
jamais !... Les Russes et les Prussiens, malgré de
cruelles expériences, ont osé, enhardis par les succès
du dernier hiver, venir à ma rencontre, et je les ai
battus, bien battus, quoiqu'ils vous aient dit le contraire. Vous voulez donc, vous aussi, avoir votre
tour? Eh bien, soit, vous l'aurez... Je vous donne
rendez-vous à Vienne, en octobre. —

Cette manière si étrange de traiter, cette façon
méprisante de qualifier un mariage dont au reste il
ne paraissait nullement fâché comme homme privé,

Juin 1813.

Réponse
modérée
de M. de
Metternich,
fondée princi-
palement
sur le besoin
général
de la paix.

Exposé
fort adouci
des conditions
de
cette paix.

Emportement
de
Napoléon.

offensa et irrita M. de Metternich, sans lui imposer beaucoup, car une fermeté froide lui aurait causé bien plus d'impression. — Sire, répondit-il, nous ne voulons pas vous déclarer la guerre, mais nous voulons mettre fin à un état de choses devenu intolérable pour l'Europe, à un état de choses qui nous menace tous, à chaque instant, d'un bouleversement universel. Votre Majesté y est aussi intéressée que nous, car la fortune pourrait bien un jour vous trahir, et dans cette mobilité effrayante des choses, il ne serait pas impossible que vous-même rencontrassiez des chances fatales. — Mais que voulez-vous donc, reprit Napoléon, que venez-vous me demander? — Une paix, ajouta M. de Metternich, une paix nécessaire, indispensable, une paix dont vous avez besoin autant que nous, une paix qui assure votre situation et la nôtre... — Et alors, avec des ménagements infinis, insinuant plutôt qu'énonçant une condition après l'autre, M. de Metternich essaya d'énumérer celles que nous avons déjà fait connaître. Napoléon, bondissant comme un lion, laissait à peine achever le ministre autrichien, et l'interrompait à chaque énonciation, comme s'il eût entendu chaque fois un outrage ou un blasphème. — Oh! dit-il, je vous devine... Aujourd'hui vous me demandez seulement l'Illyrie pour procurer des ports à l'Autriche, quelques portions de la Westphalie et du grand-duché de Varsovie pour reconstituer la Prusse, les villes de Lubeck, Hambourg et Brême pour rétablir le commerce de l'Allemagne, et pour relever sa prétendue indépendance l'abolition du protectorat du Rhin, d'un vain titre, à vous entendre!... Mais je sais votre secret, je sais ce qu'au fond vous désirez tous... Vous Autrichiens, vous voulez l'Italie tout entière; vos amis les Russes veulent la Pologne, les Prussiens la Saxe, les Anglais la Hollande et la Belgique, et si je cède aujourd'hui, demain vous me demanderez ces objets de vos ardents désirs. Mais pour cela préparez-vous à lever des millions d'hommes, à verser le sang de plusieurs générations, et à venir traiter au pied des hauteurs de Montmartre!... — Napoléon, en prononçant ces mots, était pour ainsi dire hors de lui, et on prétend même qu'il se permit envers M. de Metternich des paroles outrageantes, ce que ce dernier a toujours nié.

M. de Metternich alors essaya de montrer à Napoléon qu'il n'était pas question de telles choses, qu'une guerre imprudemment prolongée pourrait peut-être faire renaître de semblables prétentions, que sans doute il y avait en Europe des fous dont les événements de 1812 avaient exalté la tête, qu'il y en avait bien quelques-uns de cette espèce à Saint-Pétersbourg, à Londres ou à Berlin, mais qu'il n'y en avait pas à Vienne; que là on demandait juste ce qu'on voulait, et rien au delà; que du reste le vrai moyen de déjouer les prétentions de ces fous, c'était d'accepter la paix, et une paix honorable, car celle qu'on offrait était non pas seulement honorable, mais glorieuse. — Un peu radouci par ces paroles, Napoléon dit à M. de Metternich que s'il ne s'agissait que de l'abandon de quelques territoires, il pourrait bien céder; mais qu'on s'était coalisé pour lui dicter la loi, pour le contraindre à céder, pour lui

Juin 1813.

Aveu
de son orgueil
fait
par Napoléon.

ôter son prestige, et, avec une naïveté d'orgueil singulière, laissa voir que ce qui le touchait sensiblement ici, c'étaient moins les sacrifices exigés de lui, que l'humiliation de recevoir la loi après l'avoir toujours faite. — Puis, avec une fierté de soldat qui lui allait bien : Vos souverains, dit-il à M. de Metternich, vos souverains nés sur le trône ne peuvent comprendre les sentiments qui m'animent. Ils rentrent battus dans leurs capitales, et pour eux il n'en est ni plus ni moins. Moi je suis un soldat, j'ai besoin d'honneur, de gloire; je ne puis pas reparaître amoindri au milieu de mon peuple; il faut que je reste grand, glorieux, admiré!... — Quand donc finira cet état de choses, répliqua M. de Metternich, si les défaites comme les victoires sont un égal motif de continuer ces guerres désolantes?... Victorieux, vous voulez tirer les conséquences de vos victoires; vaincu, vous voulez vous relever! Sire, nous serons donc toujours les armes à la main, dépendant éternellement, vous comme nous, du hasard des batailles!... — Mais, reprit Napoléon, je ne suis pas à moi, je suis à cette brave nation qui vient à ma voix de verser son sang le plus généreux. A tant de dévouement je ne dois pas répondre par des calculs personnels, par de la faiblesse; je dois lui conserver tout entière la grandeur qu'elle a achetée par de si héroïques efforts. — Mais, Sire,

M. de
Metternich
répond
de nouveau
en alléguant
le besoin
de repos,
senti partout

reprit à son tour M. de Metternich, cette brave nation dont tout le monde admire le courage, a elle-même besoin de repos. Je viens de traverser vos régiments; vos soldats sont des enfants. Vous avez fait des levées anticipées, et appelé une génération à peine formée; cette génération une fois détruite par la guerre actuelle, anticiperez-vous de nouveau? en appellerez-vous une plus jeune encore?... — Ces paroles, qui touchaient au reproche le plus souvent reproduit par les ennemis de Napoléon, le piquèrent au vif. Il pâlit de colère; son visage se décomposa, et n'étant plus maître de lui, il jeta, ou laissa tomber à terre son chapeau, que M. de Metternich ne ramassa point, et allant droit à celui-ci, il lui dit : Vous n'êtes pas militaire, Monsieur, vous n'avez pas, comme moi, l'âme d'un soldat; vous n'avez pas vécu dans les camps; vous n'avez pas appris à mépriser la vie d'autrui et la vôtre, quand il le faut... Que me font, à moi, deux cent mille hommes!... — Ces paroles, dont nous ne reproduisons pas la familiarité soldatesque, émurent profondément M. de Metternich. — Ouvrons, s'écria le ministre autrichien, ouvrons, Sire, les portes et les fenêtres, que l'Europe entière vous entende, et la cause que je viens défendre auprès de vous n'y perdra point! — Redevenu un peu plus maître de lui-même, Napoléon dit à M. de Metternich avec un sourire ironique : Après tout, les Français dont vous défendez ici le sang, n'ont pas tant à se plaindre de moi. J'ai perdu, cela est vrai, deux cent mille hommes en Russie; il y avait dans le nombre cent mille soldats français des meilleurs; ceux-là je les regrette... oui, je les regrette vivement... Quant aux autres, c'étaient des Italiens, des Polonais, et principalement des Allemands... — A ces paroles Napoléon ajouta un geste qui signifiait que cette dernière perte le touchait peu. — Soit, reprit M. de

Metternich, mais vous conviendrez, Sire, que ce n'est pas une raison à donner à un Allemand. — Vous parliez pour les Français, je vous ai répondu pour eux, répliqua Napoléon. — Puis, à cette occasion, il employa plus d'une heure à raconter à M. de Metternich qu'en Russie il avait été surpris et vaincu par le mauvais temps; qu'il pouvait tout prévoir, tout surmonter, excepté la nature; qu'il savait se battre avec les hommes, mais non pas avec les éléments. N'ayant pas revu M. de Metternich depuis la catastrophe de 1812, il s'étudia à refaire à ses yeux le prestige de son invincibilité, beaucoup trop détruit dans l'esprit de certains hommes, et mit un grand soin à prouver que sur le champ de bataille on ne l'avait jamais vaincu, ce qui était vrai; que s'il avait perdu des canons, c'était par le froid qui, en tuant les chevaux, avait détruit le moyen de traîner l'artillerie. Pendant qu'il parlait, marchant avec une extrême animation, il avait rencontré et repoussé du pied dans un coin de l'appartement son chapeau resté à terre. Au milieu des allées et venues de ce long entretien, il revint à l'idée fondamentale de son discours, c'est que l'Autriche, à laquelle il avait fait remise tant de fois des peines qu'elle avait encourues, à laquelle il avait demandé une archiduchesse pour l'épouser, faute, disait-il, bien grande de sa part, osait encore, au mépris de tant de bons procédés, lui déclarer la guerre. — Faute, reprit M. de Metternich, pour Napoléon conquérant, mais non pas faute pour Napoléon politique et fondateur d'empire. — Faute ou non, reprit Napoléon, vous voulez donc me déclarer la guerre! Soit, quels

Juin 1813.

Discussion
des forces
que l'Autriche
peut jeter
dans
la balance.

sont vos moyens? deux cent mille hommes en Bohême, dites-vous, et vous prétendez me faire croire
à des fables pareilles! C'est tout au plus si vous en
avez cent, et je soutiens que ces cent se réduiront
probablement à quatre-vingt mille en ligne. — Là-
dessus il conduisit M. de Metternich dans son cabinet de travail, lui montra ses notes et ses cartes, lui
dit que M. de Narbonne avait couvert l'Autriche de
ses espions, et qu'on tenterait en vain de l'effrayer
par des chimères; que les Autrichiens n'avaient pas
même cent mille hommes en Bohême... — La prétention des Autrichiens était d'en avoir trois cent
cinquante mille sous les armes, dont cent mille
sur la route d'Italie, cinquante mille en Bavière,
deux cent mille en Bohême. C'étaient là les propos
d'hommes qui n'avaient pas l'habitude de ce genre
de calculs, et qui ne savaient pas que si l'Autriche
avait trois cent cinquante mille hommes sur ses con-
trôles, elle en aurait tout au plus deux cent mille au
feu, dont cinquante peut-être sur la route d'Italie,
trente sur celle de Bavière et cent ou cent vingt en
Bohême. Napoléon, par l'expérience qu'il avait des
mécomptes qu'on essuie à la guerre sous le rapport
des nombres, traita légèrement les assertions de
M. de Metternich, que celui-ci, étranger à l'administration militaire, n'était pas capable de justifier
suffisamment. Laissant là ce sujet sur lequel il n'é-
tait pas facile de s'entendre, Napoléon dit à M. de
Metternich : Du reste, ne vous mêlez pas de cette
querelle, dans laquelle vous courez trop de dangers pour trop peu d'avantages, tenez-vous à part.
Vous voulez l'Illyrie, eh bien, je vous la cède; mais

soyez neutre, et je me battrai à côté de vous et sans vous. La paix que vous voulez procurer à l'Europe, je la lui donnerai sûrement, et équitablement pour tous. Mais la paix que vous cherchez à conclure au moyen de votre médiation, est une paix imposée, qui me fait jouer aux yeux du monde le rôle d'un vaincu auquel on dicte la loi... la loi, quand je viens de remporter deux victoires éclatantes!... — M. de Metternich revint à l'idée de la médiation, dont il ne pouvait se départir, s'efforça de la montrer non comme une contrainte qu'il s'agissait de faire subir à Napoléon, mais comme une intervention officieuse d'un allié, d'un ami, d'un père, qui, au jugement du monde, quand on connaîtrait les conditions proposées, serait encore considéré comme bien partial pour son gendre. — Ah! vous persistez, s'écria Napoléon avec colère, vous voulez toujours me dicter la loi, eh bien, soit, la guerre! mais au revoir, à Vienne [1]... —

Cette mémorable entrevue, qui ne décida pas la question de la paix et de la guerre, ainsi qu'on le verra bientôt, mais qui fit éclater d'une manière si peu opportune les dispositions intérieures de Napo-

---

[1] Cette célèbre entrevue est de toutes celles où Napoléon a figuré personnellement, la plus difficile à reproduire, faute de documents suffisants. Pour les autres entretiens de Napoléon rapportés précédemment dans cette histoire, il existait des documents nombreux, soit dans nos archives diplomatiques, soit dans les archives diplomatiques étrangères; pour celui dont il s'agit ici au contraire, Napoléon n'ayant rien adressé à ses agents extérieurs, on manque de l'un des moyens d'information les plus certains. Il se contenta d'en parler à M. de Bassano, qui plus tard fut l'auteur des diverses versions publiées par des écrivains avec lesquels il était lié. Cet entretien mémorable serait donc à peu près perdu, si M. de Metternich n'en avait écrit lui-même, avec le plus

léon, cette mémorable entrevue avait duré cinq à
six heures. Il était presque nuit lorsqu'elle se termina, à ce point que les deux interlocuteurs pouvaient à peine distinguer les traits l'un de l'autre.
Napoléon ne voulant pas en quittant M. de Metternich se séparer brouillé, lui dit quelques mots plus
doux, et lui assigna un nouveau rendez-vous pour
les jours suivants. La longueur de l'entretien avait
fort préoccupé les habitués de l'antichambre impériale. L'anxiété des visages était plus grande encore
que lorsque M. de Metternich était entré. Le major
général Berthier, accouru pour savoir quelque chose
de ce qui s'était passé, demanda à M. de Metternich
s'il était content de l'Empereur. — Oui, répondit le
ministre autrichien, j'en suis content, car il a éclairé
ma conscience, et, je vous le jure, votre maître a
perdu la raison ! —

Ce n'était pas la violence de cet entretien qui en
cette occasion avait causé le plus de tort aux affaires
de l'Empire, c'était la triste conviction que Napoléon avait dû laisser dans l'esprit de M. de Metternich, que jamais il n'accepterait les conditions si
modérées dans lesquelles l'Autriche s'était renfer-

grand détail, et en temps utile, toutes les particularités. Ayant obtenu
de son obligeance la communication de ce récit, qui m'a paru trop sévère pour Napoléon, mais généralement exact, j'ai conservé dans ce
qu'on vient de lire tout ce qui m'a semblé incontestable, d'après la
connaissance que j'avais des négociations du moment, et d'après les
autres récits publiés par les écrivains auxquels M. de Bassano avait
communiqué ses souvenirs. Je n'ai, comme dans toutes les occasions
semblables, conservé que ce que j'ai considéré comme à l'abri de toute
contestation. Ce qui est incontestable me paraissait d'ailleurs suffisant
pour donner de cette scène historique une idée qui fût à la fois exacte
et complète.

mée. Heureusement néanmoins, M. de Metternich, attachant sa gloire et sa sûreté à obtenir par la paix les conditions qu'il croyait indispensables, était homme à sacrifier l'orgueil à la politique, et à ne pas prendre feu tant qu'il resterait une chance de réussir. Napoléon pouvait dès lors donner carrière à son humeur, pourvu qu'au dernier moment il eût un retour de bon sens, et qu'il agréât la paix encore si prodigieusement belle qu'on lui offrait. Les explosions de son caractère, on était tout prêt à les pardonner à son génie et à sa puissance, et on aurait volontiers supporté un désagrément pour un grand résultat. Du reste, quand on avait souffert de son humeur impétueuse, on était promptement dédommagé, car lorsqu'il s'était livré à ses passions, il en était honteux, revenait bien vite, se hâtait de caresser ceux qu'il avait le plus blessés, et leur prodiguait les séductions pour leur faire oublier ses écarts. La situation que nous retraçons devait bientôt en fournir un nouvel exemple.

A peine s'était-il séparé du ministre autrichien qu'il était déjà plein de regrets de s'être autant abandonné à son emportement naturel, car il n'avait obtenu de cette entrevue rien de ce qu'il s'était promis. Loin de pénétrer les secrets du ministre autrichien, il lui avait révélé les siens en lui laissant voir l'obstination invincible de son orgueil, et il avait nui surtout à son principal dessein, celui de faire prolonger l'armistice, en montrant trop clairement que cet armistice ne conduirait point à la paix. Aussi ordonna-t-il sur-le-champ à M. de Bassano de courir après M. de Metternich, et de

lui parler de l'objet essentiel, dont il n'avait pas
été dit grand'chose dans l'entrevue, c'est-à-dire de
la médiation autrichienne, de sa forme, de ses conditions, du délai dans lequel elle devrait s'exercer.
M. de Metternich avait même pu croire qu'elle était
refusée, au langage de Napoléon. Pour détruire cette
idée, M. de Bassano eut l'ordre d'entreprendre de
concert avec M. de Metternich la rédaction d'une
convention relative au mode de la médiation, ce
qui prouverait au ministre autrichien que malgré les
emportements de Napoléon, tout n'était pas perdu,
et que la résolution de repousser tout arbitrage pacifique n'était pas définitivement arrêtée dans la
pensée du gouvernement français.

La journée suivante fut en effet consacrée par
MM. de Metternich et de Bassano à débattre la question de la médiation, et il ne fut plus rien dit
de ce traité d'alliance, dont on avait eu la maladresse de fournir à l'Autriche le moyen de se dégager un article après l'autre, et dont les tristes
restes ne valaient pas la peine qu'on s'irritât pour
les sauver. On parla uniquement de la médiation,
de la manière dont elle s'exercerait, et du sentiment
que l'Autriche y apporterait à l'égard de la France.
M. de Metternich renouvela l'assurance d'une médiation toute partiale pour nous, mais parut tenir
beaucoup à la forme qui constituait le médiateur
intermédiaire exclusif des parties contractantes. On
essaya d'une rédaction sans pouvoir tomber d'accord, parce que M. de Bassano voulait la surcharger
de précautions que M. de Metternich trouvait gê-
nantes. Mais les détails furent débattus sans aigreur,

Juin 1813.

M. de
Bassano
chargé
de rédiger
un projet
de convention,
relativement à
la médiation
autrichienne.

Juin 1813.

et du ton de gens décidés à s'entendre. Tout fut renvoyé à l'Empereur, et M. de Metternich dut le revoir le 30 juin pour résoudre avec lui les dernières difficultés.

Nouvelle entrevue dans laquelle Napoléon paraît complétement changé.

Le 30, en effet, M. de Metternich, accompagné de M. de Bassano, revit Napoléon, et le trouva tout changé, comme un ciel épuré par un orage. Il était ouvert, gai, plein d'un aimable repentir. — Vous persistez donc à faire le méchant avec nous? dit-il à M. de Metternich avec une familiarité pleine de grâce. — Puis il prit des mains de M. de Bassano le projet de convention, dont il connaissait les points sujets à difficulté, et il se mit à en lire les articles l'un après l'autre. A chaque article, comme s'il eût été du parti de M. de Metternich, il disait : Mais cela n'a pas le sens commun, ne s'inquiétant guère de l'amour-propre de son ministre, et il paraissait presque toujours abonder dans les idées du diplomate autrichien. S'adressant ensuite à M. de Bassano, il lui dit : Asseyez-vous et écrivez, et il dicta

Cette fois, après avoir tout concédé dans les formes à M. de Metternich, Napoléon cherche avec beaucoup d'adresse à lui arracher une prolongation d'armistice.

un projet simple, clair, net, comme il était capable de le faire. Cette rédaction qui écartait toutes les difficultés, une fois terminée, il demanda à M. de Metternich : Ce projet vous convient-il?—Oui, sire, répondit l'illustre diplomate, sauf quelques expressions. —Lesquelles? reprit Napoléon. — M. de Metternich les ayant indiquées, Napoléon les changea sur-le-champ à l'entière satisfaction de son interlocuteur, s'attachant à lui complaire en tout. Enfin ce projet, qui déclarait que dans le désir et l'espérance de rétablir la paix, au moins parmi les États du continent, l'empereur d'Autriche offrait sa médiation

à l'empereur Napoléon, que l'empereur Napoléon
l'acceptait, et que les plénipotentiaires des diverses
puissances se réuniraient à Prague le 5 juillet au
plus tard, ce projet complétement arrêté, Napoléon,
toujours du ton le plus aisé, dit à M. de Metternich :
Mais ce n'est pas tout, il me faut une prolongation
d'armistice... Comment en effet, du 5 au 20 juillet,
terminer une négociation qui doit embrasser les intérêts du monde entier, et qui, si on voulait bien
régler toutes les difficultés, exigerait des années?
— La question effectivement était embarrassante,
quoique, sur les points importants, on eût pu s'entendre en quelques heures, si on l'avait voulu.
Mais au premier aspect la question n'admettait pas
d'autre réponse qu'un assentiment. M. de Metternich, vaincu par toutes les condescendances de
cette journée, n'était pas disposé à compromettre
la médiation à laquelle il attachait tant de prix,
pour quelques jours de plus ou de moins dans la
durée des négociations. Il répondit qu'il espérait faire
accepter la prolongation demandée aux Prussiens et
aux Russes, bien qu'ils fussent convaincus que l'armistice, utile seulement à la France, leur était nuisible à eux, et il ne disputa que sur l'étendue de cette
prolongation. Napoléon voulait obtenir jusqu'au 20
août, pour gagner le 26 avec les six jours accordés
pour la dénonciation de l'armistice. M. de Metternich
contestait un terme aussi long, non pas en son nom,
mais au nom de ceux dont il devait obtenir l'assentiment, et répétait que si on voulait agir avec une entière bonne foi, tout pourrait être terminé en une
journée. Napoléon répondait qu'il lui en fallait qua-

Juin 1813.

Napoléon
en faisant
valoir le peu
de temps
qui reste pour
négocier,
obtient une
prolongation
d'armistice
de vingt jours,
du 26 juillet
au 16 août,
compris
six jours pour
se prévenir
de la reprise
des
hostilités.

rante au moins pour juger des vues de ses adversaires, et faire connaître les siennes. — Quant à moi, vous pouvez être sûr, ajouta-t-il, que je ne vous dirai mes véritables intentions que le quarantième jour. — Alors, répliqua M. de Metternich, les trente-neuf jours qui précèdent le quarantième sont inutiles. — La conversation ayant pris ce tour plaisant, on touchait évidemment à un accord, et après discussion, M. de Metternich parut disposé à prolonger l'armistice jusqu'au 10 août, avec six jours pour se prévenir de la reprise des hostilités, ce qui devait conduire au 16, et entraînait une prolongation de vingt jours, du 26 juillet au 16 août. Napoléon alors, feignant de trouver du 5 juillet au 16 août les quarante jours dont il avait besoin pour négocier, et au fond, bien qu'il en souhaitât davantage, jugeant bon de gagner au moins ce temps pour l'achèvement de ses préparatifs, déclara qu'il acceptait la proposition de M. de Metternich. En conséquence on ajouta un dernier article, par lequel il était dit que, vu le peu de temps qui restait pour négocier d'après les termes de l'armistice signé à Pleiswitz, l'empereur Napoléon s'engageait à ne pas dénoncer cet armistice avant le 10 août (16 août en ajoutant les six jours pour l'avis préalable), et que l'empereur d'Autriche se chargeait d'obtenir le même engagement de la part du roi de Prusse et de l'empereur de Russie. Napoléon voulut qu'on signât à l'instant même, et renvoya ensuite M. de Metternich comblé de toutes sortes de caresses. Ainsi le lion changé tout à coup en sirène avait su arracher à l'habile ministre autrichien la seule chose qu'il désirât véritablement, c'est-à-dire une prolon-

gation d'armistice. Ne voulant pas la paix aux conditions proposées, ne voulant que le temps nécessaire pour en imposer une qui fût à son gré, vingt
jours de plus étaient pour lui une conquête d'un
prix inestimable. Le sacrifice des questions de forme
qu'il avait paru faire en simplifiant autant le texte de
la convention, n'en était pas un de sa part, car sur
le point important de savoir si les parties contractantes s'aboucheraient toutes ensemble dans une
conférence commune, ou ne traiteraient que par
l'entremise du médiateur, il avait éludé, mais non
abandonné la difficulté, en se taisant dans la rédaction ; et il était fort aise de l'avoir réservée, car
elle lui restait pour occuper les premiers jours du
congrès, et pour perdre le temps dans lequel on
était renfermé, sans avoir à s'expliquer sur le fond
des choses. C'était à M. de Metternich, souhaitant
ardemment le succès de la médiation, à regretter
que cette difficulté n'eût pas été vidée tout de suite,
et qu'elle demeurât comme un gros obstacle sur le
chemin des négociations. Napoléon avait donc avec
quelques instants de douceur réparé jusqu'à un
certain point le mal causé par les imprudents éclats
de sa colère, et obtenu tout ce qu'il désirait. Heureux ce singulier génie, heureuse la France, s'il
avait pu employer cette merveilleuse souplesse à la
tirer du faux pas où il l'avait engagée !

Maintenant l'habileté de la part de l'Autriche, si
passionnée pour le succès de la médiation, eût con-
sisté à ne pas laisser à Napoléon un seul prétexte de
perdre du temps, et dès lors à lui répondre sur-le-
champ que la convention constitutive de la média-

Juin 1813.

Retour
de M. de
Metternich
à Gitschin
le 1er juillet.

tion était acceptée, que la prolongation de l'armistice l'était également, et que les négociateurs, comme on l'avait stipulé, se réuniraient exactement le 5 juillet. Malheureusement il n'en fut pas ainsi. M. de Metternich, parti de Dresde le 30 juin, jour même de la signature, et arrivé le 1er juillet à Gitschin, causa une grande joie à son maître en lui annonçant que la médiation était acceptée, ce qui faisait passer la cour d'Autriche de la situation embarrassante d'alliée de la France, à la situation indépendante et forte de son arbitre, et lui procurait un lustre dont elle avait besoin auprès du public autrichien. M. de Metternich n'eut donc pas de peine à obtenir de l'empereur François la ratification immédiate de la convention. Mais, soit qu'il n'eût pas entièrement pénétré les intentions dilatoires de Napoléon, soit qu'il fût dominé par des difficultés toutes matérielles, M. de Metternich fournit lui-même des prétextes aux pertes de temps, en demandant de remettre du 5 au 8 juillet la réunion des plénipotentiaires. Après avoir demandé cette remise, laquelle, d'après ce qu'on a vu des projets de Napoléon, ne devait pas rencontrer d'obstacle de notre part, M. de Metternich s'adressa aux souverains réunis à Reichenbach, pour leur annoncer l'acceptation de la médiation, pour leur faire agréer la prolongation de l'armistice, et obtenir le prompt envoi de leurs plénipotentiaires à Prague.

Les coalisés de Reichenbach n'avaient pas compris toute la portée de l'armistice de Pleiswitz en le signant. Ils n'y avaient vu d'abord que l'avantage de se soustraire aux conséquences immédiates de la bataille de Bautzen, sans songer aux avantages de temps qu'il procurait à Napoléon. Maintenant qu'ils étaient sortis de péril, qu'ils avaient ainsi recueilli le principal fruit de l'armistice, qu'ils voyaient les armements de Napoléon se développer chaque jour, bien que les leurs se développassent aussi, ils étaient presque aux regrets d'une suspension d'armes qui pourtant les avait sauvés, et ils n'étaient nullement enclins à en prolonger la durée. Une circonstance d'ailleurs les disposait plus mal encore à l'égard de la prolongation consentie par M. de Metternich, c'est qu'ils avaient pour vivre la partie la moins fertile de la Silésie, tandis que Napoléon avait la meilleure, et qu'ils craignaient de manquer bientôt de moyens de subsistance. De plus, auprès des Allemands, surtout des Prussiens, tout ajournement des hostilités semblait un pas fait dans la politique pacifique de l'Autriche, et une sorte de trahison. Il y eut donc quelque peine à leur arracher leur consentement, et assez pour entraîner une nouvelle perte de temps. Toutefois les deux souverains alliés n'avaient rien à refuser à l'Autriche, et dès qu'elle voulait une chose, ils devaient l'accorder. Or l'Autriche s'étant engagée envers Napoléon à prolonger l'armistice, on ne pouvait pas lui faire l'outrage de déclarer son engagement imprudent et nul. On le ratifia donc, mais en demandant, vu les distances et le temps déjà écoulé, une nouvelle remise du 8 au 12 juillet, pour la réunion des plénipotentiaires à Prague, et en promettant, du reste, qu'ils seraient exacts au rendez-vous. M. de Metternich informa M. de Bassano de ces dernières déterminations, mais, en les

Juillet 1813.

Frappés
des avantages
de temps
que
l'armistice
procure
à Napoléon,
ils
ne voudraient
pas
le prolonger.

Toutefois
ils accordent
la
prolongation
pour
complaire
à l'Autriche,
et demandent
une nouvelle
remise
au 12 juillet

Juillet 1812.

pour
la réunion
des plénipo-
tentiaires.

Napoléon,
enchanté
du temps
perdu, affecte
toutefois
de
s'en plaindre.

Napoléon
profite
du temps
perdu
par les autres
cabinets
pour perdre
lui-même
quatre ou cinq
jours en
s'absentant.

lui faisant connaître, il s'exprima au sujet de la prolongation de l'armistice comme à l'égard d'une chose qui allait de soi, et ne communiqua point son acceptation officielle par les souverains de Prusse et de Russie.

Rien ne convenait mieux à Napoléon que des délais dont il n'était pas l'auteur. Il fit répondre comme s'il se résignait au lieu de se réjouir. Depuis que la cour d'Autriche s'était transportée de Vienne aux environs de Prague, il avait rappelé à Dresde M. de Narbonne, l'y avait retenu quelques jours, et puis l'avait expédié de nouveau pour qu'il continuât à Prague ainsi qu'à Vienne son rôle d'ambassadeur. Napoléon le chargea d'exprimer des regrets au sujet du dernier retard, et en même temps de se plaindre de la négligence qu'on paraissait mettre à communiquer officiellement le consentement donné à la prolongation de l'armistice, comme si ce consentement avait pu être douteux. Il l'autorisa de plus à déclarer que lorsque les négociateurs russe et prussien seraient connus et partis pour leur destination, la France désignerait et ferait partir ses négociateurs, et d'insinuer que ce seraient probablement MM. de Narbonne et de Caulaincourt.

Tandis qu'il adressait ces réponses, Napoléon se proposait de tirer des délais imprudents auxquels l'Autriche s'était prêtée, de nouveaux délais qu'il rattacherait adroitement à ceux dont il n'était pas cause. Depuis longtemps il avait projeté certaines excursions pour visiter, suivant son usage, les lieux qui allaient devenir le théâtre de la guerre, et il voulait, s'il en avait le loisir, parcourir les bords de

l'Elbe depuis Kœnigstein jusqu'à Hambourg, aller
même passer quelques jours à Mayence avec l'Impératrice, qui était impatiente de le revoir, et à
laquelle il désirait donner des témoignages publics
d'affection. En se montrant tendre et soigneux pour
Marie-Louise, il augmentait pour l'empereur François la difficulté d'oublier les liens de paternité qui
l'unissaient à la France. Il résolut de commencer par
la plus utile de ces excursions, par celle qui devait
lui procurer la vue des points importants de Torgau,
de Wittenberg, de Magdebourg. On était arrivé au
8 juillet. Napoléon, qui n'avait aucun doute sur la
réunion des plénipotentiaires russe et prussien à Prague le 12 au plus tard, aurait pu nommer les siens,
rédiger leurs instructions, et les faire partir, ou les
tenir prêts à partir au premier signal. Eût-il même
fallu différer de quelques jours ses excursions, il
l'aurait dû, car aucun intérêt n'égalait en ce moment celui d'une prompte réunion du congrès, et
d'ailleurs les inspections locales auxquelles il voulait se livrer, les revues de troupes qu'il se proposait
de passer, n'auraient pas eu moins d'utilité pour être
retardées d'une semaine. Au contraire en prenant
patience encore un jour, il aurait reçu de Prague les
communications qu'il se plaignait de n'avoir pas reçues, il aurait connu les plénipotentiaires désignés,
l'époque précise de leur réunion, et l'acceptation
formelle du nouveau terme assigné à l'armistice. Mais
il lui convenait mieux de se dire contraint à s'absenter immédiatement, parce qu'alors il n'était tenu
de répondre qu'à son retour, et les quatre ou cinq
jours qu'il allait gagner ainsi pouvaient être considé-

rés comme une conséquence du temps qu'on avait perdu du 5 au 12 juillet. Il déclara donc tout à coup qu'ayant différé son départ jusqu'au 9, sans avoir rien reçu de Prague, il se voyait obligé par les affaires urgentes de son armée, de quitter Dresde le 10. En même temps, de peur de donner à ses ennemis le moyen de le faire enlever par une troupe de Cosaques, malgré l'armistice, il ne dit pas où il allait, certain que lorsqu'on apprendrait qu'il était quelque part, il n'y serait déjà plus. Il ne dit pas non plus combien il resterait absent, laissant espérer que ce serait trois jours au plus, que par conséquent on n'aurait pas beaucoup à attendre les réponses que son départ ajournait inévitablement. La diplomatie autrichienne ayant ainsi perdu huit jours involontairement, il allait en perdre encore très-volontairement quatre ou cinq, ce qui devait remettre la réunion des plénipotentiaires, fixée d'abord au 5 juillet, puis au 12, à une nouvelle époque qui n'était pas déterminée.

Départ de Napoléon le 10 juillet.

Le 10 juillet au matin il partit donc pour Torgau en toute hâte, ne prenant point un vain prétexte quand il disait s'absenter pour des affaires importantes, et ne trompant que sur l'urgence de ces affaires.

Napoléon apprend en route les graves événements qui s'étaient passés en Espagne.

Au moment même où il quittait Dresde, on y apprenait les derniers événements d'Espagne, qui, bien qu'on dût les prévoir d'après ce qui s'était passé, n'en devaient pas moins causer une surprise bien agréable pour nos ennemis, bien douloureuse pour nous, et d'une influence funeste pour l'ensemble de nos affaires. Il faut faire connaître ces événements, qui par leurs conséquences politiques se

lient nécessairement à ceux dont l'Allemagne était
alors le théâtre.

Après la réunion des trois armées du centre,
de Portugal et d'Andalousie, la situation des Français dans la Péninsule offrait encore bien des chances favorables. Le maréchal Suchet, se maintenant par son corps le plus avancé à Valence, et
par deux autres corps en Catalogne et en Aragon,
était maître de la partie de l'Espagne la plus essentielle pour nous, et en avait toutes les places fortes
en sa possession. Le roi Joseph était à Madrid avec
l'armée du centre, ayant devant lui, répandue sur
le Tage, de Tarancon à Almaraz, l'armée d'Andalousie, et sur sa droite en arrière, entre la Tormès
et le Douro, l'armée de Portugal. Dans cette position, il n'avait rien à craindre, si, persistant à tenir
ensemble ces forces récemment réunies, il était toujours prêt à tomber en masse sur les Anglais à leur
première apparition. Ces trois armées en janvier 1813
présentaient 86 mille hommes de toutes armes, comprenant le reste de ce que la France avait envoyé
de meilleur en Espagne. Délivré des résistances du
maréchal Soult que Napoléon avait emmené avec lui
en Allemagne, débarrassé aussi des entêtements du
général Caffarelli, il pouvait se promettre une exécution plus fidèle de ses ordres. Par suite de ces
changements, le général Clausel commandait l'armée du nord, le général Reille celle de Portugal, le
comte d'Erlon celle du centre, le général Gazan celle
d'Andalousie. Sans le redoutable effet produit par les
événements de Russie, la situation de Joseph n'eût
pas été mauvaise. Mais ces événements avaient sin-

Juin 1813.

Notre
situation
en Espagne
depuis
la réunion
des
trois armées
du centre,
de Portugal
et
d'Andalousie.

gulièrement excité les esprits, et réveillé chez les Espagnols l'espérance d'être prochainement délivrés de notre domination.

Les cortès de Cadix gouvernaient toujours assez confusément, mais avec un ardent patriotisme, les affaires de l'insurrection espagnole, et lord Wellington avec beaucoup de suite et de fermeté celles de l'insurrection portugaise. Les cortès avaient, comme nous l'avons rapporté ailleurs, terminé leur constitution, et, copiant exactement celle que la France s'était donnée en 1791, elles avaient adopté une chambre unique et un roi pourvu seulement du véto suspensif. En attendant que ce roi pût leur être rendu, les cortès prétendaient représenter la souveraineté tout entière, s'étaient attribué le titre de Majesté, et accordaient celui d'Altesse à une régence élective, composée de cinq membres, et investie du pouvoir exécutif en l'absence de Ferdinand VII. Les cortès avaient contre elles, outre les Français et les rares partisans de Joseph, tous les amis du vieux régime qu'elles avaient aboli, et se trouvaient sans cesse en conflit avec la régence, suspecte à leurs yeux parce qu'elle avait été composée de grands personnages du clergé et de l'armée. C'est ce qui explique pourquoi Séville et toute l'Andalousie étant abandonnées par les Français, les cortès avaient mieux aimé demeurer au milieu du peuple de Cadix, plus confiantes dans le peuple de cette ville que dans aucun autre. Sans les malheurs de Russie, sans la défaite de Salamanque, Joseph, moins contrarié, mieux pourvu d'argent, aurait pu avec le temps tirer un grand parti des divisions des Espagnols.

Juin 1813.

Les cortès déférent à lord Wellington le commande- ment des armées espagnoles.

En ce moment une question avait fort ajouté à ces divisions, c'était celle du commandement des armées. Les succès de lord Wellington, et surtout les qualités que l'armée portugaise avait déployées sous ses ordres, avaient suggéré à certains membres des cortès l'idée de lui offrir le commandement en chef des troupes espagnoles. L'esprit indépendant et jaloux de la nation avait d'abord opposé des obstacles à ce projet, mais l'espérance de voir l'armée espagnole égaler bientôt et surpasser même l'armée portugaise, et en particulier la victoire de Salamanque, avaient fait taire toutes les répugnances, et on avait nommé lord Wellington généralissime. Cet illustre personnage avait mis à son acceptation deux conditions, la première qu'il obtiendrait l'assentiment de son gouvernement, et la seconde qu'il exercerait sur l'organisation et les mouvements de l'armée espagnole une autorité absolue. Le cabinet britannique ayant tout naturellement consenti à ce qu'il acceptât l'autorité qu'on lui offrait, il s'était transporté à Cadix pendant l'hiver, pour s'entendre avec la régence sur toutes les questions que soulevait son futur commandement. Accueilli avec de grands honneurs, mais attaqué en même temps par les journaux organes des jalousies nationales, il avait plus d'une fois regretté de s'être exposé à un semblable traitement, et aurait même refusé le généralat, s'il n'avait craint par son refus de porter un coup funeste à l'insurrection. On lui avait pourtant accordé à peu près l'autorité qu'il désirait, mais il craignait fort de ne pas tirer grand parti des Espagnols, faute d'argent et faute de bons officiers. On lui promettait

l'argent, sans moyen de le fournir, et quant aux
officiers, il aurait en vain voulu suppléer à ceux
qui lui manquaient par des officiers anglais. Jamais
l'armée espagnole n'aurait souffert, malgré l'exemple
de l'armée portugaise, qu'on lui donnât des étrangers pour la conduire. Il était parti du reste encore
plus applaudi qu'attaqué, et résolu à s'occuper presque exclusivement de l'armée espagnole de Galice,
qui devait servir sous ses ordres immédiats.

Revenu à Fresnada, sur la frontière nord du Portugal, il avait employé tout l'hiver à préparer la
campagne prochaine. Son projet était d'avoir environ 45 mille Anglais, supérieurement organisés,
25 mille Portugais, et environ 30 mille Espagnols
instruits et équipés le moins mal possible, et de
s'avancer ainsi avec une centaine de mille hommes
sur le nord de la Péninsule, afin de couper au pied de
l'arbre la puissance des Français en Espagne. Toutefois, depuis que la concentration des trois armées de
Portugal, du centre et du midi, avait réuni à Madrid
une force de 80 à 90 mille Français, égaux pour le

moins aux Anglais, et bien supérieurs aux Portugais et aux Espagnols, il regardait son entreprise
comme très-hasardeuse, ne voulait la tenter qu'avec
beaucoup de circonspection, et à condition que les
insurgés de Catalogne et de Murcie, soutenus par
l'armée anglo-sicilienne, feraient en sa faveur une
forte diversion sur Valence, et que les flottes anglaises secondant les bandes des Asturies et des
Pyrénées, donneraient de continuelles occupations à
notre armée du nord. Consulté sur un projet d'invasion dans le midi de la France pendant qu'on se

Juin 1813.

battait en Saxe avec Napoléon, il avait répondu que le premier soin des Anglais devait être de forcer les Français à repasser les Pyrénées, pour n'entrer en France qu'à leur suite. Mais ce résultat, il avait été bien loin de le promettre en présence des 86 mille hommes actuellement concentrés sous Joseph autour de Madrid.

Ces idées du général en chef britannique, qu'il était facile de deviner même sans le secours d'aucune information, indiquent suffisamment quel aurait dû être le plan des Français pour rendre cette campagne plus heureuse que les précédentes, et ce plan devait être avant tout de rester réunis, et puis de bien choisir la position sur laquelle ils s'établiraient. Malheureusement le choix de leurs positions en avant et en arrière de Madrid n'était pas des mieux entendus. Lorsque en effet il faudrait se replier pour tenir tête aux Anglo-Portugais dans la Vieille-Castille, entre Salamanque et Valladolid, il était à craindre qu'on n'arrivât point à temps, et surtout qu'on ne fût obligé de se priver, pour la garde de Madrid, de forces très-regrettables un jour de bataille. Le mieux eût donc été d'évacuer Madrid, de se transporter à Valladolid, de n'y garder que l'indispensable en fait de matériel, d'expédier sur Vittoria, malades, blessés, vivres et munitions, et d'être ainsi dans la nouvelle capitale qu'on aurait adoptée, concentrés et en même temps allégés de tout poids inutile. C'était l'avis du maréchal Jourdan; mais quoique d'une parfaite sagesse, ses avis étaient donnés sans énergie, et il en eût fallu beaucoup pour vaincre la répugnance de Joseph à évacuer Madrid. Depuis qu'il avait vu lord Welling-

Les projets de lord Wellington, faciles à deviner, auraient dû amener les Français à évacuer Madrid pour se concentrer en Vieille-Castille.

C'était l'avis du maréchal Jourdan, mais Joseph répugnait à évacuer Madrid.

ton fuir devant lui, et qu'il avait pu rentrer triomphant dans sa capitale, il s'était encore une fois cru roi d'Espagne, et sans les événements de Russie, il n'aurait pas même conservé de doute sur son établissement définitif dans ce pays. Lui proposer maintenant de sortir de Madrid, c'était lui proposer de redevenir roi vagabond, de rendre aux Espagnols toutes les espérances qu'ils avaient perdues, de traîner de nouveau sur les routes une foule de malheureux attachés à son sort, et de se priver du plus clair de son revenu, qui consistait dans l'octroi de Madrid, et dans le produit des deux ou trois provinces environnantes. Pourtant Joseph avait l'esprit si juste, qu'il n'avait pas absolument repoussé l'idée de quitter Madrid lorsque le maréchal Jourdan lui en avait parlé, et que si ce dernier eût insisté davantage, on aurait pu évacuer Madrid en janvier, employer les mois de février et de mars à réprimer les bandes du nord, puis revenir en avril pour être tous réunis au mois de mai contre le duc de Wellington, en prenant un mois entier pour faire reposer les troupes et les préparer à la campagne décisive de 1813. Ces idées, parfaitement conçues par le maréchal Jourdan, restèrent donc en projet jusqu'à ce qu'on reçut de Paris des dépêches de Napoléon, contenant pour cette campagne des instructions fort arrêtées.

Nous avons exposé déjà les pensées de Napoléon à l'égard de l'Espagne pour l'année 1813. Dégoûté d'une entreprise qui avait déplorablement divisé ses forces, il y aurait volontiers renoncé s'il l'avait pu, mais ayant attiré les Anglais dans la Péninsule, il ne dépendait plus de lui de se débarrasser d'eux à volonté. En ouvrant par exemple à Ferdinand VII les portes de Valençay, il aurait eu les Anglais à Toulouse ou à Bordeaux, au lieu de les avoir à Burgos ou à Valladolid. Il fallait donc continuer à combattre au delà des Pyrénées pour n'être pas obligé de combattre en deçà. Mais Napoléon, comme on l'a vu, avait réduit cette tâche autant que possible pour 1813, car loin d'envoyer des renforts en Espagne, il en avait tiré au contraire des cadres et beaucoup d'hommes d'élite, en se tenant en mesure néanmoins de conserver la Castille vieille, les provinces basques, la Catalogne et l'Aragon. Son projet secret était de traiter avec l'Angleterre, en restituant l'Espagne moins les provinces de l'Èbre à Ferdinand VII, et en dédommageant celui-ci avec le Portugal, que la maison de Bragance pouvait bien abandonner depuis qu'elle avait trouvé au Brésil un si bel asile. C'est ce qui explique pourquoi Napoléon avait consenti pour la première fois à admettre dans un congrès les représentants de l'insurrection espagnole.

C'est d'après ces idées que Napoléon avait tracé ses instructions, mais toujours d'une manière trop générale, absorbé qu'il était par les préparatifs de la campagne de Saxe. Dépité de ce qu'un courrier employait quelquefois trente ou quarante jours pour aller de Paris à Madrid, tenant surtout à soumettre les provinces de l'Èbre qu'il avait le projet d'adjoindre à la France, il prescrivit de rétablir à tout prix les communications, répétant avec sa fougue ordinaire, quand une pensée le préoccupait, qu'il était

Juin 1813.

Désirant
ne se réserver
de l'Espagne
que
les provinces
de l'Èbre,
et importuné
de
la présence
des guérillas
dans le nord
de
la Péninsule,
Napoléon
fonde sur
cette double
considération

scandaleux, déshonorant, qu'aux portes de France on fût plus en péril qu'au milieu de la Manche ou de la Castille, et qu'on ne pût aller de Bayonne à Burgos sans être dévalisé et égorgé. Il ordonna donc d'employer l'hiver à réduire Mina, Longa, Porlier et tous les chefs de bandes qui infestaient la Navarre, le Guipuscoa, la Biscaye, l'Alava. Pour y réussir plus certainement, il voulut qu'on évacuât Madrid, qui ne l'intéressait plus guère depuis qu'il songeait à rendre la couronne à Ferdinand VII, que Joseph transférât sa cour à Valladolid, qu'il ramenât dès lors la masse des troupes françaises dans la Vieille-Castille, qu'il rapprochât l'armée de Portugal de Burgos, et qu'il en prêtât une grande partie au général Clausel pour détruire les bandes, qu'il reportât l'armée d'Andalousie de Talavera à Salamanque, l'armée du centre de Madrid à Ségovie, laissant tout au plus un détachement dans cette capitale, afin qu'elle ne parût pas définitivement abandonnée. Il prescrivit enfin une dernière disposition, c'était de donner à l'armée d'Andalousie une attitude offensive, pour persuader aux Anglais que l'on conservait des projets sur le Portugal. Napoléon espérait ainsi, en portant de Madrid à Valladolid le siége du gouvernement et en n'ayant plus qu'une seule armée au lieu de trois, soumettre par la queue de cette armée les bandes espagnoles qui ravageaient le nord, et par sa tête menacer le Portugal, de manière à y fixer les Anglais et à les détourner de toute entreprise sur le midi de la France. Malheureusement il y avait encore dans ce plan bien des illusions. D'abord il était fort peu probable que nous

Juin 1813.

songeassions sérieusement à Lisbonne lorsque nous
étions réduits à évacuer Madrid, et lord Wellington
avait montré assez de bon sens pour qu'on ne pût
pas se flatter de l'induire en de telles erreurs. D'ailleurs il n'était pas nécessaire de l'inquiéter sur le
Portugal pour le retenir dans la Péninsule; il suffisait
de le battre en Castille, à Salamanque, à Valladolid,
à Burgos, n'importe où, pour le clouer de nouveau
derrière les lignes de Torrès-Védras. Mais ce grand
objet, on le compromettait évidemment en prêtant
l'armée de Portugal au général Clausel, dans l'espérance de soumettre les bandes du nord de l'Espagne. Ces bandes étaient pour assez longtemps in-
domptables, et Joseph avec raison les représentait
comme une Vendée, sur laquelle les moyens moraux
pourraient plus que les moyens physiques. Il était
donc bien douteux que vingt mille hommes de plus
missent le général Clausel en mesure de vaincre les
bandes du nord, et il était bien certain que vingt
mille hommes de moins mettraient Joseph dans l'impossibilité de gagner une bataille sur les Anglais.
Mais tout occupé de refaire la puissance militaire de
la France, y travaillant jour et nuit, continuant à
ne pas lire la correspondance d'Espagne, ordonnant
de trop loin, et sans une attention assez soutenue,
Napoléon crut qu'un détachement de vingt mille
hommes accordé au général Clausel lui permettrait
d'en finir avec les guérillas pendant l'hiver, et que
le printemps venu, on pourrait se reporter à temps,
et tous ensemble, à la rencontre des Anglais.

Les instructions de Napoléon, transmises par le
ministre de la guerre dès le mois de janvier, et réi-

Les
instructions
de Napoléon

Juin 1813.

n'arrivent,
à cause
de la difficulté
des communi-
cations,
qu'en février
et mars.

terées en février, n'arrivèrent pour la première fois
qu'au milieu de février, pour la seconde qu'au commencement de mars, c'est-à-dire trente jours environ après leur départ. C'était une première perte
de temps extrêmement fâcheuse, naissant des circonstances mêmes qui affectaient si vivement Napoléon,
c'est-à-dire de l'occupation de toutes les routes par
les bandes insurgées. Il en coûtait beaucoup à Joseph, comme nous venons de le dire, d'abandonner Madrid, car son autorité sur les Espagnols, ses
finances, et les familles des afrancesados, allaient
également en souffrir. Mais déjà sa raison et le maréchal Jourdan lui avaient dit qu'il fallait se résoudre
à ce sacrifice. Les ordres de Napoléon ne servirent
qu'à l'y déterminer définitivement. Mieux eût valu
sans doute le faire plus tôt, car les troupes qu'on allait prêter au général Clausel seraient redevenues libres plus promptement, mais Joseph, quoique inclinant par bon sens à cette résolution, n'avait pu s'y

Translation
de la cour
d'Espagne
de Madrid à
Valladolid.

décider qu'à la dernière extrémité. En conséquence
il ordonna la translation de sa cour et de son gouvernement à Valladolid, mais en laissant une division à
Madrid. La masse des blessés et des malades à évacuer (il y en avait neuf mille), du matériel à mettre en
sûreté, des familles de fonctionnaires à transporter,
était si grande, que cette évacuation exigea près d'un
mois. Le nouvel établissement ne fut pas terminé
avant le commencement d'avril. Les troupes furent
distribuées de la manière suivante. (Voir la carte

Nouvelle
distribution
des
trois armées
de Portugal,

n° 43.) L'armée de Portugal fut transférée de Salamanque à Burgos. Elle avait été réduite par le ren-
voi des cadres inutiles et le versement de l'effectif

dans un moindre nombre de régiments, de huit divisions à six, et elle y avait gagné en organisation ce qu'elle avait perdu en force numérique. Trois de ces divisions furent envoyées au général Clausel pour l'aider à soumettre les bandes; une fut retenue à Burgos; deux furent échelonnées en avant de Palencia, prêtes à soutenir la cavalerie le long de l'Esla, et observant l'armée espagnole de la Galice. L'armée d'Andalousie, transportée de la vallée du Tage dans celle du Douro, et se liant par sa droite avec celle de Portugal, occupa le Douro et la Tormès pour se tenir en garde contre l'armée anglo-portugaise campée dans le Béira. Elle occupait Zamora, Toro, Salamanque, Avila. Une de ses divisions, celle du général Leval, fut laissée à Madrid, pour continuer l'occupation apparente de la capitale, et en percevoir les produits. Enfin l'une des deux divisions de l'armée du centre fut établie à Valladolid même, l'autre à Ségovie, afin d'appuyer la division Leval, qui restait en l'air au milieu de la Nouvelle-Castille.

Ces trois armées, qui au mois de janvier présentaient encore 86 mille hommes aguerris, dont 12 mille de superbe cavalerie, n'en comptaient plus en avril que 76 mille, par suite du départ des cadres et des hommes d'élite que Napoléon avait appelés en Saxe. Leur division en trois armées offrait bien des inconvénients, car malgré la révocation des chefs qui avaient opposé à l'autorité de Joseph de si funestes résistances, il restait encore dans les trois états-majors des tendances à l'isolement, des habitudes d'exploiter le pays pour le compte de chaque armée, ex-

Juin 1813.

d'Andalousie
et du centre,
et envoi
dans le nord
de l'Espagne
d'une partie
de celle
de Portugal.

Malgré
le départ
des chefs
les moins
obéissants,
la distribution
des troupes
françaises en
trois armées
distinctes
laisse subsister
les anciennes
divisions.

trêmement dangereuses. Fondre ces armées en une seule, bien compacte, placer celle-ci sous un chef unique, tel que le général Clausel, aussi vigoureux sur le champ de bataille que soumis à l'état-major royal, la réunir tout entière entre Valladolid et Burgos, lui procurer du repos, réparer son matériel, composer ses magasins, eût été probablement un moyen de tout sauver. Malheureusement on n'en fit rien.

On laissa les trois armées séparées, car Napoléon n'aurait pas vu avec plaisir la réunion dans les mains de Joseph d'une pareille masse de forces. Chaque état-major conserva ainsi ses prétentions, et quand, par le conseil de Jourdan, Joseph ordonna aux administrations de ces trois armées les mesures nécessaires pour la création des magasins, chacune d'elles refusa d'obéir à l'état-major général. Il fallut un ordre nouveau de Paris, qui mit plus d'un mois à parvenir à Madrid, pour obliger chacun des trois intendants à déférer aux injonctions de l'intendant en chef. Le temps le plus précieux pour la formation des approvisionnements fut ainsi perdu. Enfin, après avoir envoyé trois divisions de l'armée de Portugal au général Clausel pour l'aider à soumettre les bandes, il fallut lui en expédier une quatrième, puis en acheminer une cinquième jusqu'à Briviesca, de manière que le général Reille n'en conserva qu'une avec lui. Il dut même la partager en deux, et placer l'une de ses brigades à Burgos, l'autre à Palencia, derrière la cavalerie qui gardait l'Esla. On n'avait donc, si les Anglo-Portugais arrivaient brusquement, que deux des trois armées à leur opposer, et déjà le bienfait de la concentration, auquel on avait dû, après la malheureuse bataille de Salamanque, le rétablissement de nos affaires, était presque annulé. Si encore ces renforts envoyés au général Clausel l'avaient mis en mesure d'anéantir les bandes de guérillas, le mal de la dispersion, quoique irréparable, n'aurait pas été sans compensation. Mais cette Vendée espagnole était aussi difficile à vaincre que l'avait été la Vendée française, et il devenait évident que la force sans les moyens moraux et politiques serait insuffisante pour y réussir.

La marine anglaise, côtoyant sans cesse le rivage des Asturies de Santander à Saint-Sébastien, y versant des armes, des munitions, des objets d'équipement, des vivres, concourant à l'attaque ou à la défense des postes maritimes, apportait aux insurgés un secours qui doublait leurs moyens et leur audace. Porlier, Campillo, Longa, Mina, Mérino, tantôt réunis, tantôt séparés, toujours bien informés, évitaient nos colonnes dès qu'elles étaient en nombre, ne les abordaient que lorsqu'elles s'étaient divisées pour courir après eux, et alors avaient l'art de se rejoindre pour les accabler. Ils n'avaient emporté nulle part d'avantages considérables, mais ils avaient détruit jusqu'à deux bataillons à la fois, notamment à Lerin, et bien que le général Clausel eût cinquante mille hommes à leur opposer, qu'il mît la plus grande activité à les poursuivre, il ne parvenait que rarement à les atteindre, et presque jamais à garantir les communications, parce que pour garder efficacement les routes il eût fallu en occuper tous les points, ce qui était absolument impossible. Le général Clausel avait

Juin 1813.

repris Castro sur le bord de la mer, rendu les Anglais circonspects, traité Mina rudement, ravitaillé Pampelune, actes fort méritoires sans doute, mais de peu d'importance pour les affaires générales de la Péninsule. Il n'en fallait pas moins trois à quatre mille hommes d'escorte pour voyager en sûreté de Bayonne à Burgos, si l'objet ou le personnage escorté attirait l'attention de l'ennemi; et en attendant, pour un si mince résultat, on consumait les forces des troupes qui étaient la dernière ressource qu'on pût opposer aux Anglais!

Lord Wellington entre en campagne au mois de mai.

Tandis qu'on s'épuisait de la sorte en courses inutiles, les mois d'avril et de mai s'étaient écoulés, et le moment des grandes opérations étant venu, lord Wellington avait quitté ses cantonnements. Il entrait en campagne avec 48 mille Anglais, 20 mille Portugais, 24 mille Espagnols, ces derniers mieux armés, mieux vêtus que de coutume : il avait ainsi plus de 90 mille hommes à sa disposition. Son intention était de faire passer d'abord l'Esla par sa gauche que commandait sir Thomas Graham, et de n'aborder avec son centre et sa droite la ligne du Douro plus difficile à forcer, que lorsque sa gauche se trouverait par le passage de l'Esla sur les derrières des Français qui défendaient le Douro. (Voir la carte n° 43.) Cette fois il marchait avec un parc d'artillerie de siége, et n'était plus exposé à échouer devant un ouvrage comme le fort de Burgos.

Il se porte avec 90 mille hommes sur l'Esla et le Douro.

Le 14 mai sa gauche exécuta un premier mouvement, et se répandit le long de l'Esla. La cavalerie du général Reille, n'étant soutenue que par une brigade d'infanterie, n'avait pu se montrer ni hardie ni vigilante, et l'Esla était passé avant qu'elle fût en mesure de le savoir ou de l'empêcher. Les Anglais ne se hâtèrent pas de nous pousser vivement, car une aile ne voulait pas marcher sans l'autre, et vers le 20 mai seulement lord Wellington, avec sa droite, se porta sur Salamanque et la Tormès. Le 24 il fut signalé au général Gazan comme s'avançant à la tête de forces considérables.

L'armée française, qui aurait dû être prête et concentrée dès le 1er mai aux environs de Valladolid, se voyait surprise dans la situation la plus fâcheuse. Sans doute le maréchal Jourdan plus jeune, Joseph plus actif et plus décidé, n'auraient pas souffert que les choses restassent dans l'état où l'ennemi allait les trouver. Ainsi, malgré l'extrême difficulté des informations en Espagne, ils auraient tâché de se tenir plus au courant des mouvements des Anglais; malgré les ordres de l'Empereur, qui après tout étaient des instructions plutôt que des ordres, ils auraient pu, à l'approche du danger, rappeler les divisions de l'armée de Portugal prêtées au général Clausel, attirer auprès d'eux ce général lui-même, seul capable de commander en chef dans une grande bataille, ils auraient pu au moins concentrer davantage les armées d'Andalousie et du centre, et ce qui restait de celle de Portugal; enfin, malgré la résistance des administrations particulières qu'il fallait briser au besoin, ils auraient pu créer à Burgos les magasins sans lesquels il était impossible que dans un tel pays on manœuvrât en liberté. Mais Jourdan, dégoûté du régime impérial dont il voyait de si près les abus, d'une guerre dont il avait depuis longtemps prédit

les funestes conséquences, se ressentant déjà des
effets de l'âge, retenu seulement par son affection
pour Joseph, et n'aspirant qu'à rentrer en France,
se contentait de signaler avec un rare bon sens les
fautes qu'on allait commettre, et ne savait pas communiquer à Joseph le courage de les prévenir. Joseph, jugeant avec discernement le vice des choses,
savait s'irriter quelquefois contre son frère et jamais
lui désobéir, ni prendre, comme général et comme
roi, l'autorité qu'après tout on ne l'aurait pas puni
d'avoir prise. Jourdan se consolait trop de tout ce
qu'il voyait par le mépris peu dissimulé d'un honnête
homme, Joseph se désolait, mais les choses n'en
suivaient pas moins leur cours parfois heureux, plus
ordinairement malheureux, et destiné à devenir désastreux dans un temps très-prochain.

C'est ainsi que lord Wellington, en marche dès le
14 mai par sa gauche, le 20 par sa droite, trouva
l'armée d'Andalousie dispersée de Madrid à Salamanque, celle du centre de Ségovie à Valladolid,
celle de Portugal de Burgos à Pampelune.

Le premier soin devait être de rappeler de Madrid
la division Leval, et de lui faire repasser le Guadarrama pour la transporter à Valladolid. Le général
Gazan aurait pu en donner l'ordre sur-le-champ, mais
comme il s'agissait d'abandonner définitivement la
capitale, il crut devoir venir à Valladolid même s'en
entendre avec Joseph. On perdit ainsi deux jours.
L'autorisation d'évacuer fut expédiée le 25 de Valladolid. En même temps on envoya à toutes les troupes
sur les lignes de la Tormès, du Douro, de l'Esla,
l'ordre de rétrograder lentement, afin de ménager à

la division Leval le temps de se replier, et comme
le général Reille n'avait pour appuyer sa cavalerie
le long de l'Esla qu'une des deux brigades de la division Maucune, on lui prêta une division de l'armée
du centre, celle du général Darmagnac. On laissa le
reste de l'armée du centre échelonné sur Ségovie pour
recueillir la division Leval. L'armée d'Andalousie, la
plus entière des trois, dut se retirer de Salamanque
sur Tordesillas (voir la carte n° 43), en cédant le
terrain peu à peu, afin que toutes nos troupes dis-
persées eussent le temps de se concentrer. A ces
mesures, dictées par la situation, on en ajouta une
dernière, ce fut d'avertir le général Clausel de l'approche des Anglais, de lui redemander les cinq divisions de l'armée de Portugal, de l'engager à venir
lui-même avec quelques troupes de l'armée du nord,
afin d'avoir au moins 80 mille hommes à opposer aux
Anglais. Enfin on écrivit au ministre de la guerre
Clarke, pour lui faire connaître l'état des choses, et
le presser d'ordonner de son côté la concentration des
forces. Ce ministre, demeuré seul à Paris depuis que
Napoléon était parti pour l'Allemagne, ne savait que
répéter sans discernement les ordres de l'Empereur,
qui prescrivaient, comme objet essentiel, de rétablir les communications avec la France, de rester
maître avant tout des provinces du nord, et de prendre une attitude offensive à l'égard du Portugal, afin
de détourner les Anglais de toute tentative contre
les côtes de France. Quelques jours même avant
l'apparition des Anglais, il n'avait pas craint d'ordonner l'envoi en Aragon d'une nouvelle division
de l'armée de Portugal, pour maintenir les commu-

Juin 1813.

Avis envoyé
au général
Clausel
de l'approche
des Anglais,
et ordre
d'accourir lui-
même avec
les divisions
de l'armée
de Portugal
qu'on lui a
prêtées.

nications avec le maréchal Suchet. Il n'y avait donc pas grand secours à attendre du duc de Feltre. Le seul service qu'il pût rendre, c'était de transmettre de son côté au général Clausel l'avis de la marche des Anglais, ce qui n'était pas indifférent, car, malgré tout ce qu'on avait fait pour communiquer sûrement avec l'armée du nord, on n'était pas certain d'y réussir avant trois ou quatre semaines. Au surplus le général Clausel était si bon compagnon d'armes, et comprenait si bien l'importance de battre les Anglais, qu'aussitôt averti il ne pouvait manquer de renvoyer les divisions de l'armée de Portugal, et de venir lui-même avec les troupes disponibles de l'armée du nord.

Heureusement pour les premiers jours de la campagne on avait affaire à un ennemi solide, mais circonspect, et nos soldats, aussi vaillants que bien commandés, n'étaient pas faciles à déconcerter. Le général Reille recueillit sa cavalerie, se retira en bon ordre sur Palencia, et avec la division d'infanterie Maucune, la seule qui lui restât, avec la division Darmagnac qui lui avait été prêtée, mit hors d'atteinte la route de Valladolid à Burgos, laquelle était la ligne de retraite de l'armée. Le général Villatte, placé sur la Tormès, la défendit vaillamment, même trop vaillamment, car s'il était utile de retarder l'ennemi, il était dangereux de prétendre l'arrêter, et il perdit ainsi quelques centaines d'hommes, mais après en avoir fait perdre beaucoup plus aux Anglais. Grâce à cette attitude et à la prudente lenteur de lord Wellington, le général Leval put évacuer Madrid, et repasser sain et sauf le Guadarrama,

ramenant avec lui les derniers restes de notre établissement à Madrid. Il rejoignit l'armée du centre à
Ségovie. Le 2 juin on se trouvait dans les positions
suivantes : le général Reille entre Rio-Seco et Palencia avec sa cavalerie et deux divisions ; l'armée d'Andalousie à Tordesillas sur le Douro, avec ses quatre
divisions ; enfin l'armée du centre à Valladolid avec
une division française et une espagnole. C'était un
total d'environ 52 mille hommes, au lieu de 76
mille qu'on aurait pu réunir, si on n'avait pas sitôt
renoncé aux avantages de la concentration pour le
chimérique projet de la destruction des bardes.

Une fois groupés autour de Valladolid, il y avait
trois partis à prendre (voir la carte n° 43) : le premier, de s'arrêter et de livrer bataille tout de suite
avec 52 mille hommes contre 90 mille, ce qui était
imprudent et prématuré, chaque pas fait en arrière
donnant la chance de recouvrer une ou plusieurs divisions de l'armée de Portugal ; le second, de se retirer sur Burgos, puis sur Miranda et Vittoria, jusqu'à
ce qu'on eût rejoint l'armée du nord elle-même, ce
qui était simple et peu chanceux ; le troisième enfin,
de ne pas quitter la ligne du Douro, de manœuvrer
sur ce fleuve en le remontant transversalement jusqu'à Aranda, même jusqu'à Soria, d'où par une
route que le maréchal Ney avait suivie en 1808, on
serait tombé entre Tudéla et Logroño, c'est-à-dire en
Navarre, précisément au point où l'on était assuré de
rencontrer le général Clausel et même le maréchal
Suchet, si des événements extraordinaires exigeaient
la concentration générale de toutes nos forces, plan
assez hardi en apparence, mais le plus sûr en réa-

Juin 1813.

Trois partis
à prendre
après
la concentra-
tion opérée
autour
de Valladolid.

Juin 1813.

L'avis
de se retirer
directement
sur Burgos
et Miranda,
et d'y attirer
le général
Clausel,
est adopté.

lité. Les trois projets furent pris en considération et discutés. Personne n'imagina de se battre immédiatement avec 52 mille hommes contre 90 mille, quand on devait se flatter d'en avoir chaque jour davantage. On ne méconnut pas le mérite du troisième plan, consistant à remonter le cours du Douro jusqu'aux approches de la Navarre, mais on le jugea téméraire et compliqué, et surtout on lui trouva le défaut d'abandonner la route de Bayonne, et de négliger le soin des communications si recommandé par les instructions de Paris, comme si une armée anglaise aurait jamais osé franchir les Pyrénées, en laissant une armée de 80 mille Français sur ses derrières, et de 150 mille en comptant le maréchal Suchet. Par ces divers motifs on préféra le second plan, celui qui consistait à se retirer paisiblement sur Burgos, en écrivant lettres sur lettres pour ramener les divisions prêtées au général Clausel, sinon toutes, au moins celles qui recevraient en temps utile l'avis qu'on leur expédiait.

Évacuation
de Valladolid,
et retraite
sur Burgos.

Cette retraite commença donc, et il fallut après Madrid abandonner Valladolid même, cette seconde capitale qu'on venait de se créer dans la Vieille-Castille. On achemina devant soi le matériel, les malades, les blessés, les afrancesados, et la marche ne put être que fort lente. Les troupes, mal approvisionnées, étaient obligées de s'étendre pour vivre, ce qui rendait la retraite peu sûre. Heureusement nous avions dix mille hommes d'une excellente cavalerie, l'ennemi n'était pas entreprenant, et on put ainsi se retirer sans accident fâcheux. Lord Wellington, attendant la fortune sans jamais courir

après elle, savait bien qu'il en faudrait venir à une
bataille générale, et se résignait à cette chance,
mais avec la résolution de ne combattre, suivant son
usage, que sur un terrain favorable, et jusqu'à ce
moment il semblait se contenter d'un seul résultat,
celui de nous ramener vers les Pyrénées. Dans cette
intention, il portait toujours en avant sa gauche
partie des frontières de la Galice, de manière à menacer notre droite (droite en tournant le dos aux
Pyrénées), et à décider ainsi plus vite nos mouvements rétrogrades. On ne comprend même pas
comment ce général si sensé, se hâtait lui-même de
nous pousser sur nos renforts, et ne cherchait pas
une occasion de nous joindre, lorsqu'au lieu d'être
70 mille nous n'étions que 50 mille.

Le 6 juin on atteignit les environs de Palencia, et
une reconnaissance exécutée par Joseph et Jourdan
révéla complétement cette disposition des Anglais
de porter toujours leur gauche renforcée sur notre
droite. Le 7 on continua de marcher sur Burgos, et
on vint prendre la position de Castro-Xeriz, entre la
Puyserga et l'Arlanzon, en avant de Burgos. La ra-
reté des subsistances ne permettant pas de conserver
cette importante position aussi longtemps qu'on l'aurait voulu, on se replia sur Burgos le 9. Le général
Reille avec la division Maucune et la division Darmagnac s'établit sur le Rio Hormaza, le général Gazan
avec l'armée d'Andalousie derrière le Rio Urbel, à
cheval sur l'Arlanzon, l'armée du centre dans l'intérieur de Burgos.

On s'était pressé, faute de vivres, d'arriver à
Burgos, et on devait, faute de vivres encore, se

Juin 1843.

Arrivée
le 7 juin
aux environs
de Burgos.

Impossibilité
de séjourner
à Burgos

Juin 1843.

par suite
du défaut
de vivres,
et par la né-
cessité où l'on
est de rallier
le général
Clausel.

presser d'en partir. Les nombreux convois de malades, d'expatriés, de conducteurs d'artillerie, accumulés à Burgos, avaient dévoré les magasins peu
considérables qu'on avait formés dans cette ville, et
les troupes pouvaient à peine y subsister quelques
jours. On achemina de nouveau ces convois sur Miranda et Vittoria, et on eut le tort, une fois la résolution adoptée de rétrograder jusqu'aux Pyrénées,
de ne pas envoyer tous les embarras à Bayonne,
pour en délivrer complétement l'armée. On fit reposer les troupes quelques jours afin de consommer les
subsistances qui restaient, et de gagner un temps qui
était gagné pour la concentration, car chaque jour
qui s'écoulait ajoutait aux chances de rallier le général Clausel. A Burgos d'ailleurs on avait trouvé
la division Lamartinière, l'une de celles qu'on avait
prêtées à l'armée du nord, et qui était la plus nombreuse de l'armée de Portugal. Elle procurait près
de 6 mille hommes de plus au général Reille, ce qui
permit de rendre à l'armée du centre la division Darmagnac qu'on lui avait temporairement empruntée.

Avant
de quitter
Burgos
on discute
encore une
fois le plan à
suivre,
et on examine
s'il faut
se diriger
sur Vittoria,
ou faire
un détour,
pour rejoindre
en Navarre
le général
Clausel.

C'était une nouvelle raison de se rapprocher de
l'Èbre, et de pousser plus loin le mouvement rétrograde, car si on ne ralliait pas toutes les divisions
envoyées au général Clausel, on pouvait du moins en
recouvrer encore une ou deux, et un tel renfort était
d'une importance décisive. Au surplus les vivres manquaient et il fallait aller se nourrir plus loin. Ici s'élevait pour la seconde fois la question de savoir, si on
continuerait à suivre la grande route de Bayonne,
pour rester fidèle aux ordres qui avaient tant recommandé le soin des communications avec la France, ou

si on opérerait un mouvement transversal, pour déboucher sur l'Èbre à Logroño, au lieu d'y arriver par Miranda, ce qui rendait la réunion avec le général Clausel presque infaillible. C'était, sans aucune des objections qu'il avait d'abord provoquées, le plan qui avait été repoussé à Valladolid, et qui consistait à se porter en Navarre par Soria, afin de rejoindre plus sûrement le général Clausel. Cette fois le détour à faire était si peu considérable, et la certitude de la jonction avec le général Clausel, qui opérait en Navarre, d'un intérêt si capital, qu'on a peine à comprendre la résistance à une telle proposition. Les généraux Reille et d'Erlon l'appuyèrent fort; mais le maréchal Jourdan et Joseph, moins bien inspirés que de coutume, dominés surtout par les instructions de Paris répétées à chaque courrier, craignirent de découvrir les communications avec Bayonne, et persistèrent à se diriger directement sur Miranda et Vittoria. Seulement n'ayant pas de nouvelles du général Clausel, on lui envoya, cette fois sous l'escorte de quinze cents hommes, l'avis de l'arrivée de l'armée dans la direction de Vittoria. On prit donc encore le parti de rétrograder sur l'Èbre par Briviesca, Pancorbo, Miranda.

Le 12 juin le général Reille voyant les Anglais essayer de nouveau de déborder notre droite (nous répétons qu'il s'agit de notre droite le dos tourné aux Pyrénées), voulut les contraindre à déployer leurs forces, et tint en arrière du Rio Hormaza. Les Anglais montrèrent environ 25 mille hommes, mais le général Reille, qui n'en avait pas la moitié, manœuvra avec tant d'aplomb et de vigueur qu'il leur tua trois ou quatre cents hommes, sans en perdre lui-même plus d'une cinquantaine, et repassa le Rio Hormaza et même l'Arlanzon dans un ordre parfait. Il était évident que les Anglais, sans être impatients de nous livrer bataille, voulaient cependant nous contraindre à leur céder le terrain en débordant toujours l'une de nos ailes. Le 13 on se détermina à partir de Burgos, et comme dans cette campagne on savait lord Wellington pourvu d'un équipage de siége considérable, que d'ailleurs on ne voulait pas se priver de deux ou trois mille hommes en les laissant à Burgos que nous n'avions guère l'espérance de revoir, on se décida à faire sauter le fort qui nous avait rendu de si grands services l'année précédente. Il fut résolu que les munitions dont il était rempli et qu'on ne pouvait pas transporter, seraient livrées aux flammes ainsi que le fort lui-même.

Le 13, pendant que nous marchions sur Briviesca, l'armée fut attristée par une effroyable explosion, triste signe d'une retraite sans espoir de retour, et on sut, par l'arrière-garde, que cette opération, exécutée sans les précautions nécessaires, avait causé à nos troupes, et surtout à la ville, des dommages assez considérables. On arriva le 14 juin à Briviesca, le 15 à Pancorbo, le 16 à Miranda. Parvenu à ce dernier point, on était au bord de l'Èbre, et un pas de plus on allait être à Vittoria, au pied même des Pyrénées. (Voir la carte n° 43.) L'ennemi s'était avancé par sa gauche jusqu'à Villarcajo, continuant sa manœuvre accoutumée de déborder notre droite. En même temps on avait appris que le général Clausel, à la première nouvelle de l'approche des Anglais, s'était hâté de diriger sur l'armée la division Sarrut qu'on venait de recueillir en route, la division Foy qui était encore sur le revers des Pyrénées entre Mondragon et Tolosa, et qu'il s'avançait lui-même par Logroño en remontant l'Èbre, avec les deux divisions restantes de l'armée de Portugal, et deux divisions de l'armée du nord. On l'espérait à Logroño pour le 20.

C'était le cas d'exécuter le plus simple des mouvements, c'est-à-dire de descendre l'Èbre de Miranda à Logroño, ce qui aurait entraîné un détour de quelques lieues à peine, et assuré d'une manière certaine la jonction avec le général Clausel. Mais la route directe de Bayonne par Vittoria préoccupait plus que jamais Joseph et Jourdan. On craignait non-seulement de la découvrir en descendant l'Èbre jusqu'à Logroño, mais même en restant sur la route de Miranda à Vittoria, de ne pas la protéger assez, car l'ennemi pouvait par Villarcajo franchir les montagnes un peu plus haut, se porter par Orduña sur Bilbao, pousser de Bilbao à Tolosa, et nous couper la route de Bayonne. Pour parer à ce danger, le maréchal Jourdan voulait porter l'armée de Portugal par Puente-Larra sur Orduña, afin de fermer le débouché par lequel la route de Vittoria à Bayonne aurait pu être interceptée. C'était l'obstination du ministre de la guerre à reproduire les premiers ordres de Napoléon qui amenait cette funeste pensée, laquelle aurait privé Joseph des trois divisions du général Reille jusqu'à ce qu'on eût repassé les Pyrénées, et eût replacé l'armée, même après la réunion avec le général Clausel, dans le dangereux état d'infériorité numérique où elle se trouvait dans le moment. Or, il n'était pas probable que les Anglais nous laissassent franchir les Pyrénées sans livrer bataille, bien qu'en apparence ils n'eussent d'autre but que celui de nous faire évacuer l'Espagne. Le maréchal Jourdan était disposé à ne pas leur supposer d'autre intention, et il faut reconnaître que leur conduite habituelle donnait quelque crédit à une opinion pareille.

On avait séjourné le 17 juin à Miranda, pour procurer quelque repos à l'armée. Il fallait cependant prendre un parti, car on ne pouvait demeurer plus longtemps en cet endroit, et permettre à l'ennemi de nous devancer aux divers cols des Pyrénées. Il y avait toujours eu deux avis bien distincts dans l'état-major, l'un consistant à se diriger le plus tôt possible, par un mouvement transversal, sur Logroño et la Navarre, afin de rallier le général Clausel, sans tenir compte du mouvement des Anglais contre notre droite, car ils ne pouvaient pas songer à passer ces montagnes tant qu'ils n'auraient pas gagné sur nous une bataille décisive; l'autre au contraire consistant à donner une attention extrême au mouvement par lequel les Anglais menaçaient nos communications, et à parer à ce mouvement en ne quittant pas la grande route de Bayonne, et en y appelant le général Clausel, qu'on espérait d'ailleurs y voir arriver d'un instant à l'autre. Le premier avis était celui du général Reille et du comte d'Erlon; le second était celui du maréchal Jourdan et du roi Joseph fatalement dominés par les ordres de Paris.

Le conflit entre les deux opinions fut fort vif à Mi-

Juin 1813.

discussion
à Miranda sur
la direction
à suivre.

L'avis
du général
Reille
et du général
comte d'Erlon
est
de se porter
en Navarre.

Jourdan
et Joseph
insistent pour
la marche
directe
sur Vittoria.

randa, car le moment était venu d'opter entre l'une ou l'autre. Le général Reille soutenait que le général Clausel s'étant fait annoncer sur l'Èbre aux environs de Logroño, il fallait se hâter d'y descendre pour le rejoindre, et que toute considération devait céder devant le grand intérêt de la concentration de nos forces, répétant ce qu'il avait toujours dit, que le mouvement par lequel les Anglais cherchaient à nous déborder n'était pas une menace sérieuse, tant qu'ils ne nous auraient pas sérieusement battus. Le maréchal Jourdan et Joseph, au contraire, craignaient par-dessus tout le mouvement qui transportant les Anglais par Orduña sur Bilbao et Tolosa, les placerait entre nous et Bayonne, au revers de la grande chaîne des Pyrénées. De plus le convoi comprenant toutes nos évacuations, nos malades, nos blessés, les expatriés espagnols, se trouvait à Vittoria, et descendre sur Logroño c'était le découvrir, et le livrer à l'ennemi. Enfin le général Clausel, auquel on avait indiqué Vittoria comme point de rendez-vous, pouvait bien s'y être dirigé sans venir à Logroño, et, dans ce cas, il serait lui-même aussi compromis que le convoi.

Il faut reconnaître que l'avis du général Reille et du comte d'Erlon, bien que le meilleur, comme on le verra bientôt, avait perdu de son mérite apparent depuis qu'on avait envoyé le convoi à Vittoria, et qu'on avait fait dire au général Clausel de s'y rendre, car, sans même partager la crainte d'être tourné par Orduña, le danger de découvrir le convoi, peut-être le général Clausel lui-même en descendant obliquement sur Logroño, était un motif

très-spécieux de continuer à marcher directement
sur Vittoria, et on ne saurait blâmer Joseph et le
maréchal Jourdan d'avoir persisté dans leur première opinion, surtout en tenant compte des ordres
de Paris, qui leur faisaient un devoir impérieux de
veiller à leurs communications avec la France.

Joseph et le maréchal Jourdan ne se bornèrent
pas à adopter la marche directe sur Vittoria, ils voulurent se donner tout repos d'esprit relativement au
danger d'être tournés par Orduña et Bilbao, et ils
prescrivirent au général Reille de se porter par
Puente-Larra sur Osma, par Osma sur Orduña et
Bilbao, tandis que le reste de l'armée s'avancerait
immédiatement sur Vittoria. On espérait rallier à Vittoria le général Clausel, gagner par cette réunion
plus qu'on n'aurait perdu par le départ du général
Reille, et, adossé ainsi aux Pyrénées avec les généraux Gazan, d'Erlon, Clausel, ayant sur le revers
de ces montagnes le général Reille pour parer à un
mouvement tournant, opposer partout à l'ennemi
une barrière de fer. Mais en prenant de telles dispositions, il aurait fallu avertir le général Clausel
autrement que par des paysans ou des officiers détachés; il aurait fallu, par un régiment de cavalerie
(arme dont on avait beaucoup plus qu'on ne pouvait en employer), lui adresser à Logroño même l'indication du vrai rendez-vous, et expédier des ordres
positifs pour hâter le départ du convoi de Vittoria,
afin de ne pas l'y rencontrer sur son chemin, et de
n'y pas tomber dans un encombrement dangereux [1].

[1] Nous nous permettons d'indiquer ces mesures, comme celles qu'on
aurait dû prendre, parce qu'on a généralement reproché depuis à Jo-

Le sens, le jugement ne faisaient jamais défaut ni
à Joseph, ni au maréchal Jourdan; mais, ainsi que
nous l'avons dit ailleurs, l'activité qui multiplie les
précautions, qui ne se fie jamais aux ordres donnés
une seule fois, cette activité qui vient de la jeunesse
et d'une extrême ardeur d'esprit, leur manquait
absolument. Ils résolurent donc de diriger le général
Reille avec ce qu'il avait de l'armée de Portugal
sur Osma, les généraux Gazan et d'Erlon avec les
armées du centre et d'Andalousie sur Vittoria, sans
prendre malheureusement aucune des précautions
que nous venons d'indiquer.

Le 18 le général Reille se mit en mouvement sur
Osma avec les divisions Sarrut, Lamartinière et
Maucune. Mais à peine cette dernière était-elle en
marche qu'elle fut assaillie par une nuée d'ennemis,
auxquels elle n'échappa qu'à force de vigueur et de
présence d'esprit. Le général Reille arrivé à Osma,
trouva des troupes nombreuses vers Barbarossa,
déjà postées à tous les abords des montagnes, et ne
permettant pas d'en approcher. C'étaient les Espagnols de l'armée de Galice, qui avaient pris les de-
vants pour occuper avant nous les passages des Pyrénées. On aurait pu croire que conformément aux
conjectures du maréchal Jourdan et du roi Joseph,
ils allaient franchir les Pyrénées à Orduña pour couper la route de Bayonne; mais ils n'y songeaient pas.
Ils voulaient seulement nous devancer au pied des
montagnes, pour prendre des positions dominantes

Juin 1813.

Départ
de Miranda
le 18.

seph et au maréchal Jourdan de ne les avoir pas prises, et que le simple
bon sens suffit d'ailleurs pour en apprécier la convenance et la nécessité.

dans notre flanc, si nous étions décidés à livrer une bataille défensive le dos appuyé aux Pyrénées, ou nous précéder tout au plus au col de Salinas, pour nous entamer avant que nous eussions regagné la frontière de France.

Le général Reille voyant la route d'Orduña interceptée, renonça facilement à une opération qu'il blâmait, et se décida à regagner par un mouvement latéral la grande route de Miranda à Vittoria. De son côté Joseph avait décampé dans la nuit du 18 au 19 juin pour se rendre à Vittoria, et le 19 au matin tous nos corps étaient en pleine marche sur cette ville. Vittoria, située au pied des Pyrénées sur le versant espagnol, s'élève au milieu d'une jolie plaine

entourée de montagnes de tous les côtés. Si on y prend position le dos tourné aux Pyrénées, on a sur la droite le mont Arrato, qui vous sépare de la vallée de Murguia, devant soi la Sierra de Andia, et sur la gauche enfin des coteaux à travers lesquels passe la route de Salvatierra à Pampelune. Une petite rivière, celle de la Zadorra, arrose toute cette plaine, en coulant d'abord le long des Pyrénées où elle a sa source, puis en longeant à droite le mont Arrato, pour s'échapper par un défilé très-étroit à travers la Sierra de Andia.

Le gros de notre armée venant de Miranda et des bords de l'Èbre, parcourait la grande route de Bayonne, qui pénètre directement dans la plaine de Vittoria par le défilé que suit la rivière de la Zadorra pour en sortir. Le général Reille y arrivait latéralement, en s'y introduisant par les divers cols du mont Arrato. Le corps avec lequel lord Wellington avait toujours essayé de nous déborder, et qui était composé d'Espagnols et d'Anglais, aurait pu nous devancer aux passages du mont Arrato, et occuper ainsi avant nous la plaine de Vittoria, si le général Reille, qui dans son mouvement latéral lui était opposé, ne l'eût contenu par la vigueur avec laquelle il disputa le terrain toute la journée du 19. Par le fait, le détour qu'on avait prescrit au général Reille, inutile quant au but qu'on s'était d'abord proposé, eut néanmoins des conséquences heureuses, car s'il ne nous préserva pas du danger chimérique de voir la route de Bayonne coupée au delà des Pyrénées, il nous sauva du danger de la voir interceptée en deçà, par l'occupation même du bassin de Vittoria. Le 19 au soir, nos trois armées s'y trouvaient réunies sans aucun accident. Le général Reille avait tué beaucoup de monde à l'ennemi, et n'en avait presque pas perdu.

Réunion le 19 au soir de nos trois armées dans le bassin de Vittoria.

Il devenait urgent d'arrêter ses résolutions. Il n'était pas à présumer que lord Wellington nous laissât repasser les Pyrénées sans nous livrer bataille, car une fois parvenus à la grande chaîne, adossés à ses hauteurs, embusqués dans ses vallées, nous n'étions plus abordables, et concentrés d'ailleurs avant d'avoir été atteints, nous pouvions tomber sur l'armée anglaise avec 80 mille hommes, et l'accabler. Lord Wellington avait déjà commis une faute assez grave en nous permettant d'aller si loin sans nous joindre, et en nous donnant ainsi tant de chances de rallier le général Clausel, mais on ne pouvait pas supposer qu'il la commettrait plus longtemps. On devait donc s'attendre à une bataille prochaine, à moins

Nécessité pour les Français

de livrer
bataille.

qu'on ne quittât tout de suite Vittoria pour franchir le col de Salinas, et descendre sur la Bidassoa. Mais ce parti était à peu près impossible. Repasser les Pyrénées sans combat, c'était fuir honteusement devant ceux que quelques mois auparavant on avait mis en fuite près de Salamanque; c'était abandonner le général Clausel aux plus grands périls, car on le laissait seul sur le revers des Pyrénées; c'était y laisser aussi, moins immédiatement compromis, mais compromis cependant, le maréchal Suchet avec tout ce qu'il avait de forces répandues depuis Saragosse jusqu'à Alicante. Ainsi l'honneur militaire, le salut du général Clausel, la sûreté du maréchal Suchet, tout défendait de repasser les Pyrénées, et il fallait combattre à leur pied, c'est-à-dire dans le bassin de Vittoria, où devait nous rejoindre le général Clausel. Si ce général arrivait à temps, on pouvait être 70 mille combattants au moins, et plus encore, si le général Foy, qui était sur le revers entre Salinas et Tolosa, avec une division de l'armée de Portugal, arrivait également. On avait donc toute chance de battre les Anglais, qui, bien que formant avec les Portugais et les Espagnols une masse de 90 mille hommes, n'étaient que 47 ou 48 mille soldats de leur nation. Pourtant il se pouvait qu'on ne fût pas rejoint sur-le-champ par le général Clausel, et qu'un ou deux jours se passassent à l'attendre. Il fallait, dans ce cas, se mettre en mesure de tenir tête aux Anglais jusqu'à l'arrivée du général Clausel, et pour cela reconnaître soigneusement le terrain et prendre toutes ses précautions pour le bien défendre. On aurait en besoin ici d'une vigilance qui malheureusement avait toujours manqué dans la direction de cette armée.

Des six divisions de l'armée de Portugal on en avait trois, la division Maucune qui n'avait pas quitté l'armée, et les divisions Sarrut et Lamartinière qui avaient rejoint en route. Il s'en trouvait une quatrième, celle du général Foy, au revers des Pyrénées. Les deux autres, celles des généraux Barbot et Taupin, étaient encore auprès du général Clausel, qui les amenait renforcées de deux divisions de l'armée du nord. Avec les divisions de l'armée de Portugal qu'on avait recouvrées, avec les armées du centre et d'Andalousie, on aurait compté environ 60 mille hommes, sans les pertes de la retraite. Mais bien qu'on n'eût pas livré de combats sérieux, on avait perdu 3 à 4 mille hommes par maladie, fatigue, dispersion. Il en restait 56 à 57 mille, dont il fallait distraire une partie pour escorter le convoi qu'on ne pouvait pas garder à Vittoria, et on devait ainsi se trouver réduit à 54 mille hommes environ [1]. C'était laisser bien des chances à la mauvaise fortune que de combattre avec une pareille infériorité numérique. Mais comme on n'avait pas le choix, et qu'on pouvait être assailli par l'ennemi avant l'arrivée du

Juin 1813.

Forces
qu'on y avait
par suite
de
la dispersion
de l'armée
de Portugal.

Ce qu'il
aurait fallu
faire
pour attendre
en sécurité
l'arrivée
du général
Clausel.

---

[1] Dans les Mémoires du maréchal Jourdan, imprimés récemment avec ceux du roi Joseph, on trouve des chiffres un peu différents, mais le maréchal, quoique toujours extrêmement véridique, a trop réduit les forces des Français pour atténuer la défaite de la bataille de Vittoria. Après des calculs qu'il serait trop long de reproduire, nous sommes arrivés à croire plus exacts, du moins plus rapprochés de la vérité, les chiffres que nous présentons ici. Du reste la différence n'est que de 4 à 5 mille hommes. Nous devons ajouter que le maréchal Jourdan a tout à fait raison contre les chiffres allégués par le ministre de la guerre, lesquels sont entièrement faux.

général Clausel, il fallait se servir des localités le mieux possible pour compenser l'infériorité du nombre, et prendre ses mesures sinon le 19 au soir, au moins le 20 au matin, car il était à présumer que les Anglais, parvenus aux Pyrénées en même temps que nous, ne nous laisseraient pas beaucoup de temps pour nous y asseoir. Dans la soirée même du 19 on aurait dû se débarrasser de l'immense convoi qui comprenait les blessés, les expatriés, le matériel, et se composait de plus de mille voitures, car c'était une horrible gêne s'il fallait combattre, et un désastre presque certain s'il fallait se retirer. En l'expédiant le soir même, et en l'escortant seulement jusqu'au revers de la montagne de Salinas, où l'on devait rencontrer le général Foy, il était possible de ramener à temps les troupes qui l'auraient accompagné. Après s'être délivré du convoi, il fallait se bien établir dans la plaine de Vittoria. Les Anglais, ayant toujours tenté de déborder notre droite, allaient continuer probablement la même manœuvre. Ils devaient, venant de Murguia, essayer de déboucher à travers les passages du mont Arrato dans la plaine de Vittoria, ce qui les conduirait aux bords de la Zadorra, qui longe, avons-nous dit, le pied du mont Arrato. Bien que cette rivière fût peu considérable, on pouvait en rendre le passage difficile en rompant tous ses ponts, et en couvrant ses gués d'artillerie, ce qui était aisé, puisque nous traînions après nous une masse énorme de canons. Or il était indispensable de rendre ce passage non-seulement difficile, mais presque impossible, car, en traversant la Zadorra, l'ennemi pouvait tomber sur les derrières ou au moins sur le flanc de notre armée, rangée dans le bassin de Vittoria, et faisant face au défilé par lequel on y pénètre en venant de Miranda. Ce défilé à travers lequel la Zadorra s'échappe, ainsi que nous l'avons déjà dit, et qui s'appelle le défilé de la Puebla, était le second obstacle à opposer à l'ennemi, et il fallait bien étudier le terrain pour chercher les meilleurs moyens de le défendre. Il y avait pour cela une position dont l'événement prouva les avantages, et qui aurait fourni le moyen d'interdire aux Anglais tout accès dans la plaine. En se portant en effet un peu en arrière, dans l'intérieur même du bassin de Vittoria, on rencontrait une éminence, celle de Zuazo, qui permettait de mitrailler l'ennemi débouchant du défilé, ou descendant des hauteurs de la Sierra de Andia, puis de l'y refouler en le chargeant à la baïonnette après l'avoir mitraillé. Cette position, assez rapprochée de Vittoria et des passages du mont Arrato par lesquels les Anglais menaçaient de déboucher sur nos derrières, permettait d'avoir toutes choses sous l'œil et sous la main, et de pourvoir rapidement aux diverses occurrences. Il était donc possible, en coupant les ponts de la Zadorra, en occupant avec soin la hauteur de Zuazo, de défendre le bassin de Vittoria avec ce qu'on avait de troupes, et d'y attendre en sûreté le général Clausel. Enfin à toutes ces précautions on aurait dû joindre celle d'envoyer au général Clausel non pas des paysans mal payés, mais un régiment de cavalerie pour lui renouveler l'indication précise du rendez-vous. Or, comme nous l'avons déjà dit, on avait plus de cavalerie qu'il n'en fallait sur le terrain où l'on était appelé à combattre.

Juin 1813.

Inaction
forcée
de Jourdan
et de Joseph.

De ces diverses précautions, il n'en fut pris aucune. Le 19 au soir on ne fit point partir le convoi,
et on n'envoya au général Clausel que des paysans
sur lesquels on ne devait pas compter, et qui d'ailleurs, s'ils avaient été fidèles, auraient été exposés à
être arrêtés. Le jour suivant 20, au lieu de monter à
cheval pour reconnaître le terrain, Jourdan et Joseph
ne sortirent point de Vittoria. Le maréchal Jourdan

Le maréchal
Jourdan
est atteint
de la fièvre,
et Joseph
ne peut rien
ordonner sans
lui.

était atteint d'une fièvre violente, résultat de l'âge,
des fatigues et du chagrin. Joseph, qui n'avait d'autres yeux que ceux du maréchal, remit au lendemain 21 la reconnaissance des lieux. Il se flattait,
et le maréchal Jourdan aussi, que les Anglais, avec
leur circonspection ordinaire, chercheraient à percer à travers les montagnes pour nous déborder,
mais ne se hâteraient pas de nous attaquer de front.
La seule chose que la maladie du maréchal Jourdan
n'empêchât pas, c'était de se délivrer du convoi,
dont on était embarrassé au point de ne savoir où
se mettre, et on décida qu'il partirait dans la journée du 20. Afin de ne garder avec soi que l'artillerie de campagne, on ordonna aux armées de
Portugal et d'Andalousie de fournir tous les attelages qui ne leur seraient pas indispensables pour traî-

La seule
mesure prise
est
d'acheminer
sur Bayonne
le convoi
des
évacuations,
mais
en le faisant
partir le 20 au
lieu du 19.

ner le gros canon au delà des Pyrénées. De plus,
bien qu'on sût que la division Foy était sur le revers
de la chaîne, entre Salinas et Tolosa, comme les
bandes se glissaient à travers les moindres espaces,
on donna à ce convoi la division Maucune pour l'escorter. Par suite de cette disposition, l'armée de
Portugal se trouvait de nouveau réduite à deux divisions, et l'armée entière à 53 ou 54 mille hommes.

Ainsi toutes les mesures ordonnées le 20 consis-
tèrent à faire partir pour Tolosa le convoi qui aurait
dû partir le 19, à ranger le général Gazan avec
l'armée d'Andalousie en face du défilé de la Puebla,
le comte d'Erlon avec l'armée du centre derrière le
général Gazan, et puis à droite en arrière, le long
de la Zadorra, le général Reille avec les deux divisions restantes de l'armée de Portugal, afin de tenir
tête au corps tournant des Anglais qui venait par la
route de Murguia. Aux négligences commises on
ajouta celle de ne pas couper un seul des ponts de la
Zadorra. Entre nos divers corps d'infanterie on plaça
notre belle cavalerie, qui malheureusement, dans
le terrain que nous occupions, ne pouvait pas rendre de grands services, car le bassin de Vittoria est
semé de canaux nombreux qui arrêtent partout
l'élan des troupes à cheval. Nous comptions environ
9 à 10 mille chevaux, ce qui réduisait notre infanterie à 43 ou 44 mille combattants, moitié à peu près
de celle de l'ennemi.

Ainsi fut employée, c'est-à-dire perdue, la journée
du 20. A chaque instant on se flattait de voir arriver
le général Clausel, que tout devait faire espérer,
mais que rien n'annonçait aux diverses issues par
lesquelles il pouvait apparaître. L'infortuné Joseph
était dans une anxiété extrême, sans en devenir
plus actif, car chez les hommes qui n'ont pas l'esprit
tourné à la prévoyance, l'attente produit l'agitation,
mais non l'activité.

Le lendemain 21, le général Clausel n'avait point
paru, et l'ennemi ne pouvant pas être supposé
longtemps oisif, Joseph et Jourdan voulurent re-

Juin 1813.

Toute
la
journée du 20
se trouve
fatalement
perdue.

Le
matin du 21,
Jourdan,
quoique ma-
lade, exécute

Juin 1813.

avec Joseph une recon-
naissance du bassin de Vittoria.

Description des positions occupées par l'armée française.

connaître le terrain pour s'y préparer à la lutte qu'ils sentaient bien devoir être prochaine. Le maréchal Jourdan, un peu débarrassé de sa fièvre, quoique souffrant encore, fit effort pour monter à cheval, et vint avec Joseph reconnaître la plaine de Vittoria. À droite de notre position et en arrière, au pied du mont Arrato, le général Reille, avec les divisions françaises Lamartinière et Sarrut, avec le reste d'une division espagnole, gardait les ponts de la Zadorra. Le pont de Durana placé dans les montagnes du côté des Pyrénées, était gardé par la division espagnole. Le pont de Gamarra-Mayor, situé à la naissance de la plaine, était occupé par la division Lamartinière. Celui d'Arriaga, tout à fait au milieu de la plaine et à la hauteur de Vittoria, était défendu par la division Sarrut. Derrière ces divisions se trouvaient, outre la cavalerie légère, plusieurs divisions de dragons, prêtes à fondre sur toute troupe qui aurait franchi la Zadorra. Mieux eût valu détruire les ponts de cette petite rivière, et en défendre les gués avec de l'artillerie. Quoi qu'il en soit, la présence sur ce point d'un aussi bon officier que le général Reille avait de quoi rassurer.

En se reportant droit devant eux, vers l'entrée de la plaine, au débouché du défilé de la Puebla, Jourdan et Joseph gravirent l'éminence dont nous avons parlé, celle de Zuazo, coupant transversalement le bassin et dominant la sortie du défilé. Sur-le-champ avec son coup d'œil exercé, le maréchal Jourdan reconnut que c'était là qu'il fallait établir le général Gazan à la tête de toute l'armée d'Andalousie, qu'il fallait en outre hérisser la hauteur de canons, ran-

Remarque juste, mais tardive, du maréchal Jourdan, et ordre au général Gazan

ger ensuite le comte d'Erlon à droite sur la Zadorra,
pour se lier au général Reille et garder le pont de
Trespuentes qui débouchait sur le flanc de la hauteur
de Zuazo. Cette remarque si juste, faite la veille,
eût sauvé l'armée française, et probablement notre
situation en Espagne. On envoya donc des officiers
d'état-major pour transmettre ces ordres au général
Gazan, et les lui faire exécuter en toute hâte.

Mais il était trop tard, et la bataille commençait
à l'instant même. Lord Wellington, comme il était
facile de le prévoir, ne voulut pas, après nous avoir
accompagnés, pour ainsi dire, jusqu'aux Pyrénées,
nous laisser repasser les montagnes sans nous livrer
bataille, afin de les franchir, s'il le pouvait, à la suite
d'une armée battue. Il avait porté le général Graham
avec deux divisions anglaises, avec les Portugais et
les Espagnols formant sa gauche, sur la route de Murguia, à travers les passages du mont Arrato, pour
essayer de forcer le général Reille sur la Zadorra. Il
avait dirigé son centre composé de trois divisions,
sous le maréchal Béresford, à travers les autres passages du mont Arrato, pour déboucher aussi sur la
Zadorra, mais vers le milieu de la plaine, ce qui devait les faire aboutir au pont de Trespuentes, en
face du général d'Erlon et sur le flanc de la position
de Zuazo. Enfin sa droite, composée de deux divisions anglaises sous le général Hill, et de la division
espagnole Morillo, nous ayant suivis sur la route de
Miranda, devait percer le défilé de la Puebla, et venir déboucher au pied même de Zuazo. Tous ces
corps étaient déjà en marche lorsque le maréchal
Jourdan et Joseph envoyèrent au général Gazan l'or-

Juin 1813.

d'occuper
la position
de Zuazo,
au centre
du bassin
de Vittoria.

Au moment
même où était
donné cet
ordre,
la bataille
commençait.

Résolution
de lord
Wellington
de livrer
bataille, et
dispositions
d'attaque.

Le général
Gazan
n'ayant pas eu
le temps
de
rétrograder
vers la posi-
tion de Zuazo,
est obligé
de combattre
où
il se trouve.

dre de rétrograder vers la hauteur de Zuazo, d'où l'on pouvait, avons-nous dit, cribler à la fois les troupes qui auraient forcé le défilé de la Puebla, et celles qui auraient franchi la Zadorra à Trespuentes.

Lorsque l'aide de camp de Joseph porteur de ses ordres arriva auprès du général Gazan, celui-ci, déjà aux prises avec l'ennemi, déclara ne pouvoir exécuter les mouvements qu'on lui prescrivait. Joseph et Jourdan accoururent auprès de lui et bientôt découvrirent ce qui se passait. A droite on apercevait les troupes de Béresford, qui, ayant franchi les cols les plus rapprochés du mont Arrato, essayaient de traverser la Zadorra à Trespuentes. Devant soi on voyait le général Hill engagé dans le défilé de la Puebla, mais avec précaution, et ayant jeté à sa droite, sur les hauteurs de la Sierra de Andia, la division espagnole Morillo, pour seconder les troupes anglaises qui voulaient forcer le passage.

Jourdan
et Joseph
accourus
auprès du gé-
néral Gazan,
lui ordonnent
de déloger
les Espagnols
des hauteurs
de la Sierra
de Andia.

Jourdan et Joseph ordonnèrent au général Gazan d'envoyer à gauche la brigade d'avant-garde Maransin sur les hauteurs de la Sierra de Andia, pour en débusquer le plus tôt possible la division espagnole Morillo, de faire appuyer cette brigade par une division entière s'il le fallait, puis, la hauteur reprise, de culbuter les Espagnols dans le défilé de la Puebla, et de se jeter à leur suite dans le flanc du général Hill. Avec les divisions Darricau et Conroux, le général Gazan devait barrer le défilé, tenir à gauche la division Villatte en réserve, et enfin disposer sur sa droite la division Leval pour observer les troupes de Béresford, qui menaçaient la Zadorra à Trespuentes. Le comte d'Erlon, rangé en bataille derrière le gé-

néral Gazan, devait faire observer la Zadorra, et être
prêt à tomber sur les troupes qui voudraient la passer entre lui et le général Reille.

A peine ces ordres étaient-ils expédiés, que le
feu, sur notre gauche, notre front et notre droite,
s'étendit en un vaste cercle. Tout à fait en arrière,
vers le général Reille, on n'entendait rien encore.
Le général Gazan, qui avait reçu l'ordre de débarrasser d'abord les hauteurs à notre gauche, lesquelles
formaient l'extrémité de la Sierra de Andia, ne fit
pas attaquer avec assez d'ensemble les Espagnols
qui les avaient gravies. Il envoya un régiment après
l'autre, et n'obtint ainsi aucun résultat. Les Espagnols, bien abrités derrière des rochers et des bois,
et très-habiles à défendre les terrains de cette nature, opposèrent une résistance assez vive à nos régiments mal engagés. Le général Gazan pressé par
le maréchal Jourdan d'agir avec plus de vigueur,
détacha d'abord de son front une brigade de la division Conroux, puis une brigade de la division
Darricau, pour soutenir l'avant-garde du général
Maransin. Ces deux brigades, plus que suffisantes
si elles avaient été portées en masse et simultanément sur la hauteur qui était à notre gauche, restèrent à mi-côte, tiraillant avec désavantage contre
les Espagnols bien postés, et n'étant d'aucun secours pour l'avant-garde Maransin qui perdait beaucoup de monde. Deux heures s'écoulèrent ainsi sans
avantage marqué, et ce retard était d'autant plus
regrettable, que si on les eût bien employées, et
qu'après avoir culbuté les Espagnols de la hauteur
de la Sierra de Andia dans le défilé de la Puebla, on

Juin 1813.

Exécution
lente
et décousue
des
ordres donnés
au général
Gazan.

eût refoulé dans ce défilé les Anglais qui essayaient de le franchir, on aurait pu ensuite se reporter au secours du général Reille, qui allait être vigoureusement attaqué.

Le roi et le maréchal réitérant leurs ordres, le général Gazan se décida enfin à porter la division Villatte, rangée un peu en arrière à gauche, sur les hauteurs si mal et si longuement attaquées. La division Villatte gravit rapidement les pentes de la Sierra de Andia sous un feu plongeant des plus meurtriers, refoula néanmoins les Espagnols de bas en haut, et les ramena dans les bois qui couronnaient le sommet des hauteurs. Mais pendant ce temps les divisions anglaises du général Hill, voyant notre front affaibli par l'envoi des deux premières brigades du général Conroux et du général Darricau, voyant de plus un village important, placé à notre gauche, celui de Subijana de Alava, tout à fait découvert par le départ de la division Villatte, se jetèrent sur ce village en débouchant vivement du défilé, et parvinrent à l'emporter. Dès cet instant les Anglais avaient fait irruption dans la plaine, et les repousser devenait fort difficile. Le maréchal Jourdan imagina de lancer sur eux l'une des divisions du comte d'Erlon, qui avait été placé en réserve sur la droite en arrière. Mais le comte d'Erlon s'apercevant que les troupes de Béresford menaçaient de passer la Zadorra à Trespuentes, y avait successivement envoyé ses deux divisions. Il ne restait donc pas de réserve, et par surcroît d'embarras le feu, qui du côté du général Reille n'avait commencé qu'assez tard, se faisait entendre violemment vers le fond de la plaine.

Décidés par cet ensemble de circonstances, le roi et le maréchal ordonnèrent un mouvement rétrograde sur l'éminence de Zuazo, d'où l'on pouvait, avec un grand feu d'artillerie, arrêter les ennemis qui avaient envahi la plaine par toutes les issues, les uns à notre droite en passant la Zadorra à Trespuentes, les autres sur notre front en débouchant du défilé de la Puebla, les autres enfin à notre gauche en descendant des hauteurs de la Sierra de Andia. En même temps le maréchal Jourdan prescrivit au général Tirlet, chef de notre artillerie, de placer force bouches à feu sur la hauteur de Zuazo.

Ces ordres mieux exécutés que ceux qui avaient été donnés au général Gazan amenèrent un résultat qui aurait pu être décisif. On rétrograda sur la hauteur de Zuazo, et le général Tirlet en un clin d'œil y réunit quarante-cinq bouches à feu. Attendant les Anglais qui sortaient du défilé de la Puebla, et l'une des colonnes de Béresford qui avait forcé le passage de la Zadorra à Trespuentes, il les couvrit de mitraille, et joncha en peu d'instants la terre de leurs morts. D'abord mises en désordre, les troupes anglaises se reformèrent, s'avancèrent au pas, et furent de nouveau rejetées en arrière par la mitraille. Si dans ce moment on avait eu quatre ou cinq mille hommes sous la main, et qu'on les eût lancés sur les masses ébranlées des Anglais, on aurait pu en les refoulant dans le défilé leur faire essuyer un sanglant échec. Malheureusement le général Gazan, au lieu de se replier sur la hauteur transversale de Zuazo, était allé vers la gauche se ranger à mi-côte sur le flanc de la Sierra de Andia, près de la division

Juin 1813.

Le maréchal Jourdan et Joseph voyant la plaine envahie, ordonnent qu'on se replie sur la hauteur de Zuazo.

Le général Tirlet place sur la hauteur de Zuazo 45 bouches à feu, et arrête les Anglais en les couvrant de mitraille.

Faute d'une réserve d'infanterie, on ne peut tirer parti de ce succès.

Villatte, ce qui laissait un espace ouvert entre ses troupes et celles du comte d'Erlon. Celui-ci avec ses deux divisions disputait de son mieux les passages de la Zadorra, au-dessus et au-dessous de Trespuentes. On n'avait donc sur la hauteur décisive de Zuazo que de l'artillerie sans appui. Au fond de la plaine, le général Reille attaqué à Durana, à Gamarra-Mayor, à Arriagua, se défendait vaillamment, et chaque fois qu'on lui enlevait l'un de ses trois ponts, le reprenait avec la plus rare vigueur; mais en même temps il annonçait qu'il serait bientôt forcé, si on ne venait promptement à son secours. Le maréchal Jourdan appréciant cette situation, conseilla à Joseph d'ordonner la retraite, seul parti qu'il y eût à prendre en ce moment. L'intention fut de la diriger sur la grande route de Bayonne, par Salinas et Tolosa, afin de sauver l'artillerie, car si par Salvatierra et Pampelune on avait chance de rejoindre le général Clausel, on avait la certitude de perdre tous ses canons, à cause de l'état des routes.

A peine l'ordre de la retraite fut-il donné, qu'on l'exécuta, mais sans le concert et l'ensemble qui auraient pu prévenir les inconvénients d'un mouvement rétrograde. Le comte d'Erlon ne voyant pas le général Gazan à sa gauche, et apercevant la cavalerie anglaise prête à fondre dans la plaine, chercha à s'appuyer vers la Zadorra en se retirant, et découvrit ainsi Vittoria. La cavalerie ennemie s'y précipita, et y fit naître une indicible confusion. Le convoi au salut duquel on avait consacré une division n'était pas parti tout entier. Il restait un parc d'artillerie de cent cinquante bouches à feu, beaucoup

de familles fugitives, de bagages, et de soldats de
corvée envoyés pour chercher des vivres. La vue des
dragons anglais produisit sur ces gens une terreur pa-
nique des plus vives, et ils se mirent à fuir dans tous
les sens en poussant des cris. Leur premier mouvement fut de se porter sur la grande route de Bayonne,
et le col de Salinas; mais le général Reille disputant à outrance la haute Zadorra, tantôt perdant,
tantôt reprenant sa position, se battait sur cette
même route qu'il couvrait de feu et de sang. Les
fuyards se rejetèrent alors sur celle de Pampelune
par Salvatierra. Le général Tirlet accouru à Vittoria
pour ordonner la retraite, connaissant le mauvais
état de la route de Salvatierra, prévoyant que l'artillerie, surtout avec l'encombrement qui allait s'y
former, ne pourrait pas y passer, sachant de plus
que dans nos arsenaux de la frontière le matériel ne
manquait pas, et que les attelages importaient seuls,
prescrivit de couper les traits, et de sauver les hommes et les chevaux en abandonnant les canons.

La retraite qui d'abord avait dû se diriger sur
Salinas et Bayonne, se trouva donc par le mouvement du général Gazan, par une sorte d'instinct de
conservation qui avait poussé les fuyards vers la route
de Salvatierra où le canon ne s'entendait point, se
trouva, disons-nous, dirigée sur Pampelune, c'est-
à-dire sur la Navarre. On s'y rua avec une sorte de
furie, laissant à Vittoria même un matériel immense.
Dès cet instant la situation du général Reille devenait
des plus périlleuses. Ce général avait tenu tant qu'il
avait pu sur la Zadorra, rejetant les Anglais et les
Espagnols au delà de cette petite rivière, chaque

fois qu'ils avaient forcé un des trois ponts dont il avait la garde. Mais ayant vu le mouvement de retraite sur Salvatierra, il se décida lui-même à se retirer dans cette direction. Pour sortir sain et sauf de sa position périlleuse, il fallait qu'il contînt d'une part les troupes ennemies qui commençaient à franchir la Zadorra devant lui, de l'autre celles qui déjà débouchaient de Vittoria sur ses derrières. Il avait fort à propos tenu en réserve, à quelque distance des trois ponts, la brigade Fririon composée des 2ᵉ léger et 36ᵉ de ligne, et en outre plusieurs régiments de cavalerie. Il ordonna sur-le-champ au général Sarrut qui défendait le pont d'Arriagua, au général Lamartinière qui défendait celui de Gamarra-Mayor, au général Casalpaccia qui gardait avec les Espagnols et quelques centaines d'hommes du 3ᵉ de ligne le pont de Durana, de se replier en bon ordre vers Salvatierra, pendant que lui tiendrait tête aux Anglais venant de Vittoria. Le général Sarrut, en défendant le pont d'Arriagua, fut tué. Le général Menne le remplaça, et fut plusieurs fois assailli, mais ne se laissa point entamer. Le général Lamartinière opposa un calme, une vigueur rares à l'impulsion de l'ennemi victorieux. Pendant ce temps, le général Reille qui s'attachait à les couvrir tous du côté de Vittoria, reçut en plein le choc de la cavalerie anglaise. Mais avec les dragons de Digeon, de Tilly, de Mermet, il la contint, et parvint à protéger la retraite de son corps d'armée jusqu'à Betono. En cet endroit se trouvait un bois; on s'y enfonça, ce qui permit de parcourir en sûreté une partie du chemin qui menait à la route de Pampelune en tournant derrière Vittoria. Mais au sortir du bois on aperçut un gros corps de cavalerie qui nous attendait. Le général Reille le fit charger par le 3ᵉ de hussards et le 15ᵉ de dragons, puis marcha en hâte vers le village d'Arbulo. La cavalerie ennemie nous y poursuivit à outrance. Le général Reille avec les 2ᵉ léger et 36ᵉ de ligne de la brigade Fririon, se forma en avant de ce village, pour donner au reste de son corps d'armée le temps de défiler. Assailli par les nombreux escadrons des Anglais, il les reçut en carré et couvrit le terrain de leurs morts. Toutes ses troupes ayant défilé, il traversa lui-même le village, et gagna ainsi sain et sauf la route de Salvatierra, où se précipitaient confusément les divers corps de notre armée et toute la queue du vaste convoi que nous avions conduit avec tant de peine de Madrid à Vittoria.

Nous avions eu dans cette fatale journée environ 5 mille morts ou blessés, et les Anglais à peu près autant. Mais en soldats de corvée, en fuyards, en valets d'armée, on nous avait pris 15 ou 1800 hommes. Nous laissions en outre à l'ennemi 200 bouches à feu, non pas perdues en ligne, mais abandonnées faute d'une route convenable pour les faire passer, plus 400 caissons et un nombre infini de voitures de bagages. Joseph n'avait pas même sauvé sa propre voiture qui contenait tous ses papiers.

On se demandera naturellement où était en ce moment le général Clausel avec les 15 mille hommes qu'il aurait pu amener, ce que faisait sur le revers des monts le général Foy, qui renforcé de plusieurs petites garnisons et du général Maucune, avait lui aussi 15 mille hommes dont la présence aurait été si utile dans la fatale plaine de Vittoria. Ces 30 mille hommes, joints aux 52 ou 54 mille de Joseph, formant l'énorme masse de plus de 80 mille combattants, auraient pu accabler les Anglais, et les rejeter en Portugal; et alors quelle différence, nonseulement pour les affaires de la Péninsule, mais de l'Europe entière, car les Anglais, qui exerçaient en Allemagne une si grande influence sur les résolutions des coalisés, s'ils avaient conçu quelques craintes pour leur armée de la Péninsule, auraient certainement facilité les négociations, jusqu'à rencontrer peut-être sur la limite des concessions possibles l'orgueil même de Napoléon! Mais cette fois comme tant d'autres, ce n'était ni le nombre, ni la vaillance, ni le dévouement qui avaient manqué aux soldats de l'armée d'Espagne, c'était la direction. Le général Foy qui n'était séparé de Joseph que par la montagne de Salinas, n'avait reçu aucun des avis qu'on lui avait adressés, et n'avait connu la présence de l'armée à Vittoria que par l'apparition de la division Maucune à la suite du convoi qu'elle escortait. Si ce mouvement de la division Maucune eût été ordonné deux jours plus tôt, on aurait pu mettre le convoi en sûreté, et ramener un renfort de dix à douze mille hommes à Vittoria. Quant au général Clausel, dès qu'il avait su la marche des Anglais et la retraite de notre armée, il avait réuni ses divisions en toute hâte, était arrivé le 20 à Logroño, y avait cherché de tous côtés des nouvelles de Joseph, n'avait trouvé que des habitants ou fugitifs ou silencieux, et personne qui pût ou voulût lui donner un renseignement. Seulement il avait rencontré des agents anglais faisant préparer des vivres, et d'après plusieurs vestiges recueillis sur la route, il avait été conduit à penser que l'armée française s'était portée de Miranda sur Vittoria. Le 21 il s'était décidé à s'avancer par Penacurada jusque sur le revers de la Sierra de Andia, pour voir s'il pourrait à travers cette sierra tendre la main à Joseph. Mais se doutant avec raison qu'il avait entre Joseph et lui l'armée anglaise, sans savoir ni où, ni en quel nombre, il s'était approché avec précaution, n'avait été joint par aucun des paysans qu'on lui avait dépêchés, et vers la chute du jour avait fini par apprendre qu'on s'était battu toute la journée, hélas, sans résultat heureux! Le 22 au matin, voulant connaître la vérité entière, et à tout prix tâcher de rejoindre l'armée française pour lui porter secours, il avait eu la hardiesse de gravir la Sierra de Andia et de jeter un regard sur la plaine de Vittoria. Des sommets de cette sierra il avait vu notre immense désastre, et séparé de Joseph par les Anglais victorieux, il n'avait dû songer qu'à son propre salut. Sans se troubler, il avait regagné les bords de l'Èbre, l'avait descendu jusqu'à Logroño, et ayant toujours entre Joseph et lui les Anglais qui nous poursuivaient en Navarre, il avait pris la résolution, l'une des plus sages et des plus hardies qu'on ait jamais prises à la guerre, de s'enfoncer vers Saragosse, où il était amené par la raison de sauver son corps d'armée, et par la raison non moins puissante de couvrir les derrières du maréchal Suchet, et d'assurer la retraite de ce maréchal.

De leur côté Jourdan et Joseph, ayant regagné Pampelune avec une armée horriblement mécontente

Juin 1813.

Ce général, séparé de l'armée française par le désastre de Vittoria, prend l'habile résolution de se transporter à Saragosse.

Retraite de Joseph dans

Juin 1813.

les vallées
des Pyrénées.

de ses chefs, non démoralisée toutefois, diminuée seulement de cinq à six mille hommes, privée de ses canons mais non de ses attelages, étaient encore en mesure d'opposer une forte résistance aux Anglais, indépendamment de la résistance naturelle qu'allaient leur présenter les Pyrénées elles-mêmes. Joseph sur le conseil de Jourdan, après avoir laissé une garnison dans Pampelune, envoya l'armée d'Andalousie dans la vallée de Saint-Jean-Pied-de-Port, celle du centre dans la vallée de Bastan, celle de Portugal dans la vallée de la Bidassoa, de manière à fermer ainsi toutes les issues, et à prendre le temps de reformer l'artillerie, et de faire cesser la distribution en trois armées différentes, laquelle venait d'occasionner de nouveau de si fâcheux embarras. Tandis qu'il ordonnait cette disposition, le général Foy, aidé du général Maucune, avait habilement et bravement tenu tête aux Anglais qui avaient voulu descendre de Salinas sur Tolosa, et les avait rejetés assez loin. On avait perdu l'Espagne, mais pas encore la frontière, et l'Empire, si longtemps envahisseur, n'était pas encore envahi, quoiqu'il fût bien près de l'être!

Caractère
de
la campagne
de 1813
en Espagne,
et causes
de sa funeste
issue.

Telle fut la campagne de 1813 en Espagne, si tristement célèbre par le désastre de Vittoria, qui signalait nos derniers pas dans cette contrée, où nous avions pendant six années inutilement versé notre sang et celui des Espagnols. Si on veut prononcer sans passion sur les événements de cette campagne, il est facile de découvrir les vraies causes du revers définitif qu'on venait d'essuyer. La première cause, cette fois comme tant d'autres, il faut la chercher

dans les ordres mêmes de Napoléon qui, ne considérant l'Espagne que comme un accessoire de ses
immenses entreprises, ou ne lui consacrait pas les
forces nécessaires, ou en subordonnait l'emploi à
des calculs étrangers à l'Espagne elle-même, et in-
conciliables avec le succès des opérations dans ce
pays. Cette année les forces qu'il y laissait, quoique
réduites par le rappel d'un grand nombre de cadres,
étaient depuis la concentration des trois armées
d'Andalousie, du centre et de Portugal, suffisantes
pour se maintenir en Castille, puisqu'on aurait pu
réunir quatre-vingt mille hommes contre les Anglais.
Mais dans la double pensée de conserver les provinces du nord, qu'il entendait se réserver à la paix,
et d'alarmer les Anglais pour le Portugal, afin de les
détourner de toute entreprise contre le midi de la
France, Napoléon avait amené de nouveau sans le
vouloir la dispersion des trois armées depuis Salamanque jusqu'à Pampelune, de manière qu'après
avoir recouvré l'ascendant sur les Anglais par notre
concentration, nous venions de le perdre encore par
une dissémination imprudente de nos forces. Cette
cause essentielle de la journée de Vittoria ne saurait
être cherchée ailleurs que dans les ordres de Paris,
donnés par Napoléon loin des lieux, avant la connaissance des faits, et réitérés par le ministre de la
guerre avec une obstination sans excuse, lorsque les
événements et les objections du maréchal Jourdan en
avaient démontré le danger. Après cette cause, il y
en a une autre, fort ancienne, et toujours féconde en
malheurs dans la Péninsule, c'est le défaut d'unité
dans le commandement, qui fit qu'aucune adminis-

tration ne voulant obéir, il n'y eut rien de préparé sur la route de l'armée, et qu'il fallut, en rétrogradant pour rallier le général Clausel, se replier avec une précipitation qui rendait le ralliement plus douteux et plus difficile, les pertes sur la route plus considérables. Ce défaut d'unité était le tort de Napoléon, toujours refusant à son frère l'autorité nécessaire, de Joseph, ne sachant pas la prendre, des généraux, ne sachant pas y suppléer par leur soumission. Après ces causes, le défaut d'activité chez Joseph et le maréchal Jourdan, l'un indolent, l'autre fatigué par l'âge et le chagrin, contribua beaucoup au malheur de la campagne. Plus actifs, plus prompts à se résoudre, Joseph et Jourdan auraient pu évacuer Madrid plus tôt, et se rallier plus tôt ou en avant de Valladolid, ou en avant de Burgos. A Vittoria même, il y eut deux jours perdus, deux jours précieux pour le départ du convoi et le déblayement du champ de bataille, pour le choix du terrain où l'on pouvait disputer à l'ennemi l'entrée de la plaine, pour la réunion au général Clausel. Dans cette occasion décisive, comme on l'a vu, le maréchal Jourdan était malade, et Joseph n'avait pas songé à le suppléer. Enfin des ordres de détail mal exécutés par les généraux avaient complété la série de fautes et de malheurs qui amenèrent la catastrophe finale de Vittoria. Après tout, Napoléon qui aurait dû dans ces funestes résultats s'attribuer la part la plus grande, car avec son génie si profond, sa connaissance si parfaite des choses, il était plus que personne capable de tout prévoir, et avec sa puissance si obéie capable de tout prévenir, Napoléon s'en prit à tout le monde

au lieu de s'en prendre à lui-même, et à Joseph et à
Jourdan plus volontiers qu'à qui que ce fût.

N'ayant pu suivre dans aucun de leurs détails les
événements d'Espagne, absorbé qu'il était par la
guerre de Saxe qu'il dirigeait en personne, croyant
sur cet objet ce que lui écrivait le ministre Clarke,
qui, tandis qu'il adressait à Joseph les lettres les plus
affectueuses, faisait parvenir à Dresde les rapports
les plus défavorables, il avait un double motif d'irritation, dans les résultats d'abord qui ne pouvaient
manquer d'être déplorables, et dans les fautes qui
révoltaient par leur évidence son grand sens militaire. Les résultats c'étaient l'Espagne perdue, la
frontière du midi menacée, le moyen le plus puissant de négociation auprès de l'Angleterre annulé,
puisque dans l'état des choses ce n'était plus rien que
de lui céder l'Espagne, c'étaient en outre des sacrifices nouveaux à ajouter à ceux que demandait l'Autriche, dès lors la paix plus difficile que jamais,
enfin une confiance, une exaltation nouvelles inspi-
rées à tous ceux qui croyaient le moment venu d'accabler la France. Les fautes, c'étaient non-seulement celles que nous venons d'énumérer, et qui
n'étaient que trop réelles, mais toutes celles que le
ministre Clarke prêtait gratuitement au malheureux
Joseph et au plus malheureux Jourdan, son chef
d'état-major. Le ministre de la guerre n'avait pas dit
en effet que les ordres de Napoléon, qui prescrivaient de détruire les bandes, et de menacer le
Portugal, ordres déplorablement réitérés par les bu-
reaux de Paris, avaient été signalés par Jourdan
comme une cause inévitable de désastre, que la ré-

sistance des administrations de chaque armée à l'ordonnateur en chef avait encore été dénoncée comme un autre inconvénient grave qui empêcherait que rien ne fût préparé à la reprise des opérations. Ce même ministre n'avait pas dit que les Anglais étaient près de 100 mille, et les Français tout au plus 50 mille. Il présentait au contraire des calculs qu'auraient à peine accueillis les gazettes les moins informées. Il ne comptait dans l'armée de lord Wellington que les Anglais, les évaluait à 40 ou 45 mille, négligeait les Portugais devenus presque les égaux des Anglais, les Espagnols, excellents dans les montagnes, et attribuait à l'armée française non pas ce qu'elle avait eu sur le champ de bataille, mais ce qu'elle aurait pu avoir si les ordres de Paris ne l'avaient dispersée, et lui supposait de 80 à 90 mille hommes contre 45 mille. Il avait en effet le courage, après le désastre de Vittoria, d'écrire à Joseph qu'il aurait dû avoir 90 mille hommes contre 45 mille, et que c'était chose bien étonnante qu'il se fût laissé battre avec une telle supériorité de force numérique. Ce fait seul donne une idée de ce qui pouvait se passer à côté même de Napoléon, lorsqu'il n'y regardait point de ses propres yeux, et qu'il se laissait informer par des ministres courtisans, ne lui disant que ce qu'il avait plaisir à entendre.

On comprend que Napoléon, en considérant d'une part les résultats, de l'autre les fautes vraies et les fautes imaginaires imputées à Joseph et au maréchal Jourdan, qui déjà lui déplaisaient fort, et avaient auprès de lui un redoutable accusateur dans le maréchal Soult présent à Dresde, on comprend que

Napoléon dût être fort irrité. Il avait appris d'une
manière sommaire les événements d'Espagne au
moment de partir de Dresde pour exécuter les courses militaires dont nous avons parlé. Il apprit successivement à Torgau, à Wittenberg, à Magdebourg
le détail de ces événements, toujours par les rapports du ministre Clarke. Aussi son emportement
fut-il extrême. Ce fut pour lui une occasion de se
déchaîner contre Joseph et contre tous ses frères.
L'abdication du roi Louis, la défection imminente
de Murat qui s'annonçait déjà clairement, l'éclat
que Jérôme avait fait l'année précédente en quittant l'armée, lui revinrent à l'esprit, et lui arrachè-
rent les paroles les plus amères. Le moment était
venu en effet d'apercevoir quelle faute il avait commise en voulant renverser toutes les dynasties, afin
de leur substituer la sienne! Mais, pour être juste,
il faut reconnaître que son ambition avait, bien plus
que celle de ses frères, contribué à cette politique
désordonnée, et qu'après leur avoir donné des trônes ou des armées à commander, il n'avait rien omis
pour rendre leur tâche encore plus difficile qu'elle
ne l'était naturellement. Il avait effectivement exigé
d'eux une abnégation des intérêts de leurs sujets,
un talent de tout faire avec rien, ou presque rien,
qu'il était inhumain d'exiger de leur part, et qui devait amener plus d'un scandale de famille, comme
l'abdication du roi de Hollande. A l'égard de Joseph
notamment, après l'avoir tiré de Naples où ce prince
avait une tâche appropriée à son caractère et à ses talents, où il rendait un petit peuple heureux en étant
heureux lui-même, Napoléon l'avait transporté en

Espagne presque sans le consulter, l'avait lancé dans
une guerre effroyable, l'y avait aidé un moment de
toutes ses forces, puis, au milieu des préoccupations
de la guerre d'Autriche en 1809, de celle de Russie
en 1812, l'avait laissé sans secours, sans argent,
exposé à la haine de ses sujets, à la désobéissance,
quelquefois même à l'arrogance des généraux,
n'avait voulu écouter aucun de ses avis, presque
tous justifiés par l'événement, et pour toute réponse
n'avait cessé de se moquer de ses prétentions militaires et de ses mœurs, moqueries qui de la cour
de France avaient retenti jusqu'au milieu de la cour
d'Espagne, et avaient encore contribué à la décon-
sidération de la royauté nouvelle. Et pourtant Napoléon aimait sa famille, mais gâté par un pouvoir
sans bornes, il ne tenait pas plus compte des droits
de ses frères que de ceux des peuples, et disposait
d'eux comme d'instruments inanimés, jusqu'au jour
où il devait trouver les peuples révoltés, et ses frères
eux-mêmes presque en état de défection.

Ses traitements envers Joseph furent extrêmement rigoureux. — J'ai trop longtemps compromis
mes affaires pour des imbéciles, écrivit-il à l'archichancelier Cambacérès, au ministre de la guerre,
au ministre de la police; et, après ce préambule,
il donna les ordres les plus sévères et les plus hu-
miliants pour Joseph. Il fit d'abord pour le remplacer en Espagne le choix qui pouvait lui être le plus
désagréable, celui du maréchal Soult, qui était en
ce moment à Dresde. Napoléon conféra au maréchal
Soult le titre de son lieutenant en Espagne, avec des
pouvoirs extraordinaires, lui ordonna de partir im-

médiatement, de ne rester à Paris que douze heures, de n'y voir que l'archichancelier Cambacérès
et le ministre de la guerre, et de se rendre ensuite à Bayonne pour y rallier l'armée et tenir tête
aux Anglais. Jusque-là rien de plus naturel. Mais
il enjoignit à Joseph de quitter l'Espagne sur-le-
champ, lui interdit en même temps de venir à Paris,
lui prescrivit de se retirer à Morfontaine, de s'y enfermer, de n'y recevoir personne, chargea le prince
Cambacérès de défendre à tous les hauts fonctionnaires de l'aller visiter, comme si on avait eu de
leur part de généreux mouvements à craindre, et à
toutes ces injonctions il ajouta celle de le faire arrêter si ces ordres étaient enfreints! Devenu méfiant à
l'égard des hommes, depuis qu'il avait été obligé de
le devenir à l'égard de la fortune, il voyait partout
des trames prêtes à se nouer contre la régence de
sa femme, contre l'autorité de son fils. C'est pour ces
motifs qu'il n'avait pas voulu laisser le duc d'Otrante,
le maréchal Soult à Paris, et que sous divers prétextes il les tenait sans emploi à Dresde. Joseph
mécontent à Paris, s'y entourant de mécontents, et
peut-être un jour disputant la régence à Marie-
Louise, telles étaient les images sinistres qui avaient
traversé son esprit irrité, et qui lui dictèrent l'ordre inutile de faire arrêter son propre frère. Certes,
si Joseph eût été capable de ces noirs projets, il
aurait commencé par lui désobéir en Espagne, et
probablement il lui serait ainsi devenu plus utile
qu'en exécutant servilement des ordres donnés de
trop loin, et sous l'empire de fatales distractions! Le
simple bon sens présent sur les lieux et exclusive-

Juillet 1813.

ment appliqué à son objet, vaut souvent mieux que
le génie absent ou distrait par des entreprises exorbitantes.

Si les événements d'Espagne, qui allaient rendre
les ennemis de Napoléon plus exigeants, l'avaient
en même temps rendu plus raisonnable et plus conciliant, on peut dire qu'un grand malheur fût devenu
un grand bien : mais il n'en fut point ainsi. Après
avoir visité Torgau, Wittenberg, Magdebourg, après
avoir passé en revue les corps qu'il voulait inspecter,
ordonné les travaux qu'il avait projetés sur l'Elbe,

Napoléon revint à Dresde, pour y continuer le redoutable jeu de perdre du temps, d'arriver au terme de
l'armistice sans s'être expliqué sur les conditions de
la paix, et d'obtenir de la sorte une nouvelle suspension d'armes en feignant au dernier moment de né-

gocier sérieusement. La Prusse et la Russie avaient
choisi leurs plénipotentiaires, et les avaient envoyés
à Prague, où ils étaient arrivés le 14 juillet, par
conséquent un jour avant le terme assigné pour la

réunion du congrès. Ni l'une ni l'autre de ces puissances n'avait fait les choix éclatants auxquels on
s'était d'abord attendu. On avait cru que la Prusse
désignerait le chancelier de Hardenberg, et la Russie
M. de Nesselrode. Mais, à cause de l'Angleterre, ces
puissances avaient évité de donner à ce congrès trop
d'éclat; elles avaient voulu y paraître amenées et
menées par l'Autriche, en n'y faisant figurer aucun
personnage qui fût l'égal de M. de Metternich. La
Prusse avait choisi M. de Humboldt, nom illustre

déjà dans la science, mais peu connu encore dans la
politique (le plénipotentiaire prussien était le frère

du savant qui est l'une des gloires de ce siècle). La Russie avait choisi le baron d'Anstett, Alsacien (par conséquent Français), appartenant à une famille d'émigrés, homme de quelque esprit, de peu de considération, et de sentiments fort hostiles à la France. Quoique ce dernier choix fût assez déplaisant, comme au fond l'intention était de tout laisser faire à M. de Metternich, il fallait ne tenir compte que de lui seul, et ne pas prendre garde aux collaborateurs qu'on lui adjoignait. Ces deux négociateurs à peine rendus à Prague, avaient communiqué leurs pouvoirs au médiateur, et ils se plaignaient du peu d'égards qu'on leur témoignait en les faisant attendre, sans même annoncer le jour de l'arrivée des plénipotentiaires français. Le 15 juillet on n'avait encore rien dit, et M. de Narbonne, étant retourné à Prague comme ambassadeur, désigné en outre comme devant être l'un de nos plénipotentiaires, mais n'ayant reçu ni pouvoirs ni instructions, ne savait quel langage tenir ni quelle attitude prendre. A toutes les remontrances de M. de Metternich, transmises à Dresde, M. de Bassano avait répondu que la faute était au cabinet autrichien, qui avait laissé partir l'empereur Napoléon pour Magdebourg sans communiquer officiellement la ratification de la nouvelle convention prolongeant l'armistice jusqu'au 16 août. A ce reproche M. de Metternich avait répliqué qu'ayant fait connaître officieusement cette ratification, on aurait bien pu, en attendant la communication officielle, nommer les plénipotentiaires, et les faire partir, ce qui eût été au moins l'accomplissement des devoirs de politesse auxquels les grands États sont astreints

Juillet 1813.

choisis parmi les personnages les moins éclatants.

Le 15 juillet, les plénipotentiaires français ne sont pas encore nommés,

M. de Bassano affecte de rejeter ces retards sur M. de Metternich.

Juillet 1813.

les uns envers les autres aussi bien que les individus eux-mêmes. Sans s'arrêter à cette réponse, M. de Bassano avait de nouveau tout rejeté sur M. de Metternich.

Napoléon ayant reçu la ratification officielle de la dernière convention, choisit pour plénipotentiaires MM. de Narbonne et de Caulaincourt.

Napoléon étant revenu à Dresde le 15, après un voyage de cinq jours, et ayant enfin reçu la ratification de la nouvelle convention par l'Autriche, la Prusse et la Russie, ne pouvait plus différer la nomination de ses plénipotentiaires. En conséquence il chargea MM. de Narbonne et de Caulaincourt de le représenter au congrès de Prague. Il était impossible de choisir des hommes plus sages, plus éclairés, animés de plus nobles sentiments. En nommant M. de Caulaincourt, Napoléon nourrissait toujours la secrète espérance d'un rapprochement direct avec la Russie, et d'un traité de paix qui, sacrifiant l'Allemagne au profit des deux grands empires d'Orient et d'Occident, satisferait à la fois la Russie et la France, triste paix, qui conviendrait peut-être à l'amour-propre de Napoléon, mais nullement aux intérêts vrais de son empire! Bien que ce fût peu probable, à en juger seulement par le choix de M. d'Anstett, Napoléon n'en désespérait pas tout à fait, et c'était même le seul cas où il voulût négocier sérieusement. M. de Caulaincourt, objet de ces illusions, ne les partageait point. Cet excellent citoyen, esprit profondément sensé, avait la vertu peu commune, en aimant fort à plaire, de s'exposer à déplaire pour dire la vérité, et était ainsi le modèle rare du courtisan honnête homme, qui compte pour rien les faveurs de cour, même les plus désirées, quand il s'agit d'épargner une faute au prince, et un malheur au pays. Il avait

Noble conduite de M. de Caulaincourt.

dit à Napoléon qu'une espèce de paix astucieuse, obtenue de la défection des uns envers les autres, n'était plus à espérer dans l'état de forte cohésion auquel les divers cabinets étaient parvenus, que la Russie ne se laisserait plus détacher de l'Autriche, que la faveur dont il avait personnellement joui auprès de l'empereur Alexandre n'y servirait de rien, que les concessions demandées par l'Autriche étaient le seul moyen d'arriver à une paix honorable, que cette paix était indispensable, qu'il suppliait qu'on ne l'envoyât pas à Prague avec les mains liées, pour y éprouver la douleur de voir passer inutilement devant lui l'occasion de servir et de sauver sa patrie. Il était même allé jusqu'à déclarer que sans une latitude suffisante il n'accepterait pas la mission qui lui était destinée. Napoléon, qui avait besoin du nom de M. de Caulaincourt pour couvrir du respect que ce nom inspirait une négociation simulée, lui avait promis des pouvoirs étendus, et l'illustre négociateur comptant sur cette promesse s'était soumis à la volonté de son maître.

Ces deux choix universellement approuvés produisirent à Prague une impression qui corrigeait quelque peu le mauvais effet de nos éternels retards. Bien qu'on fût au 16 juillet, et qu'il ne restât plus que trente jours pour négocier, tout pouvait être sauvé néanmoins même à cette heure, lorsqu'un fâcheux incident vint fournir à Napoléon le prétexte spécieux qu'il cherchait pour perdre encore du temps. Il y avait à Neumarckt des commissaires des diverses parties belligérantes, réunis en commission permanente pour le règlement quotidien de ce qui concer-

Conditions auxquelles il accepte la mission qui lui est confiée.

Le choix de MM. de Narbonne et de Caulaincourt est approuvé à Prague.

Nouvel incident dont Napoléon profite pour perdre encore du temps.

Les commissaires

nait l'exécution de l'armistice. Lorsque le commissaire français leur avait communiqué la dernière convention qui prolongeait l'armistice au 10 août, avec un délai de six jours entre la dénonciation de l'armistice et le renouvellement des hostilités, ce qui fixait au 17 la malheureuse reprise de cette guerre, les commissaires prussien et russe avaient paru en être informés pour la première fois, et être fort étonnés de ce qu'elle statuait. Après en avoir référé au quartier général des alliés, ils avaient reçu du commandant en chef Barclay de Tolly la confirmation de la convention, et en même temps la déclaration que ce ne serait pas le 17 août mais le 10 que recommenceraient les hostilités. Cette déclaration était aussi étrange qu'imprévue. Selon le sens vrai de la convention, on ne pouvait pas dénoncer l'armistice avant le 10 août, et si effectivement on le dénonçait le 10, il devait s'écouler encore, d'après la première convention et d'après toutes les règles, un délai quelconque entre l'avis donné de la reprise des hostilités et leur reprise effective. Ce délai, fixé à six jours dans la première convention, devait subsister de droit dans la seconde. L'usage, l'intention des parties contractantes, le texte, tout était d'accord pour rendre cette interprétation incontestable. Mais voici ce qui avait amené la méprise qui allait fournir à Napoléon de si funestes prétextes. Les deux souverains de Prusse et de Russie étaient entourés d'esprits tellement ardents qu'il leur en avait coûté beaucoup d'efforts pour faire agréer le premier armistice, quelque besoin qu'ils en éprouvassent. Ils n'avaient pu refuser le second aux instances de M. de Metternich; toutefois en y consentant ils avaient à peine osé l'avouer, et l'empereur Alexandre, partant pour Trachenberg où devait avoir lieu une conférence générale des chefs de la coalition, avait dit sans détails au général Barclay de Tolly, qu'il avait consenti à une prolongation d'armistice jusqu'au 10 août, mais qu'il n'accorderait pas un jour de plus. En s'exprimant ainsi et d'une manière générale, l'empereur Alexandre n'avait parlé que du délai principal, et n'avait pas entendu exclure celui de six jours, placé de droit entre l'annonce et le fait même des hostilités. Mais Barclay de Tolly, poussant jusqu'à l'excès l'exactitude et l'observation des formes, n'avait cédé à aucune représentation, et avait déclaré ne pas vouloir prendre sur lui la solution d'une pareille difficulté sans en référer à l'empereur Alexandre lui-même.

Juillet 1843.

Napoléon en apprenant cette singulière contestation, en éprouva un premier déplaisir, car il s'était demandé si en effet elle ne serait pas sérieuse, et si on ne voudrait pas lui faire perdre les sept jours auxquels il tenait infiniment, car avec l'activité qu'il déployait en ce moment, chaque heure écoulée lui procurait d'importants résultats. Mais à la réflexion, en se rappelant ses discussions avec M. de Metternich, les calculs de temps qu'ils avaient faits ensemble, il n'avait pu conserver aucun doute sur l'interprétation de la seconde convention, et loin de s'inquiéter de l'incident, il avait résolu de s'en servir, et d'en tirer un prétexte nouveau et tout à fait plausible de perdre encore quelques jours. Il fit sur-le-champ déclarer par M. de Narbonne à Prague, qu'un étrange

Napoléon
mécontent
d'abord
de
cet incident,
songe bientôt
à en
profiter.

Il fait dire
à Prague
que M. de

Juillet 1813.

Caulaincourt
ne partira
que lorsque
le nouvel
incident sera
vidé.

incident s'étant élevé à Neumarckt, le sens de la
convention en vertu de laquelle on allait se réunir
et négocier étant contesté, il n'était ni de sa dignité
ni de sa sûreté de traiter avec des gens qui entendaient ainsi leurs engagements, et qu'avant de faire
partir M. de Caulaincourt il voulait une explication
catégorique au sujet de ce qui venait d'être dit par
le général Barclay de Tolly. M. de Narbonne, l'un
des deux plénipotentiaires français, étant déjà rendu
à Prague, les devoirs de politesse se trouvaient remplis selon lui, et le second plénipotentiaire français
pouvait bien ne partir qu'après avoir obtenu l'explication demandée, et l'avoir obtenue pleinement
satisfaisante.

Grande
irritation
des plénipo-
tentiaires
russe et prus-
sien,
attendant
depuis le 11
à Prague
les plénipo-
tentiaires
français
qui n'arrivent
pas.

Lorsque cette nouvelle difficulté fut connue à Prague, et elle le fut le 18 juillet par une dépêche partie de Dresde le 17, on en ressentit une impression
fort vive et fort naturelle. Les deux plénipotentiaires
prussien et russe affectèrent d'en être irrités, offen-
sés même, beaucoup plus qu'ils ne l'étaient véritablement. Mais M. de Metternich en fut consterné,
et l'empereur François blessé profondément. L'un
et l'autre désiraient la paix, telle que nous l'avons
définie, bien que l'empereur y crût moins que le ministre, et chaque chance de la conclure évanouie
leur causait de sincères regrets. De plus, ils étaient
humiliés du rôle qu'on leur faisait jouer. Les ennemis

Langage
que
les partisans
de la guerre
tiennent
au sujet
du nouveau
retard.

de leur politique de médiation se riaient d'eux, et
aimaient à dire que, pour prix de leurs efforts pacifiques, Napoléon ne leur enverrait pas même un
négociateur, et que ces inventeurs du congrès de
Prague, loin de le conduire à bien, ne pourraient pas

même le réunir. Ce fâcheux pronostic des partisans
de la guerre semblait près de se réaliser, car déjà
sous le plus futile prétexte, parce que la ratification
de la seconde convention communiquée officieusement ne l'avait pas été officiellement, Napoléon
avait perdu cinq ou six jours; maintenant, sous un
prétexte aussi frivole, parce que les commissaires
de Neumarckt, simples agents d'exécution, n'ayant
aucune autorité morale, élevaient une difficulté d'interprétation sur un texte qui leur était inconnu,
on allait perdre quelques jours encore. Et quand
on avait vingt jours devant soi, vingt-sept avec le
délai contesté, en sacrifier cinq ou six à chaque
occasion, était un jeu visible et offensant. Le plus
grave d'ailleurs ce n'était pas la perte de temps,
car si on voulait bien s'entendre, deux jours, n'en
restât-il que deux, pouvaient suffire : le plus grave,
c'était la disposition que cette manière d'agir révélait chez Napoléon. Puisqu'il se jouait ainsi de ses
adversaires et du médiateur, évidemment il ne souhaitait point la paix, et après avoir obtenu le temps
qu'il avait si ardemment désiré, et qu'il employait si
bien, il ne prenait pas même la peine de dissimuler
à quel point il se moquait de ceux dont il avait fait
ses dupes! — Tel était le langage, malheureusement
très-fondé, que les partisans de la guerre tenaient
partout, en ayant soin de le rendre blessant et amer
pour l'empereur François et son ministre.

M. de Metternich vit M. de Narbonne et se montra
à lui profondément affligé. — La nouvelle difficulté
que vous venez de soulever, lui dit-il, n'est pas plus
sérieuse que la précédente. Nous vous avions an-

Juillet 1813.

Langage
plein
de noblesse
et de fermeté
de M. de
Metternich.

noncé amicalement la ratification expresse de la
convention en vertu de laquelle l'armistice est prolongé jusqu'au 16 août; vous ne pouviez donc pas
douter de l'exactitude du fait, et ce n'était pas une
raison de différer la nomination et l'envoi de vos plénipotentiaires, lorsque ceux des autres parties belligérantes devaient être ici le 12, qu'ils y arrivaient
même le 11. Aujourd'hui les commissaires de Neumarckt, qui ne sont rien, qui ont toutes les passions
des états-majors, prétendent interpréter un texte qui
leur est inconnu, et vous affectez de prendre la chose
au sérieux, jusqu'à vous montrer alarmés! Ce ne
peut être une alarme bien sincère. Croyez-vous
qu'on voudrait malgré nous, et par conséquent sans
nous, recommencer les hostilités? le croyez-vous en
vérité? Certainement non; dès lors de quoi s'agit-il?
D'une difficulté insignifiante, dont vous auriez pu
faire le sujet de notre entretien à la première réunion des plénipotentiaires, et sur laquelle vous auriez eu l'avis favorable des deux plénipotentiaires
prussien et russe, et en tout cas l'avis décisif du médiateur, dont l'opinion vous était connue d'avance.
Ce n'était donc pas la peine de perdre encore quelques jours, quand il nous en reste à peine une
vingtaine d'ici au 10 août. Nous ne pouvons voir
qu'une chose dans cette conduite, c'est le désir
de l'empereur Napoléon de nous mener ainsi, sans
avoir rien fait, jusqu'au terme de l'armistice. Mais
qu'il ne s'y trompe pas, il ne parviendra pas à faire
prolonger d'un jour la suspension d'armes. Aux
difficultés que vous rencontrez à Neumarckt, vous
devez juger de celles que nous avons eu à vaincre

Déclaration
formelle que
l'armistice
ne sera pas
prolongé
d'un jour, et
qu'au terme
expiré,
l'Autriche
fera partie
de la
coalition.

nous-mêmes pour obtenir une première prolongation. Vous n'en obtiendrez pas une seconde, soyez-en sûr. Que l'empereur Napoléon ne se fasse pas illusion sur un point plus important encore. Le terme du 10 août arrivé, il n'y aura plus un mot de paix à dire, et la guerre sera déclarée. Nous ne serons pas neutres, qu'il ne s'en flatte pas. Après avoir employé tous les moyens imaginables pour l'amener des conditions raisonnables, qu'il connaît bien, que dès le premier jour nous lui avons fait connaître, sur lesquelles nous n'avons pas pu varier, car elles constituent le seul état tolérable pour l'Europe, il ne nous reste plus, s'il les refuse, qu'à devenir belligérants nous-mêmes. Si nous demeurions neutres (comme au fond il le désire), les alliés seraient battus, nous n'en doutons pas; mais après leur tour le nôtre viendrait, et nous l'aurions bien mérité. Nous ne commettrons donc pas cette faute. Aujourd'hui, quoi qu'on puisse vous dire, nous sommes libres. Je vous donne ma parole et celle de mon souverain, que nous n'avons d'engagements avec personne. Mais je vous donne ma parole aussi que le 10 août à minuit nous en aurons avec tout le monde, excepté avec vous, et que le 17 au matin vous aurez trois cent mille Autrichiens de plus sur les bras. Ce n'est pas légèrement, ce n'est pas sans douleur, car il est père et il aime sa fille, que l'empereur mon maître a pris cette résolution; mais il doit à son peuple, à lui-même, à l'Europe, de rendre à tous un état stable, puisqu'il en a le moyen, et que d'ailleurs l'alternative ne serait autre que de tomber quelques jours plus tard sous vos coups, dans une

dépendance pire que celle où vous aviez mis la
Prusse. Certes nous savons quelle chance on court
en voulant combattre, même quand on est fort nombreux, l'empereur Napoléon à la tête des armées
françaises; mais après y avoir bien réfléchi, nous
préférons cette chance au déshonneur et à l'escla-
vage. Qu'on ne vienne donc point après l'événement
nous dire que nous vous avons trompés! Jusqu'au
10 août à minuit tout est possible, même à la dernière heure; le 10 août passé, pas un jour, pas un
instant de répit, la guerre, la guerre avec tout le
monde, même avec nous! — M. de Narbonne, saisi
de ce langage, calme, triste et grand, dit à M. de
Metternich : Quoi, pas un instant de répit, même si
la négociation était commencée! — A une condition
seulement, répondit M. de Metternich, c'est que les
bases de la paix seraient admises en entier, et qu'il
n'y aurait plus à régler que les détails. —

M. de Narbonne, qui avait parfaitement apprécié
cette situation, et qui voyait bien qu'il n'y avait plus
à jouer avec le temps et avec les hommes, qu'en
agissant ainsi on n'abuserait plus personne, et qu'on
ne tromperait que soi, écrivit à M. de Bassano qu'il
fallait ou se décider à la guerre, à la guerre certaine, universelle avec l'Europe, ou que si on
n'avait pas pris ce parti, si on souhaitait la paix,
sauf à en modifier les conditions, il fallait négocier
sérieusement, et même, ne voulût-on qu'une nouvelle prolongation d'armistice, ne pas paraître se
moquer de ceux avec lesquels on traitait. Il demandait donc qu'on fit partir M. de Caulaincourt,
car les négociateurs prussien et russe menaçaient

tous les jours de se retirer (ce dont ils avaient le droit, puisqu'on était au 20 juillet, et qu'ils attendaient depuis le 11), et s'ils quittaient Prague tout serait fini. A peine obtiendrait-on de la bonne foi des coalisés que l'armistice fût respecté jusqu'au 17 août, et si même on l'obtenait, on ne le devrait qu'à la prudence et à la modération de l'Autriche.

Ces conseils si sages, dictés par la plus parfaite connaissance des choses, n'affectèrent pas beaucoup M. de Bassano, et encore moins Napoléon. Ce dernier toutefois, bien que décidé à la guerre plutôt qu'aux conditions apportées par M. de Bubna, bien que se flattant avec ses nouveaux préparatifs de battre tous les coalisés, l'Autriche fût-elle du nombre, n'était pas indifférent à l'espérance d'une nouvelle prolongation d'armistice, et à force de la désirer se faisait l'illusion étrange que peut-être il l'obtiendrait. Il doutait à la vérité d'amener la Prusse et la Russie à cette prolongation, animées comme elles paraissaient l'être; mais il y avait une combinaison meilleure pour lui que celle de retarder les hostilités avec toutes les puissances, c'était en les laissant commencer avec la Prusse et la Russie, de les différer encore quelques jours avec l'Autriche seule, ce qui lui aurait donné le temps d'accabler les deux premières, puis de se rejeter sur l'Autriche elle-même, *qui aurait son tour*, comme avait très-bien dit M. de Metternich. Pour y réussir il y avait un moyen, c'était en ouvrant la négociation vers la fin de l'armistice, de manière à inspirer quelques espérances à M. de Metternich et à l'empereur François, d'obtenir qu'on négociât en se battant, ce qui

Juillet 1813.

Nouvelle espérance et nouveau calcul de Napoléon.

Il n'espère pas obtenir une prolongation d'armistice, mais retarder l'entrée en action de l'Autriche, ce qui suffit à ses plans militaires.

était possible, ce qui s'était vu en plus d'une occasion, et ce qui retarderait probablement l'entrée en action de l'Autriche, car tant que ces conditions auraient chance d'être acceptées, il était vraisemblable qu'elle ne voudrait pas se mettre en guerre avec la France. Ainsi arriver non pas à une nouvelle suspension d'armes qui arrêterait le bras de tout le monde, mais à une négociation continuée durant les hostilités, qui retiendrait quelques jours encore le bras de l'Autriche, était sa pensée actuelle. Mais pour cela il fallait faire quelque chose, et Napoléon, malgré le doute subsistant à Neumarckt, doute qui n'en était pas un pour lui, fit expédier à M. de Narbonne ses pouvoirs et ses instructions qui avaient été retenues jusque-là, avec la faculté accordée aux deux plénipotentiaires français de traiter l'un en l'absence de l'autre. Dès lors on n'était plus fondé à dire que la négociation était suspendue, puisque M. de Narbonne, à lui tout seul, pouvait la commencer, et la conduire même à son terme. Mais bien qu'on appréciât le mérite de M. de Narbonne en Autriche et en Europe, le duc de Vicence (M. de Caulaincourt) passait pour être seul initié à la pensée de Napoléon, et tant qu'il n'arrivait pas à Prague, on était généralement disposé à considérer la négociation comme n'étant pas sérieuse. Sur ce point Napoléon fit répéter que dès que l'énigme de Neumarckt serait éclaircie, il expédierait le duc de Vicence; et pour se donner un motif spécieux d'attacher tant d'importance à ce que disaient les commissaires de Neumarckt, il fit écrire à M. de Metternich que communiquant par ces commissaires avec les places bloquées de Custrin, de

Stettin, de Dantzig, tant pour les correspondances
que pour les vivres, il avait besoin d'une explication
claire et positive, et ne différait le départ de M. de
Vicence que pour être assuré de l'obtenir.

M. de Bassano cherchant sans cesse à se modeler
sur son maître, et à imiter sa coupable mais héroïque indifférence au milieu des dangers, écrivait à
M. de Narbonne ce qui suit : — Je vous envoie, lui
disait-il, plus de *pouvoirs* que de *puissance*, vous
aurez *les mains liées, mais les jambes et la bouche
libres, pour vous promener et dîner*. — C'est de ce
ton que parlait le ministre de l'Empire français, au
moment suprême où se décidait à jamais le sort de
son maître et de sa patrie !

Après s'être livré à ces jeux de mots, M. de Bassano permettait à M. de Narbonne de procéder à
l'échange des pouvoirs, mais en tenant au mode de
négocier sur lequel on avait déjà insisté. En conséquence il devait offrir l'échange des pouvoirs dans
une conférence commune, puis cette formalité remplie, proposer la discussion des matières dans des
conférences auxquelles assisteraient tous les plénipotentiaires, sous les yeux du médiateur, qui serait
ainsi témoin et partie des négociations mais non pas
leur intermédiaire exclusif. Il devait enfin proposer
la rédaction de protocoles, qui assureraient l'authenticité des conférences. Si toutes ces questions de
forme étaient vidées, ce qui ne pouvait manquer
d'être long, M. de Narbonne avait ordre de présenter pour première base de négociation l'*uti possi-
detis*, c'est-à-dire la conservation de ce que chacun
possédait dans l'état présent de la guerre, comme si

Juillet 1813.

Langage
trop
peu sérieux
de M. de
Bassano.

M. de
Narbonne
est autorisé
à l'échange
des pouvoirs,
opéré
en commun,
et sans
passer
par les mains
du
médiateur.

Juillet 1813.

Nouveau
chagrin
de M. de
Metternich
en apprenant
à quelle
condition
est soumis
l'échange
des pouvoirs.

Depuis
qu'on avait
laissé percer
l'intention
d'un arrange-
ment direct
entre la Russie
et la France,
les Russes et
les Prussiens
affectaient
de
vouloir faire
de l'Autriche
leur unique
intermé-
diaire.

Cette
disposition
poussée
au delà
des désirs
de l'Autriche,
devait rendre
insoluble
la question
de forme.

aucun des événements de 1812 et de 1813 ne s'était
accompli.

La seule question de forme devait exiger beaucoup de temps, car sur cette question les coalisés avaient leur parti pris, et insister à ce sujet
c'était s'exposer à dépenser inutilement plusieurs
mois, quand on n'avait plus que dix-huit jours. M. de
Metternich, en effet, en apprenant que M. de Narbonne avait reçu ses pouvoirs, ne fut que médiocre-
ment consolé de l'absence de M. le duc de Vicence,
surtout lorsqu'il sut que M. de Narbonne voulait
présenter et échanger ses pouvoirs dans une réunion
générale des plénipotentiaires, s'abouchant entre
eux sous la présidence du médiateur, mais ne s'as-
treignant pas à l'accepter pour unique intermédiaire
de leurs communications. Ce dernier point, comme
on l'a vu, avait acquis beaucoup d'importance,
depuis que Napoléon avait clairement indiqué, en
faisant choix de M. de Caulaincourt, la pensée de
s'entendre directement avec la Russie aux dépens
de l'Autriche. A dater de ce moment, la Prusse
et la Russie, pour ne pas être soupçonnées d'entrer
dans l'intention de Napoléon, surtout pour n'en
pas être accusées, affectaient de tenir plus que l'Autriche elle-même, à une forme de négociation qui
faisait tout passer par l'entremise du médiateur.
Aussi MM. de Humboldt et d'Anstett, particulièrement ce dernier, s'étaient-ils hâtés de remettre
leurs pouvoirs à M. de Metternich, et ne voulaient-
ils les remettre qu'à lui seul. M. de Metternich,
tranquille désormais sur la négociation directe entre
la Russie et la France, dont il avait voulu se garan-

Juillet 1813.

tir en venant à Prague, aurait acquiescé au désir de la France sur cette question de forme, uniquement pour faire commencer la négociation; mais cela ne dépendait plus de lui, la Russie et la Prusse tenant à ce qu'il fût rassuré plus même qu'il n'avait besoin de l'être. Aussi ne manqua-t-il pas de dire à M. de Narbonne que quant à lui il consentirait bien à cet échange de pouvoirs opéré en commun, mais que déjà les plénipotentiaires prussien et russe lui avaient remis directement leurs pouvoirs, s'étaient ainsi légitimés, et que certainement, ne fût-ce que par amour-propre, ils ne voudraient pas revenir sur ce qu'ils avaient fait. Il leur proposa en effet de céder sur ce point, mais il fut refusé, et malgré les autorisations envoyées à M. de Narbonne, la négociation ne fit pas un pas. M. de Metternich en montra de nouveau son chagrin à M. de Narbonne, lui répéta que jusqu'au 10 août le mal ne serait pas irréparable, mais que le 10 à minuit il serait sans remède.

Pendant ces inutiles allées et venues, Napoléon ne conservant plus aucune illusion sur la possibilité d'une négociation séparée avec la Russie, songeait tout au plus à retenir l'Autriche inactive quelques jours après le 17 août, afin d'avoir le temps d'accabler d'abord les Prussiens et les Russes, sauf à battre ensuite, et à leur tour, les Autrichiens eux-mêmes, s'ils étaient assez peu clairvoyants pour se prêter à ce calcul. Quant à la paix il n'y songeait guère, ne voulant à aucun prix abandonner les villes anséatiques réunies constitutionnellement à l'Empire, renoncer au titre de protecteur de la Confédération du Rhin porté jusqu'ici avec une sorte

Napoléon ne se faisant plus aucune illusion sur la possibilité de prolonger l'armistice, et espérant tout au plus retarder l'entrée en action de l'Autriche, avait le parti pris de continuer la guerre.

Juillet 1813.

d'ostentation, enfin reconstituer la Prusse au lendemain même de sa défection. Chacun de ces sacrifices lui coûtait cruellement; pourtant il n'était pas possible, même après les triomphes de Lutzen et de Bautzen, que la terrible catastrophe de 1812 n'eût pas quelques conséquences, sinon pour la France, au moins pour lui, et il fallait savoir se résigner à payer sa faute par un déplaisir quel qu'il fût. Il aurait dû se trouver heureux après de si grands malheurs de n'être puni que dans son orgueil, et de n'avoir rien à sacrifier que la France pût regretter véritablement, car, ainsi que nous l'avons déjà dit, et qu'on nous permettra de le redire encore, lorsqu'on lui laissait outre les Alpes et le Rhin, la Hollande, le Piémont, la Toscane, Rome, à titre de départements français, la Westphalie, la Lombardie, Naples, à titre de principautés de famille, on lui concédait plus que la France ne devait désirer, et qu'elle ne pouvait posséder. Ici se présentent quelques réflexions que nous avons déjà indiquées, mais qu'il faut reproduire plus complétement au moment décisif, pour apprécier sainement les déterminations de Napoléon. Si on examine l'une après l'autre ses prétentions territoriales, on reconnaîtra combien il était peu raisonnable d'y tenir. La Hollande elle-même qui était la moins déraisonnable de toutes, ne pouvait être qu'avec beaucoup de peine rattachée matériellement et moralement à l'Empire. Quand on en avait détaché ce que Napoléon avait pris au roi Louis en 1810, pour le punir de ses résistances, c'est-à-dire ce qui est situé à la gauche du Wahal, lequel est le Rhin véritable et constitue la

Examen
des conditions
de paix
proposées à
la France.

plus puissante des barrières, on avait acquis tout ce qui était désirable sous le rapport des frontières, restant toujours la grave difficulté morale de morceler un pays aussi homogène que la Hollande, et dont toutes les parties sont faites pour vivre ensemble! Quant à la portion au delà du Wahal, qui s'étend jusqu'au Texel, et comprend Gorcum, Nimègue, Utrecht, Rotterdam, la Haye, Amsterdam, le Texel, c'est-à-dire la grande Hollande, il était impossible de la rattacher à la géographie militaire de la France, et Napoléon dans ses plus habiles combinaisons pour la défense du territoire, n'avait jamais pu trouver une manière de couvrir le Zuiderzée, et d'établir une frontière solide de Wesel à Groningue. N'ayant pour protéger cette partie de la Hollande que la faible ligne de l'Yssel, il n'avait vu d'autre ressource que les inondations, et les avait ordonnées; or, un pays qu'on ne peut garder qu'en le noyant, il n'est pas seulement inhumain, il est impolitique de songer à le posséder. En ayant dans l'Océan la Rochelle, Brest, Cherbourg, Anvers et Flessingue, Napoléon avait contre l'Angleterre tout ce qu'il pouvait désirer, et ces terrains, moitié îles, moitié continent, qui s'étendent de Nimègue à Groningue, de Berg-op-Zoom au Texel, entre terre et mer, portant une race indépendante, fière, sage, riche, pleine de souvenirs assez glorieux pour ne pas vouloir les confondre avec ceux d'une autre nation, méritaient d'être laissés indépendants entre toutes les puissances de l'Europe, pour continuer à être la voie la plus large et la plus libre du commerce maritime! Quant au Piémont lui-même, était-

À quel point ces conditions dépassaient même ce que la France aurait dû désirer, et combien il était évident que l'orgueil froissé était en ce moment le seul mobile de Napoléon.

Juillet 1813.

il bien prudent de chercher à posséder un territoire
au delà des Alpes, c'est-à-dire au delà de nos frontières naturelles, devant nous aliéner à jamais les
Italiens, comme la possession de la Lombardie n'a
cessé de les aliéner à l'Autriche, nous valant des
haines au lieu d'influence, et destiné au premier
règne faible à nous échapper inévitablement? Toutefois dans un système de grandeur à la façon de
Charlemagne, grandeur qui n'est dans les temps
modernes qu'un pur anachronisme, car lorsque
Charlemagne régnait sur le continent de l'Elbe à
l'Èbre, il embrassait dans ses vastes États des pays
à moitié sauvages, n'ayant encore aucune existence
historique, dans un tel système, on peut concevoir
l'addition de la Hollande, qui est une sorte d'appendice maritime de notre territoire, comme le Piémont en est une sorte d'appendice continental, utile
à qui veut descendre souvent des Alpes; mais même
dans ce système déjà faux, que faire de la Toscane
et de Rome? Que faire de l'Illyrie, de Hambourg,
de Lubeck? Ce n'était plus qu'un entraînement de
conquêtes insensées, sans plan et sans limites, pouvant durer la vie d'un conquérant tel qu'Attila ou
Alexandre, mais devant à sa mort donner lieu à un
partage de territoires entre ses lieutenants ou ses
voisins! Avec un tel système qui, ne reposant sur
aucun principe politique, ne pouvait avoir aucune
limite territoriale, dans lequel on pouvait tout faire
entrer sauf à ne rien garder, il n'était pas possible
de dire que l'empire de Napoléon fût véritablement
moins grand parce que Hambourg ou Lubeck n'y
seraient pas compris. Napoléon était tout autant

Napoléon
compromet
en ce moment
non-seule-
ment la gran-
deur sérieuse
de la France,
mais même
la grandeur
chimérique
qu'il avait

Charlemagne sans ces villes qu'avec elles, car celui
qui, outre Bruxelles, Anvers, Flessingue, Cologne,
Mayence, Strasbourg, avait encore Utrecht, Amsterdam, le Texel, Turin, Florence, Rome, sans compter
Cassel, Milan, Naples, était aussi grand, plus grand
même que Charlemagne, de cette grandeur fabuleuse
qui avait au neuvième siècle sa raison d'être, qui ne
l'avait plus au dix-neuvième, et qui après son Charlemagne aurait eu inévitablement son Louis le Dé-
bonnaire. On ne comprend pas que le principal de
cette grandeur chimérique étant accordé à Napoléon,
il la compromît pour Hambourg, pour Lubeck, ou
pour un vain titre comme celui de protecteur de la
Confédération du Rhin! Sans doute si l'honneur des
armes eût été compromis, on conçoit qu'il ne voulût pas céder, car il vaut mieux perdre des provinces
que l'honneur des armes! Cela vaut mieux pour la
dignité et la sûreté d'un vaste empire; mais après
Lutzen, mais après Bautzen, où des enfants avaient
vengé le malheur de nos vieux soldats, l'honneur
des armes était sauf; la vraie grandeur, et même la
grandeur exagérée et inutile l'était aussi; il ne restait en souffrance que l'orgueil! Et à ce sentiment
si personnel, il est triste de le dire, Napoléon était
prêt à sacrifier non-seulement la solide grandeur
de la France, celle qu'elle avait conquise sans lui
pendant la révolution, mais cette grandeur factice,
fabuleuse, qu'il y avait ajoutée par ses prodigieux
exploits! Il allait sacrifier à ce sentiment sa femme,
son fils et lui-même!

Toutefois ces questions agitaient profondément
Napoléon, et si avec la faculté de se distraire par

Juillet 1813.

rêvée,
et dont on ne
lui contestait
que quelques
portions
insignifiantes.

Agitation
intérieure
de Napoléon,

Juillet 1813.

qui se cachait
sous
son activité
incessante,
mais qui
le rendait
très-sensible
aux objections
élevées au-
tour de lui.

mille travaux de tout genre, faculté dont il était doué au plus haut degré, il arrivait à se donner un visage serein, si même, tout plein de ses vastes et profondes conceptions militaires, il parvenait à se donner confiance, il était parfois troublé et pensait sans cesse au grave sujet que nous venons d'exposer. Toujours en course autour de Dresde, faisant avec son embonpoint qui commençait à être important, des excursions de trente et quarante lieues par jour, dont la moitié à cheval, allant étudier le long des frontières de la Bohême les champs de bataille qui devaient bientôt se couvrir de sang, y amenant ses généraux avec lui, quelquefois les y envoyant sans lui pour les obliger à étudier le terrain, il emportait dans sa tête les mêmes pensées, et, soit en route, soit de retour à Dresde, il en conférait avec les personnages de toute profession qui le suivaient dans ses campagnes. Absolu par son pouvoir, il était par sa clairvoyance dépendant des esprits qui l'entouraient, car il lui était impossible de voir la désapprobation sur les visages sans éprouver le besoin de la combattre, de la dissiper, de la vaincre, et il avait souvent fort à faire. Si on était en effet bien soumis, bien appliqué à lui plaire, le sentiment du danger déliait les langues chez les plus courageux, attristait au moins les visages chez les plus timides !

Discussions
fréquentes
de Napoléon,
soit avec
ses généraux
sur le futur
plan
de campagne,
soit avec
les personn-

Chacun suivant son état, militaire ou civil, apercevant de la situation ce qui le concernait, révélait les dangers qui le frappaient plus particulièrement. Les militaires qui avaient jugé excellente la position de l'Elbe, quand on n'avait affaire qu'aux Prussiens et aux Russes, étaient effrayés depuis qu'il s'agissait des Autrichiens eux-mêmes, de se trouver sur l'Elbe avec la possibilité d'être tournés par ces derniers du côté de la Bohême, et d'avoir ainsi l'ennemi sur nos derrières, entre nous et la Thuringe. Les politiques voyaient clairement l'Autriche entraînée par l'esprit public de l'Allemagne, et sollicitée par son propre intérêt, prête à imiter la Prusse, et à compléter dès lors l'union de tous les États contre nous; et ils nous voyaient réduits à lutter contre l'Europe exaltée par la haine avec la France abattue par la fatigue! aussi les uns et les autres étaient-ils d'avis d'admettre la médiation et ses conditions, quelles qu'elles fussent, en les supposant même beaucoup moins avantageuses qu'elles ne l'étaient réellement. Sans doute ils n'eussent voulu à aucun prix qu'on acceptât la France privée de ses frontières naturelles, mais si on leur avait dit qu'elle aurait directement ou indirectement, Mayence, Cologne, Anvers, Flessingue, Amsterdam, le Texel, Cassel, Turin, Milan, Florence, Rome, Naples, ils auraient à genoux supplié Napoléon d'accepter. Mais on leur laissait ignorer le véritable état des choses; on parlait vaguement devant eux de sacrifices contraires à l'honneur, et sans savoir précisément ce qui en était, ils supposaient néanmoins que la France était encore assez redoutée pour qu'on n'osât pas lui offrir moins que ses frontières naturelles, et dans cette supposition, bien inférieure pourtant à la réalité, ils préféraient des sacrifices d'amour-propre au danger d'une lutte effroyable contre une coalition formée de toute l'Europe.

Politiques et militaires parlaient entre eux de ce

Juillet 1813.

des militaires
contre la ligne
de l'Elbe,
depuis qu'on
s'attendait
à la guerre
avec
l'Autriche.

Réponses
de Napoléon.

Napoléon
avait raison
dans
l'hypothése
de la
continuation
de la guerre,
car en refusant
d'abandonner
l'Allemagne
la ligne
de l'Elbe était
la seule
admissible.

La question
était
mal posée,
et ce n'était
pas entre telle
ou telle ligne

sujet, ou dans leurs bivouacs, ou dans les antichambres de Napoléon, se taisaient quand il survenait, et quelquefois même ne s'interrompaient qu'à demi, pour lui fournir l'occasion de reprendre l'entretien s'il daignait le continuer avec eux, ce que rarement il négligeait de faire. Avec les militaires les réponses ne lui manquaient pas, car s'ils avaient raison en signalant la hardiesse de notre situation sur l'Elbe, où l'on pouvait être tourné par la Bohême en cas de guerre avec l'Autriche, ils avaient tort, ainsi que le faisaient plusieurs d'entre eux, de lui proposer la ligne de la Saale, ligne très-courte, n'embrassant que l'espace compris de Hof à Magdebourg, facile à forcer sur tous les points, et exposée à être tournée par la Bavière comme celle de l'Elbe par la Bohême. On eût été, en adoptant cette ligne, rejeté en huit jours sur le Rhin, et il eût été étrangement inconséquent d'abandonner dans les combats ce qu'on s'obstinait à défendre témérairement dans les négociations. Il n'y avait pas de milieu, ou il fallait renoncer tout de suite à l'Allemagne, et accepter les conditions de M. de Metternich, ou si on la disputait diplomatiquement, il fallait aussi la disputer militairement, et on ne le pouvait que sur l'Elbe. Or placé à Dresde, ayant à sa droite Kœnigsberg, à sa gauche Torgau, Wittenberg, Magdebourg, Hambourg, pouvant, comme il le fit bientôt à Dresde, accabler ceux qui essayeraient de le tourner, Napoléon avait encore d'immenses chances pour lui. Restait, il est vrai, le danger de se battre si loin du Rhin contre l'Europe entière, et, si un de ses lieutenants était faible ou maladroit sur la vaste ligne de Kœnigstein à Ham-

bourg, de se trouver en l'air au milieu de l'Allemagne soulevée : mais alors il fallait avoir le bon sens
de reconnaître, et le courage de dire que la faute de
Napoléon était politique, et lui conseiller d'abandonner l'Allemagne, ce qui était la certitude d'une
paix immédiate et glorieuse. Faute de poser ainsi
la question, on se donnait tort contre Napoléon,
car à vouloir garder l'Allemagne, il est bien vrai
qu'on ne pouvait la défendre que sur l'Elbe. Aussi,
dans leurs nombreux entretiens, le prince Berthier,
les maréchaux Soult, Ney, Mortier, n'osant pas soutenir résolûment qu'il fallait rentrer sur le Rhin,
s'exposaient à être réfutés victorieusement en pro-
posant des lignes intermédiaires entre l'Elbe et le
Rhin, étaient battus par la logique pressante de
Napoléon, et se taisaient, en conservant cependant
le sentiment d'un grand péril, car c'était un grand
péril en effet que de se battre avec l'Europe, non
sur le Rhin pour la défense légitime de notre sol,
mais sur l'Elbe pour la pensée usurpatrice de la
domination universelle. Les choses se passaient autrement lorsqu'il s'agissait de la question, toute
politique, de la paix et de la guerre. Là Napoléon
sentait bien qu'il avait tort, car il n'avait pas une
bonne raison à faire valoir. Il ne disait pas la vérité,
parlait vaguement de sacrifices, qui, d'abord modé-
rés en apparence, deviendraient bientôt, s'il cédait,
immodérés et inadmissibles, et laissait entendre,
sans l'exprimer cependant, que l'Autriche osait lui
redemander jusqu'à l'Italie. Alors il s'échauffait,
parlait de l'honneur de l'Empire, et s'écriait qu'il
valait mieux périr que de supporter de semblables

Juillet 1813.

d'opération,
mais
entre la paix
et la guerre
qu'il fallait
la placer.

Si Napoléon
avait raison
contre
les militaires,
il avait tort
contre
les diploma-
tes, et s'en
tirait avec eux
en
dissimulant
la vérité, et
en ne disant
pas à quoi
tenaient
la paix ou
la guerre.

conditions, surtout de la part de l'Autriche, qui, après lui avoir donné une archiduchesse en mariage, après avoir accepté son alliance en 1812, profitait du premier revers pour se tourner contre lui, comme si une pareille conduite, en supposant qu'elle fût telle que la dépeignait Napoléon, eût été bien criminelle de la part d'une puissance qui longtemps battue, et dépouillée d'une grande partie de ses États, saisissait l'occasion d'en recouvrer ce qu'elle pouvait, surtout contre un conquérant sans modération et sans mesure ! — Ses contradicteurs ignorant le secret des négociations, supposant toujours qu'il s'agissait de sacrifices bien plus considérables que ceux qu'on nous demandait véritablement, accordant qu'il était désagréable de céder, surtout à gens qui nous dressaient en quelque sorte un guet-apens, se rejetaient sur le besoin urgent de la paix, et avaient là des avantages incontestables.

Napoléon avait rencontré pour apôtre constant de la paix M. de Caulaincourt, qui le suppliait sans relâche de ne pas s'obstiner contre l'orage, et de passer par-dessus un déplaisir momentané pour sauver la France, l'armée, lui et son fils. Dans cette courageuse et civique tâche, M. de Caulaincourt était infatigable, et recommençait sans cesse avec une admirable persévérance. M. de Caulaincourt avait trouvé un singulier auxiliaire dans le duc d'Otrante, M. Fouché, qui, bien que cherchant à reconquérir la faveur impériale perdue, n'hésitait pas, inspiré par son bon sens et peut-être aussi par le danger que la chute de l'Empire devait faire courir à tous les hommes de la révolution, n'hésitait pas à soutenir hardiment qu'il fallait conclure la paix. Il ne s'agissait point, selon M. Fouché, de savoir laquelle ; c'était le secret des plénipotentiaires que Napoléon avait chargés de cette tâche ; mais après Lutzen et Bautzen, en s'en rapportant à une sorte de notoriété publique, en songeant à la crainte que la France n'avait pas cessé d'inspirer, on ne pouvait pas douter, disait-il, que les conditions ne fussent encore très-belles ; et si, comme tout le faisait présumer, on concédait à la France au delà du Rhin et des Alpes, on lui concédait plus qu'il ne lui fallait, plus qu'elle ne désirait. On devait donc, sauf les détails, signer la paix qui nous était offerte ; car l'Europe était exaspérée, et la France épuisée commençait à partager l'exaspération de l'Europe contre un système qui ne laissait pas plus de bien-être au vainqueur qu'au vaincu. — Dans l'une de ces conversations, à laquelle avaient été présents M. Daru, M. de Caulaincourt, M. de Bassano, même le roi de Saxe, M. Fouché se permit de dire à Napoléon que s'il ne donnait pas tout de suite la paix, il deviendrait bientôt odieux à la France, et qu'il y aurait danger non-seulement pour lui, mais pour son fils, pour sa dynastie ; que s'il ne saisissait pas cette dernière occasion de déposer les armes, il serait perdu ; que la France venait par honneur de faire un dernier effort, parce qu'elle ne voulait pas se retirer battue de son grand duel avec l'Europe, mais qu'après les victoires de Lutzen et de Bautzen elle considérait son honneur comme dégagé, et qu'à la seule condition de conserver le Rhin et les Alpes que personne ne lui contestait plus, pas même l'Angleterre, elle se tiendrait pour satisfaite ; mais

Juillet 1813.

Violente
sortie du duc
d'Otrante
en faveur
de la paix.

que si, malgré la possibilité évidente de signer une
telle paix, on persistait à continuer la guerre, elle se
regarderait comme sacrifiée à un système personnel
à Napoléon, système insensé, qu'elle détestait autant que l'Europe elle-même, car elle en souffrait
tout autant. —

Mécontente-
ment
et réponses
sophistiques
de Napoléon.

Ces hardies propositions causèrent à Napoléon une
irritation extrême, et il ne sut répondre qu'en disant
qu'on ignorait le secret des négociations, que les
puissances belligérantes lui demandaient des choses
inadmissibles, que s'il les concédait, l'Europe le
regarderait comme tellement affaibli que bientôt elle
exigerait tout ce qu'il ne pouvait pas accorder, et ce
que personne parmi ses contradicteurs, ne voudrait
accorder; qu'il fallait, pour garder le nécessaire, défendre même le superflu, se montrer indomptable,
se résigner à livrer une ou deux batailles de plus,
pour conserver une grandeur acquise par vingt années de sang versé, et savoir braver la guerre quelques jours encore pour avoir une vraie, une solide
paix. En un mot dans cette conversation, comme
dans toutes celles qu'il eut sur ce sujet, son art consistait, en cachant toujours les faits véritables, en
laissant toujours ignorer qu'il ne s'agissait en réalité
que de Hambourg et du protectorat de la Confédération du Rhin, son art consistait à soutenir que
c'était tout ou rien, qu'il fallait tout défendre ou
tout céder, et comme personne ne voulait tout céder,
la conclusion était selon lui qu'il fallait tout défendre. Sa force d'esprit et de langage parvenait
bien à embarrasser ses interlocuteurs, qui d'ailleurs
ignorant l'état des négociations, ne pouvaient pas

lui répondre, mais elle ne parvenait pas à les convaincre, et les laissait terrifiés de la fatale résolution qui perçait dans son attitude et ses discours. Ils admiraient quelquefois son indomptable caractère en détestant son orgueil funeste, et s'en allaient silencieux, mécontents, la plupart du temps désolés. Un seul d'entre eux ne paraissant pas se douter du péril, affirmait que le génie de l'Empereur était inépuisable en ressources, qu'il triompherait de tous ses ennemis, et retrouverait plus grande, ou aussi grande que jamais, sa puissance de 1810 et de 1811. Cet interlocuteur, on le devine, était M. de Bassano, et il était le moins excusable, car seul il savait le secret des choses, seul il savait que c'était pour Hambourg et le titre de protecteur de la Confédération du Rhin qu'on s'exposait à tout perdre. Il faut dire néanmoins pour réduire à ce qu'elle doit être sa responsabilité, qui autrement serait si lourde, qu'il influait peu sur les résolutions de Napoléon, lequel ne semblait même pas touché de ses magnifiques pronostics, et qu'il parvenait uniquement à exciter chez M. de Caulaincourt des signes d'impatience peu flatteurs et peu dissimulés.

Ce n'est pas seulement à Dresde que Napoléon avait rencontré ces contradictions, atténuées du reste par la soumission du temps, c'était à Paris même. Le ministre de la police, duc de Rovigo, entendant plus que tout autre le retentissement de l'opinion publique, et ne craignant pas les accès d'humeur de Napoléon, auxquels il s'était habitué en n'y prenant pas garde, avait plusieurs fois osé lui écrire ce qu'aucun de ses ministres n'osait lui

Juillet 1813.

Hardie correspondance du duc de Rovigo en faveur de la paix.

dire, c'est que la paix était urgente, indispensable, qu'il ne fallait pas attendre de la France fatiguée un nouvel effort, semblable à celui qu'elle venait de faire; c'est que tous les ennemis du gouvernement jusque-là découragés, dispersés, reprenaient le courage avec l'espérance; c'est que les révolutionnaires, longtemps accablés sous les souvenirs de quatre-vingt-treize, les Bourbons, longtemps et complètement oubliés, essayaient de se produire de nouveau, que ces derniers même répandaient des manifestes qu'on lisait sans colère et avec une certaine curiosité. Toutes ces assertions étaient vraies, et il était constant que l'idée d'un autre gouvernement que celui de Napoléon, idée qui depuis quatorze ans ne s'était présentée a l'esprit de personne, pas même au retour de Moscou, commençait, la situation se prolongeant, à pénétrer dans l'esprit de beaucoup de gens, et allait devenir générale si la guerre continuait; que de même qu'on avait en 1799 cherché auprès du général Bonaparte un refuge contre l'anarchie, on irait bientôt chercher auprès des Bourbons un refuge contre la guerre perpétuelle. C'est tout cela que plus ou moins clairement, plus ou moins adroitement, le ministre de la police, duc de Rovigo, avait essayé de faire entendre à Napoléon avec une hardiesse honorable, mais qui eût été plus méritoire et plus utile, si Napoléon avait attaché plus d'importance à ce qui venait de lui. Le prince Cambacérès ne se serait pas hasardé à en dire autant, bien qu'il en pensât davantage, parce que de sa part Napoléon eût pris la chose plus sérieusement, dès lors moins patiemment. Fatigué pourtant des let-

tres du duc de Rovigo, Napoléon chargea le prince
Cambacérès de lui dire qu'elles l'importunaient,
qu'en montrant tant d'amour pour la paix, on lui
nuisait plus qu'on ne le servait; que l'on contribuait
à rendre les ennemis plus exigeants, en accréditant
l'idée que la France ne pouvait plus faire la guerre;
que lui, Napoléon, savait seul comment il fallait s'y
prendre pour donner la paix à la France avec sûreté
et avec honneur; que le duc de Rovigo, en se mê-
lant de cette affaire, se mêlait de ce qu'il ignorait,
bref qu'il eût à se taire, car de pareilles indiscrétions
ne seraient pas souffertes plus longtemps. —

Cette dure réprimande n'était pas de nature à
effrayer ni à décourager le duc de Rovigo, car il
ne prenait pas plus au sérieux les colères de Napoléon que Napoléon ne prenait au sérieux sa politique, et il devait bientôt se permettre une autre
tentative, pas plus heureuse il est vrai, mais qui
prouve à quel point le besoin de la paix était universellement senti, puisqu'il perçait à travers ce
despotisme qui enveloppait alors la France entière,
et pesait si lourdement sur elle.

Napoléon, après avoir fermé la bouche au duc de
Rovigo, donna un emploi au duc d'Otrante. Il en
avait déjà trouvé un en Espagne pour le maréchal
Soult, et il en trouva un pour le duc d'Otrante par
suite d'un accident aussi triste que singulier. L'infortuné Junot, depuis la blessure qu'il avait en Portugal
reçue à la tête, n'avait jamais recouvré ses facultés
physiques et morales. Dans la campagne de Russie
on ne lui avait pas vu son ardeur accoutumée, bien
qu'il eût été moins blâmable qu'on ne l'avait pré-

Juillet 1813.

de se faire ex-
pédié au duc
de Rovigo.

Le
duc d'Otrante
envoyé
en Illyrie.

tendu, et il avait essuyé de Napoléon des reproches qui avaient achevé d'altérer sa raison. Envoyé à Laybach comme gouverneur de l'Illyrie, il y avait donné tout à coup des signes de folie, au point qu'il avait fallu le saisir de force et le transporter en Bourgogne, son pays natal, où il était mort. Napoléon nomma M. Fouché gouverneur de l'Illyrie, poste peu assorti à la grande situation de cet ancien ministre, mais que celui-ci accepta, parce qu'il regardait comme bonne toute manière de rentrer en fonctions. Il devait voir en passant à Prague M. de Metternich, et profiter d'anciennes relations pour soutenir auprès de ce diplomate les prétentions de la France. Le moyen était petit par rapport à l'objet, et ne pouvait compenser le mauvais effet qu'allait produire en Autriche une nomination qui prouvait de notre part peu de disposition à renoncer à l'Illyrie.

Napoléon, inébranlable quoique parfois agité, persista dans sa manière de négocier, laquelle, comme on l'a vu, consistait à gagner du temps, soit pour obtenir s'il était possible une nouvelle prolongation d'armistice, soit au moins pour différer de quelques semaines l'entrée en action de l'Autriche, soit aussi pour rompre le congrès sur une question de forme, et n'avoir pas à dire à l'Europe, surtout à la France, que c'était pour Hambourg et le protectorat du Rhin qu'on refusait la paix. Afin de réussir dans cette tactique, il fit concourir avec l'ouverture des négociations un second voyage, qu'il avait résolu d'exécuter à la fin de juillet pour aller voir l'Impératrice à Mayence, et qui ne pouvait qu'apporter de nouvelles entraves à la marche des négociations. Il avait en effet assigné à Marie-Louise un rendez-vous à Mayence vers le 26 juillet, afin d'y demeurer quelques jours avec elle, et surtout afin d'y passer en revue les divisions destinées à former les corps des maréchaux Saint-Cyr et Augereau. Il laissa en partant des pouvoirs pour M. de Caulaincourt, qui devait se rendre à Prague dès qu'on aurait reçu des commissaires réunis à Neumarckt une réponse satisfaisante relativement au terme précis de l'armistice; à ces pouvoirs il ajouta des instructions, concertées avec M. de Bassano, pour que M. de Caulaincourt, une fois à Prague, pût y employer d'une manière spécieuse les six à huit jours qui allaient s'écouler pendant le voyage projeté sur le Rhin.

Juillet 1813.

On était au 24 juillet, et on ne supposait pas que la réponse de Neumarckt pût arriver avant le 25 ou le 26. M. de Caulaincourt devait se mettre en route le lendemain, perdre un jour ou deux à lier connaissance avec les plénipotentiaires, puis consacrer cinq ou six jours à discuter sur la remise des pouvoirs, et sur la forme des conférences. Si, dans son zèle pacifique, M. de Caulaincourt devenait pressant, et demandait à M. de Bassano l'autorisation de passer outre, M. de Bassano devait lui permettre de faire quelques concessions relativement à l'échange des pouvoirs et à la forme des négociations, mais en lui défendant expressément d'aborder le fond des choses. Il serait aisé de gagner ainsi jusqu'au 3 ou 4 août, jour probable du retour de Napoléon à Dresde, et alors il tracerait lui-même la conduite qu'on devrait tenir ultérieurement.

Instructions et latitudes laissées à M. de Caulaincourt, pour qu'il puisse employer à Prague le temps que Napoléon doit passer à Mayence.

Juillet 1813.

Ordres
militaires
de Napoléon
en quittant
Dresde.

Progrès
merveilleux
de ses arme-
ments.

Après avoir arrêté d'après ces données les instructions de M. de Caulaincourt, Napoléon fit ses dispositions pour partir le 24 juillet au soir. Il expédia en
même temps quelques ordres relatifs à l'armée. Les
deux mois perdus pour les négociations ne l'avaient
pas été, comme on le pense bien, pour les préparatifs militaires. L'infanterie bien campée, bien nour-
rie, bien exercée, avait singulièrement gagné sous
tous les rapports, et particulièrement sous celui de
la force numérique. La cavalerie avait complétement
changé d'aspect; elle était nombreuse et assez bien
montée. Les jeunes chevaux, presque tous blessés à
l'entrée en campagne, étaient en meilleur état. Nos
cavaliers, si prompts à se former, savaient déjà se
servir de leurs montures et les soigner. Napoléon
avait, outre la cavalerie légère attachée à chaque
armée, quatre beaux corps de cavalerie de réserve
sous les généraux Latour-Maubourg, Sébastiani, de
Padoue, de Valmy. La garde formée à cinq divisions
d'infanterie, comprenait en outre douze mille cavaliers avec deux cents bouches à feu bien servies.
Quinze cents gardes d'honneur sous le général De-
jean étaient arrivés à Dresde. Cette brave jeunesse
qui n'était pas d'abord partie dans de très-bonnes
dispositions, parvenue maintenant en ligne, n'aspi-
rait qu'à s'illustrer sous les yeux de la grande armée.
Le corps du général Vandamme, que Napoléon avait
vu à Magdebourg, composé d'hommes jeunes, mais
de vieux cadres revenus de Moscou, était fort beau.
Les quatre divisions organisées à Mayence, et destinées à venir par Wurzbourg, Hof, Freyberg, Dresde,
s'établir à Kœnigstein, s'acheminaient vers ce point,

et présentaient un aspect satisfaisant, quoique remplies de jeunes soldats comme tout le reste de l'armée. Les approvisionnements, commandés de toutes
parts, arrivaient par l'Elbe à Dresde, où plus de
cinquante mille quintaux de grains et farines étaient
actuellement réunis. Grâce à l'activité du maréchal
Davout les défenses de Hambourg étaient pour ainsi
dire sorties de dessous terre. Elles portaient déjà
deux cents bouches à feu en batterie, et allaient
bientôt en recevoir trois cents. Tout s'achevait donc
suivant les vues de Napoléon, et le progrès de ses
desseins ne le disposait guère à la paix, ce qui auto-
risait M. de Bassano à répéter partout que les forces
de l'Empereur étaient immenses et son génie toujours plus grand, que l'Europe en devait trembler,
et que ce n'était pas au plus fort à faire des sacrifices
au plus faible.

Napoléon cherchant à répandre un peu d'animation dans ses camps, où ses jeunes troupes, sauf les
heures consacrées aux manœuvres, avaient été oisi-
ves pendant deux mois, imagina pour les occuper
un genre d'exercice à la fois attrayant et utile. Il
avait ordonné de les faire tirer à la cible, et pour
les intéresser davantage à cet exercice si important,
il voulut qu'on leur distribuât des prix proportion-
nés à leur adresse. Les meilleurs tireurs de chaque
compagnie, au nombre de six, devaient recevoir un
prix de quatre francs, puis se réunir à tous ceux du
même bataillon, se mesurer ensemble, et concourir
pour un nouveau prix triple du précédent. Ceux des
bataillons devaient se réunir par régiments, ceux des
régiments par divisions, ceux des divisions par corps

Juillet 1813.

Manière
d'occuper
et d'égayer
nos jeunes
troupes dans
leurs camps.

Juillet 1813.

d'armée, et concourir de nouveau pour des prix successivement plus élevés, de telle façon que les meilleurs tireurs d'un corps d'armée pouvaient remporter des prix qui allaient jusqu'à cent francs. Tous ces prix représentaient une dépense d'une centaine de mille francs, ce qui était peu de chose, et avait, outre l'avantage inappréciable d'améliorer le tir, celui d'occuper, d'amuser les hommes, de leur fournir l'occasion et le moyen de régaler leurs camarades. Napoléon fit aussi payer la solde aux officiers, pour qu'ils pussent jouir des quelques jours de repos qui leur restaient, et qui, pour le plus grand nombre, étaient, hélas! les derniers de leur vie! La fête de Napoléon approchait, puisqu'elle se célébrait le 15 août. Il voulut que la célébration en fût fixée au 10, afin que les hostilités étant reprises le 17, les réjouissances ne fussent pas trop voisines des nouvelles scènes de carnage qu'il prévoyait. Ce jour du 10 il devait y avoir dans tous les camps des repas à ses frais, et en son honneur. Les officiers devaient dîner chez les maréchaux, les soldats entre eux sur des tables servies en plein air. Le vin devait être prodigué, et bu soit à la santé de Napoléon, soit au triomphe des armes de la France. Ainsi Napoléon cherchait en quelque sorte à égayer la guerre, et à mêler les jeux à la mort! Le 24 juillet il partit pour Mayence, laissant derrière lui toutes choses invariablement prévues et arrêtées.

Le 26, les commissaires de Neumarckt répondirent enfin d'une manière satisfaisante, relativement au jour précis des futures hostilités, et il fut reconnu, après en avoir conféré avec l'empereur Alexandre,

Napoléon fixe au 10 août la célébration de sa fête, qui aurait dû avoir lieu le 15, afin de mettre quelque intervalle entre les réjouissances et les nouvelles scènes de carnage qui se préparent.

Réponse de Neumarckt, qui place définitivement au 16 août

surtout après de vives observations de M. de Metternich, que le général en chef Barclay de Tolly avait mal compris les paroles de son maître, et que si l'armistice pouvait être dénoncé le 10 août, il n'expirerait cependant que le 16, ce qui remettait au 17 la reprise des hostilités. Ce malentendu, comme on l'a vu, venait du peu de clarté que l'empereur Alexandre avait mis à faire connaître une concession dont il était embarrassé devant les partisans impatients de la guerre, et du peu de penchant de ces derniers à interpréter les stipulations douteuses dans le sens de la paix. L'empereur Alexandre se trouvait alors à Trachenberg, petite ville de Silésie, où il s'était rendu de Reichenbach avec le roi de Prusse et la plupart des généraux de la coalition, pour conférer avec le prince de Suède sur le plan des opérations futures. Cette réunion, fort désirée des deux souverains qui voulaient enchaîner définitivement l'ancien maréchal Bernadotte à leur cause, et terminer ses longues hésitations, était loin de plaire aux officiers russes et allemands, notamment à ces derniers. On parlait de conférer au prince royal un commandement important; on lui préparait sur sa route des honneurs extraordinaires, afin de le toucher par l'endroit si sensible chez lui de la vanité. Ces empressements pour un homme qui n'avait aux yeux des Allemands et des Russes d'autre mérite que d'être général français, et qui était loin de compter parmi les premiers, excitaient au plus haut degré la jalousie nationale des états-majors alliés. Leurs monarques, disaient-ils, voulaient donc déclarer qu'un général français, même médiocre, valait mieux que tous les généraux de la coalition, et que c'était un titre d'honneur de porter les armes contre son pays. La perspective d'être placés sous ses ordres leur était souverainement désagréable.

Malheureusement on s'entretenait aussi d'un autre général français, celui-là grand homme de guerre, doué de véritables vertus civiques et guerrières, et non pas, comme Bernadotte, gratifié d'une couronne royale pour prix de médiocres services, mais de l'exil pour prix de services immenses, et qui vaincu par l'ennui, le désœuvrement, l'irritation que lui inspirait un rival heureux, l'horreur que lui avait fait éprouver la campagne de Moscou, s'était laissé persuader de quitter l'Amérique pour l'Europe. Ce général était l'illustre Moreau. Il était venu à Stockholm, attiré dans cette capitale par Bernadotte qui semblait pressé de se procurer des imitateurs. Entouré là des plus funestes conseils, agité, combattu, malheureux, se demandant s'il faisait bien ou mal, il marchait sans s'en apercevoir à un abîme, dominé par des sentiments confus qu'il croyait honnêtes, parce que sous l'indignation sincère qu'il éprouvait, il ne voyait pas la part que la haine et l'oisiveté avaient à sa conduite. On se préoccupait beaucoup de cette arrivée, et on disait le général Moreau destiné à devenir le conseiller de l'empereur Alexandre. C'était une nouvelle cause de déplaisir pour les militaires russes et allemands, qui avec un redoublement de jalousie demandaient si leurs souverains croyaient donc que pour vaincre les généraux français il n'y avait de suffisants que les généraux français eux-mêmes?

Quoi qu'il en soit, l'ancien maréchal Bernadotte était venu à Trachenberg, voyageant, non pas comme les souverains de Russie et de Prusse, avec une extrême simplicité, mais avec un faste éblouissant, comme un monarque parcourant ses États dans une occasion solennelle. Ayant passé en revue quelques-unes de ses troupes qui déjà profitaient de l'armistice pour se rendre en Prusse, il avait paru près de Stettin, où se trouvait une garnison française. Sa tête inflammable commençait à se persuader que Napoléon, odieux à l'Europe, à charge à la France, ne pourrait bientôt plus régner, que les Bourbons, longtemps oubliés, ne pourraient pas être remis sous les yeux de la génération présente, que dès lors ce serait à lui à remplacer Napoléon sur le trône de France. L'insensé, dans son orgueil, ne voyait pas qu'après la gloire la tradition antique aurait seule de l'empire sur les esprits, et que la médiocrité souillée du sang français n'était pas appelée à succéder au génie malheureux. Tandis qu'il se montrait à cheval sous les murs de Stettin, à la vue de la garnison française, des coups de feu partirent sans qu'on pût savoir qui les avait tirés. Des officiers de Bernadotte vinrent se plaindre au brave général Dufresse, commandant de la place, de cette violation de l'armistice. — Ce n'est rien, répondit ironiquement le général; la grand'garde a aperçu un déserteur et a tiré dessus! —

Conduit à Trachenberg de relais en relais, au milieu d'escortes nombreuses et d'un cortége magnifique, le prince de Suède y reçut de l'empereur Alexandre et du roi de Prusse un accueil extraordinaire, comme s'il leur eût apporté le génie de Napoléon ou du grand Frédéric. C'était moins à ses talents du reste qu'aux craintes qu'on avait conçues sur sa fidélité, et au désir de montrer un lieutenant de Napoléon, fatigué de sa domination jusqu'à tourner ses armes contre lui, qu'il devait ces empressements affectés. Si à la qualité de Français et de lieutenant de Napoléon il avait joint celle de son propre frère, les hommages eussent été plus excessifs encore, car on aurait trouvé sa défection plus significative. Jusqu'au jour où l'on avait rompu avec le Danemark, et où l'on avait définitivement adjugé la Norvége à la Suéde, le nouveau Suédois avait tour à tour promis, hésité, menacé même; mais enfin il venait de prendre son parti, et de mettre en mouvement vingt-cinq mille Suédois. Pour prix de ce contingent, d'ailleurs excellent, car il n'y avait pas de plus braves soldats, animés de meilleurs sentiments que les Suédois, il affichait d'étranges prétentions. Il aurait voulu être généralissime, ou du moins commander toutes les armées que ne commandaient point en personne les deux souverains eux-mêmes. On lui avait résisté doucement, et peu à peu on l'avait ramené à de moindres exigences, par la raison toute simple des emplacements qui ne permettaient pas aux diverses armées d'opérer très-près les unes des autres, et d'être réunies dès lors sous l'autorité d'un seul chef. Après des débats qui avaient duré du 9 au 13 juillet, on avait arrêté le plan de campagne suivant, fondé sur la coopération des Autrichiens, car bien qu'on eût chargé ceux-ci de négocier pour tout le monde, la conviction généralement répandue que Napoléon n'accepterait pas leur système de pacification, faisait considérer leurs troupes rassemblées en Bohême, en Bavière, en Styrie, comme inévitablement destinées à coopérer avec les armées russe et prussienne.

Appréciant le danger de se mesurer avec Napoléon, on s'était proposé de l'accabler par la masse des forces, et on ne désespérait pas en effet de réunir huit cent mille soldats, dont cinq cent mille en première ligne, agissant concentriquement sur Dresde. Trois grandes armées actives étaient chargées d'expulser Napoléon de cette position de Dresde, où l'on avait discerné qu'il voulait établir le centre de ses opérations. Une première armée de 250 mille hommes, formée en Bohême avec 130 mille Autrichiens et avec 120 mille Prussiens et Russes, placée pour flatter l'Autriche sous le commandement d'un général autrichien, devait opérer par la Bohême sur le flanc de Napoléon. Une seconde de 120 mille hommes, placée sous le général Blucher en Silésie, et composée en nombre égal de Prussiens et de Russes, devait par Liegnitz et Bautzen marcher droit sur Dresde, tandis qu'une troisième de 130 mille, confiée au prince de Suède, composée de Suédois, de Prussiens, de Russes, d'Allemands, d'Anglais, se dirigerait de Berlin sur Magdebourg. Il était convenu que ces trois armées marcheraient prudemment, éviteraient les rencontres directes avec Napoléon, rétrograderaient quand il avancerait, pour tomber sur celui de ses lieutenants qu'il aurait laissé sur ses flancs ou ses derrières, reculeraient de nouveau quand il viendrait au secours du lieutenant menacé,

Juillet 1813.

Plan de campagne fondé sur l'idée d'éviter Napoléon, pour se jeter toujours sur ses lieutenants, jusqu'à ce qu'après l'avoir épuisé, on trouve l'occasion de l'accabler sous la réunion de toutes les forces de la coalition.

se jetteraient aussitôt sur un autre, s'attacheraient ainsi à l'épuiser, et quand elles le jugeraient assez affaibli, profiteraient d'un moment favorable pour l'aborder lui-même, et l'étouffer dans les cent bras de la coalition. Si malgré la recommandation adressée à tous les chefs de ne commettre aucune témérité, d'être prudent avec Napoléon et hardi avec ses lieutenants, on se faisait battre, on devait ne pas se décourager, car il restait en réserve trois cent mille hommes prêts à recruter l'armée active, et à la rendre indestructible en la renouvelant sans cesse. On était résolu en un mot à vaincre ou à mourir jusqu'au dernier. La Prusse avait des réserves dans la Silésie, le Brandebourg, la Poméranie; la Russie en avait en Pologne, l'Autriche en Bohême. L'Autriche devait réunir de plus une armée d'observation en Bavière, une armée active en Italie, et dans l'hypothèse, malheureusement trop vraisemblable, d'une rupture avec nous, elle avait permis qu'on raisonnât sur ses forces comme déjà jointes à la coalition, ce qui donnait lieu de dire faussement qu'elle était définitivement engagée avec nos ennemis, et que la négociation de Prague n'était qu'un leurre tant de sa part que de la nôtre.

Ce plan basé sur les manœuvres probables de Napoléon, et prouvant que celui-ci avait donné à ses adversaires des leçons dont ils avaient profité, était sorti de la tête, non du prince suédois, mais des généraux russes et prussiens, habitués à notre manière de faire la guerre. Bernadotte, quoique appelé à commander à 130 mille hommes, dont 100 mille pouvaient se trouver ensemble sur un même champ

de bataille, ce qui dépassait fort ses talents, car il
n'en avait jamais conduit plus de 20 mille, et toujours sous un supérieur, n'était pas content de la
part qu'on lui avait faite. Il aurait voulu commander,
outre cette armée, celle de Silésie, et avoir sous ses
ordres Blucher lui-même, ce qu'il croyait dû à son
rang royal et à ses talents militaires. Mais une telle
prétention devait rencontrer des obstacles insurmontables. C'était autour de Blucher que se réunissaient
les officiers allemands les plus distingués, les plus
patriotes, les plus engagés dans les sociétés secrètes
allemandes, gens à qui Bernadotte déplaisait à tous
les titres, comme Français, comme défectionnaire à
son pays, comme spéculateur ayant depuis une année
mis à une sorte d'enchère ses services fort douteux,
comme général enfin rempli de présomption, quoique d'un mérite très-contestable. L'idée d'obéir à un
tel chef les révoltait tous, et ils tenaient à Trachenberg le langage le plus injurieux pour le prince de
Suède. On s'était donc appliqué à lui faire entendre
qu'il fallait renoncer à cette singulière prétention,
car les trois armées devaient agir trop loin les unes
des autres pour qu'on pût les soumettre au même
général, et seulement, pour le satisfaire, on avait
accordé que dans le cas où l'armée de Silésie serait
appelée à coopérer avec celle du Nord (c'est ainsi
qu'on appelait la sienne), il pourrait donner des ordres à toutes les deux. On avait amené Blucher et
ses officiers à admettre cette éventualité, quelque
désagréable qu'elle fût pour eux, en leur disant que
les deux armées destinées à se rencontrer et à opérer ensemble étaient celles de Silésie et de Bohême,

parce qu'elles avaient Dresde pour but commun, que celle du Nord au contraire, menaçant à la fois Hambourg et Magdebourg, aurait bien peu de chances de se trouver à côté de celle de Silésie, qui visait aussi sur l'Elbe mais bien plus haut.

Après ces arrangements, on avait renvoyé Bernadotte enivré d'un encens brûlé par de royales mains, et Alexandre et Frédéric-Guillaume étaient revenus à Reichenbach, pour attendre l'issue des négociations, au résultat desquelles ils ne croyaient guère, dont Alexandre toujours irrité contre Napoléon et prodigieusement flatté de mener l'Europe, désirait peu le succès, dont Frédéric-Guillaume, dans sa constante et sage défiance de la fortune, aurait ac-

cepté volontiers l'heureuse conclusion s'il avait pu y ajouter quelque foi. C'était à leur retour qu'avait été faite par les commissaires de Neumarckt la réponse que nous venons de rapporter, et qui ôtait tout prétexte pour retenir plus longtemps M. de Caulaincourt à Dresde.

Le 26 ce digne et courageux personnage reçut de M. de Bassano les instructions que Napoléon avant de se rendre à Mayence avait laissées pour lui. Bien que le fond des choses n'y fût point traité, les difficultés de forme y étaient si complaisamment détaillées, et données si ouvertement comme un moyen de perdre le temps, que M. de Caulaincourt en fut consterné. C'était uniquement dans l'intention de ménager une paix suivant lui indispensable, qu'il avait accepté le rôle de plénipotentiaire à Prague, rôle plus pénible pour lui que pour tout autre, car après avoir joui de la faveur particulière de l'empereur Alexan-

Juillet 1813.

dre, n'obtenir s'il le rencontrait qu'une froideur blessante, et, s'il ne le rencontrait pas, essuyer cette même froideur de la part de ses agents les plus vulgaires, devait lui être bien pénible. Aller s'exposer à de pareils traitements pour ne rendre aucun service, et pour jouer une fade comédie, coûtait à sa dignité autant qu'à son patriotisme. Il se mit toutefois en route sur la simple espérance de conjurer, en partie du moins, les effets de la mauvaise volonté de son maître, et en quittant Dresde il adressa à Napoléon la lettre suivante, que l'histoire doit conserver.

« Dresde, 26 juillet 1813.

» SIRE,

» J'ai besoin de soulager mon cœur avant de
» quitter Dresde, afin de ne porter à Prague que le
» sentiment des devoirs que Votre Majesté m'a im-
» posés. Il est deux heures. M. le duc de Bassano me
» remet seulement les instructions que les réponses de
» Neumarckt et les ordres de Votre Majesté ne lui ont
» pas permis de me donner plus tôt; elles sont si
» différentes des arrangements auxquels elle avait
» paru consentir en me déterminant à accepter cette
» mission, que je n'hésiterais pas à refuser encore
» l'honneur d'être son plénipotentiaire, si, après
» tant de temps perdu, les heures n'étaient comptées
» à Prague, pendant que Votre Majesté est à Mayence
» et moi encore à Dresde. Quelle que soit donc ma
» répugnance pour des négociations si illusoires, je
» me pénètre avant tout de mes devoirs, et j'obéis.
» Demain je serai en route et après demain à Prague,
» comme on me le prescrit; mais permettez, Sire,

Noble lettre de M. de Caulaincourt à Napoléon pour lui demander quelque latitude, et le supplier de songer sérieusement à la paix.

» que les réflexions de votre fidèle serviteur trou-
» vent encore ici leur place. L'horizon politique est
» toujours si rembruni, tout a un aspect si grave,
» que je ne puis résister au désir de supplier encore
» Votre Majesté de prendre, comme son ministre me
» le fait espérer, une salutaire résolution avant le
» terme fatal. Puisse-t-elle se convaincre que le
» temps presse, que l'irritation des Allemands est
» extrême, et que cette exaspération des esprits im-
» prime, encore plus que la peur des cabinets, un
» mouvement accéléré et irrésistible aux événe-
» ments. L'Autriche est déjà trop compromise pour
» reculer, si la paix du continent ne la rassure pas.
» Votre Majesté sait bien que ce n'est pas la cause
» de cette puissance que j'ai plaidée près d'elle;
» certes! ce n'est pas son abandon dans nos revers
» que je la prie de récompenser, ce ne sont même
» pas ses 150 mille baïonnettes que je veux écarter
» du champ de bataille, quoique cette considération
» mérite bien quelque attention, mais c'est le sou-
» lèvement de l'Allemagne, que le vieil ascendant
» de cette puissance peut amener, que je supplie
» Votre Majesté d'éviter à tout prix. Tous les sacri-
» fices faits dans ce but et par conséquent dans ce
» moment à une prompte paix, vous rendront,
» Sire, plus puissant que ne l'ont fait vos victoires,
» et vous serez l'idole des peuples, etc... »

Ce langage d'un honnête homme, qui en voyant
déjà une grande partie du mal ne le voyait pourtant
pas tout entier, car ce n'étaient pas 150 mille Autrichiens mais 300 mille qu'il s'agissait de se mettre
encore sur les bras, car ce n'était pas le soulèvement

de l'Allemagne mais celui de toute l'Europe, qu'il s'agissait de braver, ce langage ne devait malheureusement pas avoir beaucoup d'utilité. Toutefois ne renonçant pas à essayer le bien, quelque faible que fût l'espérance de l'accomplir, M. le duc de Vicence était parti pour Prague, où on l'attendait impatiemment. L'accueil qu'il y reçut fut digne de lui et de la considération qu'il s'était acquise en Europe. En apprenant son départ, on avait suspendu tous les pourparlers jusqu'à son arrivée. Après être entré en communication avec les plénipotentiaires russe, prussien et autrichien, il reprit avec M. de Metternich le vieux thème que M. de Narbonne avait déjà usé en quelques jours, c'est qu'il n'était possible de remettre les pouvoirs et de traiter les matières à discuter qu'en assemblée commune, sous les yeux et la présidence du médiateur, mais en conférence de tous avec tous. Cette difficulté sérieuse sans doute, si on avait eu encore l'espoir d'un rapprochement direct avec la Russie, n'en devait plus être une qui méritât tant d'insistance de notre part, lorsqu'on ne pouvait désormais faire la paix que par l'Autriche, et à son gré. Il nous était même plus commode d'avoir le médiateur pour organe principal, que de nous aboucher avec deux plénipotentiaires mal disposés, et cherchant peu à faciliter une paix que l'Autriche souhaitait seule. La preuve qu'il en était ainsi, c'était le désir évident de M. de Metternich d'amener M. de Humboldt et M. d'Anstett à une concession sur cette question de forme, afin de rendre au moins l'ouverture du congrès possible. Puisque lui-même voulait un abouchement direct des plénipoten-

Juillet 1813.

Départ
de M. de
Caulaincourt,
et son arrivée
à Prague.

Digne accueil
fait
à cet illustre
personnage.

La question
de forme
immédiate-
ment soulevée
à l'occasion
de l'échange
des pouvoirs.

Nouvelles
réflexions
de M. de

tiaires français avec les plénipotentiaires prussien et russe, c'est qu'il n'avait plus à le craindre. Du reste parlant franchement avec M. de Caulaincourt comme avec M. de Narbonne, il lui montra l'inutilité de disputer longuement sur les formes suivies à Munster, à Tetschen, à Sistow, car les deux plénipotentiaires étaient engagés d'amour-propre et d'intérêt dans la voie où ils étaient entrés : d'amour-propre, parce qu'ils avaient déjà remis leurs pouvoirs au médiateur, d'intérêt, parce qu'ils ne voulaient pas qu'on les accusât de pactiser secrètement avec la diplomatie française, et que traiter par notes remises au médiateur était le seul moyen qui ne prêtât à aucune fausse interprétation. Il dit que par ces motifs ils ne consentiraient pas à céder, que d'ailleurs ils ne désiraient pas beaucoup la paix, et que ce désir ne pouvait faire taire chez eux ni l'amour-propre ni l'intérêt; que par conséquent toutes les discussions qu'on aurait avec eux seraient inutiles; qu'au surplus, il le voyait bien, Napoléon n'avait pas la moindre envie d'arriver à un résultat; que tant qu'il s'attacherait à batailler sur un tel terrain, il fallait en conclure qu'il ne voulait pas faire un pas vers la paix, qu'il était dès lors inutile de s'agiter pour obtenir sur des questions de forme des concessions qui ne mèneraient à rien pour le fond des choses, qu'il fallait attendre, et attendre jusqu'au dernier moment, car avec un caractère aussi extraordinaire que celui de Napoléon tout était possible; qu'au dernier jour, à la dernière heure, il se pourrait qu'il envoyât à l'improviste des ordres de traiter sur des bases acceptables, et que la paix

sortit tout à coup d'une situation actuellement désespérée; que dans cette supposition peu vraisemblable sans doute, mais admissible, il attendrait
jusqu'au 10 août à minuit, que jusque-là, il en
renouvelait l'assurance formelle, il ne serait engagé avec personne, mais que le 10 août à minuit
il le serait irrévocablement avec nos ennemis, qu'il
signerait au nom de son souverain un traité d'alliance avec les puissances coalisées, et serait au nombre de nos adversaires les plus résolus à vaincre ou
à périr. —

Juillet 1813.

M. de Metternich répéta ces choses qu'il avait déjà
dites à M. de Narbonne d'un ton si calme, mais si
ferme, avec des témoignages si affectueux pour M. de
Caulaincourt, et une sincérité si manifeste (car il ne
faut pas comme le vulgaire s'imaginer qu'un diplomate mente nécessairement), que M. de Caulaincourt ne pouvait pas résister à tant d'évidence.
Aussi avec sa véracité ordinaire écrivit-il sur-le-
champ à M. de Bassano qu'il craignait peu, à Napoléon qu'il craignait beaucoup, pour leur faire
savoir encore une fois quelle était la situation véritable, combien était grand, certain même le danger
d'une prochaine adhésion de l'Autriche à la coalition, ce qui rendrait complète et définitive l'union
de l'Europe contre nous; situation périlleuse mais
soutenable en 1792, lorsque nous débutions dans
la carrière des révolutions, lorsque nous étions pleins
encore de passion et d'espérance, injustement attaqués et non pas durement oppresseurs, situation au
contraire désastreuse lorsque nous étions épuisés,
lorsque nous avions tort contre tout le monde, et

Vives
instances
de M. de
Caulaincourt
pour qu'on
l'autorisât à
traiter sérieu-
sement.

Juillet 1813.

que tout le monde éprouvait contre nous l'indignation qui avait fait notre force en 1792. La conviction
de M. de Caulaincourt à cet égard était si vive et si
sincère, que connaissant l'ambition de M. de Bassano, voulant appeler cette ambition au secours de
l'honnêteté très-réelle de ce ministre, et supposant
qu'il serait peut-être sensible à l'honneur de signer
lui-même la paix du monde, il l'engageait instamment à venir à Prague, lui revêtu de toute la confiance de l'Empereur, ayant tous ses pouvoirs,
n'ayant pas besoin pour en référer à sa volonté de
perdre les dernières heures qui restaient, et à se
rendre l'objet d'un transport universel de reconnaissance en venant conclure une paix qui allait sauver tant de victimes, et probablement au nombre de
ces victimes la France elle-même.

M. de Bassano
accorde à
M. de
Caulaincourt
quelques faci-
lités illusoires
sur
la question
de forme.

M. de Bassano, qui était aussi bon citoyen que
le lui permettait sa parfaite soumission à son maître, aurait cédé sans doute à tant de raison et de
patriotisme, s'il avait eu une volonté propre; mais
n'en admettant qu'une au monde, celle de Napoléon, avec laquelle il ne contestait pas plus qu'avec
celle de Dieu même, il se contenta de satisfaire aux
vives instances de M. de Caulaincourt en lui accordant quelques facilités pour traiter la question
de forme, sans sortir toutefois des latitudes qui lui
avaient été laissées à lui-même. Ainsi par exemple
il permit aux deux négociateurs français de donner
une copie certifiée de leurs pouvoirs au médiateur,
qui la transmettrait aux plénipotentiaires prussien
et russe, de façon que cette première communication aurait lieu suivant le mode désiré par nos ad-

versaires, mais en retour il continua d'exiger que
l'échange définitif des pouvoirs eût lieu dans une
conférence commune. Quant à la forme même de
la négociation, il consentit à ce que les plénipotentiaires russe et prussien procédassent par notes officielles, comme ils le voulaient pour mettre leur
responsabilité à couvert, mais à condition que les
plénipotentiaires français pourraient discuter ces notes dans des conférences où les parties adverses se
trouveraient réunies.

Juillet 1813.

Ces subtilités étaient misérables et bien indignes
d'une situation aussi grave. M. de Bassano écrivit à
l'Empereur à Mayence qu'il accordait ces latitudes à
nos plénipotentiaires, afin que toutes les questions
de forme fussent vidées à son retour à Dresde, et
que, s'il lui convenait alors de donner dans les six
derniers jours une tournure sérieuse à la négociation[1], il trouvât les discussions préliminaires terminées.

M. de Bassano
informe
Napoléon
de ce qu'il
a fait.

[1] Pour quiconque aurait de la peine à croire qu'on ait cherché à
rendre aussi illusoires que nous le disons les négociations de Prague,
nous donnerons l'extrait suivant d'une lettre de M. de Bassano à l'Empereur, datée de Dresde, 1er août 1813, à quatre heures du matin.

« Je transmets à Votre Majesté les dépêches de ses plénipotentiaires.

« J'ai cru devoir leur répondre sans attendre les ordres de Votre Ma-
» jesté. Nous sommes au 1er août ; ma lettre ne partira que ce matin,
» les plénipotentiaires ne la recevront que demain, et il se sera écoulé
» assez de temps pour que conformément aux instructions que Votre
» Majesté m'a laissées, on arrive au 10 août sans s'être trop engagé. Il
» m'a d'autant moins paru dans l'intention de Votre Majesté de porter
» trop loin les discussions de forme *qui mettraient à découvert le projet*
» *de gagner du temps,* que nous parviendrons tout naturellement au
» moment du retour de Votre Majesté à Dresde sans que la négociation
» ait fait des progrès réels, et qu'aucune question ait été compromise.
» A peine celle de l'approvisionnement des places aura-t-elle été
» entamée.

Juillet 1813.

Napoléon
à Mayence.

Napoléon était en ce moment à Mayence où il
s'était rendu, comme nous l'avons dit, afin d'y passer quelques jours avec l'Impératrice, et de voir
chemin faisant les troupes en marche, les travaux en
cours d'exécution, tout ce qui avait besoin en un
mot de sa présence pour se perfectionner ou s'achever. Parti dans la nuit du 24 au 25 juillet, il était
arrivé le 26 au soir à Mayence, où l'attendaient une
cour brillante venue de Paris à la suite de l'Impératrice, et un grand nombre de ses agents accourus
pour recevoir ses ordres directs. Il avait trouvé l'Im-

Son entrevue
avec
l'Impératrice.

pératrice désolée, cachant ses larmes au public,
mais n'hésitant pas à les répandre devant lui, car
elle était sincèrement attachée à son glorieux époux,

Douleur
de cette
princesse.

elle tremblait pour sa vie et sa fortune, elle craignait
pour elle-même que la nouvelle déclaration de guerre
de l'Autriche ne réveillât en France toutes les haines
populaires sous lesquelles avait succombé la malheureuse reine Marie-Antoinette; elle aurait voulu rete-

« Des trois difficultés qui se sont élevées, celles relatives à l'échange
« des pouvoirs et au lieu des conférences se résoudront d'elles-mêmes.

« Quant au mode à adopter (à partir de ce mot la minute est écrite
» de la main du duc de Bassano) pour négocier, j'ai cru que nous ne
» pouvions différer pendant plusieurs jours de répondre, sans prendre
» sur nous ces retards, tandis que de fait, et si M. de Metternich insiste
» sur une proposition qui attente à tous les droits et à tous les usages,
» les entraves apportées à la négociation ne pourront être imputées
» qu'à lui.

« Quoique les déclarations qu'il a faites à MM. de Vicence et de Nar-
» bonne et à M. d'André n'aient peut-être pour objet que de rendre plus
» imposante son attitude de médiateur, il pourrait entrer dans les vues
» de Votre Majesté de donner dès le moment de son arrivée ici une
» tournure assez grave aux négociations pour qu'on n'osât pas les
» rompre. Dans cette supposition, j'ai pensé qu'il conviendrait à Votre
» Majesté de trouver les discussions préliminaires à peu près ter-
» minées. »

nir dans l'alliance française son père qu'elle aimait,
dont elle était aimée, mais elle ne pouvait pas plus
vaincre la tranquille inflexibilité de l'empereur François, que la fougueuse humeur de Napoléon, et elle
faisait ce que font les femmes dans leur impuissance,
elle pleurait. Le secret de l'entrevue de Napoléon avec
Marie-Louise est resté inconnu [1], et probablement il
est resté inconnu parce qu'il était nul, car Napoléon
ne voulait charger l'Impératrice de rien, les affaires se
traitant à Prague de telle sorte, qu'elle n'y pouvait
rendre aucun service. Il désirait la voir, la consoler,
lui donner des témoignages publics de tendresse, ce
qui, pour l'Autriche, pour l'Europe, devait être d'un
bon effet; il désirait aussi, avec sa défiance ordinaire, chercher à pénétrer si elle n'aurait pas reçu de
Vienne quelque communication clandestine qui pût
l'éclairer sur les desseins de l'Autriche. Mais en tout
cas de tels efforts étaient parfaitement inutiles, car
l'Autriche avait dit tout son secret par la bouche de
M. de Metternich, et ce secret n'était autre que celui-
ci, c'est qu'à certaines conditions cent fois énoncées
elle arrêterait l'Europe, l'obligerait à poser les armes,
ménagerait la paix, non-seulement continentale mais
maritime, et qu'en dehors de ces conditions se décla-
rant sur-le-champ notre ennemie, elle prendrait part
à la coalition universelle qui se préparait contre nous.
Napoléon n'avait donc rien à apprendre de Marie-
Louise, mais il procura à cette princesse le plaisir de
passer quelques jours avec lui, et en attendant il ex-

Juillet 1813.

Tendres
égards
de Napoléon
pour elle.

---

[1] L'archichancelier Cambacérès, confident et directeur de l'Impératrice régente, déclare dans ses Mémoires aussi simples que véridiques,
qu'il ne put parvenir à en rien savoir.

pédia sur les lieux une quantité d'affaires civiles et
militaires. De cette main puissante de laquelle pouvait s'échapper tant de bien et de mal, il laissa effectivement échapper du bien et du mal avec l'ordinaire
prodigalité de son génie. Le duc de Rovigo avait
voulu venir à Mayence pour y faire une nouvelle
tentative en faveur de la paix, en éclairant Napoléon
sur l'état de l'opinion publique, et sur le danger qu'il
courait de s'aliéner définitivement l'affection de la
France. L'opinion publique était en effet dans une
anxiété extrême depuis qu'elle commençait à craindre que le congrès réuni si tard ne restât sans résultat.
Les ennemis de Napoléon étaient pleins d'espérance,
la majorité du pays pleine de chagrins et de sinistres
appréhensions. Déjà l'affection était évanouie, la
haine naissait, et faisait taire l'admiration. Dans la
basse Allemagne et la Hollande on criait *Vive Orange!*
dans toute l'Allemagne *Vive Alexandre!* En France
on n'osait pas crier *Vivent les Bourbons!* mais leur
souvenir se réveillait peu à peu, et on se transmet-
tait de main en main un manifeste de Louis XVIII
publié à Hartwell, qui aurait certainement produit
un effet général, s'il n'avait porté encore les traces
nombreuses des préjugés de l'émigration. Ce sont
tous ces détails que le duc de Rovigo se proposait
de communiquer au maître qu'il servait fidèlement,
mais Napoléon ne voulant pas être importuné de ce
qu'il appelait les criailleries de l'intérieur, avait refusé
de le recevoir, et lui avait ordonné de rester à Paris,
sous prétexte que sa présence y était nécessaire.

Usant du procédé trop ordinaire à un gouvernement qui s'entête dans ses erreurs, et qui voit

dans les manifestations de l'opinion publique des
actes à réprimer au lieu de leçons à méditer, il déploya contre le clergé certaines rigueurs tout à fait
étranges par l'audace apportée dans l'arbitraire. Le
clergé naturellement ne négligeait aucune occasion
de multiplier ses manifestations hostiles, surtout
en Belgique, et par ses fautes il provoquait ainsi
celles du pouvoir. Le concordat de Fontainebleau
contesté avec une remarquable mauvaise foi par la
correspondance secrète des cardinaux, était considéré dans tout le clergé comme un acte non avenu.
On s'obstinait à ne pas reconnaître les nouveaux
prélats que Napoléon avait nommés et que Pie VII,
après l'avoir promis, refusait toujours d'instituer.
Les plus prudents se tenaient éloignés de leurs nouveaux siéges pour éviter des scandales. M. de
Pradt, devenu ennemi de l'Empire depuis sa fâcheuse ambassade à Varsovie, et peu jaloux de
s'attirer des désagréments pour plaire au gouvernement, s'était abstenu de se présenter à Malines, dont
il avait été nommé archevêque. Mais les nouveaux
évêques de Tournay et de Gand, ayant voulu se
rendre dans leurs diocèses et officier publiquement
dans leurs métropoles, avaient provoqué une sorte
de soulèvement de la part du clergé et des fidèles.
En les voyant paraître à l'autel, prêtres et assistants
avaient fui, et laissé les prélats presque seuls devant
le tabernacle. Les séminaristes de Tournay et de
Gand avaient, sous la direction de leurs professeurs,
participé à ce désordre. On signalait aussi parmi les
coupables une association de dames qui, sous le nom
de *Béguines*, vivaient à Gand dans une espèce de

Juillet 1813.

envers
le clergé.

Juillet 1813.

Les
séminaristes
de Tournay
et de Gand
envoyés dans
un
régiment.

communauté sans être astreintes à la rigueur du cloître, et on les accusait d'avoir exercé en cette occasion une grande influence sur la conduite du clergé.

Napoléon ordonna de disperser les *Béguines*, d'enfermer dans les prisons d'État quelques membres des chapitres de Tournay et de Gand, de déporter les autres dans des séminaires éloignés, d'en agir de même à l'égard des professeurs, et quant aux jeunes séminaristes, de prendre tous ceux qui avaient plus de dix-huit ans, de les envoyer à Magdebourg dans un régiment, sur le motif qu'ils étaient passibles de la loi de la conscription, qu'ils en avaient été dispensés exceptionnellement pour devenir des ministres des autels, non des fauteurs de troubles, et qu'une semblable faveur pouvait cesser au gré du souverain lorsqu'il jugeait qu'on n'en était plus digne. Ceux qui avaient moins de dix-huit ans durent être renvoyés dans leurs familles. Des personnes pieuses s'étant réunies pour fournir des remplaçants aux autres, Napoléon pour ce cas-là défendit le remplacement. Recommandation expresse fut faite d'exécuter sur-le-champ ces diverses prescriptions, et on n'y manqua point.

Procès
d'Anvers.

N'admettant plus de limite à sa volonté, ni au dedans ni au dehors, Napoléon osa quelque chose de plus extraordinaire encore. L'octroi d'Anvers avait été livré depuis plusieurs années à des dilapidations dans lesquelles étaient compromis divers fonctionnaires municipaux. Les dilapidations étaient incontestables, et elles avaient fait perdre à la ville d'Anvers deux à trois millions. Les accusés mis en jugement étaient, à tort ou à raison, considérés

par l'administration comme les véritables auteurs
de ces concussions; mais l'opinion du pays était si
hostile au gouvernement, qu'elle n'hésitait pas à se
prononcer favorablement pour des individus qu'en
tout autre temps elle eût hautement condamnés, et
à les couvrir d'une sorte d'indulgence, comme s'il
n'avait pu y avoir que d'intéressantes victimes parmi
des hommes poursuivis par l'autorité impériale. En-
traînés par ce sentiment, ou atteints par la corrup-
tion, ainsi que le prétendit le grand juge, les jurés
acquittèrent hardiment les fonctionnaires accusés,
aux applaudissements de la province, et la ville
d'Anvers, frustrée déjà de trois millions, fut encore
exposée à payer les frais considérables du procès.
On comprend l'indignation d'un gouvernement ré-
gulier très-attaché à maintenir l'ordre le plus rigoureux dans toutes les parties de l'administration. Mais
quelque légitime que fût l'indignation ressentie par
Napoléon en voyant des hommes qu'il croyait coupables jouir de l'impunité, et la ville d'Anvers vic-
time de graves dilapidations subir seule une condamnation, il aurait dû admettre toutefois que le
délit poursuivi étant réel, les individus accusés pouvaient bien n'en pas être les auteurs, et, en supposant qu'ils le fussent, que la déclaration du jury
devait rester sacrée, comme chose jugée, jugée bien
ou mal mais irrévocablement. Napoléon en apprenant cette décision éprouva une colère extrême, et
comme pour contrarier son gouvernement on avait
mis de côté toute justice, il n'hésita pas, lui, afin de
rendre guerre pour guerre, à mettre de côté toute
légalité, et à casser la décision du jury. Cet acte ex-

Juillet 1813.

Cassation
du jugement
rendu
par le jury
d'Anvers.

traordinaire et sans exemple était de nature à soulever l'opinion universelle, mais Napoléon ne s'en
inquiéta point, et persista, s'imaginant que la sincérité de son indignation justifierait l'étrange audace
de son acte, tant les idées se pervertissent vite lorsqu'on prend l'habitude de mettre sa volonté au-dessus de celle des lois.

Malgré l'avis du département de la justice, et notamment de l'archichancelier Cambacérès qui pensait que la seule chose possible c'était de changer
la loi si elle était mauvaise, et de soustraire au
jury la connaissance de ce genre de délits si on
le croyait incapable d'en bien connaître, Napoléon
s'appuyant sur un article des constitutions de l'Empire qui permettait au Sénat d'annuler les jugements
attentatoires à la sûreté de l'État, voulut qu'un
sénatus-consulte fût rendu, pour casser la décision
du jury d'Anvers, et renvoyer devant une autre
cour non-seulement les prévenus acquittés mais
certains jurés eux-mêmes accusés de s'être laissé
corrompre. On ne pouvait pas accumuler plus d'ir-
régularités à la fois, car en admettant que l'article 55 de la Constitution du 16 thermidor an x
(4 août 1802) fût encore en vigueur, il était évident
que le jugement dont il s'agissait n'était pas un de
ceux qu'on avait eus en vue en les qualifiant d'attentatoires à la sûreté de l'État, et surtout qu'en s'arrogeant le droit de casser la décision d'un tribunal,
on avait voulu abroger cette décision, mais nullement poursuivre ceux qui l'avaient rendue. Ces objections furent soumises à Napoléon, mais il n'en tint
aucun compte, et exigea que le sénatus-consulte

fût rédigé tel qu'il l'avait conçu, et porté immédiatement au Sénat. Il alla plus loin : convaincu, dans
l'aveuglement de son despotisme, qu'un pouvoir
poursuivant un but honnête ne devait se laisser gêner par aucune règle, il signa, et fit publier une
lettre close, dans laquelle, saisissant lui-même le
conseil privé de la question, et lui indiquant la
décision, il prenait la responsabilité entière sur sa
tête. Le rapport du conseiller d'État, chargé de présenter le sénatus-consulte, contenait cette phrase
qui exprime toute l'opinion de Napoléon en matière
de souveraineté, et qui certainement n'eût jamais
été admise, même avant 1789, dans des termes
aussi absolus : « Notre législation ordinaire n'offre
» aucun moyen d'anéantir une pareille décision. Il
» faut donc que la main du souverain intervienne.
» Le souverain est la loi suprême et toujours vivante :
» c'est le propre de la souveraineté de renfermer en
» soi tous les pouvoirs nécessaires pour assurer le
» bien, pour prévenir ou réparer le mal. »

S'arrogeant ainsi le droit illimité de pourvoir à
tout, de distribuer la justice, de la changer au besoin
quand elle ne lui convenait pas, il prodiguait de cette
même main souveraine le bien qu'il trouvait à faire
sur son chemin. Le premier président de la cour de
cassation, M. Muraire, magistrat distingué, ayant mal
administré sa fortune, était tombé dans une situation
fâcheuse pour un fonctionnaire de son rang. Son gendre, destiné à devenir bientôt un sage et courageux
ministre du roi Louis XVIII, M. Decazes, s'étant
rendu à Mayence pour faire appel à la bienfaisance
impériale, Napoléon qui avait en ce moment de fortes

Juillet 1813.

raisons d'être avare de son argent, lui dit : Comment donc M. Muraire s'est-il exposé à de tels embarras?... Mais peu importe, combien vous faut-il? — Puis cela dit, il examina ce qu'il fallait pour tirer M. Muraire de sa position, et il accorda quelques centaines de mille francs sur son trésor particulier, qui était, comme on l'a vu, la dernière ressource de l'armée.

Napoléon
s'occupe
à Mayence
de
ses finances.

Napoléon profita de son séjour à Mayence pour donner quelque attention à ses finances. La mesure de l'aliénation des biens communaux, adoptée et convertie en loi, n'avait pas encore produit de grands résultats, parce qu'il fallait ménager un emploi aux nouveaux bons de la caisse d'amortissement avant d'en émettre des sommes considérables. Sans cette précaution en effet ils se seraient accumulés sur la place et eussent été bientôt dépréciés. Il était donc indispensable d'accélérer l'aliénation des biens communaux, qui pouvait seule fournir l'emploi désiré. Avant que les biens communaux fussent vendus, il fallait les choisir, les faire admettre dans la catégorie des biens aliénables, les estimer, en fournir la valeur aux communes en rentes sur l'État, en prendre possession, et enfin les mettre publiquement en adjudication. Quelque accélérée que fût cette suite d'opérations administratives, elle exigeait du temps, et jusqu'à son achèvement pour chaque partie de biens, on ne pouvait opérer la mise en vente. Les bons émis avant qu'ils fussent recherchés pour ce genre d'emploi, auraient bientôt flotté sur la place, perdu 20 ou 30 pour cent, entraîné la chute des actions de la Banque et des rentes sur l'État, seules valeurs ayant cours à cette époque, et ruiné l'espèce de crédit fort

Suite donnée
à la mesure
de l'aliénation
des biens
communaux.

restreint dont on jouissait, et dont on avait besoin, tout restreint qu'il était. Napoléon avait pris pour le compte de son trésor environ 72 millions de ces nouveaux bons, la Banque 10, la Caisse de service 63, ce qui composait une ressource de 145 millions réalisée d'avance, et qui n'entraînait aucune émission de ces bons, parce que les trois caisses qui s'en étaient chargées les avaient gardés en portefeuille. Mais ce n'était pas assez avec les immenses dépenses qu'on avait eu à solder, car les payements du Trésor dans les six premiers mois écoulés avaient déjà excédé les recettes ordinaires de plus de 200 millions. M. Mollien n'osait pas dans ses payements employer les nouveaux bons de la Caisse d'amortissement, parce qu'il craignait de les avilir. On en avait d'abord émis quelques-uns sur la place afin de les populariser, et ils n'avaient pas perdu plus de 5 à 6 pour cent, ce qui était un agio fort modéré, mais les répandre davantage était difficile et dangereux. On ne pouvait les donner ni aux rentiers ni aux fonctionnaires, parce que les sommes à payer aux uns comme aux autres étaient peu considérables et que les coupures de ces bons ne s'y prêtaient pas, parce qu'on aurait fait d'ailleurs crier aux assignats. Encore moins pouvait-on les consacrer à payer la solde de l'armée, qui s'acquittait à l'étranger et en sommes très-divisées. Toutefois, pour ce genre de payement, Napoléon avait fait employer dans une certaine proportion les billets de la Caisse de service, acquittables à Paris ou dans les départements, lesquels fournissaient aux officiers ayant des familles la faculté de faire passer sûre-

Juillet 1813.

Le trésor particulier de Napoléon, la Banque, la caisse de service, avaient pris pour 145 millions des nouveaux bons représentatifs des biens communaux, et les gardaient en portefeuille.

On n'osait pas en émettre dans le public de peur de les déprécier.

ment et sans frais de l'argent en France, et procu-
raient en outre au Trésor la facilité de remplir ses
engagements avec un papier à échéance assez longue. C'est même par des combinaisons de ce genre
que la Caisse de service avait pu se charger à elle
seule de 63 millions des nouveaux bons, qu'elle
devait garder en portefeuille. L'unique payement qui
pût s'effectuer avec cette nouvelle valeur, c'était
celui des grandes fournitures exécutées par les riches
entrepreneurs travaillant pour la guerre et pour la
marine. Ceux-là tenant à continuer les affaires importantes qu'ils faisaient avec l'État, ne devaient pas
regarder de si près au mode de payement, et d'ailleurs ils avaient tellement besoin d'argent, qu'ils
aimaient encore mieux recevoir une valeur exposée
à perdre 10 ou 15 pour cent, que ne rien recevoir
du tout. Il y avait de plus une espèce de fournisseurs obligés, devenus fournisseurs malgré eux,
c'étaient les propriétaires, fermiers ou négociants,
auxquels on avait pris par voie de réquisition ou
des denrées, ou des étoffes, ou des chevaux, à condition de les solder comptant. Aux uns comme aux
autres on pouvait donner les nouveaux bons de la
Caisse, que les uns feraient escompter à de gros ca-
pitalistes, que les autres garderaient pour en acheter
des biens communaux. Mais M. Mollien, toujours attaché aux moyens réguliers, préférait faire attendre
les fournisseurs et les individus frappés de réquisition, ce qui pouvait se couvrir du prétexte des liqui-
dations inachevées, que d'émettre un papier exposé
à être qualifié d'assignat dès que l'introduction dans
le public en paraîtrait plus ou moins forcée. Aussi

les fournisseurs, habitués à crier à la porte des administrations, commençaient-ils à murmurer, à se
plaindre du défaut de payement, et à l'alléguer comme
excuse du ralentissement de tous les services. C'est
là ce qui motiva l'intervention personnelle de Napoléon, dont l'oreille ne devenait sensible en ce moment que lorsqu'il s'agissait des besoins de l'armée.

S'adressant à M. Mollien, il soutint que la perte de
9 à 10 pour cent sur une pareille valeur, surtout lorsqu'un gros intérêt, exactement payé, devait en maintenir le cours, n'était rien en soi, et n'égalait pas l'inconvénient de faire attendre des gens qu'il y avait
urgence à satisfaire. Ceux à qui l'argent comptant
n'était pas indispensable auraient dans la main un
placement avantageux, ceux qui ne pouvaient pas
s'en passer, réaliseraient le capital par l'escompte,
et ce serait toujours le même résultat, ramené à un
seul inconvénient, de faire baisser de 9 à 10 pour
cent l'une des trois valeurs circulantes. Les rentes
sur l'État, par exemple, qu'on avait vues à 12 francs
la veille du 18 brumaire, à 30 le lendemain, puis à
90 après 1806, qu'on revoyait actuellement à 70,
n'entraînaient pas après tout, par ces variations, la
ruine de l'État et des particuliers. La fixité et l'exact
payement de l'intérêt consolaient les porteurs de
rente, qui finissaient par ne plus prendre garde à
ces fluctuations, et il n'y avait d'atteints par elles
que ceux qui étaient forcés de vendre. C'était un
inconvénient très-partiel, auquel devaient se résigner ceux qui avaient besoin d'argent.

Telle était l'argumentation fort spécieuse de Napoléon contre le ministre des finances, argumenta-

Juillet 1813.

Napoléon
exige que
M. Mollien
donne
des nouveaux
bons
à certains
fournisseurs,
et à certains
créanciers
de l'État.

Napoléon,
pour fournir
un emploi

tion qui eût été à peu près vraie, si la baisse de ces bons avait pu être limitée à 10, à 12, même à 15 pour cent. Mais qui pouvait dire où elle s'arrêterait, si on se laissait entraîner à une émission considérable? C'est ce que craignait M. Mollien, et ce dont Napoléon ne tint aucun compte, car il ordonna qu'on répandît à Paris environ une trentaine de millions des bons de la caisse d'amortissement par le payement des fournitures, et dans les départements environ dix-huit ou vingt par le payement des réquisitions. C'étaient cinquante millions introduits un peu forcément dans la circulation. Afin de leur ouvrir plus tôt le débouché des acquisitions de biens communaux, Napoléon prescrivit à l'archichancelier Cambacérès de faire acte d'autorité sur le Conseil d'État, d'enlever au Comité du contentieux, dont les formes sont celles de la justice elle-même, les contestations relatives aux biens communaux, de les transporter au Comité chargé de l'administration communale, de diriger lui-même ce comité, et d'expédier rapidement ce genre d'affaires au moyen d'un examen sommaire et non interrompu.

Après ce secours un peu violent apporté à ses finances, Napoléon, toujours en travail d'esprit pour la levée des hommes, inventa des conscriptions d'un nouveau genre, qu'il espérait rendre supportables en leur donnant un caractère d'urgence et d'utilité locale. Par exemple la frontière des Pyrénées se trouvant menacée par suite des derniers événements d'Espagne, Napoléon imagina de lever 30 mille hommes sur les quatre dernières classes, dans tous

les départements situés depuis Bordeaux jusqu'à

Montpellier, afin de garantir de l'invasion cette partie du territoire. Comme le sol que les nouveaux
appelés allaient défendre était le leur, Napoléon
pensa que c'était demander en quelque sorte à des
paysans de défendre leurs chaumières, à des cita-
dins de défendre leurs propres villes, et que l'urgence du besoin ferait taire la plainte, car on ne
pouvait pas dire, comme de toutes les autres levées de cette époque, que Napoléon prenait les
hommes pour les faire mourir sur l'Elbe et l'Oder
au service de son ambition. L'idée lui ayant paru
ingénieuse, il voulut l'appliquer aux départements
du nord et de l'est, toujours en s'adressant aux
départements de l'ancienne France, lesquels, depuis plus de vingt années, supportaient tout le
poids de la guerre, et de leur demander une soixan-
taine de mille hommes, sous le même prétexte de
danger local et pressant. Mais comme ces conscriptions devaient bientôt finir par ressembler à une
conscription générale, et en produire l'effet, Napoléon résolut d'ajourner la seconde de deux ou
trois mois. Seulement il appela sans aucun retard
les trente mille hommes demandés aux départements voisins des Pyrénées.

Ces mesures, les unes civiles, les autres militaires, pour la plupart conçues avant le voyage de
Mayence, furent à Mayence même, soit résolues immédiatement, soit spécialement examinées avec des
agents venus de Paris, pour être définitivement dé-
crétées à Dresde. Napoléon ajoutant à ce travail
des revues incessantes de troupes, de continuelles
inspections de matériel, n'eut pas grand temps à

Juillet 1813.

ments voisins
des
Pyrénées.

Ces diverses
mesures
résolues
en principe à
Mayence.

Au milieu
de ses
nombreuses
occupations,

Juillet 1813.

Napoléon
comble
Marie-Louise
des
témoignages
les plus
affectueux.

donner à l'Impératrice, mais il la combla des témoignages les plus affectueux, témoignages à la fois sincères et calculés, afin que la nouvelle guerre avec l'Autriche ne portât dans l'opinion publique aucun tort à un mariage qu'il regardait toujours comme utile à sa politique, et afin de laisser l'empereur François sous le poids des mêmes obligations envers sa fille, car il le dispensait moins d'être bon père, en restant lui-même bon époux. Il cédait, il faut le dire aussi, au penchant de son propre cœur, car il était touché de l'attachement qu'il semblait inspirer à cette noble fille des Césars, et le lui rendait autant que le permettaient les vastes et fortes distractions de son âme. Voulant même la ménager,

Il lui laisse
ignorer
à quel point
il est résolu à
la guerre.

il ne lui dit pas à quel point la guerre était certaine et serait sérieuse; il la laissa partir avec des doutes à ce sujet, tandis qu'écrivant au prince Eugène à Milan, au général Rapp à Dantzig, au maréchal Davout à Hambourg, il leur avoua ce qui en était, et leur enjoignit de se tenir prêts pour le 17 août. Désirant en outre préparer à l'Impératrice une distraction

Il lui prépare
plusieurs
voyages pour
la distraire,
pendant
qu'il se battra
à outrance.

agréable, et lui procurer autant que possible l'oubli des cruelles inquiétudes du moment, il lui prescrivit un voyage sur le Rhin, de Mayence à Cologne, qu'elle devait faire au milieu des hommages des populations des deux rives, et puis il décida qu'après avoir passé quelques jours à Paris, elle entreprendrait un voyage en Normandie, afin d'aller à Cherbourg présider une imposante cérémonie, l'introduction des eaux de l'Océan dans le célèbre bassin commencé sous le règne de Louis XVI, et terminé sous le sien. Il poussa l'attention jusqu'à recomman-

der au prince Cambacérès de la faire partir avant
la rupture de l'armistice, afin qu'elle n'apprît les
nouvelles hostilités que bien des jours après leur reprise, et peut-être après quelque grand événement
capable de la rassurer. Il voulait ainsi distraire, consoler et faire aimer de la France cette jeune femme,
mère et tutrice de son fils, régente de l'Empire,
destinée à le remplacer s'il venait à succomber sous
un boulet ennemi. Pourquoi, hélas! les sinistres pressentiments dont ces soins délicats étaient la preuve,
ne contribuaient-ils pas à vaincre l'obstination fatale
à laquelle il allait sacrifier son fils, son épouse, son
trône et sa personne!

Après avoir passé du 26 juillet au 1ᵉʳ août avec
Marie-Louise, il l'embrassa en présence de toute sa
cour, et la laissant en larmes, partit pour la Franconie. Déjà il avait inspecté à Mayence les divisions
du maréchal Augereau, qui achevaient de se former
sur les bords du Rhin. A Wurzbourg se trouvaient
deux des divisions du maréchal Saint-Cyr, actuellement en marche vers l'Elbe, où elles devaient venir
prendre la position de Kœnigstein. Elles lui parurent
belles, assez bien instruites, et animées des sentiments qu'il pouvait leur désirer. Il visita la place de
Wurzbourg, la citadelle, les magasins, en un mot
l'établissement militaire tout entier, dont il voulait
faire un des points importants de sa ligne de communication; ensuite il se dirigea sur Bamberg et
Bayreuth, où il vit successivement les autres divisions du maréchal Saint-Cyr, et les divisions bavaroises destinées à faire partie du corps d'Augereau.
Après avoir porté sur toutes choses son œil inves-

tigateur, donné les ordres et les encouragements nécessaires, il repartit pour Erfurt, et arriva le 4 au soir à Dresde. Le 5 de grand matin il était debout et à l'œuvre, pressé qu'il était d'employer utilement les derniers jours de l'armistice.

La vue des troupes qu'il avait inspectées sur sa route, ses méditations incessantes sur le plan de la prochaine campagne, avaient redoublé sa confiance dans son armée et dans son génie. En voyant venir le moment de cette terrible lutte, en méditant sur ses chances, en se souvenant combien ses soldats bravaient facilement la mort, combien lui-même une fois au milieu du danger trouvait de combinaisons heureuses, là où ses adversaires ne trouvaient que des fautes à commettre, ne sachant pas se rendre compte des passions généreuses qu'il avait soulevées contre lui, et dont l'ardeur pouvait compenser chez ses ennemis une direction malhabile, il sentait en lui-même comme une sorte de chaleur d'âme qui animait toute sa personne, qui éclatait dans ses yeux, et lui donnait l'aspect du contentement, de l'espérance et de l'audace. Ceux qui l'entouraient en étaient frappés, et les plus sages en étaient plutôt inquiets que réjouis [1].

[1] Voici de singulières paroles écrites par M. de Bassano à M. de Vicence, et qui prouvent ce que nous avançons ici. « L'Empereur part demain et ira coucher à Bautzen... Nous sommes ici dans l'attente et » dans la meilleure espérance des événements. Toute l'armée est en » mouvement. La confiance est partout. Le roi de Saxe et la famille » royale ne quittent pas Dresde..... Sa Majesté ne veut pas de prolon- » gation d'armistice, elle est prête à la guerre. Elle l'est plus que l'Au- » triche. Elle n'a pas de motifs d'attendre pour ses subsistances, et elle » ne veut pas perdre un temps précieux et se laisser engager dans l'hi- » ver... (Dans ce moment en effet Napoléon avait renoncé à une

Le jour même où il arrivait à Dresde, les instances de M. de Caulaincourt et de M. de Narbonne
pour obtenir le pouvoir de traiter sérieusement,
étaient devenues plus vives que jamais. Il en parut
importuné, et adressa des reproches à ces deux négociateurs, pour s'être laissé, disait-il, serrer de
trop près par M. de Metternich. Il trouvait qu'ils
avaient manqué de fierté, en permettant au ministre autrichien de leur dire que dans tel ou tel cas,
l'Autriche s'unirait aux ennemis de la France pour
lui déclarer la guerre, comme si c'eût été une of-
fense que d'annoncer franchement ce qu'on ferait,
si certaines conditions n'étaient point accordées.
L'enivrement de la puissance était tel chez Napoléon,
qu'il ne voulait pas qu'on osât parler de lui déclarer la guerre, comme d'une chose naturelle, inévitable même dans certains cas. Il voulait qu'on n'y
pensât qu'en tremblant (ce qu'on faisait du reste),
qu'on n'en parlât qu'avec une sorte de crainte res-
pectueuse, comme d'un malheur dont on admettait
à peine la possibilité. Mais après ces réprimandes
peu méritées, et peu séantes actuellement, il s'occupa de quelque chose de plus sérieux. Il ne croyait
plus, après la difficulté qu'on avait eue pour faire

Août 1813.

Reproches
adressés
à MM. de
Caulaincourt
et
de Narbonne,
pour
avoir permis
à M. de
Metternich
de
les menacer
de la guerre.

prolongation d'armistice, et ne voulait que différer l'entrée en action
de l'Autriche.)... M. de Bubna, qui sera arrivé longtemps avant le
« courrier porteur de cette dépêche, connaît notre position. *La secrète
« joie qu'éprouve Sa Majesté de se trouver dans une circonstance
« difficile, mais digne de son génie, n'a point échappé à M. de
« Bubna...* Sa Majesté, qui se fie à la Providence, entrevoit les grands
« desseins qu'elle a fondés sur elle. Ses plans sont arrêtés, et elle ne
« voit partout que des motifs de confiance. » (Dépêche de M. de Bassano
à M. le duc de Vicence en lui envoyant ses pleins pouvoirs, à la date
du 13 août 1813.)

prolonger l'armistice une première fois, obtenir une nouvelle prolongation; d'ailleurs il se sentait prêt. Le temps désormais devait profiter à ses adversaires plus qu'à lui, et il tenait à les frapper avant l'hiver. Un seul désir lui restait en fait d'ajournement, c'était de différer l'entrée en action de l'Autriche, ce qui lui eût fort convenu, car il aurait eu ainsi la possibilité d'écraser séparément les Russes et les Prussiens, et de revenir ensuite sur les Autrichiens, pour les intimider, les empêcher de prendre parti, ou les accabler à leur tour. Mais il n'y avait qu'une manière de disposer l'Autriche à une conduite pareille, c'était l'apparence d'une négociation sincère, et même de fortes espérances d'une conclusion pacifique. Napoléon prit donc la résolution de réaliser le pronostic de M. de Metternich, qui avait dit qu'avec un caractère extraordinaire comme le sien, il ne fallait jamais désespérer de rien, et que peut-être le dernier jour, à la dernière heure, une heureuse conclusion sortirait de cette négociation, illusoire dans le moment jusqu'à en être offensante. Il se décida, tandis que les plénipotentiaires continueraient à perdre leur temps en discussions puériles sur la forme des négociations, à charger secrètement et exclusivement M. de Caulaincourt d'une communication sérieuse à l'Autriche, la seule des puissances avec laquelle une négociation directe fût alors possible. Si la paix résultait d'une semblable démarche, Napoléon n'en était pas fâché, pourvu toutefois que les conditions dont il ne voulait pas fussent écartées, et il se flattait qu'il obtiendrait peut-être de l'Autriche qu'elles le fussent, mais à l'instant suprême,

quand cette puissance se verrait définitivement placée entre la paix et la guerre. En conséquence, il
arrêta de la manière suivante les conditions à présenter confidentiellement à M. de Metternich. Le sacrifice du grand-duché de Varsovie, comme celui de
l'Espagne, comme celui de l'Illyrie, étaient faits dans
son esprit et dans l'opinion générale, et n'avaient
plus aucune nouveauté poignante pour son orgueil;
d'ailleurs il n'en devait rien coûter au territoire de
l'Empire, car l'Illyrie elle-même n'était demeurée
qu'à titre d'en cas dans nos mains, et elle n'avait
jamais été jointe au territoire constitutionnel de la
France. Ce qui coûtait à Napoléon, c'était, ainsi que
nous l'avons dit, de refaire la Prusse plus grande
après sa défection, de sacrifier le titre de protecteur de la Confédération du Rhin porté avec ostentation depuis plusieurs années, et enfin d'abandonner Lubeck, Hambourg, Brême, qui avaient été
ajoutées par sénatus-consultes au territoire français. Selon lui chacun de ces sacrifices le montrait
vaincu aux yeux du monde, car il fallait qu'il le
fût pour récompenser une défection, pour permettre
qu'on reconstituât une Allemagne en dehors de son
influence, pour se laisser arracher une partie de ce
qu'il appelait le territoire constitutionnel de l'Empire. D'après certaines paroles de M. de Bubna, qui
dans son désir d'amener la paix amoindrissait toujours la difficulté, Napoléon avait pensé que peut-
être au dernier moment il déciderait l'Autriche à lui
concéder ces points importants, ou qu'au moins en
lui faisant entrevoir une négociation sincère, on
pourrait négocier en se battant, ce qui entraînerait

Août 1813.

Il concède
le sacrifice
du
grand-duché
de Varsovie,
et
la restitution
de l'Illyrie,
mais refuse
l'abandon
des villes
anséatiques et
du protectorat
de la
Confédération
du Rhin.

une reprise d'hostilités avec les Prussiens et les Russes, et une nouvelle remise avec les Autrichiens.

C'est d'après ces données qu'il enjoignit à M. de Caulaincourt (le secret devant être gardé envers M. de Narbonne, pour que la négociation eût un caractère encore plus intime) de se rendre auprès de M. de Metternich, de l'aborder brusquement, à brûle-pourpoint, de lui dire qu'on voulait profiter des cinq jours qui restaient pour s'assurer du fond des choses, particulièrement en ce qui concernait l'Autriche, qu'on demandait franchement à celle-ci les conditions auxquelles elle entrerait avec la France en négociation ou en guerre, qu'on la pressait instamment de déclarer ces conditions sans surfaire inutilement, que le temps qu'on avait encore était trop court pour le perdre en vulgaires finesses, qu'il fallait donc énoncer avec la dernière précision ce qu'on voulait, pour qu'on pût répondre avec une précision égale et sur-le-champ, c'est-à-dire par *oui* ou par *non*. Le duc de Vicence devait faire remarquer à M. de Metternich à quel point cette communication était secrète, puisqu'on la laissait ignorer à M. de Narbonne; il devait insister pour qu'elle demeurât inconnue des négociateurs prussien et russe, dans le cas même où l'on tomberait d'accord. Il suffirait en effet de reproduire dans la négociation officielle les propositions secrètement convenues avec l'Autriche dans la négociation occulte, pour les faire adopter, et comme après tout il restait pour négocier non-seulement jusqu'au 10 août, mais jusqu'au 17, il était possible, si on répondait tout de suite à la proposition actuelle partant de Dresde le 5, arrivant le 6 à Prague, et pouvant recevoir réponse le 7, de faire parvenir le 9 à M. de Metternich l'adhésion définitive de la France aux idées de l'Autriche, et de donner ainsi brusquement au congrès, la veille même de sa dissolution, un caractère inattendu de sérieux et d'efficacité.

Par malheur, en adressant enfin à l'Autriche cette ouverture, tardive mais non pas sans espoir de succès, Napoléon y ajouta pour la négociation officielle une note tout à fait offensante, car on y disait très-clairement que les difficultés de forme soulevées par les représentants des puissances belligérantes, révélaient leur intention véritable, et que cette intention n'était autre que d'entraîner l'Autriche dans la guerre, en se servant pour y réussir ou de sa mauvaise foi, ou de sa duperie, toutes suppositions aussi peu flatteuses pour les uns que pour les autres. MM. de Narbonne et de Caulaincourt devaient remettre en commun cette étrange note à M. de Metternich, puis après l'avoir remise, M. de Caulaincourt prenant à part M. de Metternich, et s'abouchant secrètement avec lui, devait faire la proposition que nous venons de rapporter.

Les dépêches contenant ces ordres si contradictoires, parties le 5 août de Dresde, arrivèrent le 6 à Prague, surprirent fort M. de Caulaincourt, et le remplirent d'une joie mêlée malheureusement de beaucoup de tristesse, car avec le peu de jours qui restaient il désespérait de mener à bien cette négociation *in extremis*, et la note officielle d'ailleurs lui faisait craindre un esclandre qui nuirait beaucoup au succès de ses efforts. Cette note destinée à être publi-

Août 1813.

À ces ouvertures confidentielles et pacifiques, Napoléon ajoute une note officielle des plus offensantes.

Étonnement de M. de Metternich en recevant les communications secrètes de M. de Caulaincourt, et ses appréhensions quant à l'effet probable de la note officielle.

Août 1813.

que offensa M. de Metternich, qui témoigna combien il en redoutait l'effet, tant sur son maître que sur les cours de Prusse et de Russie; mais son étonnement fut extrême lorsque, les deux négociateurs français l'ayant quitté, il revit peu d'instants après M. de Caulaincourt chez lui, apportant en grand secret une communication aussi importante que celle dont il s'agissait. Elle était si tardive, et il s'était tant habitué à désespérer des dispositions de Napoléon à l'égard de la paix, qu'il eut de la peine à croire qu'elle fût sincère, et ce motif seul l'empêcha de se livrer à une joie qu'autrement il n'aurait pas manqué de ressentir et de manifester. Il exprima ses regrets de ce qu'on n'avait pas tenté cette démarche quelques jours plus tôt, car il eût été possible alors sans violer le secret qui était recommandé, de sonder la Prusse et la Russie sur certains points délicats, et d'arriver à une conciliation des difficultés qui vraisemblablement diviseraient les cours belligérantes. Toutefois, puisqu'on demandait à l'Autriche ses conditions à elle-même, celles qu'elle appuierait de toute son influence, et dont elle était résolue à exiger l'adoption de la part de la Prusse et de la Russie, il allait consulter son maître, et répondre, il l'espérait, sous vingt-quatre heures.

M. de Metternich se rendit en effet à Brandeiss, résidence actuelle de l'empereur François, le trouva fort courroucé comme tout le monde l'avait été à Prague de la note officielle du 6 août, et lui causa un étonnement égal à son courroux, en lui faisant part de la démarche inattendue du principal négociateur français. Tout ce qui était extraordinaire

concordait bien avec le caractère brusque et imprévu de Napoléon, mais une démarche qui avait
des apparences aussi pacifiques, tentée ainsi à la
dernière extrémité, avait de quoi exciter la mé-
fiance. L'empereur François et son ministre se demandèrent si c'était de la part de Napoléon un acte
de force ou de ruse, si, dans des vues élevées, il
savait enfin imposer silence à son orgueil pour arriver à un accord entre les puissances européennes,
ou bien s'il voulait provoquer quelque exigence excessive de la part des coalisés, afin de s'en faire
auprès du public français un argument qui le justifierait d'avoir préféré la guerre à une paix humiliante. Ils reconnurent que dans les deux cas il fallait
répondre sans hésiter, car s'il souhaitait la paix, on
lui devait de s'expliquer franchement avec lui; s'il
cherchait à provoquer une proposition inadmissible, il importait de le confondre en lui adressant les
conditions auxquelles depuis longtemps on s'était
arrêté, et que certainement la France ne trouverait
pas déshonorantes. Ces conditions étaient au fond
tellement indiquées lorsqu'on voulait reconstituer
l'Allemagne, et pour reconstituer l'Allemagne rendre quelque force à la Prusse, que toute variante
était impossible. C'étaient, comme nous l'avons déjà
répété tant de fois, le partage du duché de Varsovie, sur le sort duquel la fortune avait prononcé
à Moscou, et dont la plus grande partie devait revenir à la Prusse; l'abolition de la Confédération du
Rhin, que toute l'Allemagne réclamait pour n'être
plus placée sous une autorité étrangère, et le rétablissement des villes anséatiques, qu'elle réclamait

Août 1813.

Doutes
de l'empereur
et de M. de
Metternich
sur
le caractère
de
la démarche
de Napoléon.

Résolution
d'y répondre
franchement
dans
tous les cas.

Conditions
invariables
de
l'Autriche.

Août 1813.

également pour recouvrer son commerce; enfin la restitution de l'Illyrie, consentie depuis longtemps par Napoléon, et vivement désirée par l'Autriche afin de se procurer quelques aboutissants vers la mer. Tout cela était si nécessaire pour que l'Allemagne retrouvât quelque indépendance, en restant d'ailleurs fort exposée encore à l'influence de Napoléon, qui conservait Mayence, Cologne, Wesel, Gorcum, le Texel et la Westphalie, qu'il n'y avait pas autre chose à imaginer et à proposer. On avait assez communiqué avec la Prusse et la Russie pour s'être assuré de leur adhésion à ces bases, et quant à l'Angleterre, les villes anséatiques étant rétablies, Napoléon paraissant décidé au sacrifice de l'Espagne, on était certain de l'amener à la paix, car elle ne voudrait pas rester seule en guerre avec la France. On résolut donc de faire connaître à Napoléon les conditions dont il s'agit, et qui au surplus n'étaient pas nouvelles pour lui, en exigeant le secret qu'il avait exigé lui-même, et en demandant une réponse sous quarante-huit heures, car après le 10 août au soir il ne serait plus temps.

Retour
de M. de
Metternich
à Prague, et
son entrevue
avec M. de
Caulaincourt.

M. de Metternich revenu le 7 à Prague, fut tout à coup rappelé à Brandeiss par son maître, qui, avant de se prêter à ces communications particulières, avait été saisi d'une subite hésitation. Mais tout examiné, l'empereur et son ministre persistèrent, et après une journée malheureusement perdue, la réponse fut apportée à M. de Caulaincourt, toujours à l'insu de M. de Narbonne. M. de Metternich lui dit que son maître s'était demandé si cette communication si imprévue et si tardive de Napoléon était une *démarche de force ou de ruse;* que si elle était

une démarche de force comme il aimait à le penser
de la part de son gendre, on lui devait une franche
réponse; que si elle était une démarche de ruse, il
croyait devoir y répondre encore, car les conditions
qu'il apportait pouvaient s'avouer au monde entier,
et surtout à la France. Il lui fit donc verbalement la
déclaration suivante, qu'il l'autorisa à transcrire sur-
le-champ, sous sa dictée, et qui a une telle importance que nous allons la reproduire textuellement.

Août 1813.

INSTRUCTIONS POUR LE COMTE DE METTERNICH
SIGNÉES PAR L'EMPEREUR D'AUTRICHE.

« M. de Metternich demandera au duc de Vicence,
» sous sa parole d'honneur, l'engagement que son
» gouvernement gardera le secret le plus absolu sur
» l'objet dont il est question.

» Connaissant par des explications confidentielles
» préalables les conditions que les cours de Russie et
» de Prusse paraissent mettre à des arrangements
» pacifiques, et me réunissant à leurs points de vue,
» parce que je regarde ces conditions comme néces-
» saires au bien-être de mes États et des autres puis-
» sances, et comme les seules qui puissent réelle-
» ment mener à la paix générale, je ne balance
» point à énoncer les articles qui renferment mon
» *ultimatum.*

» J'attends un *oui* ou *non* dans la journée du 10.

» Je suis décidé à déclarer dans la journée du 11,
» ainsi que cela se fera de la part de la Russie et de
» la Prusse, que le congrès est dissous, et que je
» joins mes forces à celles des alliés pour conquérir
» une paix compatible avec les intérêts de toutes les

Déclaration
importante
dans laquelle
l'Autriche
énonce
ses condi-
tions, avec
engagement
de les faire
accepter par
les puissances
coalisées.

» puissances, et que je ferai dès lors abstraction des
» conditions actuelles, dont le sort des armes déci-
» dera pour l'avenir.

» Toutes propositions faites après le 11 ne pour-
» ront plus se lier avec la présente négociation. »

*Conditions auxquelles l'Autriche regarde la paix
comme faisable.*

« Dissolution du duché de Varsovie et sa répar-
» tition entre l'Autriche, la Russie et la Prusse; par
» conséquent Dantzig à la Prusse.

» Rétablissement de Hambourg et de Lubeck
» comme villes libres anséatiques, et arrangement
» éventuel et lié à la paix générale sur les autres
» parties de la 32ᵉ division militaire, et sur la renon-
» ciation au protectorat de la Confédération du Rhin,
» afin que l'indépendance de tous les souverains ac-
» tuels de l'Allemagne se trouve placée sous la ga-
» rantie de toutes les grandes puissances.

» Reconstruction de la Prusse avec une frontière
» tenable sur l'Elbe.

» Cession des provinces illyriennes à l'Autriche.

» Garantie réciproque que l'état de possession des
» puissances grandes et petites, tel qu'il se trouvera
» fixé par la paix, ne pourra être changé ni lésé par
» aucune d'elles. »

Explications
ajoutées
par M. de
Metternich
au texte
de son
ultimatum,
et nouvelle
déclaration
qu'après

Après cette communication si importante, et qui
confond tous les mensonges que certains narrateurs
ont avancés sur ce sujet, M. de Metternich ajouta
quelques explications d'une extrême gravité. Il dit
que jusqu'au 10 août au soir l'Autriche serait sans
engagement avec les puissances belligérantes, que

jusque-là elle pourrait, comme elle le faisait actuellement, traiter confidentiellement avec Napoléon,
et adopter certaines de ses propositions, les imposer
même aux puissances coalisées, auxquelles nul traité
ne la liait, mais qu'à partir du 11 elle serait liée avec
elles, ne pourrait rien écouter sans leur en donner
communication, et serait obligée de n'admettre aucune condition de paix que d'accord avec elles.

Ces observations méritaient la plus sérieuse attention, car la différence qu'il y avait à traiter le 10
et non pas le 11 ou le 12, consistait à dépendre de
l'Autriche seule, qui souhaitait la paix parce qu'elle
craignait la guerre, au lieu de dépendre des puissances coalisées qui ne voulaient pas la paix parce
qu'elles attendaient davantage de la guerre, et
qu'elles étaient en proie à toutes les passions du moment. Le duc de Vicence en rapportant exactement
les communications qu'il avait reçues, les accompagna de nouvelles instances exprimées dans le langage
le plus beau et le plus touchant.

« — Sire, disait-il à Napoléon, cette paix *coûtera*
» *peut-être quelque chose à votre amour-propre, mais*
» *rien à votre gloire*, car elle ne coûtera rien à la vraie
» grandeur de la France. Accordez, je vous en con-
» jure, cette paix à la France, à ses souffrances, à
» son noble dévouement pour vous, aux circonstan-
» ces impérieuses où vous vous trouvez. Laissez
» passer cette fièvre d'irritation contre nous qui s'est
» emparée de l'Europe entière, et que les victoires
» même les plus décisives exciteraient encore au
» lieu de la calmer. Je vous la demande, ajoutait-il,
» non pour le vain honneur de la signer, mais parce

Août 1813.

le 10 août
l'Autriche
fera partie
de
la coalition.

Nobles
paroles
de M. de
Caulaincourt
à Napoléon.

Août 1813.

» que je suis certain que vous ne pouvez rien faire
» de plus utile à notre patrie, de plus digne de vous
» et de votre grand caractère. » — Quel devait être
l'effet de ces nobles prières d'un noble cœur, on va
le voir !

La réponse
de M. de
Metternich
arrive
le 9 août
à Dresde.

La réponse apportée le 8 août par M. de Metternich, transcrite pendant la journée, ne pouvait être
que le 9 sous les yeux de Napoléon, et n'y fut en
effet que le 9 à trois heures de l'après-midi. Il aurait
fallu que souscrivant aux sacrifices qu'on lui demandait, et qui n'étaient que des sacrifices d'amour-propre, comme l'avait si bien dit M. de Caulaincourt,
il s'y décidât sur l'heure, et expédiât la réponse
dans la soirée même du 9, afin que cette réponse
arrivant le 10 au matin à Prague, avec accompa-
gnement de pouvoirs pour M. de Caulaincourt, on
pût signer les bases de la paix le 10 avant minuit.
Napoléon n'en fit malheureusement rien. D'abord il
ne voulut pas croire à cette situation de l'Autriche,

Napoléon
s'obstine
à n'attacher
aucune impor-
tance à la date
du 10.

libre jusqu'au 10 août à minuit, mais engagée après
le 10, et au lieu de dépendre d'elle seule dépendant
de la volonté de ses nouveaux alliés. Il imagina que
ce n'était là qu'un vain langage diplomatique, qu'on
lui tenait pour l'intimider, ou pour hâter ses déterminations. N'attachant pas d'ailleurs beaucoup d'importance à éviter la guerre au prix de sacrifices qui
lui étaient souverainement désagréables, aveuglé
par une déplorable confiance en ses forces, il ne se
pressa pas de prendre et de faire connaître ses réso-

Il croit avoir
jusqu'au 17.

lutions. Il employa la journée à se décider, pensant
que ce serait assez tôt de se résoudre le 10, que les

Il prend toute

hostilités ne recommençant que le 17 on aurait le

temps de s'entendre, que l'Autriche ferait de ses alliés ce qu'elle voudrait, aussi bien le 11 ou le 12 que le 10, pourvu que ce fût avant le 17, et que par conséquent il pouvait sans inconvénient s'accorder à lui-même vingt-quatre heures de réflexion. Il employa donc vingt-quatre heures, non pas à se combattre mais à se flatter, à laisser ainsi s'évanouir le moment décisif de cette négociation, et lui, qui tant de fois avait saisi l'instant propice sur les champs de bataille, qui avait dû à cette promptitude de détermination ses plus grands triomphes, allait laisser échapper sans en profiter le moment politique le plus important de son règne! Et M. de Bassano, que faisait-il lui-même pendant ces heures fatales? Que ne passait-il cette nuit aux pieds de son maître, à lui répéter de vive voix les ardentes, les patriotiques prières de M. de Caulaincourt! et fallût-il pour le vaincre caresser follement son orgueil indomptable, fallût-il lui persuader que même après cette paix, il restait plus puissant que jamais, plus puissant qu'avant Moscou, M. de Bassano en proférant ces flatteries aurait été un utile, un patriotique flatteur, et il eût été plus près du vrai qu'en laissant croire à Napoléon que la gloire consistait à ne jamais céder!

Mais Napoléon n'entendit rien de pareil, et pendant ces quelques heures, heures qui emportèrent sa grandeur, et malheureusement la nôtre, il n'entendit que l'écho de sa propre pensée. Après avoir manié et remanié durant toute la nuit ses états de troupes avec M. de Bassano, et s'être persuadé qu'il pouvait faire face à tout, il crut qu'il devait persister dans ses vues, et ne pas accorder à la paix

Août 1813.

une journée
pour
répondre.

Nuit fatale
passée
par Napoléon
à compulser
ses états
de troupes,
et
à se remplir

un sacrifice de plus. Voici donc les conditions auxquelles il s'arrêta. Il consentait bien à sacrifier le grand-duché de Varsovie, comme un essai de Pologne condamné par l'événement, mais il ne voulait pas, en rendant quelque grandeur à la Prusse, la récompenser de ce qu'il appelait une trahison. Il admettait qu'on lui accordât la plus grande partie du duché de Varsovie, la totalité même, si la Russie et l'Autriche consentaient à faire ce sacrifice pour elle; mais il voulait la rejeter au delà de l'Oder, lui ôter, pour les attribuer à la Saxe, le Brandebourg, Berlin, Potsdam, c'est-à-dire son sol natal et sa gloire, la transporter entre l'Oder et la Vistule, la faire ainsi une puissance polonaise plutôt qu'allemande, lui laisser le choix comme capitale entre Varsovie et Kœnigsberg, sans lui donner Dantzig, qui redeviendrait ville libre. Il voulait à sa place, entre l'Oder et l'Elbe, mettre la Saxe, et attribuer à celle-ci tout l'espace qui s'étend de Dresde à Berlin. Quant à Lubeck, Hambourg, Brême, c'étaient des parties du territoire constitutionnel de l'Empire, et il ne souffrait pas même qu'on en parlât. Quant au titre de protecteur de la Confédération du Rhin, c'était à l'entendre vouloir lui infliger une humiliation que de le lui enlever, puisqu'on reconnaissait que ce n'était qu'un titre absolument vain. Quant à l'Illyrie, il était prêt à la rendre à l'Autriche, mais en gardant l'Istrie, c'est-à-dire Trieste, seule chose que l'Autriche désirât ardemment. Il prétendait en outre conserver plusieurs positions au delà des Alpes Juliennes, telles que Villach, Goritz, en un mot tous les débouchés qui permettaient de descendre

en Illyrie, disant qu'il n'était pas sûr de Venise
s'il n'avait pas ces positions, c'est-à-dire qu'il n'é-
tait pas en sûreté dans sa maison s'il n'avait pas
les clefs de la maison d'autrui. A ces conditions il
admettait la paix sans se tenir pour froissé, et consentait à rentrer sur le Rhin avec ses armées. A
d'autres conditions il aimait mieux lutter pendant
des années contre l'Europe entière. Telles furent les
propositions qui sortirent des méditations de cette
nuit funeste.

Toutefois, comme il n'y avait aucune chance que
l'Autriche pût obtenir de ses futurs alliés l'abandon
de Berlin par la Prusse, afin de composer avec la
Saxe une fausse Prusse, sans passé, sans consis-
tance, sans réalité, il autorisa M. de Caulaincourt à
renoncer à ce premier projet s'il n'était pas accueilli,
et il consentit à laisser à la Prusse, outre ce qu'on
lui accorderait du duché de Varsovie, tout ce qu'elle
possédait entre l'Oder et l'Elbe, mais en maintenant
Dantzig comme ville libre, mais en ne souffrant pas
davantage qu'on parlât de Lubeck, de Hambourg,
de Brême, de la Confédération du Rhin, et enfin en
ne restituant l'Illyrie qu'à condition de retenir l'Istrie, Trieste surtout, parce que, répétait-il toujours,
vouloir Trieste c'était vouloir Venise.

Le matin du 10 Napoléon manda auprès de lui
M. de Bubna, qui formait des vœux sincères pour la
paix, et qui malheureusement se prêtait un peu trop
aux vues de son puissant interlocuteur dans l'espérance de l'adoucir. Il lui fit connaître la négociation
secrète entamée avec M. de Metternich, lui communiqua ses états de troupes, lui manifesta ouverte-

Août 1813.

Le 10
au matin,
Napoléon
appelle
M. de Bubna
pour
lui expliquer
ses conditions
et le charger
de les envoyer
à Prague.

ment son penchant à faire cette campagne de Saxe, du résultat de laquelle il se promettait autant de puissance que de gloire, se montra ce qu'il était, confiant, gai même, inclinant autant à la guerre qu'à la paix, disposé par conséquent à donner peu de chose pour que ce fût l'une ou l'autre qui sortit des négociations de Prague; puis après avoir, sans vain étalage, sans forfanterie, révélé cette funeste énergie de son âme, il exposa ses conditions, demandant presque à chacune un assentiment, que M. de Bubna ne pouvait pas accorder sans doute, mais qu'il ne refusait pas assez péremptoirement pour dissiper toute espèce d'illusion. Sur deux points notamment, les villes anséatiques et la Confédération du Rhin, M. de Bubna n'ayant jamais trouvé sa cour aussi absolue que sur le reste, il parut faiblir, et Napoléon se figura que, sans subir ces deux conditions qui lui étaient particulièrement insupportables, il pourrait avoir la paix, sauf peut-être à abandonner Trieste. Il ne désespéra donc pas d'une paix conclue sur ces bases, mais en tout cas il en avait pris son parti, et n'avait nul chagrin de se battre encore; il se disait même qu'il retrouverait dans une continuation de la guerre, non pas toute sa gloire, qui était restée entière, mais toute sa puissance, toute celle qu'il avait ensevelie sous les ruines de Moscou.

Après cet entretien il renvoya M. de Bubna, le chargeant d'écrire à son cabinet dans ce sens, et manda ses dernières résolutions à M. de Caulaincourt. Le courrier qui les portait ne pouvait arriver que le 11. Napoléon ne se préoccupa guère de ce retard, et attendit la réponse quelle qu'elle fût, en

prenant toutes ses dispositions pour le renouvellement des hostilités le 17.

La journée du 10 s'écoula donc à Prague sans rien
apporter de Dresde, à la grande satisfaction des négociateurs de la Prusse et de la Russie, à la grande
douleur de M. de Caulaincourt, au grand regret de
M. de Metternich, qui, bien qu'il eût pris son parti,
ne voyait pas sans effroi pour l'Autriche la terrible
épreuve d'une nouvelle guerre avec la France. Plusieurs fois dans cette journée il se rendit chez M. de
Caulaincourt, afin de savoir si aucune réponse n'était
venue de Dresde, et chaque fois trouvant M. de Caulaincourt triste et silencieux parce qu'il n'avait rien
à dire, il répéta que passé minuit il serait non plus
arbitre, mais belligérant, réduit par conséquent à
solliciter pour la paix auprès de ses nouveaux alliés,
au lieu de pouvoir la leur imposer modérée et acceptable pour tout le monde.

Après avoir vainement attendu pendant toute la
journée du 10, M. de Metternich signa enfin l'adhésion de l'Autriche à la coalition, et annonça le
lendemain 11 au matin à M. de Caulaincourt et à
M. de Narbonne (celui-ci ignorant toujours la négociation secrète), annonça, disons-nous, avec un
chagrin qui frappa tous les yeux, que le congrès de
Prague était dissous, que dès lors l'Autriche, forcée
par ses devoirs envers l'Allemagne et envers elle-
même, se voyait contrainte à déclarer la guerre à la
France. Les négociateurs prussien et russe annoncèrent de leur côté qu'ils se retiraient, en rejetant
sur la France la responsabilité de l'insuccès des négociations, et quittèrent Prague avec une joie non

Août 1813.

dissimulée. Du reste cette joie fut universelle, et excepté M. de Metternich, qui, tout en les bravant, apercevait les conséquences possibles d'une rupture avec Napoléon, excepté l'empereur qui avait le cœur serré en songeant à sa fille, les Autrichiens de toutes les classes manifestèrent des transports d'enthousiasme. Les passions germaniques qu'ils partageaient, et qu'on les avait forcés de contenir, éclatèrent sans mesure, comme elles avaient éclaté à Breslau et à Berlin quelques mois auparavant.

Le courrier attendu le 10 étant arrivé le 11, M. de Caulaincourt se rend chez M. de Metternich pour lui transmettre les dernières conditions de Napoléon.

Dans le courant de cette journée du 11 M. de Caulaincourt reçut enfin le courrier tant souhaité la veille, et en voyant ce qu'il apportait regretta moins sa tardive arrivée. Bien qu'il ne désespérât pas d'obtenir quelque concession de la part de M. de Metternich, toutefois il ne se flattait pas d'en obtenir la translation de la Prusse au delà de l'Oder, et même cette condition chimérique mise de côté, il ne croyait pas pouvoir conserver à Napoléon Hambourg, le protectorat de la Confédération du Rhin, et surtout Trieste. Pourtant en laissant Trieste à l'Autriche, en convenant pour les villes anséatiques d'un arrangement suspensif qui ferait dépendre leur restitution de la paix avec l'Angleterre, il ne regardait pas comme impossible d'amener M. de Metternich aux propositions de la France. Il courut donc chez lui, le trouva triste, ému, désolé de ce qu'on venait si tard, étonné et mécontent de ce qu'on eût livré à M. de Bubna le secret d'une négociation qu'on s'était promis de tenir absolument cachée, ne jugeant pas acceptables les conditions de Napoléon, mais sur l'indication assez claire qu'elles n'étaient pas irrévocables, donnant à enten-

M. de Metternich, même en admettant que ces conditions puissent être convenablement modifiées, déclare

dre qu'en étant absolu sur la restitution de Trieste à l'Autriche, sur le rétablissement de la Prusse jusqu'à l'Elbe, sur l'abolition du protectorat du Rhin, il serait possible d'ajourner la question des villes anséatiques à la paix avec l'Angleterre, ce qui réduisait beaucoup le désagrément de ce sacrifice pour Napoléon, en le couvrant de l'immense éclat de la paix maritime. Mais, ajoutait M. de Metternich, ces conditions ainsi modifiées que nous aurions pu imposer aux parties belligérantes il y a vingt-quatre heures, ne dépendent plus de nous, et nous sommes réduits à les proposer sans savoir si nous réussirons à les faire accueillir. M. de Metternich au surplus était chagrin et agité, car si avec sa rare portée d'esprit il voyait dans l'occasion présente de fortes chances de relever sa patrie, il voyait aussi de nombreuses chances de la perdre en la jetant dans une guerre effroyable. Napoléon, quoique bien imprudent aux yeux des hommes de sens, restait si grand dans l'imagination du monde, qu'on le craignait encore profondément, tout en le jugeant égaré par la passion, et exposé à toutes les fautes que la passion fait commettre.

Cependant la négociation officielle ne pouvait pas durer, puisque le congrès était rompu, et que la guerre était officiellement déclarée par l'Autriche à la France. Les plénipotentiaires russe et prussien venaient de s'éloigner, et il n'était pas séant que les plénipotentiaires français demeurassent à Prague. Il fut convenu, si Napoléon y consentait, qu'on ferait partir M. de Narbonne seul, en expliquant le mieux possible à celui-ci son départ isolé, que M. de Caulaincourt au contraire resterait pour attendre le résultat des ouvertures dont M. de Metternich était chargé auprès des souverains de Prusse et de Russie, lesquels devaient être rendus à Prague sous deux ou trois jours. Cette prolongation de séjour était fort désagréable à M. de Caulaincourt, car sa position allait devenir tout à fait fausse lorsque l'empereur Alexandre étant à Prague, il se trouverait dans la même ville sans le voir. Mais tout ce qui laissait une chance à la paix lui paraissait supportable, même désirable, et il consentit volontiers à rester. En racontant ce qui avait eu lieu entre lui et le ministre autrichien, il adressa de nouvelles instances à Napoléon en faveur de la paix, le supplia de continuer cette négociation, si difficile qu'elle fût devenue depuis qu'elle se passait non plus avec l'Autriche seule, mais avec toutes les puissances belligérantes, le pressa de lui donner quelque latitude pour traiter, et de lui envoyer surtout des pouvoirs authentiques pour signer, car dans cet instant suprême, le moindre défaut de forme pouvait être pris pour un nouveau faux-fuyant, et lui valoir un congé définitif. Tout ce qu'un honnête homme, un bon citoyen peuvent dire à un souverain afin de lui épargner une faute mortelle, M. de Caulaincourt le répéta encore à Napoléon, dans un langage aussi ferme que soumis et dévoué.

Ces communications envoyées à Dresde, trouvèrent Napoléon tout préparé à la guerre, et aussi peu affligé que peu surpris de la rupture du congrès. Le jour même où l'Autriche avait déclaré le congrès dissous avant d'avoir été réuni, et annoncé son ad-

hésion à la coalition, l'armistice avait été dénoncé
par les commissaires des puissances belligérantes,
ce qui fixait au 17 août la reprise des hostilités. La
possibilité de renouer par des voies secrètes des
négociations rompues d'une manière si éclatante,
était presque nulle, et Napoléon se conduisit comme
s'il n'y comptait pas du tout. Il prescrivit à M. de
Narbonne de revenir à l'instant même de Prague,
car ce diplomate étant à la fois plénipotentiaire au
congrès et ambassadeur auprès de la cour d'Autriche, ne pouvait pas figurer plus longtemps auprès
d'une cour qui venait de déclarer la guerre à la
France. Il autorisa M. de Caulaincourt à demeurer
à Prague, non pas dans la ville même, mais dans
les environs, afin que cet ancien ambassadeur de
France en Russie ne se trouvât pas dans le même
lieu que l'empereur Alexandre, dont il ne fallait
pas, disait-il, *orner le triomphe*, triomphe, hélas!
que nous lui avions ménagé nous-mêmes par une
obstination aveugle; il consentit à ce que ses dernières propositions fussent transmises à la Prusse et
à la Russie, non pas en son nom, mais au nom de
l'Autriche, qui les présenterait comme siennes, car
pour lui, il ne jugeait pas, ajoutait-il, de sa dignité
de rien proposer aux puissances belligérantes. Il envoya à M. de Caulaincourt des pouvoirs en forme,
mais aucune latitude pour traiter, ses conditions étant
invariables à l'égard des villes anséatiques, du protectorat du Rhin, et même de Trieste qu'il voulait
retenir en restituant l'Illyrie à l'Autriche. C'étaient
là de bien faibles chances d'aboutir à la paix, l'Autriche ne pouvant admettre de pareilles conditions,

Août 1813.

à Prague, sans
lui envoyer
aucune facilité
pour traiter.

et le voulût-elle, ne pouvant plus jeter dans la balance le poids décisif de son épée, depuis qu'on lui avait laissé, malgré ses avis répétés, le temps de s'engager à la coalition.

Mais toutes ces raisons ne touchaient guère Napoléon. Les instances de M. de Caulaincourt n'avaient produit sur lui aucune impression. Il respectait le caractère, la franchise de ce personnage, le traitait avec plus de considération que M. de Bassano, mais l'écoutait peu, parce qu'il le savait dans de tout autres idées que les siennes. Il venait de faire célébrer le 10 août sa fête ordinairement fixée au 15, avait donné des festins à toute l'armée, distribué des prix nombreux pour le tir, et écarté autant que possible les sinistres images de mort de l'esprit de ses soldats si faciles à distraire et à égayer. Ses corps d'armée étaient tout préparés, et dès le 11 ils avaient commencé à sortir de leurs cantonnements pour se concentrer sous leurs chefs, et se porter sur la ligne où ils étaient appelés à combattre. Les anciens corps étaient reposés, recrutés et complétés. Les nouveaux venaient d'achever leur organisation. La cavalerie quoique jeune était redevenue belle, et même nombreuse. Les travaux de Kœnigstein et de Lilienstein, de Dresde, de Torgau, de Wittenberg, de Magdebourg, de Werben, de Hambourg, étaient terminés ou bien près de l'être. Les vastes approvisionnements qui avaient dû remonter par l'Elbe de Hambourg sur Magdebourg, de Magdebourg sur Dresde, étaient déjà réunis sur les points où l'on en avait besoin. Dresde regorgeait de grains, de farines, de spiritueux, de viande fraîche et salée. Tous les con-

vois avaient été accélérés, et les ordres étaient donnés pour que le 15 il n'y eût ni une voiture de rou-
lage sur les routes d'Allemagne, ni un bateau sur
l'Elbe, afin que les Cosaques ne trouvassent rien à
enlever, et ne pussent *piller que le pays*, ainsi que
Napoléon l'écrivait au maréchal Davout. Lui-même
se disposait à partir le 15 ou le 16 août pour se rendre en Silésie et sur la frontière de Bohême, où il
s'attendait à voir commencer les hostilités. Du reste
il ne laissa de doute à personne sur le renouvellement de la guerre. Il écrivit à Dantzig au général
Rapp pour l'encourager, le rassurer sur l'issue de
cette nouvelle lutte, lui conférer des pouvoirs extraordinaires, lui recommander de ne jamais rendre
la place, et lui promettre de le débloquer prochainement. Il en fit autant à l'égard des commandants
de Glogau, de Custrin et de Stettin. Il écrivit au
maréchal Davout à Hambourg, au général Lemarois
à Magdebourg, qu'ils eussent à se tenir sur leurs
gardes, que la guerre allait recommencer, qu'elle
serait terrible, mais qu'il était en mesure de faire
face à tous ses ennemis, l'Autriche comprise, et
qu'il espérait avant trois mois les punir de leurs
indignes propositions. A personne il ne dit, parce
qu'il ne l'aurait pas osé, à quoi avait tenu la paix ;
il n'en informa pas même le chef véritable du gouvernement de la régence, l'archichancelier Cambacérès, et se contenta de lui mander que bientôt on
lui ferait connaître les exigences de l'Autriche, que
pour le moment on était obligé d'en garder le secret,
mais qu'elles avaient été excessives jusqu'à en devenir offensantes. Respectant un peu moins le duc de

Août 1813.

Ordres
pour qu'on
soit partout
en mesure
à la reprise
des
hostilités.

Rovigo, Napoléon hasarda un véritable mensonge avec lui, et osa lui écrire qu'on avait voulu nous ôter Venise, se fondant apparemment sur son thème ordinaire, que demander Trieste c'était demander Venise, comme si on prétendait que demander Magdebourg, c'est demander Mayence, parce que l'une est sur le chemin de l'autre. Ne voulant pas qu'on inquiétât l'Impératrice, il prescrivit à l'archichancelier de la faire partir pour Cherbourg, afin qu'elle n'apprît la rupture et la reprise des hostilités qu'après quelque grande bataille gagnée, et les plus gros dangers passés.

En ce moment parut à Dresde l'un des lieutenants de Napoléon les plus utiles un jour de bataille, et doublement désirable dans les circonstances présentes, sous le rapport de la guerre et de la politique; c'était le roi de Naples. Outre que la cavalerie de réserve, pouvant présenter trente mille cavaliers en ligne, avait besoin d'être commandée par un chef d'un mérite supérieur, c'était un vrai soulagement pour Napoléon, un grand motif de sécurité, que d'avoir tiré Murat d'Italie. On a vu que, fatigué du joug de Napoléon, blessé de ses traitements offensants, alarmé sur le sort de la dynastie impériale, Murat avait songé à se rattacher à l'Autriche et à la politique médiatrice de cette puissance, afin de sauver son trône d'un désastre général, et que se défiant même de sa femme, il avait fini par se cacher d'elle, et par tomber dans des agitations maladives. On a vu encore que Napoléon pour compléter l'armée d'Italie, et pour mettre la cour de Naples à l'épreuve, lui avait demandé une division de ses troupes, et

que Murat, en intrigue avec l'Autriche, voulant garder d'ailleurs son armée tout entière sous sa main,
s'était refusé aux désirs de son beau-frère. Mais avec
ses manières accoutumées, Napoléon avait fait som-
mer Murat par le ministre de France M. Durand de
Mareuil, d'obtempérer à ses réquisitions sous peine
de la guerre. Murat alors ne sachant plus à quel
parti s'arrêter, tantôt voyant Napoléon battu, détruit, tous les trônes des Bonaparte renversés, excepté peut-être les trônes de ceux qui auraient
opéré leur défection à temps, tantôt le voyant vainqueur à Lutzen, à Bautzen et ailleurs, désarmant
l'Europe par la victoire et par les concessions, sacrifiant à la paix l'Espagne et Naples au besoin, était
tombé dans un véritable état de folie, lorsque les conseils de sa femme, et les lettres du duc d'Otrante,
avec lequel il avait été plus d'une fois en intrigue
secrète, l'avaient déterminé à obéir. Mais ne voulant
pas que la réconciliation une fois qu'il s'y décidait
eût lieu à moitié, il était venu se mettre à la tête de
la cavalerie de la grande armée, et était arrivé à
Dresde la veille de l'entrée en campagne. Napoléon
l'accueillit avec bonne grâce, feignant de ne pas
s'apercevoir de ce qui s'était passé, paraissant n'attacher aucune importance aux variations d'un beau-
frère aussi brave qu'inconséquent, pardonnant en
un mot, mais avec une certaine marque de dédain
que Murat discernait bien, et sentait sans le dire.

Il l'emmena donc avec lui, et partit dans la nuit
du 15 au 16 août pour Bautzen, afin d'être aux
avant-postes vingt-quatre heures avant la reprise des
hostilités, et ne conservant évidemment aucune es-

Août 1813.

Vague
et faible espé-
rance de paix
conservée
par M. de
Caulaincourt
à Prague.

Les dernières
conditions
un peu medi-
fiées auraient
peut-être
décidé
l'Autriche
à la paix,
si elle n'avait
pas été enga-
gée à dater
du 14 août.

pérance de voir la paix résulter des efforts réunis
de MM. de Caulaincourt et de Metternich. L'espérance était bien faible en effet, tant à cause des
conditions elles-mêmes que du temps si tristement
perdu. M. de Caulaincourt immédiatement après
avoir reçu les dernières communications de Dresde,
et avoir donné quelques prétextes à M. de Narbonne afin d'expliquer la prolongation de son séjour à Prague, s'était rendu auprès de M. de Metternich pour lui montrer ses pouvoirs, pour lui fournir
ainsi la preuve qu'il était autorisé à négocier sérieusement, à la condition toutefois de présenter au nom
de l'Autriche et non pas au nom de la France les
propositions qu'il s'agissait de faire adopter. Quant
au fond des choses, il ne pouvait pas offrir grande satisfaction, puisque Napoléon avait à peu près persisté
dans toutes ses prétentions. Néanmoins si l'Autriche
eût encore été libre, elle eût peut-être admis les conditions françaises, car recouvrant l'Illyrie, recouvrant en outre la part de la Gallicie qu'on lui avait
prise pour constituer le grand-duché de Varsovie,
obtenant une espèce de reconstitution de la Prusse
au moyen de la dissolution de ce grand-duché,
étant débarrassée elle et ses alliés du fantôme de Pologne que depuis quelques années Napoléon avait
toujours tenu sous les yeux des anciens coparta-
geants, elle aurait probablement pensé que c'était
assez tirer des circonstances, et elle n'eût pas bravé
les chances de la guerre pour Trieste, et surtout
pour Hambourg qui intéressait la Prusse et l'Angleterre beaucoup plus qu'elle-même. Malheureusement elle n'était plus libre, et ne voulant pas man-

Août 1813.

quer de parole à ses nouveaux alliés, elle ne pouvait
que leur adresser des conseils, sans avoir pour les
décider le moyen de leur refuser son alliance, accordée depuis le 10 août à minuit. M. de Metternich,
en disant plus qu'il n'en avait jamais dit, depuis que
ses confidences étaient sans inconvénients, avoua
au duc de Vicence que ces conditions un peu modifiées auraient vraisemblablement amené la paix, huit
jours auparavant, mais que maintenant dépendant
d'autrui, ne pouvant rien sans ses alliés, il désespérait de les leur faire accepter. Il parla des passions
qui les animaient, des espérances qu'ils avaient conçues, de l'effet produit sur eux par la bataille de
Vittoria, et à l'émotion qu'il éprouvait, il était aisé
de voir qu'il était sincère dans ses regrets. En effet, pour l'Angleterre protégée par la mer, pour la
Russie protégée par la distance, la lutte après tout
ne pouvait pas avoir de conséquences mortelles,
mais pour la Prusse et l'Autriche que rien ne garantissait des coups de Napoléon, et qui avaient
passé avec lui de l'alliance à la guerre, la lutte pouvait amener des résultats désastreux, et M. de Metternich sentait bien que, quelque raison qu'il eût
d'essayer en cette occasion de refaire la situation de
son pays, on l'accablerait de sanglants reproches si
Napoléon était vainqueur. Il est donc très-présu-
mable, que libre encore il eût, sauf quelques dif-
férences, accepté les conditions proposées, et il
était visible qu'en perdant le temps avec une déplorable obstination, on s'était plus nui peut-être qu'en
persistant dans des prétentions excessives.

Quoi qu'il en soit, on convint que dès l'arrivée de

M. de
Caulaincourt

Août 1813.

se retire
au château
de Kœnigsal
pour
y attendre
le résultat
des
ouvertures
dont M. de
Metternich est
chargé.

l'empereur Alexandre et du roi de Prusse à Prague, M. de Metternich leur ferait pour le compte de son maître les ouvertures dont il vient d'être question, et qu'il donnerait la réponse avant le 17 août. Pour rendre convenable la position de M. le duc de Vicence, auquel on ne manqua jamais de témoigner les égards dont il était digne, il fut décidé qu'il irait attendre la réponse de M. de Metternich au château de Kœnigsal, situé près de Prague, et appartenant à l'empereur François. Il serait ainsi dispensé de se trouver dans le même lieu que l'empereur Alexandre, et dispensé aussi d'assister à toute la joie des coalisés, qui accueillaient avec transport la nouvelle des prochaines hostilités et de l'adhésion de l'Autriche à la coalition européenne.

Déjà depuis le 14 août une partie des états-majors prussien et russe était accourue à Prague pour concerter les opérations militaires avec l'état-major autrichien ; une armée de plus de cent mille hommes, Prussiens et Russes, entrait en Bohême pour se réunir à l'armée autrichienne ; les officiers des trois armées s'embrassaient, se félicitaient de combattre ensemble pour contribuer à ce qu'ils appelaient la commune délivrance, et partout éclatait une joie pour ainsi dire convulsive, car elle était un mélange d'espérance, de crainte et de résolution désespérée.

Arrivée
le 15 août
de l'empereur
Alexandre
à Prague.

Le 15 l'empereur Alexandre fit son entrée dans Prague et y fut reçu avec les honneurs dus à son rang et au rôle de libérateur de l'Europe que tout le monde lui attribuait alors, excepté toutefois le gouvernement autrichien, assez offusqué de ces témoignages enthousiastes, et peu disposé à échanger la

domination de la France contre celle de la Russie.
Dès que ce monarque fut rendu à Prague, et avant
que le roi de Prusse y fût arrivé, M. de Metternich et
l'empereur François lui firent connaître le secret de
la négociation clandestine, qui avait pris naissance
à côté de la négociation officielle dans les derniers
jours du congrès de Prague, et lui demandèrent
son avis. Parler paix dans ce moment n'était guère
de saison. Alexandre était enivré d'espérance depuis la bataille de Vittoria, et surtout depuis l'adhésion de l'Autriche. Peut-être même sans cette
puissance il se serait flatté de pouvoir soutenir la
lutte, ayant reçu dans les deux derniers mois de
nombreux renforts, et la Prusse, elle aussi, ayant
fort augmenté ses armements. Mais, avec l'Autriche
de plus, avec les nouvelles que les Anglais man-
daient de leurs progrès en Espagne, de leur prochaine entrée en France, il ne doutait pas d'être
bientôt vainqueur de Napoléon, et de le remplacer
en Europe! La tête de ce jeune monarque était dans
un état d'incandescence extraordinaire, et pour atteindre au terme de cette ambition, il n'était ni
dangers qu'il ne fût résolu à braver, ni caresses qu'il
ne fût disposé à prodiguer à ses associés anciens et
nouveaux. Il était en effet plein de soins, de défé-
rence apparente pour tous, et, loin de se grandir,
il affectait au contraire de se montrer moins grand,
moins puissant qu'il n'était, de peur d'offusquer et
de déplaire. Avec beaucoup de respect et de condescendance pour l'empereur François, et sans affi-
cher l'intention de détrôner Napoléon, c'est-à-dire
Marie-Louise, il manifesta l'espérance de conquérir

Août 1813.

Exaltation
d'esprit
de
ce monarque.

Il ne veut
plus
de la paix.

Août 1813.

bientôt par la guerre des conditions meilleures, et une indépendance de l'Allemagne infiniment mieux garantie. Il avait d'ailleurs une raison toute puissante à faire valoir auprès de l'Autriche, c'est que, sans l'abandon des villes anséatiques, il serait impossible d'obtenir l'adhésion de l'Angleterre à laquelle on était étroitement lié, et il avait de plus un appât bien séduisant à faire briller à ses yeux, c'était la possibilité si on était victorieux, de lui restituer

Réponse officielle qu'il fait adresser aux dernières propositions de Napoléon.

une partie de l'Italie. En conséquence, sans attendre l'arrivée du roi de Prusse, Alexandre fit répondre par écrit, et par l'intermédiaire de M. de Metternich à M. de Caulaincourt, que Leurs Majestés les souverains alliés, après en avoir conféré entre eux, pensant *que toute idée de paix véritable était inséparable de la pacification générale que Leurs Majestés s'étaient flattées de préparer par les négociations de Prague, elles n'avaient pas trouvé dans les articles que proposait maintenant Sa Majesté l'Empereur Napoléon des conditions qui pussent faire atteindre au grand but qu'elles avaient en vue, et que par conséquent Leurs Majestés jugeaient les conditions inadmissibles.* C'était dire assez clairement qu'on regardait ces conditions comme tout à fait inacceptables par l'Angleterre.

M. de Caulaincourt quitte Prague définitivement pour aller rejoindre Napoléon.

M. de Bender, employé de la légation autrichienne, fut chargé de porter lui-même cette réponse à M. de Caulaincourt au château de Kœnigsal, et de la lui remettre par écrit. Quoique s'y attendant, M. de Caulaincourt en fut cependant consterné, car dans son bon sens, dans son noble patriotisme, il n'augurait que de grands malheurs de la continuation de cette guerre. Il fit ses préparatifs de départ, vit une dernière fois M. de Metternich, avec lequel il échangea de nouveaux et inutiles regrets, convint avec lui qu'on pourrait ouvrir un congrès afin de négocier en se battant, faible espérance qui laissait la chance pour les uns ou pour les autres de signer après un affreux duel sa propre destruction, puis il alla rejoindre Napoléon en Lusace. Le cœur plein d'une sorte de désespoir, il écrivit à M. de Bassano pour lui exprimer en un langage haut et amer le déplaisir d'avoir été employé à une négociation illusoire, et, arrivé auprès de Napoléon, il lui témoigna, avec un respect grave, mais avec une conviction ferme, la douleur qu'il éprouvait d'avoir vu négliger cette occasion unique de conclure la paix. Napoléon d'une façon assez légère essaya de le consoler de cette occasion manquée, promettant de lui en fournir bientôt une plus belle, et lui rendit ses fonctions qui nominalement étaient celles de grand écuyer, mais qui devenaient, depuis la mort du maréchal Duroc, tantôt celles de grand maréchal, tantôt même celles de ministre des affaires étrangères et d'ambassadeur extraordinaire. Les honneurs pouvaient toucher ce grand cœur, sensible assurément aux faveurs de cour, mais ne pouvaient à aucun degré lui faire oublier les infortunes de son pays.

Telle fut cette célèbre et malheureuse négociation avec l'Autriche, commencée, conduite sous l'empire des plus funestes illusions, et avec une maladresse que les passions seules peuvent expliquer chez un esprit aussi pénétrant que celui de Napoléon. Comme nous l'avons dit, comme l'avaient soutenu MM. de

Caulaincourt, de Talleyrand, de Cambacérès, lors du conseil tenu aux Tuileries, il fallait ou annuler l'Autriche dans cette occasion, l'essayer au moins en la comblant d'égards, en affectant de ne pas vouloir l'engager dans une guerre qui lui était étrangère, et surtout en ne lui demandant aucune portion de ses forces pour ne pas lui fournir soi-même un prétexte d'armer; ou bien, si on la pressait d'entrer plus avant dans les événements, si on lui fournissait par là un motif spécieux d'augmenter ses forces, si on la conduisait pour ainsi dire par la main au rôle de médiatrice, il fallait prévoir ses désirs qui naissaient de sa situation même, et se résigner à les satisfaire, ce qui après tout n'aurait pas été très-coûteux. Mais la pousser à prendre son épée, et se figurer qu'elle l'emploierait pour nous et non pour elle, à notre gré et non au sien, était le comble des illusions, de ces illusions que les grands esprits se font aussi bien que les plus petits, lorsqu'ils ont besoin de se tromper eux-mêmes. Si à cette faute on joint celle d'avoir signé l'armistice de Pleiswitz avant d'avoir rejeté les coalisés sur la Vistule et loin des Autrichiens, seconde faute qui tenait, comme on l'a vu, à ce même désir obstiné d'échapper aux conditions de la cour de Vienne, on a les vraies causes qui firent aboutir à un si fatal dénoûment les événements d'abord si heureux du printemps de 1813.

Du reste le canon retentissait déjà sur une ligne de cent cinquante lieues, depuis Kœnigstein jusqu'à Hambourg, et Napoléon, excité par le bruit des armes, avait bientôt oublié les allées et venues, les dits et redits des diplomates, pour ne songer qu'aux

vastes desseins militaires desquels il attendait les
plus grands résultats. Le moment est venu de faire
connaître son plan et ses forces pour cette seconde
partie de la campagne de Saxe. Mais afin de les
mieux comprendre, il faut d'abord se rendre compte
du plan et des forces de nos ennemis.

On se souvient qu'à Trachenberg il avait été convenu par les coalisés, que trois armées principales
marcheraient contre Napoléon, qu'elles agiraient
offensivement toutes les trois, mais avec précaution, afin d'éviter les échauffourées; que dans cette
vue, celle des trois sur laquelle se dirigerait Napoléon ralentirait le pas, tandis que les deux autres
tâcheraient de se jeter sur ses flancs et ses derrières, et d'accabler ainsi les lieutenants qu'il aurait
chargés de les garder. Ces trois armées devaient
être celles de Bohême, de Silésie, du nord, qu'on
espérait avec les corps d'Italie et de Bavière porter
à 575 mille hommes de troupes actives, traînant
1,500 bouches à feu, sans compter 250 mille hommes
en réserve, répandus dans la Bohême, la Pologne,
la Vieille-Prusse. On était en effet à peu près arrivé à
ces chiffres énormes pendant la durée de l'armistice
qui n'avait pas moins profité à la coalition qu'à Napoléon, car les Russes avaient reçu leurs renforts et
leur matériel que dans la précipitation de leur marche d'hiver ils n'avaient pas eu le temps d'amener;
les Prussiens avaient également eu le loisir d'armer
et d'instruire leurs innombrables volontaires, et
l'Autriche enfin avait organisé son armée qui existait à peine sur le papier au mois de janvier, de
sorte qu'indépendamment de l'avantage politique de

Août 1813.

décider l'Autriche, l'armistice de Pleiswitz avait eu
encore pour les coalisés celui de doubler en nombre
les troupes qu'ils allaient nous opposer.

Les forces de la coalition avaient été ainsi répar-
ties. Cent vingt mille Autrichiens environ, dont
moitié d'anciens soldats, se trouvaient en Bohême,
rangés au pied des montagnes qui séparent cette
province de la Saxe, et tout prêts à en franchir les
défilés. Soixante-dix mille Russes sous Barclay de
Tolly, 60 mille Prussiens sous le général Kleist,
avaient attendu la déclaration de l'Autriche pour
passer de Silésie en Bohême, et venir former avec
les Autrichiens la grande armée destinée à tourner
la position de Dresde, par une marche en Saxe. (Voir
la carte n° 58.) Le point de mire de cette armée,
dite de Bohême, était Leipzig, et les coalisés ne comprenaient pas que Napoléon, abordé de front sur
l'Elbe par deux autres armées, pût tenir à une attaque aussi formidable que celle qu'on lui préparait
sur ses derrières avec 250 mille hommes. Par défé-
rence pour l'Autriche, et pour la décider par tous
les moyens imaginables, ceux de la flatterie compris, on avait décerné le commandement supérieur
de l'armée de Bohême au prince de Schwarzenberg, qui avait négocié en qualité d'ambassadeur
le mariage de Marie-Louise, qui avait commandé
le corps autrichien auxiliaire en 1812, et venait
tout récemment d'être envoyé à Paris. Ces rôles
si contradictoires causaient quelque embarras à ce
personnage, qui devait à Napoléon le bâton de
maréchal sans l'avoir mérité, et était appelé à le
mériter contre celui même qui le lui avait fait ob-

tenir. Il éprouvait aussi une singulière crainte de se
trouver en présence d'un adversaire tel que Napoléon, bien qu'il eût beaucoup parlé dans le conseil
antique de l'affaiblissement de l'armée française, et
comme d'usage il se consolait d'une situation fausse
par les vives jouissances de l'orgueil satisfait. C'était
effectivement un honneur insigne pour lui que d'exercer un si vaste commandement sous les yeux des
souverains coalisés, et il n'en était pas indigne à certains égards, car il était sage, avait quelque entente
de la grande guerre, et possédait un savoir-vivre qui
le rendait propre à manier les caractères si divers
dont se composait la coalition. A cette flatterie envers
l'Autriche on avait ajouté un genre de soins non
moins capable de la toucher. Par un article secret
du traité de subsides conclu avec le gouvernement
britannique à Reichenbach, on était convenu qu'il
lui serait alloué un secours pécuniaire, dans le cas
où elle prendrait part à la guerre, et lord Cathcart,
arrivé à Prague, avait déjà émis des lettres de change
sur Londres, pour lui procurer le plus tôt possible
les ressources financières dont elle avait besoin.

Après cette armée principale venait celle de Silésie. Elle se composait des corps russes des généraux
Langeron et Saint-Priest, forts ensemble de plus
de 40 mille hommes, du corps prussien du général
d'York qui en comptait 38 mille à peu près, enfin
d'un autre corps russe, celui du général Sacken, comprenant de 17 à 18 mille hommes. Le tout présentait
une masse totale de près de cent mille combattants.
L'impétueux Blucher était à la tête de cette armée.
Elle devait franchir la limite qui en Silésie avait sé-

Août 1813.

Armée
de Silésie
commandée
par
Blucher.

Août 1813.

paré les troupes belligérantes pendant l'armistice, passer la Katzbach, le Bober, et nous ramener même sur Bautzen, si Napoléon n'était pas de ce côté. On avait fort recommandé à Blucher la prudence, mais entouré des officiers prussiens les plus ardents, ayant pour chef d'état-major, au lieu du général Scharnhorst mort de ses blessures, le général Gneisenau, officier spirituel, agissant toujours de premier mouvement, il n'avait à ses côtés personne qui pût lui rappeler ces sages instructions.

Armée
du nord ;
sa
composition,
sa distribution
sous le prince
royal
de Suède.

L'armée du nord réunie autour de Berlin était la troisième des armées actives, et celle que devait commander le prince royal de Suède. Forte d'environ 150 mille hommes de toutes nations, elle comprenait 25 mille Suédois et Allemands, sous le général Steding, 18 mille Russes sous le prince Woronzow, 10 mille coureurs Cosaques ou autres sous Wintzingerode, 40 mille Prussiens sous le général Bulow, 30 mille autres Prussiens sous le général Tauenzien, ceux-ci particulièrement destinés au blocus des places, enfin un mélange d'Anglais, de Hanovriens, d'Allemands, d'Anséates, d'insurgés de toutes les provinces soumises à notre domination, lesquels formaient 25 mille hommes sous le général Walmoden. Une partie de cette nombreuse armée devait rester devant les places de Dantzig, de Custrin, de Stettin, une autre partie observer Hambourg, une troisième, la plus considérable, forte de 80 mille hommes, se diriger sur Magdebourg, y passer l'Elbe si elle pouvait, et menacer Napoléon par son flanc gauche, tandis que la grande armée de Bohême le menacerait par son flanc droit. On

espérait qu'en marchant concentriquement sur lui,
s'arrêtant quand il se jetterait sur l'une des trois
armées, mais s'avançant vers le point qu'il aurait
abandonné de sa personne, et chaque fois essayant
de gagner un peu de terrain, on finirait par le serrer
toujours de plus près, et par trouver peut-être une
occasion de l'aborder tous ensemble afin de l'accabler sous une masse de forces écrasante.

A ces trois armées actives comprenant 500 mille
hommes, et traînant 1,500 bouches à feu, on avait
ajouté un rassemblement de 25 mille hommes, destiné à observer la Bavière, et un de 50 mille chargé
de tenir tête au prince Eugène du côté de l'Italie. Du
reste l'Autriche s'attendant à tout, mais n'attachant
aucune importance à ce qui se passerait dans cette
région, avait fait sortir de Vienne ce qu'il y avait
de précieux en archives, armes, objets d'art. Elle
croyait avec raison que le sort du monde se déciderait sur l'Elbe, entre Dresde, Bautzen, Magdebourg, Leipzig, et se résignait à voir ce qui était
peu probable, le prince Eugène à Vienne, plutôt
que de détourner ses forces du véritable théâtre de
la guerre.

Ces deux armées de Bavière et d'Italie portaient
donc à 575 mille hommes les forces actives de la
coalition. A cette masse il faut ajouter les réserves.
L'Autriche avait 60 mille hommes entre Presbourg,
Vienne et Lintz. La Russie avait en Pologne 50 mille
hommes sous le général Benningsen, 50 mille sous le
prince de Labanoff, prêts les uns et les autres à entrer
en ligne lorsque leur intervention serait nécessaire.
La Prusse comptait encore sur environ 90 mille re-

Août 1813.

Armées
secondaires
en Bavière et
en Italie.

Armées
de réserve.

crues qui achevaient de s'instruire, ce qui présentait un dernier fond de 250 mille hommes, destiné à réparer les pertes que la guerre ferait éprouver aux troupes engagées les premières. Bien que les marches dussent bientôt éclaircir les rangs de ces nombreuses armées, il faut dire cependant que ces 800 et quelques mille hommes étaient tous présents au drapeau, et que c'était à cette force immense, non pas nominale mais réelle, que Napoléon aurait bientôt affaire. Jamais encore dans l'histoire on n'avait vu de pareilles quantités de soldats mises en mouvement, et jamais du reste le motif, pour la coalition du moins, ne l'avait autant mérité.

C'est maintenant qu'on peut juger à quel point Napoléon s'était trompé en acceptant l'armistice de Pleiswitz. Il l'avait signé par deux raisons, avons-nous dit, pour se soustraire aux pressantes instances de l'Autriche, relativement à la paix, et parce qu'habitué à ne trouver d'actif que lui-même, ne comprenant pas les miracles que la passion pouvait produire chez ses adversaires, il croyait que pendant ces deux mois il arriverait deux cent mille hommes peut-être dans ses rangs, et pas la moitié dans les rangs de ses adversaires. Le contraire avait eu lieu, car, ainsi qu'on va le voir, il n'avait guère ajouté plus de 150 mille hommes à ses troupes (sans compter il est vrai le surcroît de valeur morale qu'elles devaient à deux mois d'instruction et de repos), et la coalition en avait ajouté bien près de quatre cent mille, en y comprenant les forces de l'Autriche. Le calcul n'avait donc pas été juste. Toutefois Napoléon n'en avait pas moins employé ces deux mois avec une admirable activité, et ses plans étaient d'une habileté à déjouer tous ceux de ses adversaires.

La position de l'Elbe, comme nous l'avons dit, quoique facile à tourner en débouchant de la Bohême sur Leipzig, avait néanmoins été adoptée par Napoléon comme la meilleure, et même comme la seule admissible. (Voir les cartes n°⁵ 28 et 58.) Dresde, aussi bien fortifié qu'il pouvait l'être depuis qu'on en avait fait sauter les murailles, devait être son centre d'opération et son principal établissement. Il y avait ses arsenaux, ses magasins, ses dépôts et trois ponts. A sept ou huit lieues sur sa droite, au point où l'Elbe perce les montagnes de la Bohême pour pénétrer en Saxe, il possédait les postes fortifiés de Kœnigstein et de Lilienstein, avec un pont solide et des magasins, afin de pouvoir manœuvrer à volonté sur les deux rives du fleuve. Sur sa gauche, à Torgau, quinze lieues au-dessous de Dresde, il avait des ouvrages, des vivres et des ponts, de même à Wittenberg et à Magdebourg. Ce dernier point était de plus une vaste place, régulièrement fortifiée, dans laquelle il avait déposé, outre de grands amas de munitions et de vivres, tous les malades et blessés de la campagne du printemps. Le poste improvisé de Werben comblait la lacune comprise entre Magdebourg et Hambourg, et Hambourg enfin couvrait le bas Elbe. Il était possible sans doute de passer l'Elbe entre Magdebourg et Hambourg, à cause de la distance qui sépare ces deux villes, distance que le poste de Werben remplissait imparfaitement, mais l'ennemi qui voudrait tenter cette entreprise, laissant sur ses flancs les

Août 1813.

de campagne de Napoléon.

Précautions prises sur tout le cours de l'Elbe, de Kœnigstein à Hambourg.

Kœnigstein, Dresde, Torgau, Wittenberg, Magdebourg, Werben et Hambourg.

deux importantes places de Hambourg et de Magdebourg, et ayant en tête d'ailleurs un corps considérable dont on va voir tout à l'heure la position et
le rôle, ne pouvait pas l'essayer, tant que la grande
armée placée sous la main de Napoléon n'aurait pas
perdu son point d'appui de Dresde, ce qui ramenait
à Dresde même, où Napoléon commandait en personne, tout le nœud de l'immense action militaire
qui allait s'engager.

La ligne de défense étant ainsi établie sur l'Elbe,
reste à savoir comment Napoléon y avait distribué
ses forces. Devinant les projets de l'ennemi comme
s'il avait été présent aux conférences de Trachenberg, il avait parfaitement discerné qu'il aurait trois
puissantes armées sur les bras, une à droite en Bohême, une de front en Silésie, une à gauche du
côté de Berlin, menaçant l'Elbe entre Magdebourg
et Hambourg. Il avait pourvu à ces diverses attaques
avec une prévoyance qui ne laissait rien à désirer.
Le nouveau corps du maréchal Saint-Cyr, fort de

30 mille hommes partagés en quatre divisions, et
récemment amené de Mayence à Dresde, avait été
placé à Kœnigstein, en deçà de l'Elbe, c'est-à-dire
sur la rive gauche, de manière à fermer les débouchés par lesquels la grande armée ennemie pouvait
descendre de Bohême en Saxe sur nos derrières. Le

corps du général Vandamme fort aussi de 30 mille
hommes, détaché de l'armée du maréchal Davout,
et amené de Hambourg à Dresde, avait été placé à
la hauteur du corps de Saint-Cyr, mais au delà de
l'Elbe, pour garder sur la droite du fleuve les défilés
des montagnes de Bohême aboutissant en Lusace. Un

peu plus loin en Lusace, toujours au pied des montagnes de Bohême, au défilé de Zittau, avaient été postés le corps de Poniatowski, et celui du maréchal Victor, dont la formation s'était achevée pendant la suspension d'armes. Enfin plus loin encore, c'est-à-dire en Silésie, sur la ligne frontière de l'armistice, sur la Katzbach et le Bober, se trouvaient les quatre corps, de Macdonald (le 11e), de Lauriston (le 5e), de Ney (le 3e), de Marmont (le 6e), présentant cent mille hommes à eux quatre. En arrière, près de Bautzen, se trouvaient la garde impériale, portée pendant l'armistice de 12 mille hommes à 48, et les trois corps de cavalerie de réserve des généraux Latour-Maubourg, Sébastiani, Kellermann, comprenant 24 mille cavaliers parfaitement montés. A gauche trois corps, ceux d'Oudinot (le 12e), de Bertrand (le 4e), de Reynier (le 7e), avaient reçu la mission de s'opposer à l'armée du Nord, commandée par Bernadotte.

Ses troupes étant ainsi distribuées, Napoléon avait résolu de parer de la manière suivante à toutes les éventualités de cette campagne formidable. L'armée du prince de Schwarzenberg, de beaucoup la plus nombreuse, celle qui menaçait notre flanc droit par les débouchés de la Bohême, pouvait descendre par deux issues, une en deçà de l'Elbe, c'est-à-dire derrière nous par la grande route de Péterswalde, l'autre au delà, c'est-à-dire devant nous, par la grande route de Bohême en Lusace passant à Zittau. C'était nécessairement par l'une de ces deux issues qu'elle devait faire son apparition. Napoléon était également prêt dans chacune de ces hypothèses.

Août 1813.

Concentration
en arrière
de Dresde,
si l'ennemi
débouchait
de la Bohême
par la route
de
Péterswalde.

Le maréchal Saint-Cyr avec ses quatre divisions occupait en deçà de l'Elbe la chaussée de Péterswalde.
(Voir la carte n° 58.) L'une de ces divisions était de
garde au pont jeté entre les rochers de Kœnigstein
et de Lilienstein, deux autres occupaient le camp
de Pirna, sous le feu duquel passe la grande route
de Péterswalde. La quatrième avec la cavalerie légère du général Pajol, veillait à tous les chemins
secondaires, qui plus en arrière encore, pouvaient
prendre Dresde à revers. Si donc l'ennemi voulait
descendre sur les derrières de Dresde, soit pour attaquer cette ville, soit pour se diriger sur Leipzig,
le maréchal Saint-Cyr après avoir profité de l'avantage des lieux afin de ralentir la marche des coalisés,
devait jeter une garnison dans les forts de Kœnigstein et de Lilienstein, puis se replier sur Dresde
avec ses quatre divisions. Adossé à cette ville avec
environ 30 mille hommes, y trouvant une garnison
de 8 à 10 mille, que Napoléon avait composée avec
des convalescents, des bataillons de marche, et les
gardes d'honneur, il devait s'y défendre dans un
camp retranché laborieusement préparé à l'avance,
et y tenir plusieurs jours sans avoir des prodiges à
faire. En tout cas les choses étaient disposées de manière à lui procurer des secours prompts et décisifs.
Le général Vandamme ayant ses trois divisions au
delà de l'Elbe, une à Stolpen sur le chemin de Zittau, l'autre à Rumbourg près de Zittau même, la
troisième à Bautzen, pouvait en vingt-quatre heures
renvoyer à Dresde celle de ses divisions qui serait à
Stolpen, et en quarante-huit heures amener les deux
autres. Ainsi le second jour le maréchal Saint-Cyr

devait être renforcé de 40 mille hommes, et le troisième de 20 mille, ce qui porterait sa force totale à
près de 70 mille combattants, et à 60 mille au moins
établis dans un bon camp retranché. C'était de quoi
le mettre à l'abri de toutes les attaques. Après deux
autres jours, c'est-à-dire après quatre depuis l'apparition de l'ennemi, Napoléon devait accourir de
Gorlitz avec 48 mille hommes de la garde, 24 mille
de la réserve de cavalerie, 24 mille du corps du maréchal Victor, en ayant laissé à Zittau le corps de Poniatowski. Ainsi le quatrième jour 170 mille hommes
devaient être sous Dresde, ce qui était bien suffisant,
les lieux donnés, pour faire repentir de leur audace
les coalisés qui auraient voulu tourner notre position,
et pour les exposer à ne pas revoir la Bohême.

Dans le cas contraire, celui où l'ennemi songerait
à descendre de Bohême en Lusace, non pas en deçà
de l'Elbe mais au delà, non pas derrière Napoléon
mais devant lui, et à déboucher par Zittau sur Gorlitz ou Bautzen, la même distribution devait amener une aussi prompte concentration de forces. Napoléon avait résolu de placer au défilé de Zittau le
corps de Poniatowski fort d'une douzaine de mille
hommes, et tout près pour le soutenir le corps du
maréchal Victor, ce qui faisait au moins 36 mille
hommes, appuyés sur une forte position, située au
sortir même des montagnes et soigneusement étudiée
à l'avance. En une journée la garde et la cavalerie
qui étaient à Gorlitz, la division de Vandamme qui
était à Rumbourg, étaient prêtes à apporter un secours de 80 mille hommes aux 36 mille postés à
Zittau. Un jour de plus devait par l'arrivée de Van-

Concentration
en avant
de Dresde,
à Gorlitz et à
Lowenberg,
si l'ennemi
voulait
déboucher
de la Bohême
en Lusace.

damme avec ses deux autres divisions, par le reploiement de l'un des quatre corps établis sur le Bober, amener un nouveau secours de 50 mille hommes. C'étaient encore 170 mille combattants opposés en deux jours à ce second débouché, et disposés de manière qu'ils pussent se défendre en attendant leur concentration.

Telles étaient les précautions prises dans les deux hypothèses les plus vraisemblables. Si toutefois aucune d'elles ne se réalisait, si l'armée de Bohême, au lieu de vouloir déboucher si près de Napoléon, soit en avant de lui, soit en arrière, allait, en laissant un corps en Bohême, réunir sa masse principale à celle de Silésie, et nous aborder de front avec 250 mille hommes sur le Bober, pour nous livrer une immense bataille, les quatre corps de Ney, de Lauriston, de Marmont, de Macdonald, formant un total de 100 mille hommes, pouvaient ou se défendre sur le Bober, ou se replier sur la Neisse et la Sprée, et s'y renforcer de 150 mille hommes par leur réunion avec la garde, avec la réserve de cavalerie, avec Victor, avec Poniatowski, avec Vandamme. On devait ainsi, sans même toucher à Saint-Cyr, se retrouver en force égale à celle de l'ennemi dans la troisième supposition, la seule imaginable après les deux autres. Ajoutez l'avantage dans tous les cas de la présence de Napoléon, son art de profiter des occurrences, la presque certitude sous sa direction de gagner une grande bataille à la première rencontre, et on conçoit qu'il se flattât d'avoir toutes les chances en sa faveur. Quel capitaine, dans aucun temps, avait calculé avec cette précision, avec cette universalité de prévoyance, les mouvements de si vastes masses, opposées à d'autres masses plus vastes encore!

Restait une seule hypothèse pour laquelle, très-volontairement, nulle précaution n'avait été prise, c'était celle où les coalisés voulant tourner Napoléon d'une manière encore plus audacieuse, et au lieu de descendre immédiatement sur ses derrières par Péterswalde, y descendant plus loin, c'est-à-dire par la route de Leipzig, essayeraient hardiment de se placer entre la grande armée et le Rhin. Ceci inquiétait peu Napoléon, et il souriait à cette supposition. — *Ce n'est pas du Rhin, c'est de l'Elbe*, avait-il dit avec une rare profondeur, *qu'il m'importe de n'être pas coupé*. L'ennemi qui oserait s'avancer entre moi et le Rhin n'en reviendrait plus, tandis que celui qui réussirait à s'établir entre moi et l'Elbe, me couperait de ma vraie base d'opération! — Qui aurait eu l'audace en effet de marcher sur le Rhin, laissant derrière lui Napoléon avec 400 mille hommes, Napoléon non vaincu! On pouvait loin du champ de bataille former de pareils rêves, et on les forma effectivement, mais à la première marche on devait reculer d'épouvante, comme les faits le prouvèrent bientôt.

Tous les coups étant prévus et parés sur ses derrières, sur sa droite, sur son front, contre les deux armées de Bohême et de Silésie, Napoléon avait préparé sur sa gauche une opération importante, en vue de tenir tête à l'armée du Nord, et d'amener un résultat éclatant auquel il attachait un grand prix, celui d'occuper la capitale de la Prusse, d'y entrer

Août 1813.

Hypothèse d'une marche de l'ennemi sur Leipzig.

Invraisemblance de cette hypothèse tant que Napoléon n'était pas affaibli par plusieurs défaites.

Envoi projeté d'un corps français sur Berlin.

triomphalement par l'un de ses lieutenants, de tirer ainsi une vengeance non pas cruelle, mais humiliante des passions germaniques. Il avait chargé le maréchal Oudinot avec son corps, avec ceux des généraux Bertrand et Reynier, avec la cavalerie de réserve du duc de Padoue, de marcher de Luckau sur Berlin. (Voir les cartes nᵒˢ 28 et 58.) Ces trois corps d'infanterie, en y joignant une portion de la cavalerie de réserve, auraient dû s'élever à 70 mille hommes, mais n'en comprenaient en réalité que de 65 à 66 mille. Ils comptaient à la vérité sur des renforts considérables. Ils étaient liés à notre principale armée agissant en avant de Dresde, par le général Corbineau à la tête de 3 mille chevaux et de 2 mille hommes d'infanterie légère. C'était là un lien et non un appui; mais plus loin, sur la gauche, c'est-à-dire à la hauteur de Magdebourg, devait se trouver le général Girard (le même qui à Lutzen avait si noblement réparé une faute commise en Espagne) avec un corps de 12 à 15 mille hommes, formé de la division Dombrowski, et de la partie disponible de la garnison de Magdebourg, dont nous avons déjà fait connaître l'ingénieuse composition. Ce général posté en avant de Magdebourg avec 5 mille hommes de la division Dombrowski, recrutée et reposée en Hesse, avec 8 ou 10 mille de la garnison de Magdebourg, devait établir la communication entre le maréchal Oudinot et le maréchal Davout, et suivre le maréchal Oudinot dans son mouvement offensif, de manière à porter l'armée de celui-ci à près de 80 mille hommes. Une masse pareille semblait n'avoir rien à craindre, ni des talents, ni des

forces du prince royal de Suède, qui avait dans
ses troupes beaucoup de ramassis, qui ne pouvait
pas réunir actuellement plus de 70 mille hommes
sur un même champ de bataille, qui d'ailleurs aurait bientôt à faire face à un redoutable ennemi de
plus, et cet ennemi c'était le maréchal Davout prêt à
sortir de Hambourg avec 25 mille Français, avec
10 mille Danois, et à menacer Berlin par le Mecklembourg, tandis que le maréchal Oudinot le menacerait
par la Lusace. Il y avait donc les plus grandes chances pour que le maréchal Oudinot entrât sous peu
de jours dans Berlin, y fût rejoint par le maréchal
Davout avec 35 mille hommes, ce qui placerait sous
ce dernier, destiné à commander le tout, une masse
de 110 à 115 mille hommes, et suffirait pour déjouer
les projets du prince royal de Suède. Ainsi Napoléon, tandis qu'il tenait tête à droite et de front aux
forces gigantesques de la coalition, devait par sa gauche pénétrer dans Berlin, y frapper le foyer des passions germaniques, y punir la Prusse de son abandon, le prince de Suède de sa trahison, et tendre
la main à ses garnisons de l'Oder et de la Vistule!
C'était là sans doute un début éclatant, et qui avait
dû séduire Napoléon : toutefois le mouvement qu'il
ordonnait à sa gauche était bien allongé, les corps
qui devaient y concourir étaient bien distants les uns
des autres, et leur coopération dépendait de beaucoup de circonstances qui pouvaient n'être pas toutes
heureuses. Ses généraux, sans être moins braves,
n'avaient plus cette confiance qui soutient dans les
situations hasardeuses; ses troupes étaient jeunes et
mélangées, et le rassemblement de Bernadotte au-

Août 1813.

Seule
défectuosité
du plan
de Napoléon.

quel elles avaient affaire, quoiqu'un ramassis lui-même composé de gens de toute origine, était réuni par le plus puissant des liens, la passion. Enfin si l'un de ses lieutenants venait à se faire battre, il faudrait aller très-loin pour lui porter secours. Il est donc vrai qu'en cette partie seulement l'habile réseau tendu par Napoléon était un peu relâché. Mais le désir ardent de rentrer dans Berlin, d'avoir sa main toujours dirigée vers Dantzig, de pouvoir en une bataille gagnée se retrouver sur la Vistule, avait ici altéré quelque peu la parfaite rectitude de son jugement militaire, comme la préoccupation de refaire toute sa grandeur d'un seul coup avait complétement égaré son jugement politique.

Cette défectuosité en avait entraîné une autre dans la partie de son plan que nous avons déjà retracée, et qui était la plus fortement conçue. Il avait en effet trop éloigné de Dresde les quatre corps qui gardaient son front en avant de l'Elbe. Des bords du Bober, où étaient postés les corps de Ney, de Marmont, de Macdonald, de Lauriston, aux bords de l'Elbe, c'est-à-dire de Lowenberg à Dresde, il y avait six jours de marche. (Voir la carte n° 36.) C'était beaucoup trop pour que Napoléon, avec sa réserve, eût le temps de secourir les corps qui étaient à Lowenberg, ou ceux qui étaient à Dresde. Tant qu'il pouvait se tenir entre deux, soit à Gorlitz, soit à Bautzen, il n'y avait pas de danger, car en moins de trois jours il lui était facile de se porter à Lowenberg, ou de rétrograder sur Dresde, et d'être présent ainsi partout où il serait nécessaire qu'il fût pour prévenir, ou pour réparer un échec. Mais s'il était attiré à l'une des extrémités, s'il était appelé à Dresde par exemple, il se pouvait que sur le Bober il arrivât un grand malheur à l'un de ses lieutenants, et qu'il vînt trop tard pour y remédier, puisqu'il faudrait six jours au moins pour y amener du renfort, ou bien que s'il était à l'extrémité opposée, c'est-à-dire à Lowenberg, Dresde à son tour se trouvât en péril d'être secouru trop tard. En un mot, pour manœuvrer concentriquement autour de Dresde, comme il l'avait fait jadis autour de Vérone, avec une réserve placée au centre et portée alternativement sur tous les points de la circonférence, le cercle était trop grand, le rayon trop allongé.

Était-ce inadvertance chez un esprit parvenu à une si prodigieuse expérience, à une si rigoureuse précision dans ses calculs? Assurément non; mais c'était le dangereux désir de faciliter le mouvement sur Berlin et la Vistule. Il avait en effet discuté longuement avec lui-même s'il devait établir sur le Bober ou sur la Neisse, c'est-à-dire à Lowenberg ou à Gorlitz, son corps le plus avancé, et, bien qu'il eût préféré le mettre à Gorlitz, ce qui lui eût permis de placer sa réserve à Bautzen, et eût réduit de moitié le chemin qu'il avait à faire pour aider les uns ou les autres, il y avait renoncé par ce motif, qui révèle tout le secret de ses résolutions [1], c'est qu'en

---

[1] Cette grave délibération de Napoléon avec lui-même se trouve constatée par de longues notes qu'il a écrites sur son plan de campagne, et dans lesquelles il a donné tous les motifs de ses diverses résolutions, bien avant le résultat qui justifia les unes et condamna les autres. Il n'y a donc pas ici une idée qui lui soit faussement, ou même conjecturalement prêtée, puisque les intentions que nous lui attribuons sont toutes formellement constatées par écrit.

portant à Gorlitz son corps le plus avancé, il n'opposait pas assez d'obstacles à un mouvement que les armées coalisées pouvaient être tentées d'exécuter par leur droite, pour arrêter le maréchal Oudinot dans sa marche. A Lowenberg, au contraire, les cent mille hommes de Ney, de Marmont, de Macdonald, de Lauriston, empêchaient absolument les armées ennemies de Bohême et de Silésie de se transporter par la Lusace dans le Brandebourg, et de secourir Berlin. Ainsi, toujours ce désir d'un résultat merveilleux, ce désir de tendre un bras vers Berlin et sur la Vistule, gâtait ses combinaisons militaires, comme déjà il avait perverti ses résolutions politiques, et le poussait à affaiblir en l'étendant trop un cercle de défense qui, plus resserré, aurait été invincible! Bientôt la guerre, qui amène une rémunération immédiate des bons et des mauvais calculs, devait récompenser les uns par d'éclatants succès, punir les autres par d'éclatants revers! Mais n'anticipons pas sur des événements dont le triste récit n'arrivera que trop tôt!

Les forces de Napoléon étaient loin d'égaler celles de la coalition. Les corps de Saint-Cyr, Vandamme, Victor, Poniatowski, groupés sur sa droite, ceux de Ney, Marmont, Macdonald, Lauriston, rangés sur son front, la garde, la réserve de cavalerie placées au centre, pouvaient former sous sa main une masse mobile de 272 mille hommes présents sous les armes. Les troupes d'Oudinot, de Girard et de Davout, dirigées sur Berlin, en formaient une autre de 110 à 115 mille, ce qui portait à 387 mille hommes, ou 380 mille au moins, le total de for-

ces actives qu'il avait à opposer à la coalition. Si
on y ajoute 20 mille hommes en Bavière, 60 mille
en Italie, si on y ajoute encore les garnisons des
places de l'Elbe, de l'Oder, de la Vistule, telles que
Kœnigstein, Dresde, Torgau, Wittenberg, Magdebourg, Werben, Hambourg, Glogau, Custrin, Stettin, Dantzig, comprenant 90 mille hommes environ,
on atteint le chiffre de 550 mille combattants, fort
inférieur à celui de 800 mille que la coalition était
parvenue à réunir. Il est vrai que les réserves des
coalisés étaient comprises dans ce chiffre de 800 mille
hommes; mais Napoléon ne pouvait pas, en pressant
bien ses cadres du Rhin, en tirer plus de 50 mille
soldats de réserve, et dès lors ses ressources, plutôt
exagérées que réduites, ne présentaient pas un total
de six cent mille hommes, contre huit cent mille. Ces
forces toutefois auraient suffi dans ses mains, et au
delà, si les causes morales avaient été pour lui au
lieu d'être contre lui; mais ses adversaires exaspérés
étaient résolus à vaincre ou à mourir, et ses soldats,
héroïques sans doute, mais se battant par honneur,
étaient conduits par des généraux dont la confiance
était ébranlée, et qui commençaient à sentir qu'on
avait tort contre l'Europe, contre la France, contre
le bon sens! Infériorité morale funeste, et bien plus
redoutable que l'infériorité matérielle du nombre!

Napoléon après avoir lui-même inspecté ses postes de Kœnigstein et de Lilienstein, et s'être assuré
par ses propres yeux si la position prise par Saint-
Cyr et Vandamme, sur ses derrières et sa droite,
était conforme à ses vues, s'était porté le 15 à Gorlitz, où il avait trouvé la garde et la réserve de ca-

valerie. De là il avait tenu à voir la gorge de Zittau, que Poniatowski et Victor étaient chargés de défendre. Après avoir établi Poniatowski sur une montagne dite d'Eckartsberg, qui fait face à la sortie du défilé, et permet de barrer le passage, Napoléon s'était avancé de sa personne à quelques lieues plus loin, escorté par la cavalerie légère de sa garde, afin de reconnaître un pays où il était possible qu'il pénétrât plus tard. Il voulait recueillir sur la direction suivie par l'ennemi des renseignements qui lui manquaient. Aucun symptôme en effet ne révélait si les coalisés déboucheraient ou en arrière par Péterswalde sur Dresde, ou sur notre droite par Zittau, ou sur notre front par Liegnitz et Lowenberg. Bien que Napoléon fût entouré d'une nuée d'ennemis en mouvement, il ne savait rien de leur marche, parce que l'épaisse muraille des montagnes de Bohême, qui sur sa droite le séparait d'eux, était un rideau difficile à percer. Il écoutait donc avec une singulière attention, cherchant à saisir les moindres bruits, et suivant l'usage ne recueillant que des versions contradictoires. Pourtant on était d'accord sur ce point, qu'un corps d'armée prussien et russe avait passé de Silésie en Bohême pour venir coopérer avec l'armée autrichienne. C'était le corps qui devait, ainsi qu'on l'a vu plus haut, composer en se joignant aux troupes autrichiennes la grande armée du prince de Schwarzenberg. Cette nouvelle très-répandue inspira un moment à Napoléon la pensée d'entrer précipitamment en Bohême à la tête de cent mille hommes par la route de Zittau, et de se jeter sur les Russes et les Prussiens avant leur réunion aux Autrichiens. Il est bien certain qu'il avait cent mille hommes sous la main avec Poniatowski, Victor, la garde et la réserve de cavalerie, et que se portant rapidement à droite vers Leitmeritz, il aurait pu couper en deux la longue ligne que les coalisés devaient former avant de s'être réunis autour de Commotau. (Voir la carte n° 58.) Il lui eût donc été possible de frapper dès le début de la campagne quelque coup terrible, et le maréchal Saint-Cyr, qui s'était épris de cette idée plus brillante que juste, l'y poussait vivement par sa correspondance. Mais il se pouvait qu'entré en Bohême Napoléon trouvât les coalisés déjà concentrés sur sa droite entre Teplitz et Commotau, dès lors à l'abri de ses coups, et en mesure de le prévenir à Dresde en y descendant par Péterswalde, de sorte que tandis qu'il aurait pénétré en Bohême pour les surprendre, ils en seraient sortis pour le tourner; ou bien il se pouvait encore qu'il les trouvât en masse sur son chemin, qu'il eût à les combattre en force considérable, dans une position désavantageuse pour lui, car vainqueur il lui était impossible de les poursuivre dans l'intérieur de la Bohême, et vaincu il lui fallait repasser devant eux le défilé de Zittau. A leur livrer bataille, il valait bien mieux les attendre à leur sortie des montagnes de la Bohême, et les rencontrer sur la rive droite ou sur la rive gauche de l'Elbe, au moment même où ils déboucheraient, car en les battant on les acculait aux montagnes, et on pouvait profiter de leur engorgement dans les défilés pour les enlever par milliers, hommes et canons. Franchir soi-même les montagnes pour aller guerroyer en Bohême, c'était se donner

Août 1813.

Possibilité d'une invasion subite en Bohême.

Danger de cette opération, fort conseillée par le maréchal Saint-Cyr.

volontairement la fausse position qu'il fallait leur laisser prendre en les attendant à la sortie de ces montagnes sur l'une ou l'autre rive de l'Elbe. Aussi Napoléon n'avait-il que peu de penchant pour cette singulière idée que le maréchal Saint-Cyr soutenait avec chaleur. Il n'y eût cédé que si des renseignements certains lui avaient montré tout à fait à sa portée soixante ou quatre-vingt mille Prussiens et Russes, encore séparés des cent vingt mille Autrichiens qu'ils allaient rejoindre.

Livré à une véritable effervescence d'esprit en présence de tant de chances diverses, Napoléon monta à cheval le 19 août au matin, et suivi de la cavalerie légère de la garde, il pénétra en Bohême, à la tête de quelques mille cavaliers, faisant la guerre comme un jeune homme, comme il la faisait jadis en Italie ou en Égypte. Il s'enfonça dans les gorges jusqu'au delà de Gabel (voir la carte n° 58), se montra même à l'entrée du beau bassin de la Bohême aux Bohémiens surpris de le voir. Il fit arrêter des curés, des baillis pour les questionner, et apprit de la bouche de tous que les troupes russes et prussiennes venant de Silésie longeaient le pied des montagnes en dedans de la Bohême, pour aller rejoindre les Autrichiens, et probablement descendre en Saxe sur les derrières de Dresde. Les coalisés devaient dans ce mouvement traverser l'Elbe entre Leitmeritz et Aussig, et tout annonçait qu'ils étaient déjà ou sur le bord du fleuve, ou au delà, aux environs de Tœplitz. Se jeter sur eux était une opération dont le temps, fût-elle bonne, était passé, et il fallait se hâter de revenir en Saxe, pour combattre autour de

Dresde, sur le champ de bataille préparé avec une si haute prévoyance. Toutefois Napoléon affecta de se montrer, de se nommer aux habitants, afin que le bruit de sa présence en Bohême retentît jusqu'au quartier général des coalisés. Voici l'intention qu'il avait en agissant de la sorte.

Il devenait évident que le plan des coalisés, après avoir traversé l'Elbe en Bohême, était d'entrer en Saxe, et de descendre sur Dresde afin d'enlever cette ville, ou de se porter sur Leipzig afin de se placer entre le Rhin et l'armée française. Nous ne pouvions rien désirer de mieux, car pour s'engager ainsi sur les derrières de Napoléon, les coalisés s'exposaient à l'avoir eux-mêmes sur leurs communications, et à se trouver dans un gouffre s'ils perdaient une bataille dans cette position. Cela étant, il importait à Napoléon de se jeter brusquement sur l'armée de Silésie, qu'il avait devant lui, afin de la mettre hors de jeu pour quelque temps, et de revenir ensuite se donner tout entier aux affaires qui se préparaient en arrière de Dresde. Pour le succès d'un tel projet il lui était utile de ralentir un moment la marche des alliés, de les faire hésiter, de leur causer ainsi une perte d'un ou deux jours, ce qui était tout gain pour lui, qui avait à courir sur le Bober avant de revenir sur l'Elbe. Il n'avait pas un meilleur moyen d'y réussir que de se montrer en Bohême, car sa présence en ces lieux devait provoquer mille conjectures, ou inquiétantes ou pour le moins embarrassantes.

Après avoir employé la journée du 19 à courir à cheval, tantôt en plaine, tantôt dans les gorges, se

Août 1813.

Napoléon s'étant fait une idée exacte des plans des coalisés, forme le projet de mettre hors de jeu l'armée de Silésie, pour revenir ensuite sur la grande armée de Bohême.

Motifs du soin qu'il met à se faire voir en Bohême.

Napoléon après être rentré

Août 1813.

en Lusace,
dispose
les corps
de
Poniatowski,
de Victor
et de
Vandamme,
de manière
à fermer
les débouchés
de la Bohême,
et attend
tout un jour
pour voir
se développer
les desseins
de l'ennemi.

présentant partout sous son nom, il repassa les défilés du *Riesen-Gebirge*, et revint à Zittau. Il consacra la journée du lendemain 20 à disposer lui-même le corps de Poniatowski et celui de Victor à l'entrée du défilé de Zittau, de façon que ces deux corps pussent résister trois jours au moins aux plus fortes attaques. Napoléon assura en outre leurs communications avec le général Vandamme, qui avait été placé entre Zittau et Dresde vers Stolpen, afin qu'il pût courir en une journée, ou à Zittau ou à Dresde. Toutes ces mesures arrêtées, il avait l'intention d'attendre encore tout un jour la complète manifestation des desseins de l'ennemi, sans éprouver du reste la moindre crainte, car partout les précautions étaient prises de manière à ne laisser aucune inquiétude. En effet, du côté de Berlin 80 mille hommes en marche sous le maréchal Oudinot, et appuyés par les 35 mille du maréchal Davout, à Dresde Saint-Cyr et Vandamme aux aguets sur les deux rives de l'Elbe, à Zittau deux corps gardant les gorges de Bohême, sur le Bober 100 mille hommes sous le maréchal Ney attendant l'ennemi qui voudrait franchir ce fleuve, enfin à Gorlitz, centre de toutes ces positions, Napoléon avec la garde et la réserve de cavalerie, placé à mi-chemin des divers points menacés, présentaient une toile admirablement tissue, du milieu de laquelle celui qui l'avait si habilement disposée était prêt à s'élancer sur l'imprudent qui en agiterait les extrémités.

Napoléon
revenu
à Gorlitz
apprend

Napoléon, revenu le 20 à Gorlitz, y apprit tout à coup que l'armée de Silésie avait envahi dès le 15 le pays neutre qu'elle aurait dû respecter jusqu'au 17,

ce qui constituait une violation du droit des gens,
que l'ardent patriotisme du général Blucher n'ex-
cusait nullement. Cette armée se dirigeait vers le Bober. Sur-le-champ Napoléon mit en mouvement la
cavalerie et trois divisions de sa garde, laissant les
autres à Gorlitz, et fit ses dispositions pour être sur
le Bober le lendemain 21. Avec le secours qu'il apportait au maréchal Ney, il allait avoir 130 mille
hommes, et c'était plus qu'il ne fallait pour faire repentir Blucher de sa témérité et de l'infraction qu'il
s'était permise contre le droit des gens. Après avoir
une dernière fois renouvelé ses instructions à Poniatowski, à Victor, à Vandamme, à Saint-Cyr, il partit
plein de confiance et d'espoir.

Les hostilités ayant commencé en Silésie avant
l'époque assignée par l'armistice, les quatre corps
confiés à Ney sortaient à peine de leurs cantonnements lorsque l'ennemi s'était présenté. Deux de
ces corps étaient sur le Bober, ceux de Macdonald
et de Marmont, le premier à droite vers Lowenberg,
le second à gauche vers Buntzlau. Deux étaient plus
compromis encore, car ils se trouvaient au delà sur
la Katzbach, celui de Lauriston aux environs de
Goldberg, celui de Ney entre Liegnitz et Haynau.
Ces deux derniers presque tournés par la subite apparition du corps de Langeron sur leur flanc droit,
étaient dans un fort grand péril. Le corps de Lauriston eut de la peine à se replier de la Katzbach sur
le Bober, mais il le fit avec sang-froid et vigueur, et
rejoignit Macdonald à Lowenberg sans accident.
Ney, qui était le plus avancé vers notre gauche, au
lieu de se replier simplement sur Buntzlau pour y

Août 1813.

que l'armée
de Silésie,
violant le droit
des gens,
a rompu l'ar-
mistice deux
jours avant
le 17 août,
et il court
à elle avec
un renfort
de 30 mille
hommes.

Les quatre
corps de Ney
sortaient
à peine
de leurs can-
tonnements
lorsqu'ils
avaient été
surpris par
l'ennemi.

Leur retraite
en bon ordre
sur
le Bober.

repasser le Bober, vint se déployer hardiment entre la Katzbach et le Bober, et braver Blucher qui
s'acharnait contre Lowenberg. A sa vue Blucher
s'étant porté sur lui, et Lowenberg se trouvant ainsi
dégagé, Ney descendit sur Buntzlau, y passa le Bober, et se réunit à Marmont.

Le 20 nos quatre corps étaient derrière le Bober,
ceux de Lauriston et de Macdonald à Lowenberg,
ceux de Marmont et de Ney à Buntzlau, ayant beaucoup plus causé de mal à l'ennemi qu'ils n'en
avaient essuyé. Napoléon arrivé le 21 au matin sur
les lieux voulut prendre l'offensive immédiatement.
Blucher avait montré environ 80 mille hommes, le
général russe Sacken, avec lequel il en aurait eu
100 mille, étant resté un peu en arrière sur sa
droite. Napoléon qui en avait plus de 130 mille,
employa la matinée à faire jeter des ponts de chevalets sur le Bober, et à donner tous ses ordres pour
une marche prompte et vigoureuse, car il n'avait
pas de temps à perdre, s'attendant à être bientôt
rappelé sur ses derrières par la grande armée de
Bohême. En conséquence il résolut de déboucher
de Lowenberg avec Macdonald et Lauriston, en traversant le Bober sur ce point, et d'attirer sur sa
gauche Ney et Marmont, après leur avoir fait passer
le Bober à Buntzlau.

Vers le milieu du jour on franchit le Bober à
Lowenberg, et on marcha vivement. La division
Maison, qui formait notre tête de colonne, refoula
devant elle les troupes du général d'York, et ne leur
laissa de répit nulle part. Tout le corps de Lauriston
suivait appuyé par celui de Macdonald. A notre gau-

che, les maréchaux Ney et Marmont débouchèrent
de Buntzlau, et vinrent se serrer sur notre centre.
Blucher se voyant aussi vigoureusement abordé, se
douta bien qu'il avait Napoléon devant lui, et se
hâta de rentrer dans ses instructions, qui lui prescrivaient de ne rien hasarder quand il aurait en tête
ce redoutable adversaire. Il se couvrit d'un petit
cours d'eau, le Haynau, qui coule entre le Bober
et la Katzbach. Cette journée lui avait déjà coûté
deux à trois mille hommes.

Le 22 Napoléon continua sa marche offensive.
Les corps de Lauriston et de Macdonald se portèrent
directement sur Goldberg pour jeter Blucher au
delà de la Katzbach, tandis que Ney et Marmont,
s'avançant toujours sur notre gauche, le pousseraient
dans le même sens. La division Maison assaillit de
nouveau l'ennemi avec la plus grande vigueur. Les
troupes, animées par la présence de Napoléon, montraient partout une ardeur extrême. L'ennemi voulut se défendre, mais Lauriston le débordant avec le
reste de son corps, pendant que Macdonald le menaçait au centre, on le força d'abandonner le petit
cours d'eau derrière lequel il s'était réfugié, et de
repasser la Katzbach pour aller prendre position à
Goldberg. Ses pertes dans cette journée furent assez
considérables.

Il était évident, malgré la résistance que Blucher
cherchait à nous opposer, et malgré ses cent mille
hommes, qu'on ne l'avait pas mis en mesure de tenir tête à Napoléon, et que ce n'était pas de son
côté qu'aurait lieu l'action principale. En effet le soir
même, Napoléon reçut du maréchal Saint-Cyr un

Août 1813.

Blucher
se replie
derrière
la Katzbach.

On continue
le 22
cette marche
offensive.

Ardeur
des troupes.

Blucher
définitivement
repoussé.

Napoléon
dans
ces entrefaites
apprend
l'apparition
de
la grande
armée
de Bohême

Août 1813.

sur
les derrières
de Dresde.

courrier qui ayant fait quarante lieues pour le joindre, lui apprenait qu'on était attaqué par des masses nombreuses, et qu'évidemment la grande armée coalisée débouchait par Péterswalde sur les derrières de Dresde, soit qu'elle songeât à enlever cette ville, soit qu'elle eût l'idée de se porter sur Leipzig, pour exécuter l'audacieuse tentative de se placer entre les Français et le Rhin. Ainsi s'accomplissait l'une des deux hypothèses prévues par Napoléon, et la plus désirable des deux, celle pour laquelle tout avait été préparé avec le plus de soin. Napoléon n'en fut ni surpris ni affligé, tout au contraire, mais il y vit une raison pressante d'accélérer ses mouvements.

Le
soir du 22,
il arrête
le mouvement
de ses troupes
pour
se reporter
sur l'Elbe.

Le soir même du 22, il arrêta sa garde qui était encore en marche, et qui heureusement n'avait pas dépassé Lowenberg, afin qu'elle se mît en route après un peu de repos, et qu'elle pût être de retour à Dresde en quatre jours, c'est-à-dire le 26. Le corps du maréchal Marmont ayant été le moins engagé, était le moins fatigué aussi, et sans perdre un instant

Il renvoie
à Dresde
la garde,
la réserve
de cavalerie
et Marmont

il rebroussa chemin pour voyager avec la garde. Napoléon expédia également une grande partie de la réserve de cavalerie, enfin il écrivit au général Vandamme et au maréchal Victor de se replier l'un et l'autre sur l'Elbe, en laissant le prince Poniatowski aux gorges de Zittau. De la sorte 180 mille hommes devaient se trouver réunis sous Dresde en quatre jours, et 80 mille au moins dans les deux premières journées. Il n'y avait par conséquent aucune inquiétude à concevoir.

Après avoir donné ces ordres dans la soirée même du 22, Napoléon voulut que le 23 au matin les corps

de Lauriston, Macdonald et Ney, qui avec la cavalerie du général Sébastiani composaient une masse de
80 mille hommes au moins, poussassent encore une
fois l'ennemi devant eux, et le rejetassent fort au delà
de la Katzbach. Au point du jour le corps de Lauriston
à droite, celui de Macdonald au centre, la cavalerie
de Latour-Maubourg à gauche, se déployèrent le long
de la Katzbach, pendant que Ney à trois lieues au-
dessous, se portait avec son corps et la cavalerie de
Sébastiani devant Liegnitz. Blucher avait rangé les
troupes russes de Langeron et les troupes prussiennes d'York, derrière la Katzbach et sur les hauteurs
du Wolfsberg. La division Girard attaqua les bords de
la rivière vers Niederau, et eut un engagement très-
vif avec la division prussienne du prince de Mecklembourg. Le général Girard, après avoir démonté
l'artillerie de l'ennemi et ébranlé son infanterie à
coups de canon, l'aborda brusquement à la baïonnette. Les Prussiens culbutés et acculés sur la Katzbach se couvrirent de leur cavalerie, qui fut bientôt
repoussée par celle du général Latour-Maubourg, et
repassèrent enfin la Katzbach, que le général Girard
franchit à leur suite. A droite, le général Lauriston
ayant opéré son passage vers Seyfnau, assaillit les
hauteurs du Wolfsberg, les enleva trois fois aux
Russes, et trois fois les reperdit. Mais le 135ᵉ, de la
division Rochambeau, s'en rendit maître par un dernier effort, et l'action se trouva dès lors décidée en
notre faveur. Blucher se voyant en même temps
débordé à deux ou trois lieues sur sa droite, par le
mouvement du maréchal Ney sur Liegnitz, se replia
en toute hâte vers Jauer.

Blucher
est forcé
de se replier
sur Jauer
après
une perte
de 8 mille
hommes
en quelques
jours.

Cette inutile violation du droit des gens avait coûté environ 8 mille hommes au général prussien, et à nous la moitié tout au plus. Malheureusement elle n'avait pas ébranlé le moral d'un ennemi combattant avec l'acharnement du désespoir. Napoléon, qui avait éprouvé l'inconvénient de laisser plusieurs maréchaux ensemble quand sa présence ne les dominait point, et qui prévoyait de rudes batailles pour lesquelles il lui convenait d'avoir le maréchal Ney sous sa main, résolut de l'emmener avec lui, et de confier le 3ᵉ corps au général Souham. De la sorte il n'allait rester sur ce point qu'un maréchal et deux lieutenants généraux. Le maréchal était Macdonald, chef du 11ᵉ corps, et les lieutenants généraux étaient Lauriston et Souham, chefs des 5ᵉ et 3ᵉ corps. Napoléon en remettant le commandement supérieur à Macdonald, lui donna pour instruction de tenir ses troupes légères en observation entre le Bober et la Katzbach, mais de camper avec le gros de ses forces derrière le Bober même, entre Lowenberg et Buntzlau, et d'avoir des postes de correspondance à droite dans les montagnes de Bohème, à gauche dans les plaines de la Lusace, afin d'être constamment averti des moindres mouvements de l'ennemi.

Sa mission principale était d'abord de défendre le Bober contre Blucher, et ensuite d'intercepter les routes qui vont de la Bohème en Prusse, afin d'empêcher les détachements que l'ennemi pourrait diriger vers Berlin, contre le corps du maréchal Oudinot. Toujours occupé, comme on le voit, de la marche de ce maréchal sur la capitale de la Prusse, pour laquelle il avait déjà trop étendu le cercle de ses opérations, Napoléon continuait à faire à cet objet des sacrifices regrettables, car Macdonald laissé à quarante lieues de Dresde, pouvait, quoique débarrassé de l'ennemi en ce moment, être assailli de nouveau avec plus de vigueur, et courir de grands dangers en attendant qu'on vînt à son secours.

Ces dispositions prises, Napoléon ayant vu Blucher en retraite sur Jauer, partit pour Gorlitz, vers le milieu du jour, tandis que la garde, le corps de Marmont et la cavalerie de Latour-Maubourg y marchaient au pas des troupes. Les nouvelles se multipliaient à mesure qu'il approchait, et lui peignaient la ville de Dresde comme fort émue. Le roi de Saxe, la population, les généraux mêmes préposés à la défense de ce poste important, étaient frappés de la masse immense d'ennemis qui venant de la Bohême, descendaient des montagnes sur les derrières de cette capitale. Les rapports s'accordaient unanimement à dire que les hauteurs qui entourent Dresde sur la rive gauche de l'Elbe, étaient couvertes de soldats de toutes nations. On y voyait poindre au sommet des coteaux la lance des Cosaques tant redoutée des habitants paisibles.

La grande armée de la coalition, celle qui, composée de Prussiens, de Russes, d'Autrichiens, au nombre de 250 mille hommes, devait profiter de la Bohême pour tourner la position de l'Elbe, avait en effet exécuté le plan arrêté à Trachenberg, et après avoir opéré sa concentration, entre Tetschen et Commotau (voir la carte n° 58), venait de déboucher en Saxe par tous les défilés de l'*Erz-Gebirge*. Elle avait marché sur quatre colonnes, formées

Août 1813.

Napoléon, arrivé à Gorlitz, y trouve une multitude de nouvelles venues de Dresde.

Effroi causé à Dresde par l'apparition de la grande armée des coalisés.

Route qu'avait suivie cette armée.

d'après l'emplacement des troupes. Les Russes venant du fond de la Bohême, puisqu'ils partaient de la Silésie, n'avaient guère pu dépasser l'Elbe, et avaient pris la chaussée de Péterswalde, qui longe le camp de Pirna, et descend sur Dresde en ayant toujours l'Elbe en vue. Le corps prussien de Kleist marchant en avant des Russes, avait suivi la route qui se trouvait un peu plus à gauche (gauche des coalisés débouchant en Saxe), laquelle était moins bien frayée, mais encore fort praticable, et passait par Tœplitz, Zinnwald, Altenberg, Dippoldiswalde. Les Autrichiens, les plus avancés parce qu'ils partaient de chez eux, avaient pris la chaussée de Commotau à Marienberg et Chemnitz, qui est à la gauche des précédentes, et forme la grande route de Prague à Leipzig. Les nouvelles levées autrichiennes composant sous le général Klenau une quatrième colonne, devaient par Carlsbad et Zwickau s'abattre sur Leipzig.

Mais à peine était-on en marche que le plan arrêté par les coalisés à Trachenberg avait été modifié, grâce à l'instabilité des conseils militaires de la coalition, où personne ne commandait, parce que personne n'en était tout à fait capable. Le commandement nominal avait bien été déféré au prince de Schwarzenberg pour flatter l'Autriche, mais au fond l'empereur Alexandre regrettait de ne pas l'avoir pris lui-même, aurait bien voulu le ressaisir, surtout depuis l'arrivée à son camp du général Moreau et du général Jomini, avec le secours desquels il

croyait pouvoir conduire glorieusement les affaires de la coalition.

Le général Moreau, comme nous l'avons déjà dit,
revenu d'Amérique au bruit du désastre de Napoléon en Russie, sans autre but qu'une espérance
vague de rentrer dans son pays par des voies honnêtes, avait formé un projet qui n'était pas dépourvu de chances de succès. Ayant appris que
l'empereur Alexandre avait plus de cent mille prisonniers français, tous exaspérés contre l'auteur de
l'expédition de Moscou, il avait imaginé qu'on pourrait bien armer quarante ou cinquante mille d'entre
eux, les transporter au moyen de la marine anglaise
en Picardie, et il répondait en marchant avec eux
sur Paris de renverser le trône impérial, pourvu que
les souverains alliés le munissent d'un traité de paix
dans lequel la France, laissée libre de se choisir un
gouvernement, conserverait ses limites naturelles,
les Alpes et le Rhin. Moreau, aimant la liberté, ayant
en haine le gouvernement despotique qui pesait
alors sur la France, se croyant supérieur aux lieutenants de Napoléon, prétendait qu'il leur passerait
sur le corps à tous, moyennant qu'il se présentât
à la tête de soldats français, qu'il annonçât une paix
honorable, une liberté sage, et la fin de l'épouvantable carnage auquel Napoléon obligeait l'Europe
par son ambition démesurée. Sans liaisons avec les
Bourbons, n'étant aucunement porté vers eux, il
admettait cependant que l'on cherchât à concilier
cette antique famille avec la Révolution française,
et qu'on la rappelât pour établir un gouvernement
à la fois stable et libéral, qui mit fin aux longs
troubles de la France [1]. C'est avec ces idées qu'il

était venu à Stockholm, et là son ancien camarade Bernadotte, feignant d'écouter ses scrupules, mais réchauffant ses haines, lui promettant qu'il trouverait auprès de l'empereur Alexandre satisfaction pour tous ses désirs, l'avait envoyé au quartier général russe. Alexandre avait accueilli ce proscrit avec des honneurs infinis, l'avait traité en ami, et avait calmé ses scrupules en lui affirmant qu'on n'en voulait ni à la France ni à sa grandeur, qu'on était prêt à lui laisser les belles conditions du traité de Lunéville, qu'on n'entendait lui imposer aucune forme de gouvernement, et qu'on s'empresserait au contraire de reconnaître celui qu'elle aurait elle-même choisi, ce gouvernement fût-il celui de la république. Repoussant comme impraticable le projet d'armer les prisonniers français, il avait par une pente insensible, d'où toutes les apparences coupables étaient soigneusement écartées, amené l'infortuné Moreau à la déplorable résolution, non pas de servir contre la France, mais de rester auprès des souverains qui la combattaient, différence qui pouvait lui faire illusion, mais qui n'en était pas une, car il était impossible qu'il résidât auprès d'eux pendant cette cruelle guerre sans les éclairer au moins de ses conseils. Pour achever cette séduction, Alexandre avait employé sa sœur, la grande-duchesse Cathe-

amis du général Moreau, mais d'après les lettres de ce général, trouvées depuis sa mort, que j'écris ces pages. La faute du général Moreau fut assez grave pour qu'on ne l'exagère point, et on doit à ses grands services d'autrefois, à son ancien désintéressement, à sa gloire, de réduire à ce qu'il fut véritablement, l'acte coupable qui a terni une des plus belles vies des temps modernes. Les lettres que j'ai dans les mains, écrites avec la plus parfaite simplicité, établissent ce que j'avance d'une manière incontestable.

rine, veuve du duc d'Oldenbourg, princesse remarquable par l'esprit, le caractère, les agréments
extérieurs, et tous deux, traitant Moreau comme
un ami, l'avaient ainsi aveuglé, étourdi par les
plus adroites flatteries, et l'avaient entraîné définitivement sur la voie où il allait rencontrer la plus
cruelle des morts, celle qui avec sa vie devait emporter sinon sa gloire, du moins son innocence.
C'est depuis qu'il avait Moreau à ses côtés qu'Alexandre regrettait le commandement général. Il aurait
voulu le prendre pour chef d'état-major, et avec
lui diriger la guerre. Mais il n'était pas possible
d'imposer Moreau au prince de Schwarzenberg, ni
comme supérieur ni comme subordonné, et de lui
ménager un rôle même séant, soit pour lui, soit
pour les généraux de la coalition. Moreau se trouvait ainsi dans le camp des coalisés à titre d'ami
privé de l'empereur Alexandre, vivant tantôt près
de lui, tantôt près de la grande-duchesse Catherine
qui était établie à Tœplitz, n'aimant point à figurer
dans ces conseils militaires où l'on parlait si longuement, où l'on était à la fois bouillant d'un patriotisme qui était pour lui un reproche, et plein
d'idées théoriques qui n'allaient pas à son génie simple et pratique, se bornant à donner directement
ses avis à Alexandre, réussissant rarement à les
faire prévaloir à travers le chaos des avis contraires,
et déjà cruellement puni de sa faute par la position
fausse, gênée, presque humiliante, qu'il avait au
milieu des ennemis de sa patrie.

Le général Jomini, Suisse de naissance, écrivain
militaire supérieur, et dans la pratique de la guerre

Août 1813.

au quartier
général
de la coalition.

Comment
il y avait été
amené.

Les généraux
Jomini
et Moreau
improuvent
le plan
de marcher
sur Leipzig.

officier d'état-major d'un jugement aussi sûr qu'élevé, avait rendu à l'armée française, soit à Ulm, soit à la Bérézina, soit à Bautzen, des services dont il avait été mal récompensé. A Bautzen notamment, après avoir signalé au maréchal Ney le vrai point où il aurait fallu marcher, il avait reçu une punition au lieu d'une récompense, ce qu'il devait aux mauvais offices du prince major général, dont il avait souvent blessé la susceptibilité. Vif, irritable, ayant voulu plusieurs fois donner sa démission et entrer au service de la Russie qui s'était empressée de répondre favorablement à ses désirs, il n'avait pas su se contenir en éprouvant le dernier désagrément qu'on venait de lui infliger, et pendant l'armistice il avait passé aux Russes, sans emporter, comme on l'a dit, des plans qu'il ignorait, sans manquer à sa patrie puisqu'il était originaire de la Suisse, mais ayant le tort de ne pas sacrifier des griefs même fondés à une vieille confraternité d'armes, et se préparant ainsi des regrets qui devaient attrister sa vie. Il était arrivé auprès d'Alexandre, qui, connaissant son mérite, lui avait fait le plus brillant accueil. Là il parlait haut, avec la chaleur d'un esprit ardent et convaincu, déplaisait aux généraux alliés en vantant Napoléon et les Français qu'il était presque fâché d'avoir quittés, et censurait sans ménagement tous les projets militaires formés à Trachenberg. Il n'avait pas eu de peine à prouver à l'empereur Alexandre que marcher sur Leipzig était une insigne folie, que se porter sur les communications de l'ennemi lorsqu'on était sûr de ne pas compromettre les siennes, et qu'on ne craignait pas une rencontre décisive, pouvait être une bonne manière d'opérer, mais que ce n'était pas le cas ici, car, une fois à Leipzig, on serait exposé à être coupé de la Bohême, on aurait Napoléon derrière soi à la tête de trois cent mille hommes toujours victorieux jusqu'alors, et si dans cette position on perdait une bataille, on n'en reviendrait pas, les montagnes de la Bohême étant occupées par lui, et l'Elbe étant jusqu'à Hambourg dans ses terribles mains. Le général Moreau, consulté, avait trouvé cet avis parfaitement juste, et on avait renoncé à se diriger sur Leipzig. On avait résolu, au lieu d'appuyer à gauche, d'appuyer à droite, et de se rapprocher des bords de l'Elbe. Les deux premières colonnes, celle qui avait passé par Péterswalde, et celle qui avait passé par Zinnwald et Altenberg, avaient cheminé tout près de Dresde; mais il avait fallu ramener la troisième par Marienberg et Sayda sur Dippoldiswalde, la quatrième par Zwickau et Chemnitz sur Tharandt. (Voir la carte n° 58.) On s'était ainsi reporté sur Dresde sans savoir précisément ce qu'on y ferait; mais on avait l'avantage, en restant adossé aux montagnes de Bohême, de conserver toujours ses communications, d'être comme une épée de Damoclès suspendue sur la tête de Napoléon, et de pouvoir au besoin, si l'occasion était favorable, se jeter sur Dresde pour enlever cette ville, ce qui était le plus grand dommage qu'on pût causer aux Français. Tandis qu'on exécutait ce mouvement transversal de gauche à droite, en suivant le pied de l'*Erz-Gebirge*, on avait appris l'apparition de Napoléon en Bohême, circonstance qui avait fait craindre de sa part une marche sur Prague, et rendu plus évidente la convenance de rebrousser chemin vers l'Elbe. Puis à Dippoldiswalde même on avait connu la marche de Napoléon sur le Bober, et la situation périlleuse de Blucher. C'était le cas de tenter quelque chose, et de profiter de l'absence de Napoléon pour frapper un grand coup, pour enlever Dresde par exemple, ce que conseillaient les esprits hardis, ce que craignaient les esprits timides, ce que les esprits sages comme Moreau faisaient dépendre de l'état dans lequel on trouverait les défenses de cette ville.

C'est ainsi que la grande armée des coalisés était arrivée à déployer ses masses imposantes autour de la belle capitale de la Saxe. La colonne qu'on avait aperçue la première était la colonne russe de Wittgenstein, qui descendant le plus près de l'Elbe par la route de Péterswalde, avait rencontré le maréchal Saint-Cyr devant le camp de Pirna. Ce qu'on appelle le camp de Pirna consiste dans un plateau très-élevé, adossé à l'Elbe, taillé à pic presque de tous les côtés, appuyé à gauche au fort de Kœnigstein, à droite au château de Sonnenstein et à la ville de Pirna. La grande route de Bohême par Péterswalde, après avoir franchi les montagnes, s'enfonce vers Hollendorf dans des terrains creux, puis remonte à Berg-Gieshübel sur un autre plateau situé au-dessous de celui de Pirna, passe presque sous son feu, mais à une distance qui rend le passage possible, de manière que la position de Pirna, quoique invincible en elle-même, ne donne cependant pas le moyen de barrer absolument la route de Péterswalde. Seulement une armée établie dans cette position, outre qu'elle a dans le camp de Pirna un asile assuré, y trouve aussi un poste d'où elle peut gêner, arrêter même en opérant bien l'ennemi qui veut suivre la route de Péterswalde, soit pour descendre en Saxe, soit pour remonter en Bohême.

Le maréchal Saint-Cyr, après avoir occupé par sa première division les forts de Kœnigstein et de Lilienstein, entre lesquels était jeté un pont sur l'Elbe, avait placé la seconde sur la route de Péterswalde, de manière à ralentir la marche de l'ennemi, et à pouvoir se replier sur Dresde comme il en avait l'ordre. Celle-ci avait défendu pied à pied le plateau de Berg-Gieshübel, avec un aplomb remarquable chez des soldats à peine formés. Pendant ce temps la troisième des divisions du maréchal Saint-Cyr observait le second débouché, celui qui de Tœplitz vient aboutir sur Zinnwald, Altenberg, Dippoldiswalde, et la quatrième enfin placée à la droite de Dippoldiswalde, et veillant sur la grande route de Freyberg, servait de soutien au général Pajol, qui faisait le coup de sabre avec les avant-gardes de la cavalerie autrichienne arrivant par les débouchés les plus éloignés.

Le 23 août le maréchal Saint-Cyr ayant confié, comme nous venons de le dire, à sa première division (42ᵉ de l'armée) la garde des deux forts de Kœnigstein et de Lilienstein, et tous les postes des bords de l'Elbe afin d'empêcher l'ennemi de passer d'une rive à l'autre, s'était replié en ordre sur Dresde, où il avait ainsi, outre la garnison, trois divisions d'infanterie avec les cavaleries Lhéritier et Pajol. Ces forces appuyées sur des ouvrages de campagne, et sur les défenses de la ville, étaient capables d'opposer une résistance sérieuse à l'ennemi, quoiqu'il comptât dès les premiers jours 150 mille hommes, et 200 mille les jours suivants. Les trois divisions d'infanterie du maréchal Saint-Cyr[1] ne devaient pas comprendre moins de 21 ou 22 mille hommes. On pouvait tirer de la garnison 5 à 6 mille hommes, quelques-uns Allemands il est vrai, pour les porter sur la rive gauche, et les généraux Lhéritier et Pajol avaient bien 4 mille chevaux. Le maréchal Saint-Cyr disposait ainsi de 31 à 32 mille hommes avec beaucoup d'artillerie attelée pour aider l'artillerie de position. Il avait donc les moyens de disputer la place à l'ennemi, et de donner à Napoléon le temps de manœuvrer autour d'elle, comme il le jugerait utile au plus grand bien des opérations.

Véritable chiffre de ses forces.

[1] Le maréchal Saint-Cyr, avec son esprit ordinairement peu indulgent, et le désir de justifier son rôle pendant la campagne de 1813, a inexactement représenté les événements de cette année dans ses Mémoires d'ailleurs si remarquables. Il a voulu prouver partout que Napoléon n'avait aucun plan, qu'il n'avait pourvu à rien, et qu'il n'existait nulle part des forces suffisantes. Ainsi il suppose que sa seconde division était au plus de 5 mille hommes, ce qui aurait fait 15 mille hommes pour les trois divisions chargées de la défense de Dresde. Ces assertions sont inexactes, car les divisions du maréchal étaient de douze bataillons, et en supposant que les bataillons qui ne s'étaient pas encore battus comptassent 500 hommes seulement, les douze bataillons auraient présenté 6 mille hommes. Or, la 42e (première du corps de Saint-Cyr), sous le général Mouton-Duvernet, se trouva le 29 au matin à Kulm avec plus de 8 mille hommes en bataille, ce qui résulte d'un appel fait le jour même, et fourni par le général Haxo dans son rapport circonstancié sur l'affaire de Kulm. Il n'est donc pas admissible que les autres ne comptassent que 5 mille hommes. Leur en attribuer 7 mille, surtout au début des opérations, ce qui suppose à peu près 600 hommes par bataillon, n'est certainement pas une exagération. Le maréchal Saint-Cyr aurait donc possédé, seulement en infanterie de son corps, 21 ou 22 mille hommes à Dresde, sans compter la division laissée à Kœnigstein.

C'est sur cet état de choses que Napoléon fonda ses calculs en recevant à Gorlitz le détail de ce qui s'était passé du côté de Dresde. Il ne pouvait pas savoir tout ce que nous venons de rapporter des mouvements de l'ennemi; mais il savait par la présence de masses considérables sur les derrières de Dresde, qu'entre les divers plans possibles les coalisés avaient adopté celui qui consistait à le tourner, en se portant sur la rive gauche de l'Elbe, et en descendant en Saxe par Péterswalde. Ayant prévu ce mouvement comme l'un des plus vraisemblables, il avait placé à Dresde, ainsi qu'on vient de le voir, de quoi repousser une première attaque, et de quoi retenir la grande armée du prince de Schwarzenberg plusieurs jours au moins. Ces données bien certaines lui suffisaient, et il imagina sur-le-champ l'une des combinaisons les plus belles, les plus redoutables qui soient sorties de son génie, et dont l'exécution, si elle s'accomplissait suivant ses vues, pouvait terminer la guerre en un jour, par l'un des plus terribles coups qu'il eût jamais frappés.

Napoléon revenait de Silésie, précédé ou suivi des masses les plus mobiles de son armée qu'il faisait refluer vers l'Elbe. L'ennemi, pour le tourner, avait franchi l'Elbe dans l'intérieur de la Bohème, à l'abri des montagnes qui séparent la Bohème de la Saxe. Il fallait le punir de ce mouvement téméraire en repassant l'Elbe soi-même, pour fondre sur lui avec des masses écrasantes. Maître des ponts de Dresde, Napoléon pouvait y traverser l'Elbe tranquillement, et, amenant cent mille hommes avec lui, aborder de front les coalisés, et les refouler violemment sur les montagnes d'où ils étaient venus. Mais avec ce coup d'œil qui n'appartenait qu'à lui, Napoléon jugea qu'il y avait bien mieux à faire. Au lieu de déboucher de front par Dresde, ce qui n'aurait donné lieu qu'à un choc direct, il résolut de remonter à Kœnigstein, qu'il avait occupé d'avance, approvisionné, rattaché au rocher de Lilienstein par un pont de bateaux, puis après avoir passé l'Elbe en cet endroit, de s'établir à Pirna, d'intercepter la chaussée de Péterswalde, de descendre ensuite sur les derrières de l'ennemi avec 140 mille hommes, de le pousser sur Dresde, et de le prendre ainsi entre l'Elbe et l'armée française. Si ce plan à la fois extraordinaire et simple, qu'une admirable prévoyance avait rendu praticable, en s'assurant d'avance tous les passages de l'Elbe, si ce plan réussissait, et on ne conçoit pas ce qui aurait pu l'empêcher de réussir, il était possible que sous trois ou quatre jours il ne restât plus de coalition. On pouvait avoir fait prisonniers les souverains et leurs armées.

Napoléon, l'esprit enflammé par la méditation-de ce plan, se hâta d'écrire en chiffres à M. de Bassano, pour lui exposer la formidable combinaison qu'il venait d'imaginer, pour lui recommander de la tenir profondément secrète, mais de disposer tout le monde à la seconder, en faisant prendre patience jusqu'à ce que les secours arrivassent, car il allait employer deux jours au moins à se concentrer à Kœnigstein, à y multiplier les moyens de passage pour faciliter le mouvement des 140 mille hommes qu'il amenait, et enfin à se poster convenablement sur la chaussée de Péterswalde. Il écrivit aussi au maréchal Saint-Cyr, afin de lui retracer encore une fois tous les moyens de défense que présentait la ville de Dresde, et il vint le 25 s'établir à Stolpen sur la droite du fleuve, à égale distance de Kœnigstein et de Dresde. Il y fit refluer tout ce qui avait quitté Zittau pour revenir sur l'Elbe, et tout ce qui arrivait des bords du Bober avec la même destination.

Établi à Stolpen, il arrêta toutes ses dispositions conformément à son nouveau plan. Le corps de Vandamme fort de trois divisions, s'était déjà replié sur Kœnigstein à la première apparition de la grande armée des coalisés. La moitié de l'une de ses divisions, celle du général Teste, s'était répandue le long de l'Elbe, de Kœnigstein à Dresde, pour empêcher l'ennemi de repasser le fleuve, et le tenir enfermé sur la rive gauche. Napoléon laissa là cette demi-division, et la renforça d'une nombreuse cavalerie avec ordre de s'opposer à l'établissement de toute espèce de ponts. Il prescrivit à Vandamme de passer avec ses deux autres divisions par le pont jeté entre Lilienstein et Kœnigstein, d'assaillir le camp de Pirna sous lequel l'ennemi avait défilé sans l'occuper en forces, de s'en emparer, d'y rallier la première division de Saint-Cyr, celle de Mouton-Duvernet, laissée à Pirna, et d'aller s'établir à cheval sur la chaussée de Péterswalde. Il devait avoir ainsi outre ses deux premières divisions une moitié de la 3ᵉ (celle de Teste) et la première de Saint-Cyr. Napoléon pour lui procurer quatre divisions entières, emprunta au maréchal Victor la brigade du prince de Reuss, y ajouta la cavalerie de Corbineau, ce qui composait un corps de plus de 40 mille hommes,

dont 36 mille d'infanterie et près de 5 mille de cavalerie. Il disposa ensuite toute sa garde et le maréchal Victor revenu de Zittau autour de Stolpen, de
manière à suivre le général Vandamme dès que
celui-ci serait maître du camp de Pirna, pressa la
marche du maréchal Marmont, et fit réunir tous les
bateaux qu'on put ramasser pour jeter deux ponts
supplémentaires entre Lilienstein et Kœnigstein. Ces
ponts jetés, il devait avec Vandamme, Victor, la
garde impériale et Marmont, avoir sous la main cent
vingt mille hommes à lancer sur les derrières de
l'ennemi. Son projet était, tandis qu'il repasserait
l'Elbe à Kœnigstein, d'envoyer la cavalerie Latour-
Maubourg le repasser à Dresde, afin de tromper
le prince de Schwarzenberg, et de lui persuader que
toute l'armée française allait déboucher par cette
ville. Il aurait eu ainsi 40 et quelques mille hommes
dans Dresde, et 120 mille au camp de Pirna pour
former l'étau dans lequel il voulait prendre l'armée
coalisée. Afin d'être plus sûr de la garde de l'Elbe,
dont il fallait faire un obstacle insurmontable, il ne
se contenta pas de la moitié de la division Teste et
de la cavalerie Latour-Maubourg distribuées entre
Kœnigstein et Dresde, mais il ordonna au maréchal
Saint-Cyr d'expédier la cavalerie Lhéritier et deux
bataillons d'infanterie pour aller garder Meissen, à
huit lieues de Dresde, afin que l'ennemi lorsqu'il serait acculé sur cette ville, ne pût pas trouver passage au-dessous. Enfin la pluie ayant détrempé les
routes, les bateaux étant difficiles à réunir entre
Lilienstein et Kœnigstein, et les troupes étant fatiguées, il crut pouvoir leur donner un jour de repos

sans rien compromettre, car tout paraissait calme autour de Dresde. En conséquence il décida que Vandamme ne passerait le pont de l'Elbe entre Lilienstein et Kœnigstein pour assaillir le camp de Pirna que vers la fin de la journée du 26.

Malheureusement pendant ce temps les esprits commençaient à se troubler à Dresde en voyant se déployer les masses de l'armée coalisée. Du 23 au 25 on n'avait aperçu que la première colonne, celle qui avait suivi la route de Péterswalde. Les jours suivants, les autres colonnes s'étaient montrées à leur tour, et les hauteurs de Dresde avaient paru en être couvertes. Il ne manquait à cette réunion que la dernière colonne autrichienne, celle de Klenau, qui ayant passé par Carlsbad et Zwickau, avait le plus de chemin à faire pour revenir sur Dresde. Les conseillers d'Alexandre accourus sur le terrain, s'étaient partagés, comme de coutume, et les plus hardis, le général Jomini en tête, en voyant les trois divisions de Saint-Cyr dans la plaine, avaient conseillé de se ruer sur elles, pour rentrer dans Dresde à leur suite, et détruire ainsi d'un seul coup tout notre établissement sur l'Elbe. La proposition avait de quoi séduire, et Moreau consulté avait répondu avec son ordinaire sûreté de jugement, qu'on aurait raison de faire cette tentative, si Saint-Cyr était capable d'attendre à découvert le choc de masses écrasantes, et s'il n'y avait rien derrière lui, soit en ouvrages de défense, soit en réserves de troupes, mais que ce n'était pas supposable, et qu'il serait grave de s'exposer à un échec au début des hostilités. Au milieu de ce conflit, le prince de Schwarzenberg avait dit qu'en tout cas il fallait différer d'un jour, car sa quatrième colonne n'était point arrivée. On avait donc remis au lendemain 26 le parti à prendre.

Cette accumulation successive des troupes coalisées autour de Dresde s'apercevait de l'intérieur de la ville, et y causait une sorte de terreur. On avait adressé à Napoléon messages sur messages pour le presser d'accourir en personne avec toutes ses réserves, afin de repousser l'attaque formidable dont on était menacé. En réponse à ces instances il avait envoyé Murat qui après une reconnaissance de cavalerie dans laquelle il avait failli être pris, avait constaté la présence d'une armée fort nombreuse, manifestant l'intention d'attaquer Dresde, et n'avait rien pu voir de plus, car il ne connaissait pas les défenses de la ville, et n'était pas capable d'ailleurs d'avoir un avis bien éclairé sur leur valeur. Napoléon toujours plus sollicité d'accourir, et s'y refusant pour ne pas abandonner un plan duquel il attendait des résultats immenses, avait écrit au maréchal Saint-Cyr afin de lui détailler de nouveau ses moyens défensifs, qui consistaient dans un camp retranché composé de cinq redoutes et de vastes abatis, dans la vieille enceinte de la ville refaite au moyen d'un fossé plein d'eau et de fortes palissades, et enfin dans des barricades établies à la tête de toutes les rues, et il lui avait dit que le camp retranché pris il restait l'enceinte, après l'enceinte les têtes de rues barricadées, que trente mille soldats bien commandés devaient se défendre là six à huit jours, et même quinze s'ils étaient bien résolus. — Un homme moins habile mais plus dévoué que le

maréchal Saint-Cyr, aurait promis de faire tuer jusqu'au dernier de ses soldats en défendant la place,
et aurait tenu parole, car le salut de la France et sa
grandeur dépendaient en cette occasion d'une résistance opiniâtre de quarante-huit heures. Malheureusement le maréchal craignant de prendre des engagements téméraires, se contenta d'écrire qu'il ferait
de son mieux, mais qu'il ne pouvait répondre de
rien, en présence des masses ennemies dont il était
environné [1]. Certes on pouvait compter, lorsqu'il
promettait de faire de son mieux, qu'il tiendrait sa
promesse, et que ce mieux serait une résistance
aussi ferme qu'intelligente. Mais l'intérêt de la conservation de Dresde était si grand, que Napoléon,
mécontent de l'extrême réserve du maréchal, fit partir son officier d'ordonnance Gourgaud pour cette
ville, avec mission de tout voir, d'entendre tout le
monde, et de revenir ensuite au galop, afin qu'il
pût prendre sa résolution en parfaite connaissance
de cause.

Le chef d'escadron Gourgaud, officier brave et
spirituel, n'avait pas un jugement assez froid pour
bien remplir une semblable mission. Quand il arriva
dans la journée du 25 à Dresde, la population, la
cour, étaient dans les alarmes. Les généraux eux-
mêmes commençaient à perdre leur sang-froid, et il

Août 1813.

Froides
assurances
du maréchal
Saint-Cyr
en réponse
aux vives in-
stances
de Napoléon.

L'officier
d'ordonnance
Gourgaud
envoyé
à Dresde pour
s'assurer de
nouveau
du véritable
état
des choses.

[1] Ces événements ont été jusqu'ici ou incomplétement, ou inexactement rapportés, et avec une flatterie ou un dénigrement posthumes
pour Napoléon, qui ont défiguré la vérité. Sa grande conception, celle de
déboucher par Kœnigstein, n'a jamais été bien précisée, faute de connaître sa correspondance. C'est sur cette correspondance, sur la lecture
attentive des ordres et des réponses, qu'est établi le récit qu'on va lire,
et on peut compter sur sa parfaite exactitude.

régnait partout l'anxiété la plus vive. On abandonnait en foule la ville principale, dite la ville vieille, laquelle étant située sur la rive gauche de l'Elbe se trouvait exposée aux attaques de l'ennemi, pour se rendre dans le faubourg de la rive droite, appelé ville neuve. On y avait préparé le logement du roi et celui de M. de Bassano; les magistrats eux-mêmes s'y étaient transportés, et la population entière suivait leur exemple, sans savoir où elle logerait. On comprend que devant une attaque exécutée par 200 mille hommes et 600 bouches à feu, cette malheureuse population fût épouvantée, et que, tout allemande qu'elle était, désirant par conséquent le succès des coalisés, elle ne le désirât plus cette fois, et demandât à grands cris le secours de Napoléon. Le roi surtout, facile à troubler, entouré d'une nombreuse famille aussi timide que lui, était saisi de terreur. Le maréchal Saint-Cyr, le général Durosnel, chargés de la défense, l'un comme commandant du 14ᵉ corps, l'autre comme gouverneur de Dresde, pressés de questions par l'officier d'ordonnance Gourgaud, ne lui parurent pas convaincus de la force de la position, et lui firent un rapport peu rassurant. Ce dernier, dont l'esprit s'échauffait aisément, repartit au galop dans la soirée du 25, arriva vers onze heures du soir à Stolpen, fit la peinture la plus vive des dangers qui menaçaient Dresde, au point d'ébranler le jugement ordinairement si ferme de Napoléon, et de lui faire oublier les considérations puissantes qu'il avait présentées lui-même au maréchal Saint-Cyr. Napoléon n'avait besoin en effet que de deux jours pour descendre par

Kœnigstein sur les derrières de l'ennemi, et il n'était
pas possible après tout que Dresde ne résistât pas deux
jours, car on avait à opposer aux assaillants le camp
retranché, l'enceinte de la ville, et enfin les têtes de
rues fortement barricadées. En supposant même que
la vieille ville succombât, une chose était certaine,
c'est que la ville neuve située sur la rive droite de
l'Elbe, moyennant qu'on brûlât le pont dont une partie était en bois, ne succomberait point, que dès lors
l'ennemi se trouverait toujours dans un vrai cul-de-
sac, et qu'en débouchant sur ses derrières on serait
assuré de le pousser dans un abîme. Toutefois le sacrifice de la vieille ville était cruel sous le rapport de
l'humanité, fâcheux sous le rapport de la politique,
car c'était rendre notre alliance bien funeste à la
Saxe, et Napoléon ne regardait pas cette ressource
extrême de se défendre dans la ville neuve comme
acceptable. D'ailleurs, bien que son plan lui tînt
fort au cœur, et qu'aucune combinaison ne pût en
égaler la grandeur et les résultats probables, il lui
restait une autre combinaison féconde aussi en
conséquences, c'était, au lieu de jeter par Kœnigstein toute la masse de ses forces sur les derrières
de l'ennemi, de ne jeter par cette issue que les quarante mille hommes de Vandamme et de déboucher
directement par Dresde avec cent mille. Certainement Vandamme maître du camp de Pirna, à cheval
sur la grande chaussée de Péterswalde, devait en
tombant sur les coalisés vaincus devant Dresde leur
faire essuyer d'énormes dommages, car il prendrait
tous ceux qui essayeraient de repasser par Péterswalde, et refoulerait les autres sur des routes mal

Août 1813.

Malgré
toutes les
raisons qu'il
avait de per-
sister dans
son premier
plan,
Napoléon
en adopte un
nouveau,
moins fécond
en grands
résultats,
mais plus sûr,

Il se décide
à déboucher
directement
de Dresde
avec
cent mille
hommes,
en confiant
au général
Vandamme le

Août 1813.

soin de tour-
ner l'ennemi
avec la ville.

frayées où la retraite serait excessivement difficile. Ce nouveau plan présentait moins d'avantages sans doute, mais il en promettait de bien grands encore, et il était moins hasardeux, puisqu'en réunissant près de cent mille hommes à Dresde, Napoléon sauvait la ville, avait le moyen de battre l'ennemi sous ses murs, et avait en outre pour compléter la victoire et en tirer les dernières conséquences, Vandamme embusqué à Kœnigstein. Il se décida donc pour ce plan, moins vaste mais plus sûr; et ainsi plus audacieux que jamais en politique, il le fut moins que de coutume en fait de guerre, à l'inverse de ce qui aurait dû être, car moins il avait montré de sagesse dans sa politique, plus il aurait dû montrer d'audace dans ses opérations militaires, s'étant mis dans la nécessité d'avoir des triomphes inouïs ou de périr. Mais lui-même, contraste étrange! devenait défiant à l'égard de la fortune, dans un moment où par le refus de la paix il lui avait livré son existence tout entière!

Troupes
dirigées sur
Dresde.

Son parti pris à minuit, avec une promptitude qui ne l'abandonnait jamais, il dicta ses ordres à l'instant même. Il dirigea sur Dresde sa vieille garde arrivée déjà dans les environs de Stolpen, la cavalerie de Latour-Maubourg arrivée également en ce lieu, la moitié de la division Teste restée sur le bord de l'Elbe, et leur recommanda de marcher toute la nuit pour être rendues à Dresde à la pointe du jour, traverser les ponts, et venir se placer derrière le corps du maréchal Saint-Cyr. Il donna les mêmes instructions à la jeune garde et au maréchal Marmont, qui étaient encore sur la route de Lowenberg,

et au maréchal Victor qui avait quitté Zittau afin de
se transporter à Kœnigstein. En même temps il traça
au général Vandamme ce qu'il aurait à faire pendant la journée du lendemain 26. Ce dernier devait
avec ses 40 mille hommes traverser le pont jeté
antérieurement entre Lilienstein et Kœnigstein, déboucher sur la rive gauche de l'Elbe, assaillir le
camp de Pirna, l'enlever, et s'établir en travers de
la chaussée de Péterswalde. A ces instructions il
ajouta le secours d'un conseiller éclairé, celui du
général Haxo, qu'il chargea d'être le guide et le
mentor du bouillant Vandamme. Ces ordres expédiés, Napoléon prit un repos de quelques heures,
et à la pointe du jour partit au galop pour Dresde. Il
y arriva vers 9 heures du matin le 26 août, la première de deux journées justement célèbres.

Chemin faisant il avait aperçu une batterie qui de
la rive droite de l'Elbe devait tirer sur la rive gauche moins élevée que la droite, afin d'appuyer l'extrémité de la ligne du maréchal Saint-Cyr. Il la fit
renforcer et placer le plus avantageusement possible,
puis il entra dans Dresde, suivi des braves cuirassiers de Latour-Maubourg. L'enthousiasme à son
aspect fut extrême parmi les troupes et les habitants.
Il y avait près du grand pont de pierre un hôpital de
blessés français, dont les convalescents se tenaient
ordinairement près des abords de ce pont, regardant travailler leurs camarades aux ouvrages de
défense. A la vue de l'Empereur, ces jeunes gens se
traînant comme ils pouvaient sur leurs membres mu-
tilés, agitant les uns leurs bonnets, les autres leurs
béquilles, se mirent à crier *Vive l'Empereur !* avec

Août 1813.

Instructions
laissées
au général
Vandamme.

Retour
de Napoléon
à Dresde.

Enthousiasme
excité par
sa présence.

un véritable fanatisme militaire. Les habitants, contraints à saluer en lui leur sauveur, l'accueillirent en poussant les mêmes cris, et en lui demandant de garantir des horreurs de la guerre leurs femmes et leurs enfants. D'ailleurs le dernier séjour qu'avaient fait chez eux les coalisés, les Russes surtout, les avait presque réconciliés avec les Français, qui les traitaient beaucoup moins durement. Déjà quelques boulets tombant sur le pont et sur la grande place, les avertissaient du péril, et Napoléon leur apparaissait en ce moment comme un vrai libérateur. Il se rendit chez le roi de Saxe pour le rassurer, l'engagea vivement à ne pas être inquiet pour le sort de cette journée, puis se transporta sur le front du camp retranché, afin de rejoindre le maréchal Saint-Cyr qui était à la tête de ses troupes, et faisait ses dispositions tactiques avec son habileté accoutumée.

Nous avons déjà donné une première idée du site et de la configuration de Dresde. La ville principale se trouve sur la gauche de l'Elbe, et se montre par conséquent la première quand on vient des bords du Rhin. (Voir la carte n° 58, et le plan de Dresde ajouté à cette carte.) Une suite de hauteurs, détachées des montagnes de la Bohême, enveloppent la ville, et forment autour d'elle une sorte d'amphithéâtre. C'est sur cet amphithéâtre que s'étaient rangés les coalisés, descendus de la Bohême pour nous prendre à revers. Ils avaient ainsi le dos tourné à la France, comme s'ils en étaient venus, et nous à l'Allemagne, comme si nous avions été chargés de combattre pour elle. Notre ligne de défense, adossée à la vieille ville, présentait un demi-cercle

dont les deux extrémités s'appuyaient à l'Elbe, l'extrémité gauche au faubourg de Pirna, l'extrémité
droite au faubourg de Friedrichstadt. Cette ligne consistait d'abord, ainsi que nous l'avons dit, dans cinq
redoutes élevées au saillant des faubourgs, et jointes
entre elles par des clôtures et des abatis (c'est ce
qu'on appelait le camp retranché), puis dans la
vieille enceinte composée d'un fossé et de palissades, et enfin dans les têtes de rues que l'on avait
barricadées. C'est à la ligne extérieure des redoutes
que le maréchal Saint-Cyr avait placé ses troupes.
Sa première division étant restée avec Vandamme,
il avait rangé la seconde (43ᵉ de l'armée) sur la première moitié du pourtour de la ville, en partant de
la barrière de Pirna jusqu'à la barrière de Dippoldiswalde. Il avait rangé sa quatrième division (45ᵉ)
sur l'autre moitié du pourtour se terminant au faubourg de Friedrichstadt. En avant du faubourg de
Pirna se trouvait un vaste jardin public, dit le
Gross-Garten, large de quatre ou cinq cents toises,
long de mille ou douze cents, et qui présentait, par
rapport aux dispositions de cette journée, une forte
saillie en avant de notre gauche. Le maréchal Saint-
Cyr y avait établi sa troisième division (la 44ᵉ), mais
avec la précaution de ne laisser que de simples postes dans la partie avancée du jardin, et de mettre le
gros de la division en arrière, pour qu'elle ne fût pas
coupée de l'enceinte de la ville, à laquelle le *Gross-
Garten* n'était pas immédiatement lié. Le maréchal
Saint-Cyr avait distribué ses postes avec un art infini,
de manière qu'ils se soutinssent les uns les autres, et
entre les redoutes, dont quelques-unes ne se flan-

Août 1813.

Distribution
des divisions
du maréchal
Saint-Cyr.

Emplacement
des forces
russes,
prussiennes
et
autrichiennes
autour
de Dresde.

quaient pas assez, il avait disposé de l'artillerie attelée pour remplir par des feux mobiles les lacunes
entre les feux fixes. Les Russes de Wittgenstein et de
Miloradovitch, sous Barclay de Tolly, descendus de
Peterswalde, et faisant face à notre gauche, devaient
attaquer entre l'Elbe et le *Gross-Garten*, par les barrières de Pirna et de Pilnitz. Les Prussiens, sous le
général Kleist, devaient attaquer le *Gross-Garten*.
Les Autrichiens, venus par les débouchés les plus
éloignés, et ramenés ensuite sur Dresde par la
route de Freyberg, formaient la gauche des alliés,
faisaient par conséquent face à notre droite, et devaient attaquer entre les barrières de Dippoldiswalde et de Freyberg. C'était du moins ce qu'on
pouvait supposer d'après la distribution apparente
des forces ennemies sur le demi-cercle des hauteurs.

Reconnais-
sance
exécutée
par Napoléon
autour
de la ville.

Napoléon après avoir parcouru cette ligne sous
un feu de tirailleurs assez vif, approuva toutes les
dispositions du maréchal Saint-Cyr, et lui fit connaître ses intentions. Les cuirassiers venaient d'arriver, et la vieille garde les suivait; mais la jeune
garde, forte de quatre belles divisions, ne pouvait
être rendue à Dresde que fort tard dans la journée.
Les maréchaux Marmont et Victor se trouvaient encore plus loin. Le projet de Napoléon était de placer
une partie de la vieille garde aux diverses barrières,
pour les garantir contre tout succès imprévu de l'ennemi, et de ne faire donner cette troupe de prédi-
lection qu'à la dernière extrémité. Avec le reste de
la vieille garde, tenue en arrière sur la principale
place de la ville, il devait attendre l'événement.

Dès qu'il aurait la jeune garde sous la main, Napoléon se réservait de l'employer lui-même selon les besoins. Il rangea Murat avec toute la cavalerie de Latour-Maubourg dans la plaine de Friedrichstadt, qui s'étend en avant du faubourg de ce nom, et qui formait l'extrême droite de notre ligne de défense, pour occuper l'espace que la quatrième division du maréchal Saint-Cyr ne pouvait pas remplir à elle seule. Entre cette division et la deuxième, c'est-à-dire vers le centre, les forces paraissant insuffisantes, Napoléon y envoya une partie de la garnison de Dresde composée de Westphaliens. Il ordonna au général Teste de rentrer en ville avec sa brigade laissée sur l'Elbe, pour venir soutenir la cavalerie de Latour-Maubourg dans la plaine de Friedrichstadt.

On attendit ainsi résolûment l'attaque des deux cent mille ennemis qu'on avait devant soi, et dont on devait supposer que l'effort serait violent, car ils ne pouvaient se flatter d'emporter Dresde que par un coup d'extrême vigueur. Pourtant on était à la moitié du jour, et on n'entendait qu'un feu de tirailleurs sur notre gauche, du côté du *Gross-Garten*. Ce feu s'était engagé entre les Prussiens et la 44ᵉ division habilement commandée par le général Berthezène.

Il est aisé de deviner pourquoi les coalisés étaient si lents ce jour-là, c'est qu'il s'était élevé un nouveau conflit d'opinions au sein de leur état-major. Ils étaient convenus la veille d'ajourner toute résolution jusqu'au lendemain 26, soit pour laisser arriver la quatrième colonne, celle de Klenau, soit pour lire plus clairement dans les desseins des Français. Le 26 au matin tout leur avait paru changé, car Saint-

Août 1813.

Dispositions
qu'il ajoute à
celles qu'avait
faites
le maréchal
Saint-Cyr.

Dans
cette journée
du 26,
le combat
n'avait pas
commencé
à la moitié
du jour.

Hésitation
des coalisés,
et motif
de cette hé-
sitation.

Cyr au lieu d'être déployé dans la plaine, s'était sagement replié sur les ouvrages de la ville, et ne semblait pas facile à forcer dans sa position. De plus on devait supposer que Napoléon n'était pas homme à l'y abandonner sans secours, et que dès lors les cinq ou six mille hommes, les dix mille peut-être, qu'on serait obligé de sacrifier pour enlever Dresde, seraient probablement sacrifiés inutilement, ce qui était un triste début pour la grande armée coalisée, sans compter les dangers qu'on pourrait courir du côté de Pirna, et dont personne au reste n'avait une idée claire parmi les coalisés! Dans ce nouvel état de choses, le général Jomini, qui avait l'esprit ardent mais juste, se rangea au sentiment du général Moreau, l'empereur Alexandre à celui de tous les deux, et on parut décidé à se replier sur les hauteurs de Dippoldiswalde, pour s'y établir, le dos contre les montagnes, dans une position tout à la fois sûre et menaçante. Mais le roi de Prusse, dominé par les passions de son armée, dit avec un ton d'opiniâtreté froide, qu'après avoir fait une tentative si ambitieuse sur les derrières de Napoléon, se retirer sans même essayer une démonstration contre Dresde, était une conduite qui dénoterait autant de légèreté que de faiblesse, et qui d'ailleurs froisserait singulièrement le patriotisme de ses soldats. Le général Jomini répliqua que la guerre n'était pas une affaire de sentiment, mais de calcul, qu'il aurait fallu attaquer la veille, c'est-à-dire le 25, qu'alors on aurait eu des chances, mais qu'aujourd'hui il n'y en avait pas assez pour sacrifier six mille hommes. Moreau appuya cet avis; Alexandre, suivant son usage, paraissait flottant, le roi de Prusse se montrait mécontent et roide, lorsqu'un habitant de Dresde, arrêté aux avant-postes, et sommé de dire ce qu'il savait, déclara que Napoléon venait d'entrer dans Dresde, qu'il n'y était pas entré seul, et donna des détails tels qu'il était impossible de conserver aucun doute à cet égard. De son côté la colonne russe descendue par Péterswalde avait aperçu au delà de l'Elbe les masses de l'armée française accourant sur Dresde, de façon que tout annonçait une résistance des plus sérieuses. Dès lors il ne pouvait plus y avoir qu'un avis, celui d'aller prendre tout de suite la position de Dippoldiswalde. Le prince de Schwarzenberg, tout en reconnaissant qu'on avait raison, répondit qu'il n'était pas aussi facile de se retirer qu'on l'imaginait, que sa quatrième colonne, arrivée la dernière, et fort avancée vers la gauche, se trouverait en péril si on rétrogradait trop vite, car dans le mouvement de conversion en arrière qu'on allait opérer pour s'éloigner de Dresde et s'adosser aux montagnes, elle aurait l'arc de cercle le plus long à décrire, plusieurs vallées à traverser, et qu'il fallait à cause d'elle mettre beaucoup de lenteur à se replier. Il promit au surplus de contremander tout projet d'attaque. Le généralissime autrichien, qui avait pour principal rédacteur de ses dispositions le général Radetzki, avait adressé la veille pour le lendemain l'ordre convenu de faire une forte démonstration sur Dresde, ce qui, dans tous les cas, était très-mal imaginé, car il aurait fallu ou une attaque furieuse, ou rien. Soit la difficulté de changer assez vite les ordres destinés à une masse de

Août 1813.

des généraux
Moreau
et Jomini,
le projet
d'attaque est
abandonné.

Cependant
le
contre-ordre
n'ayant
pas été donné
à temps,
toutes
les colonnes
des coalisés
en entendant
sonner
trois heures
aux cloches
de Dresde,
s'ébranlent

pour attaquer
la ville.

deux cent mille hommes, soit la répugnance à s'en aller sans combattre, l'ordre d'attaquer ne fut pas contremandé à temps, et les cloches de Dresde ayant à toutes les églises sonné trois heures, les nombreuses colonnes des coalisés s'ébranlèrent à la fois, et bientôt une violente canonnade se fit entendre, au grand étonnement des souverains qui ne songeaient qu'à se retirer. Le mouvement étant ainsi donné, de la droite à la gauche, il n'était plus possible de l'arrêter, et l'attaque se trouva engagée sur tout le pourtour de la ville de Dresde.

Bataille
du 26.

Le corps de Wittgenstein formant la droite des coalisés, opposé par conséquent à notre gauche, s'avança entre l'Elbe et le *Gross-Garten* en face du faubourg de Pirna. Il fallait franchir un gros ruisseau canalisé, appelé le *Land-Graben*, et menant dans l'Elbe les eaux des hauteurs environnantes. Les soldats de la 43ᵉ division (seconde de Saint-Cyr) disputèrent vivement le terrain. Les Russes, indépendamment d'une batterie française placée sur l'autre rive de l'Elbe, avaient à leur droite notre première redoute construite en avant de la barrière de Ziegel, à leur gauche notre seconde redoute, construite en avant de la barrière de Pirna, et en face des batteries attelées, dont les feux mobiles les attendaient à chaque partie découverte du terrain. Ils eurent donc une grande peine à s'avancer; ils franchirent néanmoins le *Land-Graben*, puis cheminèrent entre l'Elbe et le *Gross-Garten*, aidés par les progrès des Prussiens dans le *Gross-Garten*. Ceux-ci en effet, après de violents efforts, avaient fini par s'emparer de ce jardin, grâce à leur nombre. Ils

Les Russes,
sous
Wittgenstein,
attaquent
la barrière
de Pirna.

Les Prussiens
enlèvent
le
Gross-Garten.

étaient plus de 25 mille contre une simple division (la 43ᵉ), qui était de 6 à 7 mille hommes, et
qui ne voulait pas s'obstiner à cette défense jusqu'à
courir la chance d'être coupée de la ville. Elle rétrograda peu à peu, de manière à couvrir le plus
longtemps possible les parties de notre ligne qui
s'étendaient à gauche et à droite, et se replia entre
les barrières de Pirna et de Dohna, disputant opi-
niâtrément le jardin du prince Antoine, qui était
situé en arrière du *Gross-Garten*, et formait le saillant du faubourg de Pirna. Elle vint s'y lier à la
45ᵉ division (quatrième de Saint-Cyr), chargée de
défendre le reste de l'enceinte.

Tel était vers cinq heures du soir l'état des choses
dans cette partie de notre ligne. L'ennemi sur ce
point avait fort approché des redoutes, mais n'en
avait enlevé aucune. Au centre, l'attaque avait fait
plus de progrès. Les Autrichiens, apercevant une
masse immense de cavalerie qui couvrait déjà la
plaine de Friedrichstadt sur leur gauche, avaient
porté tous leurs efforts sur notre centre, et avaient
abordé deux des redoutes, la troisième et la quatrième, construites dans cette partie, l'une située
en avant du jardin Moczinski près de la porte de
Dohna, l'autre en avant de la porte de Freyberg.
Attaquant avec cinquante pièces de canon chacune
de ces redoutes, ils avaient fini par en éteindre le
feu, et profitant ensuite de quelques plis de terrain
ils avaient ouvert une fusillade tellement meurtrière,
notamment sur celle du jardin Moczinski, qu'ils
avaient forcé nos soldats à l'évacuer. Ils l'avaient
alors occupée. C'était la seule de nos redoutes qu'ils

Août 1813.

Les
Autrichiens
s'emparent
de la redoute
du jardin
Moczinski.

eussent prise, mais un effort énergique sur la quatrième, et sur la cinquième qui venait après, pouvait les en rendre maîtres, et à leur droite les Russes se trouvaient déjà au pied de la première et de la seconde, tout prêts à donner l'assaut.

Quoiqu'il fût tard et qu'il restât peu de jour à l'ennemi pour agir, le péril était grave. Malgré l'ordre de ménager la vieille garde, Friant qui commandait les grenadiers de ce corps, et qui était placé en réserve au faubourg de Pirna, n'avait pas craint d'engager quelques compagnies de ces braves gens. Ces vieux soldats ouvrant hardiment les barrières de Pilnitz et de Pirna, avaient tiré à bout portant sur les têtes de colonnes russes, puis repoussé à la baïonnette les détachements qui s'étaient trop approchés. A l'extrémité opposée, c'est-à-dire à la porte de Freyberg, les fusiliers avaient agi de même, et culbuté les Autrichiens. Ces actes d'énergie n'avaient heureusement pas coûté beaucoup de monde à la vieille garde que Napoléon tenait à ménager, réservant à la jeune l'honneur et l'éducation des grands dangers.

Mais les colonnes de cette jeune garde arrivaient en ce moment, impatientes de se mesurer avec l'ennemi, et remplissant Dresde des cris de *Vive l'Empereur!* Elles présentaient quatre belles divisions de huit à neuf mille hommes chacune, deux sous le maréchal Mortier, et deux sous le maréchal Ney. En les voyant, Napoléon accourt et les dispose lui-même. Il envoie les divisions Decouz et Roguet à la

barrière de Pilnitz pour refouler les Russes, qui ne cessaient de gagner du terrain, les divisions Barrois et Parmentier à la barrière de Pirna pour refouler les Prussiens, qui après avoir enlevé le *Gross-Garten*, donnaient déjà la main aux Autrichiens près de la redoute du jardin Moczinski. En même temps Napoléon fait ordonner à Murat, que l'infanterie du général Teste venait de rejoindre, de charger avec toute sa cavalerie dans la plaine de Friedrichstadt.

En un instant la scène change. Les barrières de Ziegel et de Pilnitz s'ouvrent, et deux divisions de la jeune garde sortent comme des torrents pour se jeter sur les Russes et les Prussiens. Elles se déploient d'abord pour faire feu, puis se forment en colonnes, et chargent à la baïonnette les masses ennemies. Les Russes surpris sont arrêtés, et bientôt culbutés sur le *Land-Graben*, qu'ils sont forcés de repasser en désordre. L'une de ces deux divisions se rabat à droite sur le jardin du prince Antoine qu'attaquaient les Prussiens, et les en chasse à la baïonnette. Elle vient ensuite se joindre aux troupes de la 44ᵉ division, pour reprendre la redoute située à l'extrémité du jardin Moczinski. Les soldats de la jeune garde, ceux des 43ᵉ et 44ᵉ divisions débouchent de ce jardin en plusieurs colonnes, se jettent sur la redoute, les uns par la gorge, les autres par les épaulements, s'en emparent, et y font prisonniers six cents Autrichiens. Au même moment le général Teste, avec la brigade qui lui restait, sort par la porte de Freyberg, s'empare du village de Klein-Hambourg, tandis que Murat, se déployant avec douze mille cavaliers à notre extrême droite, expulse les Autrichiens de la plaine de Friedrichstadt, et les oblige à regagner les hauteurs. De toutes

Août 1813

les quatre divisions de la jeune garde.

Ces quatre divisions débouchent brusquement des barrières de Pilnitz et de Pirna, et refoulent l'ennemi sur tous les points.

Beaux résultats de la journée du 26.

parts les alliés vivement repoussés reconnaissent dans ces actes vigoureux la main de Napoléon, et prennent le parti de la retraite en nous abandonnant trois ou quatre mille morts ou blessés et deux mille prisonniers. Combattant à couvert, nous n'avions pas perdu plus de deux mille hommes.

Napoléon était enchanté de cette première journée, car bien qu'il n'eût pas éprouvé d'inquiétude pour la conservation de Dresde, il était fort content d'être quitte de cette attaque à si peu de frais, d'avoir en même temps arraché les habitants de Dresde ainsi que la cour de Saxe à leur terreur, et il prévoyait avec joie une brillante journée pour le lendemain. En effet, cette tentative du 26 ne pouvait pas être le dernier effort de l'ennemi, et comme on attendait encore 40 mille hommes au moins dans la soirée, outre tout ce qu'on venait de recevoir dans l'après-midi, Napoléon se croyait en mesure de livrer le lendemain une bataille décisive. Étant monté plusieurs fois dans cette journée à un clocher de la ville, d'où l'on apercevait très-distinctement le demi-cercle de hauteurs qui entourent Dresde, il avait tout à coup imaginé l'une des plus belles manœuvres qu'il eût jamais exécutées. A notre gauche les Russes formant l'extrême droite des coalisés, étaient rangés entre l'Elbe et le *Gross-Garten*. Un peu moins à gauche, en s'approchant du centre, étaient les Prussiens sous le général Kleist, repoussés du *Gross-Garten* et repliés sur les hauteurs de Strehlen. (Voir le plan des environs de Dresde, carte n° 58.) Tout à fait au centre se trouvait une partie des Autrichiens, vis-à-vis des barrières de Dip-

poldiswalde et de Freyberg, sur les hauteurs de
Racknitz et de Plauen. Là, entre le centre et notre
droite, on découvrait une gorge étroite et profonde,
servant de lit à la petite rivière de la Weisseritz,
laquelle vient se jeter dans l'Elbe, entre la ville
vieille et le faubourg de Friedrichstadt. C'est au delà
de cette gorge, appelée vallée de Plauen, à l'extrême gauche des alliés, et à notre extrême droite,
qu'était rangée la plus grande partie des Autrichiens,
séparés ainsi du reste de l'armée coalisée par une
sorte de gouffre, à travers lequel il était impossible
de les secourir. En outre, ce côté du champ de bataille était plus propre que les autres aux manœuvres de la cavalerie. Napoléon saisissant d'un coup
d'œil les avantages qu'offrait cette circonstance locale, avait résolu de renforcer le roi de Naples de
tout le corps du maréchal Victor, de le lancer par un
détour à droite et d'une manière foudroyante sur les
Autrichiens, qui ne pouvant être secourus seraient
inévitablement précipités dans la gorge de Plauen,
et après avoir ainsi détruit la gauche des coalisés,
de pousser Ney avec toute la jeune garde sur leur
droite, pour les refouler en masse sur les hauteurs
d'où ils avaient essayé de descendre. Il devait résulter de ce double mouvement un double avantage,
c'était de leur enlever à droite la grande route de
Freyberg, la plus large et la meilleure pour opérer
leur retraite, de les acculer à gauche sur cette route
de Péterswalde, où Vandamme les attendait à la tête
de 40 mille hommes, et de les réduire ainsi pour retourner en Bohême à des chemins mal frayés, où ils
ne repasseraient qu'en essuyant des pertes énormes.

Août 1813.

de précipiter
les
Autrichiens
dans la vallée
de Plauen.

Ces combinaisons formées en un instant avec une merveilleuse promptitude d'esprit, avaient rempli Napoléon d'une satisfaction qui éclatait sur son visage, et qui n'était que la joie anticipée d'un grand triomphe presque assuré pour le lendemain. Avant de prendre ni repos ni nourriture, il donna ses ordres sans désemparer[1]. A droite il plaça le général Teste sous le maréchal Victor, l'un et l'autre sous Murat qui allait avoir ainsi 20 mille hommes d'infanterie et environ 12 mille hommes de cavalerie, avec ordre de tourner les Autrichiens par leur gauche, et de les pousser à outrance vers la vallée de Plauen. Il prescrivit au maréchal Marmont, qui arrivait dans le moment, de s'établir au centre, à la barrière de Dippoldiswalde, près du jardin Moczinski, ayant derrière lui la vieille garde et la réserve d'artillerie. Le maréchal Saint-Cyr devait réunir ses trois divisions, les ranger en colonne serrée entre la barrière de Dippoldiswalde et la barrière de Dohna, la droite au maréchal Marmont, la gauche au *Gross-Garten*. Ces deux corps, placés près de Napoléon qui avait le projet de se tenir au centre (ce qu'il fit savoir à tous ses lieutenants pour qu'ils vinssent y chercher

---

[1] Le maréchal Saint-Cyr, avec sa sévérité accoutumée, a, dans ses *Mémoires*, représenté Napoléon comme n'ayant aucun plan pour le lendemain, tandis qu'il existe une suite de lettres (ignorées évidemment du maréchal), datées du 26 août à 7 heures du soir, au moment où finissait la première bataille, et dans lesquelles tous les ordres pour le lendemain sont donnés avec la plus rare précision et la plus parfaite prévoyance du résultat. Il ne faut donc jamais prononcer sur ces grands événements qu'après avoir vu les documents eux-mêmes, et non pas quelques-uns, mais tous s'il est possible. Sans cela on ne porte que des jugements erronés, si bon juge qu'on soit, et si près des événements qu'on ait pu être.

ses ordres), ne devaient recevoir d'instructions que
sur le terrain même et de sa propre bouche. Enfin à
l'extrême gauche, Ney, avec toute la jeune garde et
une portion de la cavalerie sous Nansouty, avait pour
instructions de défiler derrière le *Gross-Garten* avec
près de quarante mille hommes, de tourner autour
de ce jardin, d'expulser les Russes de la plaine qui
s'étend de Striesen à Döbritz, et de les refouler sur
les hauteurs quand le désastre de la gauche des coalisés les aurait suffisamment ébranlés. Sauf le conseil
des événements, Napoléon voulait en agissant par
ses deux ailes, dont chacune allait enlever aux coalisés l'une de leurs routes principales, demeurer immobile au centre avec 50 mille hommes, se réservant
d'en disposer au besoin, sans crainte d'affaiblir le
milieu de sa ligne, appuyé qu'il était à la ville et
à de fortes redoutes. Il avait en effet donné des
ordres pour que toutes les redoutes et notamment
celles du centre fussent réarmées, renforcées en
hommes et en artillerie. Prévoyant de plus un violent combat d'artillerie au centre, il y avait amené
plus de cent bouches à feu de la garde, indépendamment de toutes les batteries de Marmont et de
Saint-Cyr.

Napoléon avec à peu près 120 mille hommes allait en combattre 200 mille, car les coalisés, une
fois tous les Autrichiens de Klenau arrivés, n'en devaient pas avoir moins. De ces 200 mille, il y en
avait 180 mille devant Dresde, et 20 mille devant
Pirna sous le prince Eugène de Wurtemberg. Les
coalisés auraient même pu en réunir davantage,
s'ils n'avaient pas laissé environ 30 mille hommes

Août 1813.

Ney chargé
avec la jeune
garde
et une partie
de la cavalerie
de défiler
devant
le *Gross-
Garten*,
et de venir
enlever
aux Russes
la plaine
entre Gruna
et Prohlis.

entre Prague et Zittau à la garde de ce débouché, où était resté le prince Poniatowski. Mais Napoléon avait pour contre-balancer l'inégalité du nombre l'avantage de ses combinaisons, et les 40 mille hommes du général Vandamme, placés à Pirna bien plus utilement qu'à Dresde.

Après avoir dicté ces dispositions de la manière la plus précise, Napoléon alla souper chez le roi de Saxe avec ses maréchaux, et recevoir les félicitations de toute la cour, bien heureuse maintenant qu'elle était irrévocablement liée à notre sort, de voir l'ennemi éloigné de la capitale et menacé d'une prochaine et grande défaite. Napoléon ne révéla ses projets à personne, mais il annonça une bataille décisive pour le lendemain, n'hésita point à dire qu'il la rendrait funeste pour la coalition, et laissa éclater pendant toute la soirée une gaieté singulière. Il ne se retira que fort tard, afin de goûter un peu de repos entre deux batailles.

La journée ne se termina pas aussi gaiement dans le camp des souverains alliés. On s'y reprochait l'échec éprouvé devant Dresde, on l'attribuait au contre-ordre décidé et point donné, et on n'était pas d'avis de renouveler l'imprudente tentative qui venait de coûter inutilement cinq à six mille hommes à l'armée combinée. Aller prendre à Dippoldiswalde sur le penchant des montagnes de Bohême la position menaçante conseillée par Moreau, n'était pas immédiatement praticable, car c'eût été proclamer une véritable défaite, et la déclarer même plus grave qu'elle n'était. Mais on résolut de rester en place sur les coteaux qui entourent Dresde, et où l'on occu-

pait une excellente position. Les Français avaient eu
l'avantage des lieux en s'adossant à Dresde pour
résister; on l'aurait à son tour en se tenant sur le
demi-cercle des hauteurs, et s'ils attaquaient on les
rejetterait en désordre vers ces faubourgs où l'on
n'avait pas pu pénétrer. Personne ne s'avisa de penser à ce gouffre de Plauen, au delà duquel se trouvait une partie de l'armée autrichienne, et où il
serait impossible de lui porter secours s'il lui adve-
nait malheur. Seulement le prince de Schwarzenberg
craignant de n'être pas assez fort au centre, retira
une partie des troupes qu'il avait au delà du vallon
de Plauen, affaiblit ainsi son aile gauche qu'il aurait
dû renforcer, comptant il est vrai sur l'arrivée de la
seconde moitié du corps de Klenau, pour rendre à
cette aile la force dont il la privait. C'est dans ces
dispositions si différentes que chacun attendit la journée du lendemain.

Ce lendemain, 27 août, il pleuvait abondamment,
et dans les intervalles de pluie un brouillard épais
enveloppait le champ de bataille, circonstance pénible pour les soldats des deux armées, mais avantageuse pour les combinaisons de Napoléon. Les
premières heures de la matinée se passèrent en
manœuvres. De notre côté, en commençant par la
droite, le général Teste, mis sous les ordres du
maréchal Victor, vint s'établir avec les huit bataillons dont il disposait en face du village de Löbda et
de l'entrée du vallon de Plauen, pour empêcher les
grenadiers autrichiens de Bianchi d'en déboucher
ainsi qu'ils l'avaient fait la veille. (Voir le plan des
environs de Dresde.) Le maréchal Victor avec ses

trois divisions (dont une réduite à une seule brigade) se forma en colonnes au pied des hauteurs, attendant que Murat eût exécuté son mouvement tournant sur la gauche des Autrichiens, et Murat lui-même, à cheval dès le matin, prenant avec la grosse cavalerie de Latour-Maubourg le chemin allongé de Priesnitz, se hâta de gravir sans être aperçu le plateau sur lequel il devait manœuvrer. Au centre Marmont ayant la vieille garde derrière lui, et sur son front une formidable artillerie, vint se ranger au pied des hauteurs de Racknitz, pour recevoir les instructions que Napoléon, placé à ses côtés, lui donnerait de vive voix. Un peu à gauche, mais toujours au centre, Saint-Cyr ayant réuni ses trois divisions répandues la veille tout autour de la ville, prit position en avant du *Gross-Garten*, prêt à attaquer les hauteurs de Strehlen. Enfin à l'extrême gauche, Ney avec la jeune garde et la cavalerie de Nansouty, défila en colonnes derrière le *Gross-Garten*, pour le tourner et venir ensuite entre Gruna et Döbritz se mesurer avec les Russes.

Du côté des alliés la distribution était la même que la veille, sauf quelques rectifications de position, et ils attendaient presque immobiles l'attaque des Français, dont ils apercevaient les préparatifs à travers le brouillard. Le comte de Wittgenstein (en commençant par leur droite) était avec le gros des Russes opposé au maréchal Ney entre Prohlis et Leubnitz : il avait ses masses sur les hauteurs, ses avant-gardes dans la plaine. En arrière à droite, autour de Prohlis, se trouvait la cavalerie de la garde sous le grand-duc Constantin, en arrière à

Août 1813.

gauche, entre Torna et Leubnitz, le corps des grenadiers sous Miloradovitch. Barclay de Tolly commandait ces réserves. Un peu à gauche et vers le
centre, se trouvaient les Prussiens de Kleist, entre
Leubnitz et Racknitz, ayant la garde prussienne en
arrière et leurs avant-gardes dans la plaine, aux
environs de Strehlen, en face du maréchal Saint-
Cyr. Tout à fait au centre, les corps autrichiens de
Colloredo et de Chasteler étaient déployés de Racknitz à Plauen, faisant face au maréchal Marmont et
à la vieille garde. Là était établi, à Racknitz même,
l'empereur Alexandre avec le général Moreau, devenu son fidèle compagnon, et pouvant presque
apercevoir Napoléon placé à la barrière de Dohna.
A gauche, contre le vallon de Plauen, étaient rangés
en colonnes les grenadiers de Bianchi, détachés du
corps de Giulay pour renforcer le centre, et ayant
derrière eux vers Coschitz les réserves autrichiennes,
sous le prince de Hesse-Hombourg. Enfin plus à gauche, au delà de ce vallon de Plauen, si profond, si
difficile à traverser, se trouvaient à Töltschen les
restes du corps de Giulay, un peu plus loin à Rosthal et Corbitz la division d'infanterie d'Aloys Lichtenstein, et tout à fait à gauche, entre Comptitz et
Altfranken, la division Meszko, faisant partie du
corps de Klenau qui était encore en marche en ce
moment. Ce sont ces troupes qui allaient avoir sur
les bras Victor et le roi de Naples.

Moreau placé
à Racknitz
avec
l'empereur
Alexandre.

Dès que les positions furent prises, et qu'on put
discerner les objets à travers le brouillard, la canonnade commença, et bientôt elle devint violente,
car entre les deux armées il n'y avait pas moins de

Août 1813.

Le général
Teste
s'empare
de Löbda.

Victor
s'approche
de Rosthal et
de Corbitz.

Marmont
soutient
au centre
une vive ca-
nonnade.

Saint-Cyr
enlève
Strèhlen aux
Prussiens.

Ney défile
derrière
le *Gross-
Garten*.

douze cents pièces de canon en batterie. Napoléon fit surtout entretenir le feu d'artillerie au centre, où il n'avait que ce moyen d'action. A la droite le général Teste s'empara de Löbda, dont il chassa les tirailleurs autrichiens, et pénétra jusqu'à l'entrée du vallon de Plauen. Le maréchal Victor qui avait marché une partie de la nuit, après un peu de repos donné à ses troupes, se forma en plusieurs colonnes, et entreprit de gravir les hauteurs, pour s'approcher des villages de Töltschen, Rosthal, Corbitz, qu'il devait enlever, et Murat ayant franchi par le petit chemin de Priesnitz l'escarpement du coteau, déploya ses soixante escadrons sur la droite de la chaussée de Freyberg, menaçant la gauche des Autrichiens. (Voir le plan des environs de Dresde.) A dix heures et demie du matin ce mouvement était presque terminé.

Au centre, Saint-Cyr, rangé un peu à gauche de Marmont et de la vieille garde, quitta les murs du *Gross-Garten*, auxquels il était adossé, enleva Strehlen aux Prussiens, et essaya de les suivre sur les hauteurs de Leubnitz. Les Prussiens se jetèrent sur lui, et un combat des plus vifs s'engagea entre Strehlen et Leubnitz. Au delà du *Gross-Garten*, Ney après avoir défilé derrière ce jardin, et pivotant alors sur sa droite, la gauche en avant, vint se déployer entre Gruna et Döbritz, puis s'avança vers Reick, refoulant devant lui les avant-gardes de Wittgenstein. Marchant à la tête de trente-six mille hommes d'une superbe infanterie, et de cinq à six mille chevaux, il se présentait avec l'attitude résolue qui lui était naturelle.

Sauf l'engagement sérieux entre Saint-Cyr et les Prussiens vers Strehlen, on se contenta jusqu'à onze heures du matin d'échanger une forte canonnade sur la plus grande partie de la ligne, et le temps fut surtout employé à manœuvrer sur les deux ailes. Les coalisés cependant, qui ne pouvaient pas apercevoir ce qui se passait à leur gauche, au delà du vallon de Plauen, et qui voyaient à leur droite la marche soutenue et imposante de Ney, se demandaient ce qu'il fallait faire. D'après une idée du général Jomini, il fut proposé à l'empereur Alexandre dès que le maréchal Ney serait parvenu jusqu'à Prohlis, de jeter dans son flanc la masse des Prussiens, tandis que Barclay de Tolly avec les réserves russes l'aborderait de front. On pensait qu'en portant ainsi sur ce maréchal cinquante à soixante mille hommes à la fois, on parviendrait à l'accabler. Mais le maréchal Saint-Cyr se rabattant lui-même avec 20 mille hommes sur les Prussiens, et les prenant à dos, aurait pu à son tour faire naître des chances bien diverses, et peut-être bien funestes pour les alliés. Alexandre jugea bonne l'idée qu'on lui proposait; le prince de Schwarzenberg l'accueillit; elle convenait à l'ardeur des Prussiens, et on dépêcha des émissaires au froid et méthodique Barclay de Tolly pour lui persuader de concourir avec toutes ses forces à une manœuvre qu'on croyait décisive.

Mais tandis que ce danger, plus ou moins réel, menaçait le maréchal Ney, un danger certain, ne dépendant pas du concours d'une foule de volontés, menaçait la gauche des coalisés. Vers onze heures et demie, au delà du vallon de Plauen, Victor et

Août 1813.

et Murat
exécutent
la grande
manœuvre qui
leur
est prescrite.

Murat arrivés en ligne, et ayant bien concerté leur attaque, commencèrent à l'exécuter avec autant de promptitude que de vigueur. Le maréchal Victor porta sur sa gauche la division Dubreton, dont une brigade devait enlever Töltschen aux grenadiers de Weissenwolf, dont l'autre brigade devait enlever Rosthal à la division Aloys Lichtenstein. Il porta sur sa droite la division Dufour, réduite à une brigade, et la dirigea contre le village de Corbitz, où passait la grande route de Freyberg, et où se trouvait le reste de la division Aloys Litchtenstein. Il tint en réserve la division Vial. Au delà de Corbitz et de l'autre côté de la chaussée de Freyberg, Murat continuant à manœuvrer, tâchait en s'avançant jusqu'à Comptitz de déborder la gauche des Autrichiens formée par la divi

Victor enlève
Töltschen,
Rosthal et
Corbitz.

sion Meszko. Quand Murat parut avoir gagné assez de terrain sur la gauche des Autrichiens, le maréchal Victor donna enfin le signal, et on marcha d'un pas rapide sur les trois villages désignés. Les Autrichiens firent d'abord avec cinquante pièces de canon un feu meurtrier, et lorsque nos colonnes d'attaque furent plus rapprochées, les accueillirent avec la mousqueterie. Nos jeunes soldats, conduits par des officiers vigoureux, ne furent ébranlés ni par les boulets ni par les balles. Se portant avec vivacité sur les trois villages, ils enlevèrent les clôtures des jardins qui les précédaient, puis se jetèrent sur les villages eux-mêmes. Les deux brigades de la division Dubreton entrèrent, l'une dans Töltschen, où elle combattit corps à corps avec les grenadiers de Weissenwolf, l'autre dans Rosthal, où elle se trouva aux prises avec une partie de la division Aloys Lichtenstein.

Après un combat assez court ces deux villages tombèrent dans nos mains. A droite la division Dufour
assaillit Corbitz, l'emporta, et y fit deux mille prisonniers. Les Autrichiens se replièrent alors sur le
terrain en arrière, lequel s'élève en forme de gla-
cis. On les y suivit. Tout à coup la division Aloys
Lichtenstein, apercevant un vide entre la division
Dubreton qui s'était portée un peu à gauche vers
Töltschen, et la division Dufour qui était restée à
Corbitz, sur la grande route de Freyberg, tâcha de
pénétrer dans ce vide. Mais la division Vial, qui était
en réserve au centre, s'avança pour lui tenir tête,
tandis que Murat saisissant l'à-propos avec le coup
d'œil d'un général de cavalerie supérieur, lança la
division Bordessoulle sur l'infanterie d'Aloys Lichtenstein. Les cuirassiers de Bordessoulle fondirent au galop sur les Autrichiens formés en carré, et privés par
la pluie de l'usage de leurs feux. Deux carrés furent
en un instant enfoncés et sabrés. La division Dufour
dégagée reprit alors sa marche le long de la chaussée
de Freyberg, tandis qu'à gauche les deux brigades
Dubreton s'appliquaient à pousser les Autrichiens vers
le gouffre de Plauen. Les grenadiers de Weissenwolf
voulurent en vain tenir, ils furent précipités dans la
Weisseritz : on en prit plus de deux mille. En même
temps la cavalerie de Bordessoulle renouvelant ses
charges sur la division Aloys Lichtenstein, la mena
jusqu'au sommet des hauteurs entre Altfranken et
Pesterwitz, puis la précipita sur Potschappel, dans
le plus profond de la vallée de Plauen. On ramassait en quantité les hommes et les canons. A droite
Murat, qui avait toujours suivi de l'œil la division

Meszko pour l'empêcher de se réunir à Aloys Lichtenstein, la poussa sur Comptitz pour la jeter par delà les hauteurs. Trois mille cavaliers autrichiens placés sur les flancs de cette division se ruèrent alors sur lui. Il leur opposa les dragons de la division Doumerc, et les culbuta. Puis il aborda l'infanterie de Meszko avec ses cuirassiers, et la mena battant pendant plus d'une lieue sur la grande route de Freyberg. Tantôt cette malheureuse division s'arrêtait pour recevoir les charges de nos cavaliers, et les soutenir à la baïonnette, car la pluie continuant à tomber par torrents rendait les feux impossibles, tantôt elle se retirait le plus vite qu'elle pouvait. Enfin débordée, entourée par nos escadrons, elle fut réduite à mettre bas les armes au nombre de six à huit mille hommes. Il était deux heures, et déjà Murat avait tué ou blessé quatre à cinq mille hommes, fait douze mille prisonniers, et ramassé plus de trente bouches à feu. Le désastre de l'aile gauche ennemie était donc complet, et on peut dire sans exagération que cette aile n'existait plus.

Tandis que ces événements s'accomplissaient à la gauche des coalisés, un étrange accident se passait au centre. Napoléon ayant engagé là un violent feu d'artillerie contre les Autrichiens qui avaient beaucoup de canons et une position dominante, et ne trouvant pas ce feu suffisant, avait fait amener trente-deux pièces de 12 de la garde commandées par le colonel Griois. Lui-même sous les boulets ennemis dirigeant ces batteries, les porta le plus près possible du but sur lequel elles devaient tirer. En ce moment, l'empereur Alexandre était vis-à-vis, à

Racknitz même, ayant le général Moreau à ses côtés.
Ce dernier faisant remarquer le danger de cette position à l'empereur Alexandre, lui conseilla de se
placer un peu plus loin. A peine avait-il donné ce
conseil et fait exécuter ce mouvement, qu'un boulet
parti des batteries dont Napoléon excitait le feu, le
frappa aux deux jambes et le précipita à terre, lui et
son cheval. Étrange coup de la fortune! Il venait
d'être atteint d'un boulet français, tiré pour ainsi
dire par Napoléon! Que de punitions, les unes méritées, les autres imméritées, tombaient à la fois sur
la tête de cet infortuné, qui aurait dû mourir d'une
meilleure mort! L'empereur Alexandre courut à Moreau, le serra dans ses bras, le fit emporter, et resta
profondément troublé de cet incident, dont l'annonce
se propageant de bouche en bouche causa chez les
coalisés une impression générale. A cette nouvelle
s'ajoutèrent bientôt celle du désastre survenu à la
gauche qu'il était impossible de secourir à travers le
vallon de Planen, et celle du refus de Barclay qui
n'avait pas voulu exécuter la manœuvre qu'on lui
proposait contre Ney, disant que sur ce sol détrempé
par la pluie, coupé de canaux, il ne pouvait faire
descendre son artillerie sans la perdre. En même
temps un officier arrivant de Pirna venait d'annoncer
que Vandamme débouchant de Kœnigstein, avait
enlevé ce poste au prince Eugène de Wurtemberg.

Frappés d'un éclatant désastre à gauche, violemment canonnés au centre, menacés d'être débordés
à leur droite par le mouvement du maréchal Ney
qui s'avançait sans obstacle de Reick sur Prohlis,
et craignant de voir bientôt la route de Péters-

Août 1813.

Moreau
atteint mor-
tellement par
une batterie
que Napoléon
avait dirigée
sur le groupe
des
souverains.

Barclay
de Tolly
refuse
d'exécuter
le mouvement
projeté
contre Ney.

Août 1813.

Les coalisés prennent le parti de la retraite.

walde aux mains de Vandamme, les généraux coalisés réunis autour de l'empereur Alexandre et du roi de Prusse, se mirent à discuter le parti à prendre. Les plus ardents voulaient s'obstiner, mais le prince de Schwarzenberg, atterré par la perte de plus de vingt mille hommes à sa gauche, privé de munitions par le retard de ses convois, ne sachant quel traitement Murat, lancé au galop sur ses derrières, pourrait faire essuyer au reste du corps de Klenau, se refusa péremptoirement à continuer la bataille. La retraite fut donc ordonnée vers les montagnes de la Bohême par lesquelles on avait pénétré en Saxe, sans qu'on fût bien fixé sur la direction que suivrait chaque colonne. On céda le terrain peu à peu, en repassant par-dessus la crête des coteaux qui entourent la ville de Dresde.

Résultats de la victoire de Dresde, due aux belles conceptions de Napoléon et à leur brillante exécution par Murat.

A cet aspect la joie la plus vive éclata dans nos rangs. Murat à droite, galopant toujours sur la chaussée de Freyberg, ramassait à chaque instant des prisonniers et des voitures de bagages et d'artillerie. Au centre on canonnait plus vivement l'ennemi, et Saint-Cyr et Ney s'ébranlant à gauche gravissaient les hauteurs à la suite des Russes. A six heures du soir nous avions enlevé aux coalisés 15 à 16 mille prisonniers, au moins quarante bouches à feu, et il restait sur le terrain 10 à 11 mille ennemis morts ou blessés, la plupart par le canon, excepté ceux qui avaient succombé sous les baïonnettes de Victor et les sabres de Murat. Les coalisés avaient donc perdu 26 ou 27 mille hommes, sans compter les traînards et les égarés que nous allions recueillir par milliers. Cette belle journée, dernière faveur de la fortune dans cette affreuse campagne, nous avait coûté environ 8 à 9 mille hommes, presque tous atteints par les boulets. Elle était principalement due à Napoléon, qui d'un coup d'œil avait vu dans la vallée profonde de Plauen un moyen d'isoler et de détruire une aile de l'armée ennemie, et après Napoléon à Murat, qui avait exécuté cette belle manœuvre avec un succès merveilleux. Sans cet accident de terrain le champ de bataille de Dresde, partout dominé, n'eût pas été tenable pour nous; mais Napoléon en saisissant avec le regard du génie une particularité toute locale, en avait fait soudainement un théâtre de victoire pour lui, un théâtre de confusion pour ses adversaires! Heureuse inspiration de laquelle il attendait de plus grands résultats encore que ceux qu'il venait d'obtenir. Ayant à quatre lieues sur sa gauche quarante mille hommes embusqués, il ne pouvait penser sans une involontaire joie à l'effet que produiraient ces quarante mille hommes tombant à l'improviste sur les derrières des ennemis battus, et tout en s'applaudissant de la victoire du jour, il se promettait, il promettait à tout le monde de bien autres trophées pour le lendemain. Hélas! il ne se doutait pas qu'une combinaison destinée à produire les plus brillants résultats ne serait bientôt qu'une source de malheurs! La fortune dans ces derniers temps ne devait plus lui accorder que des triomphes empoisonnés, ordinaire traitement qu'elle réserve à ceux qui ont abusé d'elle!

Napoléon rentra dans Dresde à la chute du jour, au milieu des cris enthousiastes de la population, enchantée d'être débarrassée des deux cent mille

Août 1813.

Napoléon se promet de plus grands résultats encore de la position assignée à Vandamme.

Napoléon rentre le soir dans Dresde, et reçoit

coalisés, qui avant de la délivrer des Français, lui auraient fait subir les horreurs d'une prise d'assaut. Ayant supporté pendant douze heures une pluie continuelle, il avait les bords de son chapeau rabattus sur les épaules, était couvert de boue et rayonnant de satisfaction. Il alla chez le roi de Saxe, qui lui témoigna la joie la plus vive, et au milieu de ce contentement sincère chez les uns, affecté chez les autres, démonstratif chez tous, il y avait une question qu'il ne cessait d'adresser à chacun. Au moment où le boulet qui avait frappé Moreau était tombé dans le groupe de l'empereur Alexandre, Napoléon avait clairement discerné à l'éclat des uniformes que ce groupe était celui des souverains, et il ne se lassait pas de demander : Qui donc avons-nous tué dans ce brillant escadron ?... — Il le sut peu d'instants après par le plus étrange des incidents. L'illustre blessé avait un chien qui était resté dans la chaumière où on lui avait donné les premiers soins. Ce chien amené à Napoléon, portait sur son collier : *J'appartiens au général Moreau!* C'est ainsi que Napoléon apprit la présence et la mort de Moreau dans les rangs des coalisés! En attendant il donna ses ordres pour que ses corps d'armée, après s'être réchauffés à de grands feux et reposés une nuit entière, se missent en mouvement dès la pointe du jour du 28, afin de poursuivre l'ennemi à outrance, et de recueillir toutes les conséquences de la belle victoire du 27.

Les coalisés ayant rétrogradé jusqu'au sommet des hauteurs qui entourent Dresde, se mirent à discuter la direction qu'ils donneraient à la retraite.

Les uns voulaient s'arrêter aux débouchés des montagnes de la Bohême, comme l'avait conseillé le général Moreau avant la bataille, les autres voulaient se retirer tout de suite en Bohême, au delà même de l'Eger, et de cet avis était surtout le généralissime prince de Schwarzenberg, qui désirait réorganiser son armée, et la remettre du rude coup qu'elle venait d'essuyer. Demeurer sur le versant des montagnes en présence d'un ennemi victorieux, et habitué comme Napoléon à tirer un si grand parti de la victoire, n'était plus proposable. Repasser les montagnes, sauf à décider ensuite jusqu'où l'on pousserait le mouvement rétrograde, était donc la première et la plus inévitable des résolutions à prendre. Elle fut prise. Restait à savoir quels chemins on suivrait pour repasser les montagnes. La grande route de Péterswalde était sinon perdue, au moins fort compromise. En effet, le général Vandamme exécutant les ordres de l'Empereur avait la veille, c'est-à-dire le 26, franchi l'Elbe à Kœnigstein, assailli le plateau de Pirna faiblement gardé, et s'était établi dans ce camp, d'où il dominait la route de Péterswalde sans toutefois l'intercepter entièrement. On avait bien envoyé dans la journée le comte Ostermann pour secourir le prince Eugène de Wurtemberg, mais on ne connaissait pas au juste la force du corps de Vandamme, on ne savait pas s'il avait vingt, trente ou quarante mille hommes, et si dans l'intervalle il n'aurait pas réussi à descendre du camp de Pirna pour fermer les défilés de la route de Péterswalde. Renoncer à y passer avait le double inconvénient d'y laisser sans appui le prince de Wurtemberg et le

comte Ostermann, et de se reporter en masse sur les
chemins secondaires, qui étaient mal frayés, et où
les Russes allaient former avec les Prussiens et les
Autrichiens un fâcheux encombrement. On décida
donc que le gros des Russes sous Barclay de Tolly
marcherait à la suite du comte Ostermann par la
route de Péterswalde, et la rouvrirait de vive force
si elle était fermée ; que les Prussiens et une partie
des Autrichiens prendraient la route à côté, celle
d'Altenberg, Zinnwald, Tœplitz, par laquelle était
venue la seconde colonne des coalisés ; qu'enfin le
reste de l'armée autrichienne irait par la chaussée de
Freyberg gagner le grand chemin de Leipzig à Prague
par Commotau. On allait donc rentrer en Bohême
sur trois colonnes, au lieu de quatre qu'on formait
en arrivant. Il fut convenu qu'après s'être reposé
toute la nuit on partirait le lendemain 28 de très-
grand matin, afin d'aboutir aux défilés des montagnes avant d'être serré de trop près par l'ennemi.

Ces dispositions furent exécutées au moins dans
les premières heures comme elles avaient été arrêtées. Le lendemain matin on se mit en route
sur trois colonnes, dans les directions indiquées,
tandis que les corps français, s'ébranlant de leur
côté, marchaient sur les traces de ces mêmes colonnes, mais à une assez grande distance, à cause
du triste état des chemins. A chaque pas on laissait
des blessés, des traînards, des voitures, destinés à
devenir la proie des Français. La tristesse était dans
tous les cœurs. Le roi de Prusse voyait dans les événements de ces derniers jours la suite de sa mauvaise
fortune ordinaire ; Alexandre se demandait si le com-

mencement de bonheur sur lequel il avait compté
n'était pas une triste illusion, et si on n'avait pas
trop espéré en se flattant de vaincre Napoléon. On
s'avançait ainsi, très-inquiet des rencontres auxquelles on était exposé avant d'avoir franchi ce rideau de hautes montagnes qu'on avait devant soi,
tandis qu'on avait sur ses derrières un ennemi victorieux, et personne, ni chez les poursuivis, ni chez
les poursuivants, ne se doutant de ce qui allait
survenir sous quarante-huit heures!

Chemin faisant, Barclay de Tolly apercevant beaucoup d'encombrement sur la route de Péterswalde,
et sentant qu'il serait bientôt serré de près, commença de craindre, s'il trouvait des difficultés du
côté de Péterswalde, d'y perdre un temps précieux,
et de ne pouvoir plus se rabattre assez tôt sur la route
d'Altenberg; il imagina donc de changer tout à coup
de direction avec le gros de l'armée russe, et de
prendre à droite, pour regagner cette même route
d'Altenberg que devaient parcourir les Prussiens et
une partie de l'armée autrichienne, au risque d'y
produire un affreux engorgement. Il fit dire au comte
Ostermann de se replier sur lui, et de laisser le
prince Eugène retourner seul par la route de Péterswalde en Bohême.

Ces ordres amenèrent entre le comte Ostermann
et le prince Eugène de Wurtemberg un conflit des
plus vifs. Le prince Eugène, qui était aux prises
avec le général Vandamme pour la possession de la
route de Péterswalde, ne voulait pas avec raison y
rester seul, exposé à trouver Vandamme tantôt sur
son flanc, tantôt sur ses derrières, peut-être même

Août 1813.

Barclay
de Tolly
craignant
de trouver
des obstacles
sur la route
de
Péterswalde,
se rejette sur
celle
d'Altenberg.

Le
prince Eugène
de
Wurtemberg
et le comte
Ostermann
se retirent
par la route
de
Péterswalde.

devant lui, car les Français descendus du plateau de
Pirna se montraient partout. Il disait de plus que si
on laissait au corps de Vandamme, qu'on avait lieu
de croire très-fort, la libre entrée de la Bohème, ce
corps irait probablement se placer à Tœplitz, au
débouché des chemins que suivaient les diverses colonnes en retraite, et pourrait leur causer de graves
embarras. Le comte Ostermann, de son côté, craignait de compromettre les troupes de la garde qu'on
lui avait confiées, et résistait par ce motif aux pressantes instances du prince Eugène de Wurtemberg.
Vaincu par les bonnes raisons du prince, par son
offre de prendre pour lui-même la plus forte part du
péril, il se décida enfin à suivre la route de Péterswalde, et à la forcer, s'il le fallait, pour devancer
Vandamme au débouché de Tœplitz. En même temps
il fit avertir Barclay de Tolly de la résolution qu'il
adoptait, ne s'en dissimulant pas les inconvénients,
mais croyant épargner ainsi de grands dangers au
reste de l'armée coalisée.

En conséquence le 28 au matin, le prince Eugène et le comte Ostermann essayèrent de cheminer
sur le plateau de Gieshübel, situé au-dessous de celui
de Pirna, et séparé seulement de ce dernier par le
ruisseau de Gotleube. Il fallait franchir divers passages très-difficiles où l'on pouvait rencontrer les
Français, notamment à Zehist, petit bourg situé à
l'entrée du plateau de Gieshübel, sous une hauteur
qu'on appelle le Kohlberg, et qui était occupée en
ce moment par un bataillon français. Le prince Eugène de Wurtemberg fit assaillir et enlever le Kohlberg, puis il profita de cet avantage pour défiler

avec tout son corps. Vandamme fit réoccuper la position, mais à ce moment les deux corps russes n'avaient plus intérêt à la reprendre. En continuant à parcourir le plateau de Gieshübel, ils côtoyèrent à Gross-Cotta et à Klein-Cotta les Français descendus de Pirna en trop faibles détachements, et parvinrent à franchir tous les obstacles, quoiqu'en perdant du monde. Parvenus enfin à l'extrémité de ce plateau, ils s'échappèrent par la rampe de Gieshübel, et purent gagner la route de Péterswalde sans de graves accidents, en étant quittes d'un grand danger au prix de quelques pertes peu considérables.

Ce qui leur avait valu ce bonheur c'est que Vandamme, ayant eu de la peine à traîner son artillerie à cause du mauvais temps, n'avait pu faire autre chose dans la journée du 26 que de gravir le plateau de Pirna, avait employé à l'occuper solidement toute la journée du 27, et le 28 au matin avait été surpris par l'apparition des Russes, avant de connaître les événements de Dresde. Mais, averti bientôt de la victoire du 27, et ayant réuni ses divisions, il s'était mis à poursuivre les Russes, leur avait livré un violent combat d'arrière-garde à Gieshübel, leur avait tué un millier d'hommes, et les avait menés battant jusqu'à Hollendorf, à quelque distance de Péterswalde. Arrivé là il attendit impatiemment les ordres de Napoléon pour la direction à donner à ses mouvements ultérieurs.

Telles avaient été les opérations de l'ennemi le matin du 28, et durant une partie de la même journée. Pendant ce temps Napoléon, debout de très-bonne heure, avait expédié ses premiers ordres par

Aout 1813.

le 28
au matin.

écrit, et avait enjoint au maréchal Mortier avec la jeune garde, au maréchal Saint-Cyr avec le 14e corps, de se porter à Gieshübel, l'un des défilés de la route de Péterswalde, pour s'y réunir à Vandamme, au maréchal Marmont de suivre les coalisés par la route d'Altenberg, et à Murat, qui avait avec lui le corps de Victor, de les poursuivre à outrance sur la grande route de Freyberg. Napoléon avait par les mêmes dépêches annoncé sa présence, et promis d'ordonner sur les lieux mêmes ce que comporteraient les circonstances. En effet, dès la pointe du jour il s'était rendu à cheval auprès du maréchal Marmont, pour observer de ses propres yeux la retraite de l'ennemi.

Napoléon
voyant
le mouvement
de Barclay
de Tolly,
qui se replie
de la route
de
Péterswalde
sur celle
d'Altenberg,
ordonne un
mouvement
semblable
au maréchal
Saint-Cyr.

Parvenu sur les hauteurs de Dresde auprès du maréchal Marmont, il avait vu les diverses colonnes des coalisés se dirigeant vers les montagnes boisées de l'*Erz-Gebirge*. Il avait été frappé du mouvement transversal de gauche à droite qu'exécutaient les troupes russes de Barclay de Tolly, pour se reporter de la route de Péterswalde sur celle d'Altenberg, mouvement à la suite duquel une grande partie des colonnes russes, prussiennes et autrichiennes allaient se trouver réunies dans la même direction. En face de pareilles masses le corps du maréchal Marmont était évidemment insuffisant, et Napoléon avait ordonné lui-même au maréchal Saint-Cyr de se rabattre de Dohna sur Maxen, pour se rapprocher du maréchal Marmont, et poursuivre l'ennemi de concert. Cet ordre donné de vive voix, Napoléon s'était transporté à Pirna, pour voir ce qui s'y passait, et prescrire ce qu'on aurait à faire sur la route de Péterswalde.

Napoléon
se transporte
ensuite
à Pirna.

Arrivé à Pirna vers le milieu du jour, Napoléon y prit un léger repas, et soudain fut saisi de douleurs d'entrailles auxquelles il était sujet dès qu'il avait enduré l'humidité, et la veille en effet il avait supporté pendant toute la journée des torrents de pluie. Toutefois ces douleurs n'étaient pas de nature à l'empêcher de donner des ordres, et de faire ce qui était impérieusement exigé par les circonstances [1]. Mais en ce moment il reçut des dépêches qu'il attendait avec impatience des environs de Berlin, et des bords du Bober. Le maréchal Oudinot, qui aurait dû être entré à Berlin depuis plusieurs jours, s'était arrêté devant les inondations, puis n'avait pas abordé l'ennemi en masse, et avait eu l'un de ses corps assez maltraité. Le maréchal Macdonald,

Août 1813.

Légère indisposition qui ne l'empêche pas de donner des ordres.

Nouvelles graves que Napoléon reçoit des maréchaux Oudinot et Macdonald.

[1] Les flatteurs de la mémoire de Napoléon, ignorant, parce que sa correspondance leur est restée inconnue, les vrais motifs de son subit retour à Dresde, et ne voulant pas non plus admettre qu'il pût commettre une faute, ont attribué ce retour à une indisposition subite. Les ordres nombreux donnés dans cette même journée du 28, et dans celle du 29, prouvent que cette indisposition n'empêcha pas Napoléon de vaquer à ses affaires, et des témoins oculaires, le maréchal Marmont notamment, affirment qu'il n'était point malade. Nous en rapportant plus volontiers aux documents authentiques qu'aux récits presque toujours contradictoires des témoins oculaires, nous croyons avoir acquis la preuve par les lettres mêmes de Napoléon, que cette prétendue indisposition ne l'empêcha nullement de faire ce qu'il devait, et nous nous sommes convaincu que le vrai motif de son retour à Dresde, lequel devint si fatal deux jours après, ne fut autre que les dépêches reçues des environs de Berlin et de Lowenberg. Les ordres du 29 et du 30 ne laissent à cet égard aucun doute. Plus loin nous démontrerons encore par l'exposé simple des faits que sur cette importante époque on n'a publié que des erreurs, ce qui a rendu jusqu'ici la catastrophe du général Vandamme tout à fait inexplicable. Nous espérons qu'après le récit qui va suivre elle sera parfaitement claire, et que ce grand malheur sera rapporté à sa vraie cause, laquelle fut moins accidentelle et plus générale qu'on ne le suppose communément.

Août 1813.

sur le Bober, venait d'être surpris par Blucher, et
d'éprouver des pertes considérables. Ainsi la fortune laissait à peine à Napoléon le temps de jouir
de sa belle victoire de Dresde, et tout à coup l'horizon s'assombrissait autour de lui, après s'être montré parfaitement serein. La marche sur Berlin avait
toujours eu à ses yeux une grande importance sous
le rapport moral, sous le rapport politique, sous
le rapport militaire. Elle devait éblouir les esprits,
frapper la Prusse au cœur, punir Bernadotte, et
nous mettre en communication avec les places de
l'Oder, peut-être avec celles de la Vistule, qui
avaient toutes besoin d'être ravitaillées. L'échec de
Macdonald s'ajoutant à celui d'Oudinot, pouvait
contribuer à rendre plus difficile et plus douteuse

Ces nouvelles
le décident
à retourner à
Dresde.

cette marche sur Berlin, à laquelle Napoléon tenait si
fort, et il crut devoir rentrer à Dresde immédiatement
pour prescrire les mesures que comportait la situation. Tandis que Berlin le rappelait, le mouvement
sur Péterswalde exigeait moins sa présence d'après
ce qu'on venait de lui annoncer. En effet il avait
pu croire en sortant de Dresde le matin, que Vandamme, occupant Pirna et Gieshübel, y opposerait
une barrière de fer à la colonne russe, et que Saint-
Cyr et Mortier arrivant sur les derrières de cette
colonne, la prendraient tout entière. Mais il venait

S'étant
convaincu
par ses pro-
pres yeux
que
Vandamme
ne pouvait
plus
que talonner
les Russes
avec plus ou
moins

d'apprendre que la colonne russe avait eu le temps
de regagner la route de Péterswalde, que dès lors
tout ce que Vandamme pourrait faire ce serait de
la poursuivre vigoureusement, et il crut que ce serait assez de ses lieutenants pour tirer de la victoire
de Dresde les conséquences qu'il était permis d'en

espérer encore. Il pensa qu'il suffirait de laisser à
Vandamme toutes les divisions qu'il lui avait déjà
confiées, de le faire descendre en Bohême par la
route de Péterswalde, de le porter à Tœplitz, où
il se trouverait sur la ligne de retraite des coalisés
prêts à déboucher des défilés des montagnes, et vivement poursuivis par Saint-Cyr, Marmont, Victor,
Murat. Il était vraisemblable que Vandamme, embusqué à Kulm ou à Tœplitz, ferait plus d'une bonne
prise, et que se reportant ensuite entre Tetschen et
Aussig, il enlèverait une grande partie du matériel
des coalisés lorsque ceux-ci voudraient repasser
l'Elbe. Vandamme devait dans cette position rendre
un autre service, c'était d'occuper la route directe
de Prague à laquelle Napoléon attachait le plus haut
prix, car depuis les dépêches d'Oudinot et de Macdonald il songeait à une marche foudroyante sur
Berlin ou sur Prague, afin de tomber à l'improviste
sur l'armée du Nord, ou d'achever la défaite de
celle de Bohême; même s'il rentrait à Dresde en
ce moment, c'était pour employer une journée à
balancer les avantages et les inconvénients d'une
marche sur l'une ou l'autre de ces capitales. Considérant donc la situation sous ce nouvel aspect, il
laissa au général Vandamme non-seulement ses deux
premières divisions, Philippon et Dumonceau, avec
la brigade Quyot formant la moitié de la division
Teste, mais la première division du maréchal Saint-
Cyr (la 42ᵉ), qui depuis quelques jours lui avait été
prêtée, et y ajouta la brigade de Reuss du corps de
Victor, pour le dédommager de ce qu'on lui avait ôté
la moitié de la division Teste. Il lui adjoignit de plus

Août 1813.

de vivacité,
il lui laisse
le soin
de les incom-
moder
dans
leur retraite.

Instructions
données
à Vandamme.

Forces
qui
sont confiées à
ce général.

Août 1813.

la cavalerie du général Corbineau. Vandamme devait avoir ainsi la valeur de quatre divisions d'infanterie, et de trois brigades de cavalerie, le tout formant quarante mille hommes au moins. Napoléon lui ordonna de poursuivre vivement les Russes en Bohême, de descendre sur Kulm, d'occuper d'un côté Tœplitz, afin de gêner les coalisés à leur sortie des montagnes, et de l'autre Aussig et Tetschen, afin de garder les passages de l'Elbe et la route de Prague[1]. Il lui ordonna même, ce qui démontre bien ses vraies intentions, de faire remonter à Tetschen le second pont de bateaux jeté à Pirna. Il lui annonça, quant au reste, des ordres ultérieurs. Toutefois il plaça Mortier à Pirna avec quatre divisions de la jeune garde, pour que ce dernier pût au besoin secourir le général Vandamme, duquel il ne

[1] Nous citons l'ordre lui-même qui éclaircit complétement l'intention de l'Empereur.

« A une lieue de Pirna, le 28 août 1813, à quatre heures après midi.

« M. le général Vandamme, l'Empereur ordonne que vous vous dirigiez sur Peterswalde avec tout votre corps d'armée, la division Corbineau, la 42ᵉ division, enfin avec la brigade du 2ᵉ corps que commande le général prince de Reuss : ce qui vous fera 18 bataillons d'augmentation. Pirna sera gardée par les troupes du duc de Trévise, qui arrive ce soir à Pirna. Le maréchal a aussi l'ordre de relever vos postes du camp de Lilienstein. Le général Baltus avec votre batterie de 12 et votre parc, arrive ce soir à Pirna, envoyez-le chercher. L'Empereur désire que vous réunissiez toutes les forces qu'il met à votre disposition, et qu'avec elles vous pénétriez en Bohême et culbutiez le prince de Wurtemberg s'il voulait s'y opposer. L'ennemi que nous avons battu paraît se diriger sur Annaberg. *S. M. pense que vous pourriez arriver avant lui sur la communication de Tetschen, Aussig et Tœplitz, et par là prendre ses équipages, ses ambulances, ses bagages, et enfin tout ce qui marche derrière une armée.* L'Empereur ordonne qu'on lève le pont de bateaux devant Pirna, afin de pouvoir en jeter un à Tetschen. »

serait qu'à sept ou huit lieues. En même temps il fit recommander à Saint-Cyr, Marmont, Victor, Murat, de toujours suivre les coalisés l'épée dans les reins, et de les pousser violemment contre les montagnes, pour qu'ils ne pussent les passer qu'en désordre. Ces instructions données, il partit pour Dresde en voiture, et prescrivit à la vieille garde de l'y joindre.

Pendant cette même journée du 28, Saint-Cyr, Marmont, Victor et Murat, talonnèrent l'ennemi sans relâche. Saint-Cyr ramassa des blessés et des traînards. A Possendorf Marmont enleva deux mille prisonniers et trois ou quatre cents voitures. A Dippoldiswalde il livra un combat heureux, et prit ou tua encore quelques centaines d'hommes. Murat et Victor recueillirent de leur côté des blessés, des traînards, des prisonniers, des canons, des voitures, et au moins cinq à six mille hommes en tout. Les pertes que les coalisés avaient essuyées la veille, et qu'on pouvait évaluer à plus de 25 mille hommes, s'élevaient au moins à 32 ou 33, par les conséquences de la journée du 28. Les signes du découragement étaient visibles chez l'ennemi, et faisaient espérer d'importants résultats s'il était fortement poursuivi.

Le lendemain 29 Vandamme, excité par les ordres qu'il avait reçus dans la soirée précédente, résolut de ne laisser aucun repos aux Russes, et de leur faire expier le bonheur qu'ils avaient eu de passer impunément devant lui, sous le plateau de Pirna. Ce général doué d'infiniment de coup d'œil, de vigueur, d'expérience de la guerre, et même

Août 1813.

dans
le moment.

d'esprit, malheureusement décrié par ses mœurs un peu trop soldatesques et par la violence de son caractère, avait été traité sans aucune faveur, et se plaignait de n'être pas encore maréchal, grade qu'il méritait beaucoup plus que quelques-uns de ses contemporains à qui Napoléon ne l'avait pas fait attendre. La difficulté des circonstances, le besoin de remplacer les hommes de guerre, dont on faisait une consommation, hélas! trop grande, ayant ramené sur lui l'attention de l'Empereur, il se flattait d'obtenir enfin les récompenses qu'il croyait avoir méritées depuis longtemps, et il éprouvait un redoublement de zèle qui, fort utile en toute autre circonstance, pouvait dans celle-ci l'entraîner au delà des bornes de la prudence. Il s'avança donc résolûment dès le matin du 29 sur l'arrière-garde des Russes. La brigade de Reuss, commandée par un jeune prince allemand, militaire de la plus haute distinction, marchait en tête. Vandamme, accompagné du général Haxo, la dirigeait. Entre Hollendorf et Péterswalde, Vandamme et le prince de Reuss assaillirent une colonne russe qui voulait résister, la

Combat
brillant
de
Hollendorf.

débordèrent, et, après l'avoir culbutée, lui enlevèrent 2 mille hommes. Par malheur le jeune prince de Reuss fut tué d'un coup de canon. Il emporta les regrets de toute l'armée, car au mérite d'être un officier très-brillant il joignait celui d'être très-attaché aux Français.

Mort
du prince
de Reuss.

Après cet exploit, Vandamme continua de poursuivre les Russes à outrance. Il franchit les montagnes sur leurs traces, descendit en plaine, et à midi atteignit Kulm, d'où il dominait le vaste bassin dans

Arrivée
de Vandamme
sur le revers
des
montagnes
de Bohême.

lequel les colonnes ennemies vivement pourchassées
commençaient à déboucher. A son aspect les soldats
du prince Eugène de Wurtemberg et les gardes
d'Ostermann, qu'il n'avait cessé de poursuivre, et
sur lesquels il avait fait plusieurs milliers de prisonniers, s'arrêtèrent, et vinrent prendre position
devant lui, pour couvrir le débouché de Tœplitz,
dont ils sentaient toute l'importance. Des hauteurs
de Kulm, Vandamme apercevait ce débouché de Tœplitz où il avait ordre de toucher au besoin, et où
l'attirait le désir de barrer le chemin aux colonnes
ennemies qui avaient pris les routes latérales à celle
de Péterswalde. Malheureusement il n'avait sous la
main que son avant-garde; le reste suivait en formant
une longue queue dans les gorges, et les troupes
russes qu'il avait en face, plus nombreuses que le
matin, renforcées même de corps nouveaux, paraissaient résolues à tenir où elles étaient. Il suspendit donc quelques instants sa marche pour attendre
son corps d'armée. Voici dans l'intervalle ce qui
s'était passé du côté des coalisés.

L'empereur Alexandre avait séjourné pendant la
nuit du 28 au 29 à Altenberg, au pied des montagnes de l'*Erz-Gebirge*, de celle notamment qu'on
appelle le Geyersberg, l'avait franchie le 29 au matin, et était parvenu sur le revers de très-bonne
heure. De là découvrant à gauche la position de
Kulm, sur laquelle Vandamme s'était arrêté en face
des Russes, à droite Tœplitz et le bassin de l'Eger
qui va se jeter dans l'Elbe, il avait pu apprécier
le danger d'une retraite précipitée, exécutée sans
ordre, menacée en flanc par le corps de Vandamme

qu'on savait être considérable, et qui d'heure en
heure pouvait le devenir davantage. Il avait perdu
le conseiller dans lequel il avait pris tant de confiance, le général Moreau, que les soldats portaient
mourant sur leurs épaules, et il lui restait le général Jomini, que Moreau lui avait recommandé
comme capable, quoique très-bouillant, de donner
un bon avis. Le général Jomini et plusieurs autres,
fort disposés à décrier les Autrichiens, et en particulier le prince de Schwarzenberg, se plaignaient
amèrement de ce qu'on songeait à se retirer au delà
de l'Eger, déclaraient excessif, dangereux même un
pareil mouvement rétrograde, surtout le corps de
Vandamme apparaissant au débouché de la chaussée de Péterswalde sur le flanc des colonnes en
retraite. L'empereur Alexandre qui commençait à
entendre un peu mieux la guerre, et qui n'avait
que le tort de se laisser atteindre par les avis contraires au point de tomber dans des irrésolutions
interminables, avait apprécié l'objection, et était
tout disposé à en tenir compte. Jadis, quand on était
moins exaspéré contre les Français, quand on était
sous le coup du génie transcendant de Napoléon,
on se sentait peu enclin à en appeler d'une défaite,
on la regardait comme un arrêt qu'il fallait subir,
et on se rendait facilement au premier corps qu'on
rencontrait sur son chemin après une bataille perdue. On était fort changé aujourd'hui. La passion de
la résistance devenue extrême, le prestige de Napoléon diminué, on se laissait moins décourager, et
à la moindre lueur d'espérance on reprenait volontiers la résolution de combattre. Aussi tous les géné-

raux qui se trouvaient autour d'Alexandre furent-ils
d'avis que s'il y avait une occasion quelconque de
recommencer la lutte, on devait la saisir, et qu'un
corps français se montrant sur leur gauche, il fallait
s'arrêter pour lui tenir tête au lieu de se porter au
delà de l'Eger. Jusqu'ici d'ailleurs c'était un corps
isolé, qui serait soutenu probablement, mais qui
peut-être aussi ne le serait pas, et offrirait dans ce
cas une proie facile à enlever. Barclay de Tolly, le
général Diebitch devenu chef d'état-major, ayant
partagé cette opinion, on donna l'ordre aux colonnes
du prince Eugène de Wurtemberg et d'Ostermann
de tenir bon devant Kulm, quelque fatiguées qu'elles
pussent être. On leur annonça qu'elles allaient être
renforcées, et en effet plusieurs colonnes d'infanterie
russe et prussienne arrivant par la route d'Altenberg
avec la cavalerie de la garde, on les leur envoya. Ce
ne fut pas tout. Les troupes autrichiennes débouchaient actuellement en plus grand nombre que les
Russes, parce qu'elles s'étaient acheminées les premières et sans tergiverser sur la route d'Altenberg. Ce
fut le corps de Colloredo qui se présenta le premier.
Mais ce général, auquel on demanda de venir se ranger en face de Kulm, derrière les lignes russes, ayant
allégué les instructions du prince de Schwarzenberg
qui lui prescrivaient de se retirer au delà de l'Eger,
on eut recours à M. de Metternich, qui était à Duchs,
château du célèbre Wallenstein, où les souverains
étaient actuellement réunis, et on fit donner l'ordre
à toutes les troupes autrichiennes de converger à
gauche, pour venir se mettre en bataille avec les
troupes russes descendues de Péterswalde.

Août 1813.

Ordres
au comte
Ostermann
et au prince
Eugène
de
Wurtemberg
de s'arrêter
en face
de Kulm.

Les troupes
autrichiennes
reçoivent
les mêmes
ordres, grâce
à l'interven-
tion
de M. de
Metternich.

Août 1813,

Vandamme
expulse
les Russes
de Kulm,
leur enléve
Straden, et
veut en vain
leur enlever
la position
de Priesten.

Toutefois ce n'était pas avant quelques heures que ces ordres pouvaient amener en ligne des forces considérables, et Vandamme après un instant de réflexion, quoiqu'il vît les troupes fugitives s'arrêter, et même s'augmenter sensiblement, résolut de les déloger du poste où elles semblaient vouloir s'établir pour protéger contre nous les débouchés du Geyersberg. En agissant ainsi il obéissait à la fois à des ordres précis, et à l'indication des circonstances, car ses ordres lui disaient d'aller jusqu'à Tœplitz, et les circonstances devaient l'engager à fermer le débouché des montagnes aux colonnes battues, puisqu'il n'avait été envoyé en ces lieux que pour opposer des obstacles à leur retraite. Ayant toujours sous la main la brigade de Reuss avec laquelle il avait marché depuis le matin et n'ayant qu'elle, il chassa néanmoins les Russes de Kulm où ils avaient essayé de tenir, et du village de Straden où ils s'étaient ensuite repliés. Ce village de Straden emporté, il se trouva devant une seconde position située derrière un ravin et d'apparence assez forte. D'un côté, c'est-à-dire vers notre droite, elle s'appuyait aux montagnes, vers le centre au village de Priesten construit sur la route de Tœplitz, à gauche enfin à des prairies coupées de canaux, et au village de Karbitz. Vandamme voulut attaquer sur-le-champ le village de Priesten, pour ne pas permettre aux Russes de s'y établir; mais pour la première fois il rencontra une résistance opiniâtre, et fut repoussé par une charge du régiment des gardes d'Ismaïlow. Il n'avait ni sa grosse artillerie ni ses masses d'infanterie; il fut donc obligé

d'attendre la division Mouton-Duvernet (la 42°), et
il eût mieux fait évidemment de différer jusqu'à
l'arrivée de son corps tout entier, pour n'engager le
combat qu'avec des forces suffisantes. Cependant
ses autres divisions ne pouvant être rendues sur les
lieux que fort tard, et sa préoccupation de couper
la retraite à l'ennemi étant toujours la même, il attaqua l'ennemi avec neuf bataillons du général Mouton-Duvernet, seuls réunis en ce moment sur les
quatorze dont se composait la division. Avec ces
neuf bataillons portés à droite vers les bois il ré-
tablit le combat, et rejeta les Russes sur Priesten.
Mais tout à coup il fut assailli par quarante escadrons
de la garde russe, qui venaient d'entrer en ligne,
et qui se déployèrent, les uns à notre droite vers le
pied des monts, les autres à gauche dans la plaine
de Karbitz. Les bataillons de Mouton-Duvernet con-
tinrent la cavalerie russe le long des montagnes,
les escadrons de Corbineau la chargèrent du côté
des prairies, et néanmoins cette fois encore, au
lieu d'avancer nous pûmes tout au plus conserver
le terrain que nous avions acquis. A deux heures
de l'après-midi parut la première brigade de la
division Philippon (première de Vandamme). Cette
brigade commandée par le général Pouchelon, envoya sur la droite le 12° de ligne pour soutenir
Mouton-Duvernet, et au centre le 7° léger pour
attaquer Priesten. Ces régiments accueillis par un
feu épouvantable ne purent emporter la position. La
seconde brigade de Philippon étant survenue sous
le général de Fezensac, fut engagée de même, et
sans plus de succès quoique avec beaucoup de vi-

Août 1843.

gueur. Le 7ᵉ léger de la première brigade ayant voulu attaquer Priesten fut criblé de mitraille, puis chargé par la cavalerie russe, et sauvé par la seconde brigade que le général de Fezensac avait ralliée sous le feu de l'ennemi. Vandamme reconnaissant trop tard que ces attaques décousues ne donneraient aucun résultat, prit le parti d'asseoir sa ligne un peu en arrière, sur la hauteur de Kulm, laquelle, placée au débouché de la chaussée de Péterswalde, dominait la plaine. Les Russes ayant voulu s'avancer furent mitraillés à leur tour par vingt-quatre bouches à feu que le général Baltus, arrivé avec la réserve d'artillerie, avait mises en batterie. Ils reculèrent sous cette mitraille et devant les charges de notre cavalerie, et allèrent reprendre la position de Priesten, appuyés comme le matin, la gauche aux montagnes, le centre à Priesten sur la route de Tœplitz, la droite dans les prairies de Karbitz. Nous étions vis-à-vis, ayant comme eux d'un côté les montagnes, de l'autre les prairies, et au centre la position dominante de Kulm, où il était facile de se défendre.

Vers la fin de la journée, Vandamme conserve Kulm, tandis que les Russes conservent Priesten.

Ce n'était pas un tort à Vandamme d'avoir cherché à emporter la position des Russes, puisqu'il avait ordre de les pousser jusqu'à Tœplitz, et que d'ailleurs il devait sentir le besoin de fermer le débouché de la route d'Altenberg sur Tœplitz; mais c'en était un d'avoir attaqué avant d'avoir toutes ses forces sous la main, et ce tort lui-même s'expliquait par l'allongement de sa colonne dans les montagnes, et par le désir naturel de déloger l'ennemi avant qu'il se fût consolidé dans sa position. Au surplus le géné-

Vandamme remet au jour suivant la suite de ses opérations, et comptant être soutenu, se promet de grands résultats pour le lendemain.

ral Vandamme s'arrêta, et il résolut de bien garder Kulm, où il ne pouvait pas être forcé, ayant 52 bataillons à sa disposition, et environ 80 bouches à feu en batterie. Son intention était d'y attendre que Mortier, demeuré sur ses derrières à Pirna, vînt à son aide, et que Saint-Cyr, Marmont, placés sur sa droite, de l'autre côté des montagnes, les franchissent à la suite des coalisés. Ces mouvements n'exigeaient pas plus de douze ou quinze heures pour s'accomplir, et avec le concours de toutes ces forces il se flattait d'avoir le lendemain 30 de beaux résultats à offrir à l'Empereur : triste et déplorable illusion, pourtant bien fondée, aussi fondée qu'aucune espérance raisonnable le fut jamais! Le soir même il écrivit à Napoléon pour faire connaître sa situation, demander des secours, et annoncer que jusqu'à leur arrivée il resterait immobile à Kulm.

Les lettres écrites le 29 au soir de Kulm ne pouvaient parvenir à Dresde que le 30 au matin, et les ordres émis en réponse à ces lettres ne pouvaient être exécutés d'assez bonne heure pour que Vandamme fût secouru à temps dans la journée du 30. Dans la soirée du 29, Napoléon avait reçu les nouvelles parties le matin de Péterswalde; il avait su que les Russes se retiraient en toute hâte, que Vandamme les suivait l'épée dans les reins, et leur avait déjà enlevé quelques mille hommes. Supposant d'après ces premières informations les coalisés en complète déroute, comptant que la vive poursuite de Saint-Cyr, de Marmont, de Murat, les obligerait à traverser les montagnes en désordre, et que Vandamme placé au revers, les recueillerait par mil-

Août 1813.

Il écrit à Napoléon pour lui faire connaître sa situation.

Temps qu'il fallait pour écrire à Dresde et avoir une réponse.

Napoléon n'ayant reçu que les nouvelles du matin, se borne à réitérer à Saint-Cyr, à Marmont, à Victor, l'ordre de suivre vivement l'ennemi, et à Mortier de se tenir prêt à secourir

liers, peut-être même leur fermerait entièrement le principal débouché d'Altenberg, il avait réitéré à Saint-Cyr, à Marmont, à Murat, l'ordre de pousser vivement l'ennemi dans toutes les directions, et à Mortier d'être aux écoutes, prêt à courir à Kulm si Vandamme en avait besoin. Ayant la tête pleine des souvenirs du passé, se rappelant avec quelle facilité il ramassait jadis les Prussiens ou les Autrichiens vaincus, ne voulant pas tenir compte de la passion qui les animait aujourd'hui et les rendait si difficiles à décourager, il estimait que c'était assez de précautions pour obtenir encore de très-grands résultats de la victoire de Dresde. D'ailleurs il était absorbé en ce moment par une vaste combinaison[1], au moyen de laquelle il espérait, profitant du coup si rude frappé sur l'armée de Bohême, s'avancer sur la route de Berlin à cinq marches de Dresde, écraser l'armée du Nord, accabler d'un même coup la Prusse et Bernadotte, ravitailler les places de l'Oder, envoyer des encouragements à celles de la Vistule,

[1] Quand il voulait se rendre bien compte de ses idées, Napoléon les mettait sur le papier, sachant, comme tous les hommes qui ont beaucoup pensé, que rédiger ses idées c'est les approfondir davantage. Il avait donc dicté son projet dans une note admirable, intitulée : *Note sur la situation générale de mes affaires le 30 août*, assez semblable à celles qu'il écrivit à Moscou en octobre 1812, et révélant sa pensée tout entière au moment où Vandamme était à Kulm. On voit dans cette note la vraie cause de la négligence qui amena le malheur de Vandamme, surtout en la rapprochant des ordres donnés le même jour à Murat et à Mortier, et on sent combien est ridicule la fable de cette indisposition que certains narrateurs ont inventée, et qu'ont accueillie avec empressement ceux qui ont le goût de croire qu'en histoire les plus grands événements viennent des plus petites causes, goût singulier et qui atteste une médiocre portée d'esprit. Tant pis, en effet, pour ceux qui croient plus volontiers aux petites causes qu'aux grandes!

et imprimer de la sorte une face nouvelle à la guerre,
dont le théâtre serait pour un instant reporté au
nord de l'Allemagne. Ainsi Berlin, les places de
l'Oder et de la Vistule, qui déjà l'avaient disposé à
trop étendre le cercle de ses opérations, le préoc-
cupaient de nouveau, et allaient le détourner de ce
qui aurait dû être pour quelques heures son objet
essentiel et unique. Sans doute, comme on en jugera
bientôt, sa conception était singulièrement grande,
mais elle était malheureusement intempestive, et
prématurée au moins de deux jours! Tout entier à
ses calculs et dans le feu d'une première conception, il expédia les ordres suivants pendant la matinée du 30. Il enjoignit au maréchal Mortier à
Pirna de lui renvoyer à Dresde deux divisions de
la jeune garde, et avec les deux autres d'aller au
secours de Vandamme; à Murat de lui rendre une
moitié de la grosse cavalerie, et avec le reste de
continuer à poursuivre l'ennemi sur la chaussée
de Freyberg. Il ordonna au maréchal Marmont de
pousser vivement l'ennemi sur le débouché d'Altenberg et Zinnwald, où d'après tous les rapports
les colonnes des Russes, des Prussiens et des Autrichiens se pressaient pêle-mêle; au maréchal Saint-
Cyr de seconder Marmont dans cette opération, ou,
ce qui valait mieux, de chercher par un chemin
latéral à gagner la chaussée de Péterswalde, afin
de se joindre à Vandamme, et il espéra ainsi que
pressés en queue, menacés en flanc, retenus en
tête, les coalisés essuieraient quelque désastre. Il
prescrivit de faire immédiatement passer l'Elbe aux
troupes qu'il redemandait, et ne cacha point à

Août 1813.

Calculs
des coalisés
rangés
en aval
de Tœplitz.

Ils n'ont
d'autre pré-
tention que de
contenir
Vandamme
et
de se ménager
une retraite
assurée.

Danger
du corps
prussien
de Kleist,
resté en deçà
des
montagnes.

Murat que c'était dans l'intention de marcher sur Berlin.

Tandis qu'il concevait ces projets, et expédiait ces ordres, les coalisés à Tœplitz ne formaient pas d'aussi vastes combinaisons, et ne songeaient qu'à se tirer du péril auquel ils s'étaient imprudemment exposés en descendant sur les derrières de Dresde. La résistance heureusement opposée à Vandamme dans la journée du 29 leur avait rendu quelque confiance. Tout ce qui leur était arrivé de troupes russes et autrichiennes par le chemin d'Altenberg sur Tœplitz, avait été rabattu sur leur gauche, et placé derrière Priesten et Karbitz, afin de présenter à Vandamme une barrière de fer. Ils se flattaient donc de l'empêcher de déboucher de Kulm, et de lui faire peut-être éprouver un échec, ce qui les dédommagerait tant soit peu des journées du 26 et du 27 août, et procurerait à toutes leurs colonnes le temps de repasser les montagnes en sûreté. Pourtant il leur restait une grave inquiétude, c'était pour le corps prussien de Kleist, qui avait dû suivre le corps autrichien de Colloredo dans le premier projet de retraite, et passer avec lui par Dippoldiswalde, Altenberg, Zinnwald, Tœplitz, mais qui en avait été empêché par le mouvement transversal de Barclay de Tolly, lequel, ainsi qu'on l'a vu, s'était reporté brusquement de la chaussée de Peterswalde sur le chemin d'Altenberg, afin d'éviter Vandamme. Retardé dans sa marche, et obligé d'attendre que le chemin fût libre, le corps de Kleist était encore le 29 au soir sur le revers du Geyersberg, et on craignait pour lui les plus grands malheurs, car le corps de Saint-Cyr était tout à fait sur ses talons. Le roi de Prusse, après en avoir conféré avec l'empereur Alexandre, envoya le colonel Schœler, l'un de ses aides de camp, au général Kleist, pour le prévenir de la présence du corps de Vandamme à Kulm, lui laisser le choix de la route qu'il aurait à prendre pour se sauver, et lui promettre de bien tenir le lendemain devant Kulm, afin qu'il eût le loisir de traverser la montagne et de déboucher dans le bassin de l'Eger[1]. En même temps on regardait ce corps comme tellement compromis, qu'on enjoignait à M. de Schœler de ramener à travers les bois le jeune prince d'Orange, qui faisait cette campagne avec l'armée prussienne, et avait été placé auprès du général Kleist. On ne voulait pas en effet livrer aux mains de Napoléon un tel trophée, si le corps de Kleist était fait prisonnier. M. de Schœler partit donc immédiatement pour repasser les montagnes, et aller à tout risque remplir la difficile mission dont il était chargé. Telles étaient les espérances des uns, les craintes des autres le 29 à minuit !

Le lendemain 30 août au matin, les deux armées se trouvaient dans la même position que la veille. Les coalisés étaient en face de Vandamme, leur gau-

Août 1813.

Ordre envoyé
à ce corps
de se sauver
comme
il pourrait.

Situation
des
deux armées
le 30
au matin.

---

[1] L'historien russe Danilewski a voulu attribuer à l'empereur Alexandre l'honneur d'une combinaison profonde, consistant à faire descendre Kleist sur les derrières de Vandamme ; mais M. de Wolzogen, dans ses Mémoires aussi instructifs que spirituels, a complétement démenti cette assertion, et il était mieux que personne autorisé à le faire, puisqu'il était présent lorsque l'ordre que nous mentionnons fut donné à M. de Schœler. Cet ordre se trouve donc réduit aux proportions et au sens que nous lui prêtons ici.

che, composée des Russes, tout près des montagnes, leur centre, composé aussi des Russes, en avant de Priesten et vis-à-vis de Kulm, leur droite formée par les Autrichiens et par la cavalerie des alliés dans les prairies de Karbitz. Ils étaient disposés à prendre l'offensive, pour favoriser en occupant fortement les Français le passage du général Kleist à travers les montagnes, mais ils ignoraient par quelle route celui-ci chercherait à sortir du gouffre où il était enfermé. Ils supposaient à Vandamme tout au plus 30 mille hommes, tandis qu'il en avait 40 mille sous la main. Ils ne pouvaient donc pas hésiter à commencer l'attaque, et ils résolurent de le faire immédiatement.

Vandamme au contraire, ayant au lever du jour discerné plus clairement encore la disproportion de ses forces avec celles de l'ennemi, et attendant à chaque instant l'apparition du maréchal Mortier sur ses derrières, celle du maréchal Saint-Cyr sur sa droite, voulait se borner à la défensive jusqu'à l'arrivée de ses renforts. C'est ce qu'il manda dès six heures du matin à Napoléon. Avec l'ordre de pousser jusqu'à Tœplitz et avec son caractère audacieux, s'arrêter à Kulm était tout ce qu'on pouvait espérer de mieux de sa part. Quant à remonter sur Péterswalde même, il ne devait pas y songer, car la position de Kulm était assez forte pour qu'avec quarante mille hommes on pût s'y défendre contre quelque ennemi que ce fût; et en arrière, entre Kulm et Péterswalde, on n'avait aucun danger à prévoir, Mortier s'y trouvant, et devant en déboucher à chaque instant. Ne pas se hasarder en plaine pour aller à

Tœplitz, et se maintenir à Kulm, était donc la seule résolution indiquée.

Voici comment le général Vandamme avait distribué ses troupes. A sa droite, en face des Russes, au pied même du Geyersberg, il avait neuf bataillons de la division Mouton-Duvernet, et un peu en arrière, mais tirant vers le centre, la division Philippon avec quatorze bataillons. Il était donc bien en force de ce côté des montagnes, d'où à tout moment descendaient de nombreuses colonnes ennemies. Au centre en avant de Kulm, vis-à-vis de Priesten, il avait la brigade Quyot, de la division Teste, un peu en arrière la brigade de Reuss. Derrière Kulm, il avait la brigade Doucet de la division Dumonceau, et à gauche, vers les prairies, la brigade Dunesme, appartenant également à la division Dumonceau, pour servir d'appui à la cavalerie. Enfin le général Kreutzer, avec ce qui restait de la division Mouton-Duvernet, avait été envoyé à Aussig, assez loin en arrière, pour garder le passage de l'Elbe, conformément aux ordres de Napoléon. Ainsi, avec vingt-trois bataillons à sa droite et le long des montagnes, avec dix-huit au centre, avec sept ou huit bataillons à gauche soutenant vingt-cinq escadrons rangés dans la plaine, enfin avec une formidable artillerie, il devait se croire en sûreté, surtout étant adossé à la chaussée de Péterswalde, d'où il se flattait incessamment de voir déboucher Mortier. Il attendit donc l'esprit libre d'inquiétude, et pourtant, sans qu'on sût pourquoi, il y avait dans bien des cœurs de sinistres pressentiments. A huit heures les tirailleurs ennemis commencèrent le feu, les nôtres répondi-

Août 1813.

Distribution
des troupes
de
Vandamme.

rent, mais rien ne faisait encore prévoir un engagement sérieux. Bientôt sur notre gauche on vit les cavaliers russes du général Knorring franchir une éminence qui dominait les prairies, et puis fondre sur une batterie attelée qui était un peu en avant de notre ligne de cavalerie. Trois pièces furent enlevées, et un bataillon du 13ᵉ léger, qui essaya de les défendre, fut fort maltraité. Alors la brigade de cavalerie légère du général Heinrodt, conduite par l'intrépide Corbineau, chargea les cuirassiers russes et les repoussa. Mais l'infanterie autrichienne de Colloredo ayant déployé ses bataillons à l'appui de la cavalerie russe, les chasseurs du général Heinrodt furent obligés de se replier. Le général Corbineau, blessé à la tête, dut quitter le champ de bataille.

Vandamme alors tira du centre la brigade Quyot, et la porta vers sa gauche pour servir de soutien à la brigade Dunesme et à notre cavalerie. A peine arrivait-elle dans la plaine à gauche qu'elle fut assaillie par toute la cavalerie de Knorring. Le général Quyot forma cette brave brigade, qui était de six bataillons, en trois carrés, et pendant plus d'une heure essuya sans s'ébranler tous les assauts de la cavalerie ennemie. Celle-ci ayant voulu tourner nos carrés et s'approcher de Kulm, la brigade de chasseurs à cheval du général Gobrecht la chargea à son tour, et la rejeta sur l'infanterie autrichienne. Les efforts à notre gauche indiquaient le projet de nous ramener sur la chaussée de Péterswalde en nous débordant, mais jusqu'ici aucun de ces efforts n'avait réussi, et maîtres de la plaine à gauche, toujours fermes au centre et à droite, où l'ennemi semblait même ne pas oser nous attaquer, nous paraissions n'avoir rien à craindre.

Tout à coup cependant vers dix heures du matin, un certain tumulte se produisit sur nos derrières. On entendit des coups de fusil de tirailleurs et le bruit de nombreuses voitures d'artillerie; on aperçut enfin des colonnes épaisses, et Vandamme plein de joie crut naturellement que c'était Mortier qui arrivait de Pirna! Vaine illusion, terrible réveil! Il accourt, et reconnaît l'uniforme des Prussiens! C'était le général Kleist qui descendait par la chaussée de Péterswalde! Qui donc avait pu le tirer d'un affreux péril pour le jeter ainsi sur nos derrières? Un hasard, un heureux mouvement de désespoir! Voici en effet ce qui s'était passé.

En recevant la mission du colonel Schœler, le général Kleist avait fait part à ses officiers de la présence des Français à Kulm, et comme il était entre la route de Péterswalde à gauche, laquelle était occupée par Vandamme, et la route d'Altenberg à droite, qui avait été encombrée toute la journée par les Russes et les Autrichiens, et qui en ce moment était interceptée par le corps de Marmont, il ne lui restait qu'à suivre droit devant lui les sentiers menant sur le revers de la montagne, au risque de trouver Vandamme sur son chemin. D'ailleurs ayant immédiatement sur ses derrières le corps de Saint-Cyr, s'il s'arrêtait un instant il pouvait être assailli et accablé. En présence de ce triple danger, les Prussiens, saisis d'un transport d'enthousiasme, avaient pris le parti de gravir la montagne qui s'élevait devant eux, et si ce chemin les conduisait au

Août 1843.

Coups de fusil entendus subitement sur les derrières de Vandamme.

Soudaine apparition du corps prussien de Kleist, qui en cherchant à se faire jour se trouve sur les derrières de Vandamme.

milieu du corps de Vandamme, de se faire jour ou
de mourir. Ils avaient marché toute la nuit sans être
suivis par Saint-Cyr, et avaient découvert sur leur
gauche un chemin de traverse qui par Furstenwalde
et Streckenwalde rejoignant la chaussée de Péterswalde les avait menés sains et saufs sur les derrières
mêmes de Vandamme. Le voyant assailli de front
par cent mille hommes, se trouvant trente mille au
moins sur ses derrières, ils venaient de commencer
l'attaque à l'instant même, se flattant et ne doutant
plus d'un prodigieux résultat.

À cet aspect Vandamme, conservant une rare présence d'esprit et après s'être consulté avec le général
Haxo, comprend qu'il n'a qu'une chose à faire, c'est
de remonter la chaussée de Péterswalde, et de passer sur le corps des colonnes prussiennes en abandonnant son artillerie. Un pareil sacrifice n'est rien
s'il peut à ce prix sauver son armée. Sur-le-champ
il donne les ordres qui sont la conséquence de cette
résolution. Il prescrit à la brigade Quyot qu'il avait
portée dans la plaine à sa gauche, de se replier,
ainsi qu'à la brigade de Reuss laissée en avant de
Kulm ; il leur ordonne à toutes deux de se former en
colonnes serrées pour enfoncer les Prussiens, tandis que la brigade Dunesme avec la cavalerie per-
sistera dans la plaine à contenir les Autrichiens de
Colloredo et les nombreux escadrons de Knorring,
et qu'à droite Mouton-Duvernet et Philippon, re-
broussant chemin le long des montagnes, viendront
à leur tour assaillir les Prussiens. Au centre sur
l'éminence de Kulm, Vandamme décidé à sacrifier
son artillerie, la place en batterie avec ordre d'en

faire contre les Russes un usage désespéré. La brigade Doucet doit soutenir cette artillerie le plus longtemps possible, et puis quand on se sera fait jour,
on doit se retirer tous ensemble en abandonnant les
canons, mais en sauvant les chevaux et les hommes.

Ces ordres sont aussitôt exécutés. Les brigades
Quyot et de Reuss quittent la plaine à gauche pour
regagner la chaussée de Péterswade, tandis que Philippon et Mouton-Duvernet se replient lentement.
À cette vue, les soixante bataillons russes que nous
avions devant nous à notre droite et à notre centre,
poussent des cris de joie, et nous suivent. Mouton-
Duvernet et Philippon les contiennent, Baltus au
centre les mitraille des hauteurs de Kulm; mais à
gauche dans la plaine, où ne reste plus que la brigade Dunesme, une masse formidable d'ennemis
fond sur cette brave brigade qui se défend vaillamment. En arrière, les brigades Quyot et de Reuss
essayant de regagner la chaussée de Péterswalde en
colonne serrée, chargent les Prussiens avec violence. Ce mouvement produit un affreux refoulement
dans les troupes du général Kleist, et il en résulte
un conflit impossible à décrire, dans lequel les hommes se prennent corps à corps, s'étouffent, s'égor-
gent à coups de sabres et de baïonnettes. Au même
moment une brigade de cavalerie, celle de Montma-
rie, suivie de beaucoup de soldats du train, se jette
sur l'artillerie des Prussiens et l'enlève. Le général
de Fezensac amené sur ce point par Vandamme avec
les débris de sa brigade, contribue à l'effort commun. On parvient ainsi à rouvrir la route en renver-
sant la première ligne de Kleist, et il y a chance

Août 1813.

Un moment
Vandamme

encore de se sauver si Mouton-Duvernet et Philippon, se repliant à temps et en bon ordre, peuvent aider à forcer la seconde ligne des Prussiens. Mais un étrange accident survient et déjoue tous les calculs de l'infortuné Vandamme. Notre cavalerie chargée à outrance sur la gauche de la route, et rejetée sur la droite, s'y précipite suivie d'une multitude de soldats du train qui étaient séparés de leurs pièces. Dans leur course désordonnée, cavaliers et canonniers se ruent sur Mouton-Duvernet et Philippon, mettent le trouble dans leurs rangs, et y décident par leur exemple un mouvement général de retraite vers les bois. Alors tout prend cette direction! Le général Baltus, après avoir criblé les Russes de mitraille, se retire du même côté avec ses attelages et la brigade Doucet. Dans la plaine il ne reste que la brigade Dunesme, assaillie de toutes parts, se défendant héroïquement, mais finissant par succomber. Une partie des soldats de cette brigade sont tués ou pris, les autres tâchent de gagner l'asile des montagnes. Vandamme, Haxo, blessés, et demeurés les derniers au milieu du péril, sont faits prisonniers. Le général Kreutzer, placé à Aussig, et apercevant de loin cette échauffourée, prend le parti de se retirer, et se sauve par miracle avec quelques bataillons. A l'exception d'un petit nombre de colonnes se repliant avec ordre, on ne voit bientôt de tous côtés qu'une nuée d'hommes s'échappant comme ils peuvent, et réussissant en effet à se dérober à l'ennemi, grâce à ces montagnes boisées où il est impossible de les poursuivre.

Telle fut cette malheureuse journée de Kulm, qui

nous coûta 5 à 6 mille morts ou blessés, 7 mille prisonniers, 48 bouches à feu, deux généraux bien diversement illustres, et qui, bien qu'elle coûtât 6 mille hommes aux coalisés, les releva de leur défaite, leur rendit l'espérance de la victoire, et effaça en un moment de leur souvenir les éclatantes journées du 26 et du 27 août.

Août 1813.

de cette journée.

Quelle raison donner de cette singulière catastrophe? Comment expliquer que tant de corps français entourant l'armée coalisée, à ce point que l'un de ces corps, celui de Vandamme, se trouvait déjà sur sa ligne de retraite, qu'elle-même étant embarrassée dans les gorges du Geyersberg, et y ayant un de ses détachements tellement enfermé qu'on ne pouvait imaginer de quelle manière il s'échapperait, comment expliquer que la face des choses change tout à coup, que le corps français destiné à assurer la perte de l'ennemi soit perdu lui-même, et que l'auteur du désastre soit précisément le détachement prussien supposé sans ressource, que la victoire passe ainsi des uns aux autres en un instant, avec toutes ses conséquences militaires, politiques et morales? Est-ce la faute de Vandamme, qui se serait trop engagé, de Mortier, de Saint-Cyr qui ne l'auraient pas secouru à temps, de Napoléon, qui aurait trop abandonné les événements à eux-mêmes? Ou bien serait-ce le génie militaire qu'auraient déployé les généraux ennemis en cette circonstance?... Les faits, exposés dans toute leur vérité, ont presque déjà répondu à ces questions, et expliquent à eux seuls ce changement de fortune, l'un des plus prodigieux dont l'histoire fasse mention.

A qui s'en prendre du malheur de Vandamme?

Vandamme avec beaucoup de vices contre-balancés par de grandes qualités, n'eut dans ces journées presque aucun tort. Il était placé dès l'origine au camp de Pirna, avec mission essentielle de se porter sur les derrières de l'ennemi, et devait avoir sans cesse l'esprit tourné vers cette seule pensée. Le 28 août, voyant plusieurs colonnes russes défiler devant lui, il reçut l'ordre formel de les suivre l'épée dans les reins, de marcher après elles en Bohême, et d'aller jusqu'à Tœplitz pour fermer aux coalisés leur principal débouché. Il savait qu'il était entouré de corps français sur ses flancs et ses derrières, prêts à survenir à tout moment. Il courut donc, il suivit les Russes, et ce fut miracle si dans son ardeur il n'alla pas jusqu'à Tœplitz, car il en avait l'ordre, et il était certain de n'obtenir qu'à Tœplitz les grands résultats que Napoléon se promettait de sa présence en Bohême. Pourtant après avoir essayé de pousser l'ennemi au delà de Priesten, et avoir eu le tort, fort excusable d'ailleurs, et qui n'eut aucune gravité pour la suite des événements, d'attaquer sans ensemble, il sut s'arrêter à Kulm, bien qu'il eût Tœplitz devant lui, Tœplitz que ses instructions et son légitime désir lui assignaient comme but. Après s'être arrêté il s'établit dans une position très-forte, garantie de tous côtés, un seul excepté, celui par lequel devait venir Mortier, et il attendit, demandant du secours et des ordres. Quel autre parti aurait-il pu prendre? Rétrograder sur Péterswalde et Pirna? mais c'eût été abandonner et son poste et sa mission, et contrevenir non-seulement au texte, mais à la pensée de ses

instructions, car il était chargé de barrer le chemin
à l'ennemi, et il le lui eût ouvert. Tout ce qu'on
pouvait donner à la prudence il l'avait donné en
s'abstenant d'aller à Tœplitz, et en s'arrêtant à
Kulm. Si dans cette position de Kulm, de laquelle
il eut le bon esprit de ne pas sortir, ce fut le général
Kleist au lieu du maréchal Mortier qui parut sur ses
derrières, ce fut là un accident extraordinaire, dont
il y aurait une criante injustice à le rendre respon-
sable. Quant à ce qui suivit, Vandamme au moment
de la catastrophe conserva toute sa présence d'esprit, et prit la seule résolution possible, celle de
rebrousser chemin en passant sur le corps des Prussiens, résolution qui devint inexécutable par l'inévitable confusion d'une situation pareille. Il n'y avait
donc rien à lui reprocher à lui, et la supposition
qu'il se perdit en courant trop vite après le bâton de
maréchal, qu'il avait mieux mérité que d'autres par
ses services militaires, et pas plus démérité par ses
violences, est une calomnie à l'égard d'un infortuné
plus à plaindre ici qu'à blâmer.

Si Vandamme ne fut pas coupable, si tout son malheur vint de ce qu'au lieu d'un corps français il ap-
parut sur ses derrières un corps prussien, faut-il
s'en prendre aux divers commandants de troupes
françaises qui auraient pu survenir, et notamment
au maréchal Mortier, au maréchal Saint-Cyr, les seuls
placés à portée de Kulm? Le maréchal Mortier établi
à Pirna comme en cas, avec l'alternative d'être ramené à Dresde ou envoyé à Tœplitz, aurait dû se
tenir entre deux, et avec plus de spontanéité et de
vigilance il aurait pu accourir de lui-même au se-

Août 1813.

Le maréchal
Mortier
se renferma
également
dans
les ordres
qu'il avait
reçus.

cours de Vandamme. Mais dans la stricte observation de ses devoirs, destiné à être dirigé sur un point ou sur un autre, il était naturel qu'il attendît dans une complète immobilité l'expression des volontés de Napoléon, et, quant à l'ordre précis de secourir Vandamme avec deux divisions, cet ordre ne lui arriva que dans le courant de la journée du 30, c'est-à-dire à une heure où la catastrophe était déjà accomplie. Il est donc absolument impossible de s'en prendre à ce maréchal.

On voudrait pouvoir en dire autant du maréchal Saint-Cyr; mais ce maréchal est certainement le plus sujet à reproches, et il y a peu d'excuses à faire valoir en sa faveur. Placé directement à la suite du corps de Kleist, il aurait dû être toujours sur ses traces, ne pas le perdre de vue un instant, et s'il eût rempli ce devoir positif, le corps de Kleist suivi à la piste, au moment où il tombait sur Vandamme, aurait vu à son tour un corps français tomber sur ses derrières, et aurait probablement été pris et détruit, au lieu de contribuer à prendre et à détruire Vandamme. Malheureusement le maréchal Saint-Cyr, esprit éminent mais frondeur, n'ayant de zèle que pour les opérations dont il était directement chargé, ne sachant hors du feu que critiquer ses voisins et son maître, ayant en toute circonstance plaisir à chercher des difficultés au lieu de chercher à les vaincre, employa la journée du 28 à se porter à Maxen, le lendemain 29 ne s'avança que jusqu'à Reinhards-Grimme, ne fit ainsi qu'une lieue et demie dans cette journée décisive pour la poursuite, employa ce temps si précieux à faire demander à l'état-major s'il devait

suivre Marmont sur la route d'Altenberg, et tandis
qu'il avait l'ordre positif de suivre l'ennemi à outrance dans toutes les directions, laissait Kleist disparaître, et s'acheminer sur les derrières de Vandamme.
Puis le lendemain 30, lorsque l'ordre de chercher à
rejoindre Vandamme par une route latérale lui parvenait, ordre tellement indiqué que Berthier sur la
carte seule le lui envoyait de Dresde, il s'ébranlait
enfin, et par le chemin qui avait mené Kleist sur les
derrières de Vandamme, et qui l'aurait mené lui-
même sur les derrières de Kleist, il arrivait pour
entendre le canon qui annonçait notre désastre. Ainsi
avait été perdue la journée du 29, à fronder, à se
plaindre de n'avoir pas d'ordre, tandis qu'existait
l'ordre constant et bien suffisant de poursuivre l'ennemi sans relâche [1]!

[1] Quoique je n'aie pas le goût d'adopter les jugements malveillants
que les contemporains portent les uns sur les autres, et que je me défie
en particulier de ceux du duc de Raguse, ordinairement légers et rigoureux, il est impossible, quand on a bien étudié les faits, lu les ordres et les correspondances, de ne pas reconnaître que le jugement
qu'il exprime en cette occasion sur la conduite du maréchal Saint-Cyr
est à peu près juste. C'est avec grand chagrin qu'on trouve en faute
un homme aussi distingué que le maréchal Saint-Cyr, mais on doit la
vérité à tout le monde, et il faut savoir se résigner à la dire sur ce maréchal, lorsque dans cette histoire il faut la dire sur des hommes tels
que Moreau, Masséna et Napoléon.

Le maréchal Marmont n'est pas le seul à juger comme il l'a fait la
conduite du maréchal Saint-Cyr en cette circonstance. Dans une rela-
tion encore manuscrite, digne de celle qu'il a écrite sur 1812, M. le
général de Fezensac a porté en termes très-modérés, mais très-posi-
tifs, le même jugement que le maréchal Marmont sur le rôle qu'ont
joué les divers acteurs de l'événement de Kulm. Effectivement les
faits sont tellement frappants, qu'il est impossible de les interpréter
de deux manières. Le général Vandamme ne périt pas pour être allé
trop loin, car, ainsi que nous l'avons dit, il avait ordre d'aller à
Teplitz, et il s'arrêta à Kulm. A Kulm, avec 32 bataillons, il était

Quant au maréchal Marmont, il poussa l'ennemi aussi vivement qu'il le put, et eut même plusieurs combats heureux, mais il était trop loin de Vandamme pour lui venir en aide. Placé tout à fait sur la droite, il ne pouvait avoir la prétention de franchir les montagnes avant Saint-Cyr, sans s'exposer à tomber seul au milieu des ennemis comme dans un gouffre. Il n'y a donc rien à lui reprocher. Quant à Murat, il était dans l'impossibilité d'exercer aucune influence sur l'événement déplorable qui s'accomplit à Kulm, puisqu'il courait avec ses escadrons sur la grande route de Freyberg.

invincible, et il le serait resté si trente mille Prussiens n'étaient tombés sur ses derrières. Qui était chargé de suivre ces Prussiens? Non pas Mortier, qui était à gauche à Pirna, et avait ordre d'y rester; non pas Marmont, qui était à droite sur la route d'Altenberg, et avait ordre de s'y tenir; mais le maréchal Saint-Cyr, qui était entre deux, avec mission de poursuivre l'ennemi sans relâche et dans toutes les directions, comme le lui prescrivaient les instructions réitérées de Napoléon. Or, le 28 il s'arrêta à Maxen, ce qui à la rigueur pouvait se concevoir. Mais le 29 il employa la journée à faire une lieue et demie, et envoya chercher l'ordre de savoir s'il suivrait Marmont qu'il venait de rencontrer sur sa droite. En admettant qu'il eût besoin de cet éclaircissement, le premier devoir était en attendant de ne pas perdre la piste de l'ennemi, et de ne pas lui laisser la liberté dont il usa si fatalement pour accabler Vandamme. Le lendemain, quand l'ordre, dicté par le plus simple bon sens, de tâcher de se lier à Vandamme plutôt que de suivre Marmont, quand cet ordre arrivait il n'était plus temps, et Vandamme était détruit. Le maréchal Saint-Cyr, sans la mauvaise volonté dont on l'a accusé à d'autres époques envers ses voisins, fut par la seule suspension de sa marche le 29, l'auteur involontaire assurément, mais bien visible, du désastre de Vandamme. Même en faisant demander un éclaircissement à l'état-major général, il aurait dû ne pas s'arrêter, et il devait bien, avec son rare esprit et sa grande expérience, se dire que pendant qu'il envoyait chercher un ordre l'ennemi se sauverait; et encore si l'ennemi n'avait fait que se sauver, ce n'eût été qu'un faible mal, mais en se sauvant il détruisit Vandamme et le destin de la campagne. C'est avec un grand regret qu'on trouve en faute un aussi noble person-

Reste enfin au nombre des acteurs responsables de cette catastrophe Napoléon lui-même, qui présent sur les lieux, suivant sans relâche ses lieutenants, aurait pu les faire converger au point commun, et par sa présence eût certainement obtenu ce qu'il prévoyait, et ce qu'il était fondé à espérer. Mais il fut détourné le 28 de ce grand devoir par les nouvelles qui lui parvinrent des environs de Lowenberg et de Berlin, et aussi, il faut le dire, par la confiance qu'après les ordres donnés, les résultats attendus étaient suffisamment préparés et garantis. En effet, quatre-vingt mille hommes sous Saint-Cyr,

nage historique que le maréchal Saint-Cyr, mais l'histoire ne doit être une flatterie ni pour les vivants ni pour les morts. Elle n'est tenue que d'être vraie, de l'être sans malveillance comme sans faiblesse.

Nous plaçons ici quelques lettres extraites de la correspondance de Napoléon et du major général Berthier.

L'Empereur au major général.

« Dresde, le 27 août 1813 à sept heures et demie du soir.

» ..... Envoyez reconnaître positivement la situation du maréchal Saint-Cyr. Témoignez-lui mon mécontentement de ce que je n'ai pas eu de ses nouvelles pendant toute la matinée ; il aurait dû m'envoyer un officier toutes les heures pour me rendre compte de ce qui se passait. »

« *Au major général.*

» Devant Dresde, le 28 août 1813.

» Donnez ordre au maréchal Saint-Cyr de marcher sur Dohna. Il se mettra sur la hauteur, et suivra la retraite sur les hauteurs en passant entre Dohna et la plaine. Le duc de Trévise suivra sur la grande route. Aussitôt que la jonction sera faite avec le général Vandamme, le maréchal Saint-Cyr continuera sa route pour se porter avec son corps et celui du général Vandamme sur Gieshübel, le duc de Trévise prendra position sur Pirna. Du reste, je m'y rendrai moi-même aussitôt que je saurai que le mouvement est commencé. »

23.

Marmont, Murat, poussant les coalisés contre les montagnes, et quarante mille hommes sous Vandamme chargés de les recevoir sur le revers, composaient un ensemble de précautions aussi complètes que toutes celles qu'il avait jamais prises pour s'assurer les conséquences de ses victoires! Si les coalisés eussent été aussi faciles à déconcerter que l'étaient jadis nos ennemis, s'ils eussent été moins obstinés à combattre, moins prompts à reprendre confiance, Vandamme, au lieu de leur inspirer l'idée de s'arrêter, les aurait recueillis comme des troupeaux qui fuient devant un animal prêt à les dévorer. Napoléon s'en rapportant au passé, crut, et dut croire qu'il avait assez fait pour se procurer les plus beaux triomphes. Malheureusement les temps étaient changés, et pour achever la ruine de la grande armée de Bohême, ce n'eût pas été trop de Napoléon lui-même veillant jusqu'au dernier

Quelle part peut-on assigner à Napoléon dans la catastrophe de Vandamme.

« *Au major général.*

« Dresde, le 29 août 1813 à 5 heures et demie du matin.

« Donnez ordre au roi de Naples de se porter sur Frauenstein et de tomber sur les flancs et les derrières de l'ennemi, et de réunir à cet effet sa cavalerie, son infanterie et son artillerie. — *Donnez ordre au duc de Raguse de suivre l'ennemi sur Dippoldiswalde et dans toutes les directions qu'il aurait prises.* — *Donnez ordre au maréchal Saint-Cyr de suivre l'ennemi sur Maxen et dans toutes les directions qu'il aurait prises.* — Instruisez ces trois généraux de la position des deux autres, afin qu'ils sachent qu'ils se soutiennent réciproquement. »

« *Au roi de Naples.*

« Dresde, le 29 août 1813 à 5 heures après midi.

« Aujourd'hui 29 à six heures du matin, le général Vandamme a attaqué le prince de Wurtemberg près de Hollendorf; il lui a fait

instant à l'accomplissement de ses desseins. Et en
toute autre circonstance il n'aurait pas manqué
d'être auprès de Vandamme avec sa garde entière,
de conduire par la main Saint-Cyr et Marmont,
et de poursuivre la victoire jusqu'à ce qu'il en eût
tiré tout ce qu'elle pouvait donner. Mais il était distrait, reporté violemment ailleurs, non pas comme
tant d'autres héros par le goût de la mollesse ou
des plaisirs, mais par la passion ordinaire de sa
vie, passion d'obtenir tous les résultats à la fois,
souvent même les plus contradictoires et les plus
opposés. Berlin, Dantzig, comme Moscou un an auparavant, étaient les prismes trompeurs qui éga-
raient en ce moment son génie. Pour frapper à Berlin
la Prusse et l'Allemagne, pour être toujours fondé à
dire que sa puissance s'étendait du golfe de Tarente
à la Vistule, il avait eu dès le commencement de
cette campagne la pensée d'envoyer un de ses corps

1500 prisonniers, pris quatre pièces de canon, et l'a mené battant;
c'étaient *tous Russes*. Le général Vandamme marchait sur Tœplitz avec
tout son corps. Le général prince de Reuss, qui commandait une de nos
brigades, a été tué. — Je vous écris cela pour votre gouverne. — Le
général Vandamme me mande que l'épouvante est dans toute l'armée
russe. »

Le major général au maréchal Gouvion Saint-Cyr.

« Dresde, le 30 août 1813.

« Monsieur le maréchal,

« Je reçois votre lettre datée de Reinhards-Grimme, par laquelle vous
me faites connaître que vous vous trouvez derrière le 6ᵉ corps. L'intention de Sa Majesté est que, dans cet état de choses, vous appuyiez le
6ᵉ corps; mais il serait préférable que vous passiez trouver un chemin
sur la gauche, entre le duc de Raguse et le corps du général Vandamme,
qui a obtenu de grands succès sur l'ennemi et lui a fait 2 mille prisonniers. »

à Berlin, de conserver une garnison à Dantzig, et pour cette pensée il avait, comme on l'a vu, laissé s'introduire dans la profonde combinaison de son plan de campagne un vice caché, celui d'élargir singulièrement le cercle de ses opérations dont le centre était à Dresde, de placer Macdonald à Lowenberg au lieu de le placer à Bautzen, de diriger Oudinot sur Berlin au lieu de l'établir à Wittenberg, grande faute qui l'empêchait d'accourir à temps partout où il aurait fallu qu'il fût pour achever ses propres victoires, et réparer les échecs de ses lieutenants! Cette même cause continuant à produire les mêmes effets, il voulut, en apprenant un malheur arrivé à Macdonald, le secourir le plus tôt possible; il voulut aussi conduire lui-même l'armée d'Oudinot à Berlin, et pour ce double motif se détournant de Pirna et de Kulm, où il aurait dû être de sa personne et avec sa garde, il laissa ses victoires les plus importantes inachevées, pour courir à d'autres, et s'exposa de la sorte à manquer tous les buts pour les vouloir atteindre tous à la fois. Ainsi toujours la même cause dans les malheurs de Napoléon, toujours la même source d'erreur!

Et c'est dans le désastre de Kulm la seule part de reproches qu'on puisse lui adresser, car dans les détails il ne commit pas une faute. Quant à ses ennemis, leur mérite contribua pour peu de chose au résultat. Leur plan de retraite fut fort peu médité; ils se retirèrent en hâte avec l'idée d'aller jusqu'au delà de l'Eger, et s'ils s'arrêtèrent devant Kulm, ce fut à l'improviste, ce fut à la vue d'un corps dont la position à la fois hasardée et inquiétante pour eux, leur inspira l'idée de ne point passer sans le contenir. Et cependant ils n'en seraient pas même venus à bout, si le plus grand des hasards, celui d'un corps prussien compromis, faisant acte de désespoir pour se sauver, ne leur eût fourni une combinaison involontaire, inattendue, et d'immense conséquence, combinaison dont on a voulu attribuer le mérite à l'empereur Alexandre, mais qui ne fut due qu'au sentiment énergique des Prussiens résolus à se faire jour ou à mourir. Ce n'est donc pas au génie des coalisés, qui toutefois étaient loin de manquer d'habileté militaire, c'est à la passion patriotique qui les animait, et qui les portait à se roidir contre la défaite, qu'il faut attribuer leur promptitude à saisir l'occasion de Kulm! Autre leçon profondément morale à tirer de ces prodigieux événements, c'est qu'on doit se garder de pousser les hommes au désespoir, car en provoquant ce sentiment chez eux on leur donne des forces surnaturelles, qui déjouent tous les calculs, et surmontent parfois la puissance même de l'art le plus consommé!

Ces coalisés qui en abandonnant le champ de bataille de Dresde, se tenaient pour complétement battus, et se demandaient tristement si en cherchant à vaincre Napoléon, ils n'avaient pas entrepris de lutter contre le destin lui-même, tout à coup à l'aspect de Vandamme vaincu et pris, se regardèrent comme revenus à une situation excellente, et crurent voir au moins en équilibre la balance de la fortune. Pourtant en comptant ce que leur avaient coûté les deux journées de Dresde, la poursuite du 28 et du 29, la journée même du 30, ils avaient perdu en morts, blessés

Août 1813.

C'est au hasard qu'est dû leur triomphe inespéré.

L'événement de Kulm leur rendit toute la confiance qu'ils avaient perdue.

ou prisonniers, plus de 40 mille hommes, et la défaite de Vandamme, après tout, ne nous faisait pas perdre plus de 12 à 13 mille hommes, en prisonniers, morts ou blessés. Mais la confiance était rentrée dans leur âme, ils se livraient à la joie, et loin de vouloir abandonner la partie, et de laisser à Napoléon le temps d'aller frapper les armées de Silésie et du Nord, ils étaient résolus à ne lui accorder aucun repos, et à le combattre sans relâche. Dans ces hécatombes immenses, quarante mille hommes ne comptaient pour rien; le sentiment des adversaires aux prises était tout, et le sentiment des coalisés, loin d'être celui de la défaite, était presque déjà celui de la victoire. Pour eux n'être pas vaincus, c'était presque vaincre, et pour Napoléon au contraire ne pas anéantir ses adversaires, c'était n'avoir rien fait. C'est à ces conditions extrêmes et à peu près impossibles qu'il avait attaché son salut !

Ajoutons en terminant ce douloureux récit que le seul homme qu'on eût un moment opposé jadis à Napoléon, Moreau, expirait tout près de lui, à Tann. On lui avait coupé les deux jambes, et il avait supporté cette opération avec le courage tranquille qui était sa qualité distinctive. Pourtant il avait horriblement souffert. Transporté sur les épaules des soldats ennemis de sa patrie, il avait fait un trajet d'une vingtaine de lieues au milieu de douleurs cruelles. De l'autre côté des monts, tous les souverains, le roi de Prusse, l'empereur d'Autriche, l'empereur Alexandre, s'étaient rendus auprès de son lit de mort, et lui avaient prodigué les marques

d'estime et de regret. Les plus grands personnages,
M. de Metternich, le prince de Schwarzenberg, les
généraux de la coalition, étaient venus le visiter à
leur tour; Alexandre l'avait tenu longtemps serré
dans ses bras, car il avait conçu pour lui une ami-
tié véritable. Plutôt embarrassé que fier de ces témoignages, Moreau, dont l'âme un instant égarée
avait toujours été honnête, Moreau s'interrogeant
lui-même sur le mérite de sa conduite, disait sans
cesse : Et pourtant je ne suis pas coupable, je ne voulais que le bien de ma patrie!... Je voulais l'arracher
à un joug humiliant!... — Ainsi, tandis qu'on en-
tourait son agonie de respects, lui, tout occupé d'autre chose, s'examinait, se jugeait au tribunal de sa
propre conscience, et n'avait de repos que lorsqu'il
s'était trouvé des excuses pour une conduite qui
lui valait de si hauts témoignages. Un autre cri lui
échappa plusieurs fois, ce fut celui-ci : Ce Bonaparte est toujours heureux! — Il avait proféré ces
mots au moment où le boulet l'avait frappé, et il les
répéta souvent avant d'expirer!... Bonaparte heureux!... Il l'avait été, il pouvait le paraître encore
aux yeux d'un rival expirant, mais la Providence
allait bientôt prononcer sur son propre sort, et lui
infliger une fin plus triste peut-être que celle de Moreau, s'il y a une fin plus triste que de mourir dans
les rangs des ennemis de sa patrie! Funestes illusions de la haine! On s'envie, on se hait, on se poursuit en croyant heureux l'adversaire qu'on déteste,
tandis que tous, la tête courbée sous le fardeau de
la vie, on marche au milieu des mêmes douleurs à
des malheurs presque pareils! Les hommes s'envie-

raient moins, s'ils savaient combien avec des apparences différentes leur fortune est souvent égale, et
au lieu de se diviser sous la main du destin, s'uni-
raient au contraire pour en soutenir en commun le
poids accablant!

FIN DU LIVRE QUARANTE-NEUVIÈME.

LIVRE CINQUANTIÈME.

LEIPZIG ET HANAU.

Événements accomplis en Silésie et dans les environs de Berlin pendant
les opérations des armées belligérantes autour de Dresde. — Forces
et instructions laissées au maréchal Macdonald lorsque Napoléon était
revenu du Bober sur l'Elbe. — Pressé d'exécuter ses instructions et
craignant de perdre les avantages de l'offensive, ce maréchal avait
mis ses trois corps en mouvement le 26 août. — Le général Blucher
s'était jeté sur la division Charpentier et la cavalerie Sébastiani,
et les avait culbutées du plateau de Janowitz. — Cet accident avait
entraîné la retraite de toute l'armée, qu'une pluie torrentielle de
plusieurs jours avait rendue presque désastreuse. — Prise et destruction de la division Puthod. — Le maréchal Macdonald réduit
de 70 mille hommes à 50 mille. — Son mouvement rétrograde sur
le Bober. — Événements du côté de Berlin. — Marche du maréchal
Oudinot à la tête des 4ᵉ, 12ᵉ et 7ᵉ corps. — Composition et force
de ces corps. — Armée du prince royal de Suède. — Arrivée devant
Trebbin. — Premières positions de l'ennemi enlevées dans les journées des 21 et 22 août. — Isolement des trois corps français dans la
journée du 23, et combat malheureux du 7ᵉ corps à Gross-Beeren.
— Retraite du maréchal Oudinot sur Wittenberg. — Beaucoup de
soldats se débandent, surtout parmi les alliés. — C'est la connaissance de ces graves échecs qui le 28 août avait ramené Napoléon de Pirna sur Dresde, et avait détourné son attention de Kulm.
— Ne sachant pas encore ce qui était arrivé à Vandamme, il avait
formé le projet de déplacer le théâtre de la guerre, et de le transporter dans le nord de l'Allemagne. — Vastes conséquences qu'aurait
pu avoir ce projet. — A la nouvelle du désastre de Kulm, Napoléon,
obligé de restreindre ses vues, réorganise le corps de Vandamme,
en confie le commandement au comte de Lobau, envoie le maréchal
Ney pour remplacer le maréchal Oudinot dans le commandement
des trois corps retirés sur Wittenberg, et se propose de s'établir
avec ses réserves à Hoyerswerda, afin de pousser d'un côté le maréchal Ney sur Berlin, et de prendre de l'autre une position menaçante
sur le flanc du général Blucher. — Départ de la garde pour Hoyerswerda. — Nouvelles inquiétantes de Macdonald, qui détournent encore Napoléon de l'exécution de son dernier projet, et l'obligent à
se porter tout de suite sur Bautzen. — Arrivée de Napoléon à Bautzen

le 4 septembre. — Prompte retraite de Blucher dans les journées des
4 et 5 septembre. — A peine Napoléon a-t-il rétabli le maréchal Macdonald sur la Neisse, qu'une seconde apparition de l'armée de Bohême
sur la chaussée de Péterswalde le ramène à Dresde. — Son entrevue
aux avant-postes avec le maréchal Saint-Cyr dans la journée du 7. —
Projet pour le lendemain 8 septembre. — Dans cet intervalle, Napoléon apprend un nouveau malheur arrivé sur la route de Berlin. —
Le maréchal Ney ayant reçu l'ordre de se porter sur Baruth, avait fait
dans la journée du 5 septembre un mouvement de flanc devant l'ennemi, avec les 4e, 12e et 7e corps. — Ce mouvement, qui avait réussi
le 5, ne réussit pas le 8, et amène la malheureuse bataille de Dennewitz. — Retraite le 7 septembre sur Torgau. — Débandade d'une
partie des Saxons. — Napoléon reçoit cette nouvelle avec calme,
mais commence à concevoir des inquiétudes sur sa situation. — Avis
indirect, donné par l'intermédiaire de M. de Bassano, au ministre de
la guerre pour l'armement et l'approvisionnement des places du Rhin.
— Conformément au plan convenu le 7 avec le maréchal Saint-Cyr,
Napoléon, dans la journée du 8, pousse vivement les Prussiens et les
Russes, afin de les rejeter en Bohême. — Sur l'avis du maréchal
Saint-Cyr, on suit le 9 et le 10 la vieille route de Bohême, celle de
Furstenwalde, par laquelle on a l'espérance de tourner l'ennemi. —
L'impossibilité de faire passer l'artillerie par le Geyersberg empêche
d'achever le mouvement projeté. — Ignorant qu'en ce moment les
Autrichiens sont séparés des Prussiens et des Russes, et pressé de
réparer les échecs de ses lieutenants, Napoléon s'arrête et revient à
Dresde. — Évidence du plan des coalisés, consistant à courir sur les
armées françaises dès que Napoléon s'en éloigne, et à se retirer dès
qu'il arrive, à fatiguer ainsi ses troupes, pour l'envelopper ensuite,
et l'accabler lorsqu'on le jugera suffisamment affaibli. — Déplorable
réalisation de ces vues. — Les forces de Napoléon réduites de 360
mille hommes de troupes actives sur l'Elbe à 250 mille. — En considération de cet état de choses, Napoléon resserre le cercle de ses
opérations, ramène Macdonald avec les 3e, 5e, 11e, 2e corps près de
Dresde, établit le comte de Lobau et le maréchal Saint-Cyr au camp
de Pirna, derrière de bons ouvrages de campagne, afin que l'ennemi ne puisse plus se faire un jeu de ses apparitions sur la route de
Péterswalde, envoie un fort détachement de cavalerie sur ses derrières pour disperser les troupes de partisans, réorganise le corps de
Ney sur l'Elbe, place le maréchal Marmont et Murat à Grossenhayn
pour protéger l'arrivée de ses approvisionnements, et se concentre
à Dresde avec toute la garde, de manière à ne plus être mis en
mouvement par de vaines démonstrations de l'ennemi. — Troisième
apparition des Prussiens et des Russes sur Péterswalde. — Les ouvrages ordonnés entre Pirna, Gieshubel et Dohna, n'étant pas
achevés, Napoléon est obligé d'accourir encore une fois sur la
route de Péterswalde pour rejeter l'ennemi en Bohême. — Prompte
retraite des coalisés. — Retour de Napoléon à Pirna, et ses soins
pour bien asseoir sa position, afin de ne plus s'épuiser en courses
inutiles. — Sa résolution de s'établir sur l'Elbe, de Dresde à Ham-

bourg, pour la durée de l'hiver. — Projets de l'ennemi. — Napoléon
étant partout resserré sur l'Elbe, et la saison avançant, les souverains
coalisés songent à mener la guerre à fin par une tentative décisive
sur les derrières de notre position. — Blucher fait prévaloir l'idée
d'employer en Bohême la réserve du général Benningsen, et, après
avoir ainsi renforcé la grande armée des alliés, de la faire descendre
sur Leipzig, tandis qu'il ira lui-même joindre Bernadotte, passer
l'Elbe avec lui aux environs de Wittenberg, et remonter sur Leipzig
avec les armées du Nord et de Silésie. — Premiers mouvements en
exécution de ce dessein. — Napoléon découvre sur-le-champ l'intention de ses adversaires, et fait repasser toutes ses troupes sur la
gauche de l'Elbe. — Il ne laisse sur la droite de ce fleuve que Macdonald avec le 11ᵉ corps; il achemine Marmont et Souham, l'un
par Leipzig, l'autre par Meissen, sur le bas Elbe, afin d'appuyer Ney;
il envoie Lauriston et Poniatowski sur la route de Prague à Leipzig
pour soutenir Victor contre l'armée de Bohême. — Attente de quelques jours pour laisser dessiner plus clairement les projets de l'ennemi. — Blucher s'étant dérobé pour se joindre à Bernadotte et
passer l'Elbe à Wartenbourg, Napoléon quitte Dresde le 7 octobre
avec la garde et Macdonald, et descend sur Wittenberg dans le dessein
de battre Blucher et Bernadotte d'abord, et puis de se reporter sur
la grande armée de Bohême. — Belle et profonde conception de Napoléon tendant à refouler Blucher et Bernadotte sur Berlin, et à surprendre ensuite Schwarzenberg en remontant la rive droite de l'Elbe
pour repasser ce fleuve à Torgau ou à Dresde. — Mouvement prononcé de Blucher et de Bernadotte sur Leipzig, qui change tous les
projets de Napoléon. — Celui-ci voyant les coalisés près de se réunir
tous sur Leipzig, se hâte d'y arriver le premier pour s'interposer
entre eux, et empêcher leur jonction. — Retour de la grande armée
française sur Leipzig. — Terrible bataille, la plus grande du siècle et
probablement des siècles, livrée pendant trois jours sous les murs de
Leipzig. — Retraite de Napoléon sur Lutzen. — Explosion du pont
de Leipzig, qui amène la destruction ou la captivité d'une partie de
l'armée française. — Mort de Poniatowski. — Marche sur Erfurt. —
Défection de la Bavière et arrivée de l'armée austro-bavaroise dans
les environs de Hanau. — Mouvement accéléré de l'armée française
et bataille de Hanau. — Humiliation de l'armée austro-bavaroise. —
Rentrée des Français sur le Rhin. — Leur état déplorable en arrivant
à Mayence. — Opérations du maréchal Saint-Cyr sur l'Elbe. — Triste
capitulation de Dresde. — Situation, forces, conduite héroïque, et
malheurs des garnisons françaises, inutilement laissées sur la Vistule, l'Oder et l'Elbe. — Caractère de la campagne de 1813. —
Effrayants présages qu'on en peut tirer.

Les événements graves et peu prévus qui atti-
rant tout à coup l'attention de Napoléon l'avaient
détournée de Kulm, s'étaient passés sur la Katzbach

en Silésie, et à Gross-Beeren dans le Brandebourg. Le maréchal Macdonald que Napoléon avait laissé à la poursuite de Blucher, venait d'éprouver subitement une sorte de désastre, et le maréchal Oudinot, que Napoléon considérait comme près d'entrer à Berlin, avait été, à la suite d'un combat malheureux, ramené sous le canon de Wittenberg. Il faut savoir comment s'étaient produits ces événements, pour se faire une idée exacte de la situation, et comprendre les combinaisons qui avaient absorbé Napoléon pendant les journées des 28, 29, 30 août, et l'avaient empêché d'accourir avec toutes ses réserves auprès de l'infortuné Vandamme.

Napoléon après avoir rejeté l'armée de Silésie du Bober sur la Katzbach, avait laissé au maréchal Macdonald pour continuer à la poursuivre le 3ᵉ corps, fort de 25 mille hommes et commandé par le général Souham depuis le départ du maréchal Ney, le 5ᵉ corps, fort de 20 mille hommes et toujours placé sous les ordres du général Lauriston, enfin le 11ᵉ, fort de 18 mille et confié au général Gérard depuis que le maréchal Macdonald avait pris le commandement supérieur des trois corps réunis. A cette masse d'infanterie il fallait ajouter la cavalerie du général Sébastiani, qui pouvait présenter une réserve de 5 à 6 mille chevaux, et qui était indépendante des détachements de cavalerie légère attachés à chaque corps d'armée. Le total s'élevait ainsi à environ 70 mille hommes, sans compter les 10 ou 11 mille Polonais du prince Poniatowski, postés sur la frontière de Bohême en arrière et à droite du maréchal Macdonald, pour garder le débouché de Zittau. Napoléon avait donné pour instruction au maréchal Macdonald de rejeter Blucher sur Jauer et au delà, puis de s'établir fortement sur le Bober, entre Lowenberg et Buntzlau, de manière à tenir l'armée de Silésie éloignée de Dresde, et à empêcher l'armée de Bohême de faire des détachements sur Berlin. Napoléon ne doutait pas qu'avec 80 mille hommes victorieux, Macdonald ne remplît parfaitement sa mission. Le maréchal n'en doutait pas lui-même, et il continua de s'avancer hardiment contre le général Blucher.

Un incident, peu important au premier aspect, apporta dès le début un fâcheux changement à cette situation en apparence si avantageuse. Napoléon en partant avait adressé au maréchal Ney l'ordre de le suivre à Dresde; mais cet ordre ne spécifiant pas assez clairement qu'il s'agissait de la personne du maréchal Ney et non de ses troupes, on avait dirigé le 3ᵉ corps lui-même sur la route de Dresde, et l'armée française vers son aile gauche avait semblé se mettre en retraite. Blucher impatient par caractère et par position de reprendre l'offensive, avait conclu du mouvement rétrograde d'une portion de notre ligne que Napoléon n'était plus là, et qu'il fallait revenir sur l'armée française privée de sa présence, et probablement aussi d'une partie des forces qu'elle avait un moment déployées. De son côté Macdonald avait voulu rendre à ses troupes l'attitude qu'elles venaient de perdre, et s'était hâté, sans tenir assez compte des circonstances, de se reporter en avant. Il devait de cette double disposition résulter un choc violent et prochain.

Le 3° corps (général Souham) ayant fait d'abord une marche en arrière, puis une nouvelle marche en avant, afin de revenir à Liegnitz, avait laissé dans cet inutile déplacement un certain nombre d'hommes sur les chemins. Le 25 août au soir il était de retour à sa première position. Le 11° corps (général Gérard) formant le centre, n'avait pas quitté Goldberg, et le 5° (général Lauriston) formant la droite, était également demeuré immobile. Le maréchal Macdonald ayant tout son monde en ligne, résolut de se porter dès le lendemain 26 sur Jauer, point qu'il devait occuper pour obéir à ses instructions. Bien que Napoléon ne voulût pas établir son armée de Silésie plus loin que le Bober, il désirait cependant qu'elle eût ses avant-postes sur la Katzbach, de Jauer à Liegnitz, afin de mieux vivre, et d'intercepter plus sûrement tout détachement envoyé de la Bohême sur Berlin.

Voici comment le maréchal Macdonald s'y prit pour l'exécution de son mouvement. Quoiqu'à Goldberg il fût sur l'un des bras de la Katzbach, par conséquent fort au delà du Bober, il y avait sur sa droite un point du Bober resté au pouvoir de l'ennemi, c'était celui de Hirschberg, dans les montagnes. Il détacha une division du 11° corps, celle du général Ledru, et lui ordonna de remonter le Bober de notre côté, c'est-à-dire par la rive gauche, tandis que la division Puthod du corps de Lauriston, le remonterait par la rive droite, de manière à surprendre Hirschberg par les deux rives. Pendant que ce mouvement s'opérait sur notre extrême droite, et tout à fait dans les montagnes, le maréchal Mac-

donald prit le parti de marcher lui-même sur Jauer,
avec les corps de Lauriston et de Gérard, diminués
chacun d'une division. Il n'y avait pour arriver à
Jauer aucun cours d'eau important à franchir, mais
seulement quelques ravins plus ou moins profonds
à traverser, sur lesquels on pouvait trouver l'ennemi
en force. Le maréchal Macdonald se flattait de le
débusquer, soit par une attaque directe des généraux Gérard et Lauriston sur Jauer même, soit par
un mouvement latéral des généraux Souham et Sébastiani sur Liegnitz.

Il prescrivit en effet au général Souham de partir
de Liegnitz avec le 3ᵉ corps, et de prendre la route
de cette ville à Jauer, laquelle vient donner dans le
flanc même de Jauer en traversant le plateau de
Janowitz. Il espérait que vingt-cinq mille hommes
menaçant l'ennemi en flanc, lui ôteraient jusqu'à
l'idée de résister à l'attaque de front qu'exécute-
raient contre lui les généraux Lauriston et Gérard.
Malheureusement il y avait une assez grande distance entre le chemin qu'allait suivre le général
Souham sur le plateau de Janowitz, et la route
qu'avaient à parcourir les généraux Gérard et Lauriston pour marcher en droite ligne sur Jauer. Le
général Gérard, le moins éloigné des deux, devait
remonter le ravin profond de la Wutten-Neiss, petite
rivière torrentueuse qui de Jauer va tomber dans la
Katzbach, en contournant le plateau de Janowitz.
Pour établir quelque liaison entre les deux principales masses de ses forces, le maréchal Macdonald
assigna au général Sébastiani une route intermédiaire, celle de Buntzlau à Jauer, qui suivant d'abord

Août 1813.

Le 3ᵉ corps,
partant
de Liegnitz,
doit prendre
Jauer en flanc,
tandis que
les 5ᵉ et 11ᵉ
y marcheront
directement.

le ravin de la Wutten-Neiss, puis franchissant cette rivière, aboutit sur le plateau de Janowitz. Tous les ordres furent expédiés pour être exécutés le 26 au matin sans remise.

Le 26, une pluie d'orage qui avait duré la nuit entière, avait fait déborder toutes les rivières, et rendu les chemins presque impraticables. Le maréchal Macdonald, pressé de reprendre l'offensive, ne tint pas compte du mauvais temps, et exigea qu'il fût donné suite à ses ordres. Tandis que les divisions Puthod et Ledru remontaient les deux rives du Bober jusqu'à Hirschberg, les corps de Lauriston et de Gérard marchaient sur Jauer, descendant, gravissant tour à tour les bords des ravins qu'il fallait franchir pour arriver à cette petite ville. Malgré les difficultés que la pluie leur opposait, nos agiles tirailleurs, dépostant ceux de l'ennemi, les obligèrent partout à se replier. A gauche, les choses furent moins faciles.

Le général Sébastiani après s'être mis en route un peu tard n'était pas encore à l'entrée du ravin de la Wutten-Neiss, tandis que le général Gérard y avait déjà pénétré, et que Lauriston marchant parallèlement à celui-ci était fort en avant. Le général Souham, de son côté, ayant trouvé à Liegnitz la Katzbach débordée, avait cherché un passage au-dessus, et était ainsi venu prendre la même route que le général Sébastiani. Il y eut là pendant quelque temps 23 à 24 mille hommes d'infanterie, 5 à 6 mille chevaux, et plus de cent bouches à feu engouffrés dans un ravin profond, jusqu'à ce que s'élevant sur le bord de ce ravin ils pussent déboucher sur le plateau de Janowitz. Dans ce moment la cavalerie prussienne en reconnaissance avait descendu ce plateau, et n'apercevant pas nos troupes, s'était fort avancée dans le ravin de la Wutten-Neiss. Le général Gérard cheminant sur la rive opposée de cette rivière, découvrit les escadrons prussiens qui avaient déjà dépassé sa gauche, et il fit tirer sur eux par derrière. La pluie qui n'avait pas cessé fut cause qu'il partit à peine une quarantaine de coups de fusil. Mais ils suffirent pour avertir les escadrons prussiens du mauvais pas où ils s'étaient engagés, et ils rebroussèrent chemin au galop. Le général Gérard ayant fait amener son artillerie, et tirant d'une rive à l'autre, joncha le défilé d'un bon nombre de ces imprudents cavaliers.

Cet incident suggéra au maréchal Macdonald l'idée de lancer tout de suite quelques bataillons de la division Charpentier, l'une des deux du général Gérard, sur le plateau de Janowitz, afin de s'en emparer, et d'aider ainsi les généraux Sébastiani et Souham à s'y déployer. L'ordre donné fut exécuté sur-le-champ. Le général Charpentier, avec l'une de ses brigades et une batterie de réserve de 12, passa la Wutten-Neiss à Nieder-Krayn, gravit le plateau, et s'y déploya malgré les avant-postes prussiens. Il fut immédiatement rejoint par la cavalerie du général Sébastiani, qui vint successivement prendre position sur sa gauche. Le général Souham s'apprêtait à la suivre, mais lentement, ainsi que le comportaient le temps, la nature des lieux, et le nombre de troupes accumulées dans cet étroit défilé.

Sur ce même point Blucher arrivait à l'instant

Août 1813.

Le maréchal Macdonald imagine de faire monter la division Charpentier sur le plateau de Janowitz et de sortir ainsi du ravin de la Wutten-Neiss.

Premier succès de la division Charpentier, et son déploiement sur le plateau de Janowitz.

Blucher,

Août 1813.

prévenu à
temps, porte
quarante
mille hommes
à la fois
sur la division
Charpentier.

avec la plus grande partie de ses forces. Comptant sur la position de Jauer, il n'y avait laissé que le corps de Langeron, et avait porté à la fois York et Sacken sur le plateau de Janowitz pour parer au mouvement de flanc qui le menaçait. A la vue de nos troupes gravissant le bord du ravin de la Wutten-Neiss pour s'établir sur le plateau, il avait pensé que nous ne pourrions pas lui opposer beaucoup de monde à la fois, et qu'en nous abordant avec quarante mille hommes, il nous culbuterait facilement dans le ravin dont nous tàchions de sortir. Il se fit d'abord précéder par une puissante artillerie, dont la brigade du général Charpentier supporta le feu avec sang-froid, et auquel elle répondit avec sa batterie de douze. Il fit mieux encore, et lança sur elle dix mille chevaux. Notre infanterie, formée en carré, voulut en vain leur opposer ses feux éteints par la pluie; réduite à ses baïonnettes, elle s'en servit bravement, et arrêta tout court l'élan de la cavalerie ennemie. Le général Sébastiani, rachetant sa lenteur par sa vigueur, chargea cette cavalerie et la ramena, mais il fut ramené à son tour, et ne put résister longtemps à des forces triples des siennes. Il fut contraint d'opérer un mouvement rétrograde, et découvrit ainsi la

Cette
division,
après
une résistance
héroïque,
est rejetée
dans le ravin
de la Wutten-
Neiss.

gauche de la brigade Charpentier. Alors Blucher, qui n'avait pu ébranler cette brave brigade avec ses cavaliers, jeta sur elle plus de vingt mille hommes d'infanterie. Elle reçut et soutint plusieurs charges à la baïonnette; mais bientôt accablée par le nombre, elle perdit du terrain, et finit par être poussée jusqu'au bord du ravin de la Wutten-Neiss.

Malgré une ferme contenance, elle fut obligée d'y redescendre, et elle s'y trouva pêle-mêle avec la cavalerie Sébastiani qui se repliait aussi, et avec la tête du corps de Souham qui arrivait. On conçoit quel encombrement, quel désordre dut s'y produire, et que de pertes on dut y faire, surtout en canons, car notre artillerie embourbée dans les terres avait été privée de ses chevaux presque tous tués par le feu ennemi.

On se retira donc, refoulés vivement dans cet étroit passage jusqu'au village de Kroitsch où la Wutten-Neiss se joint à la Katzbach, et où Blucher n'osa pas nous poursuivre.

Cette échauffourée sur un seul point, laquelle nous avait coûté tout au plus un millier d'hommes, suffit pour convertir en une espèce de déroute générale une opération qui avait réussi sur le reste de notre ligne. En effet, les généraux Gérard et Lauriston, attaquant avec une extrême énergie les positions que Langeron avait successivement occupées et abandonnées, étaient déjà parvenus en vue de Jauer, malgré le mauvais temps, et allaient s'en emparer, lorsqu'ils furent arrêtés par la nouvelle de ce qui s'était passé à leur gauche. Ils furent donc sous peine d'imprudence contraints de rétrograder, et ils revinrent jusqu'à Goldberg où ils entrèrent vers minuit, dans un état fort triste, ayant rencontré en route les débris des troupes battues sur le plateau de Janowitz, et ayant eu à traverser un immense encombrement de voitures embourbées, de blessés qu'on emportait avec la plus grande peine par un temps devenu affreux. Il fallut bi-

Août 1813.

Cet accident amène un mouvement rétrograde général.

Retraite de nuit par un temps affreux.

vouaquer comme on put, sous une pluie continuelle, les uns dans Goldberg, les autres en dehors, la plupart sans vivres, sans abri, en un mot dans un état misérable.

C'est pour les traverses de ce genre que sont bons les vieux soldats. Au feu, de jeunes soldats menés par des officiers vigoureux sont plus impétueux sans doute, parce qu'ils connaissent moins le danger; mais au premier revers ils s'étonnent, à la première souffrance ils se rebutent, et surtout s'ils sont depuis peu au drapeau, il suffit d'un échec pour troubler toutes leurs idées, et convertir leur téméraire bravoure en abattement profond. Cependant avec des vivres on aurait pu retenir nos conscrits dans les cadres, et, au retour du soleil, avec une nouvelle impulsion donnée par des chefs énergiques, on serait parvenu à leur rendre la confiance. Mais il fallut, sans vivres, sans abri, passer une nuit horrible, avec certitude d'avoir le lendemain sur les bras quatre-vingt mille hommes, victorieux ou croyant l'être. Le lendemain matin, le ciel, qui

était encore chargé d'eau, continua de verser sur nos soldats des torrents de pluie. Heureusement la Katzbach qu'on avait repassée la veille, leur servit de protection contre la poursuite impétueuse de Blucher. Elle était tellement débordée, qu'à peine il put faire passer sa cavalerie. On réussit donc à se retirer sans avoir l'infanterie des alliés sur les bras; mais on fut poursuivi par une nuée de cavaliers que nos fusils n'arrêtaient guère faute de pouvoir faire feu. Nos jeunes soldats, plus fermes devant l'ennemi que devant le mauvais temps, opposèrent avec leurs baïonnettes

une barrière de fer aux cavaliers russes et prussiens,
et parvinrent ainsi à les contenir. Obligés néanmoins
de s'éloigner à la hâte, ils laissèrent en arrière une
grande partie de leur artillerie embourbée, et il arriva que beaucoup d'entre eux, rebutés ou mourants
de faim, s'étant éparpillés dans les villages pour vivre, furent pris, ou initiés de bonne heure au dangereux et corrupteur métier de maraudeurs. Le corps
du général Souham, couvert par la cavalerie du
général Sébastiani, put se retirer sain et sauf à travers la plaine, et gagner Buntzlau. Les corps des
généraux Gérard et Lauriston, plus vivement poursuivis, et n'ayant pas de grosse cavalerie pour se
couvrir, trouvèrent un abri dans les bois qui séparent la Katzbach du Bober, entre Goldberg et Lowenberg. Ils y passèrent la nuit un peu mieux abrités,
mais pas mieux nourris que la veille. Ces deux corps,
rendus dans la journée du 28 en face de Lowenberg, voulurent en vain y passer le Bober. Le pont
n'était pas détruit, mais il fallait pour arriver jusqu'à ses abords traverser une inondation de trois
quarts de lieue d'étendue, et il n'y eut d'autre ressource que de redescendre la rive droite du Bober
pour le franchir à Buntzlau, où étaient déjà Souham
et Sébastiani. Pour la première fois depuis trois
jours, on trouva des toits et des subsistances, bien
disputés du reste, car on était cinquante mille au
moins accumulés sur un seul point.

Le maréchal Macdonald, ferme, sage, expéri-
menté, loyal, mais presque toujours malheureux
depuis la funeste journée de la Trebbia, n'avait pas
le tort de s'abuser sur sa mauvaise fortune. Aussi,

rentré à Buntzlau, ne regardait-il pas comme apaisée la cruelle fatalité qui le poursuivait, et il tremblait pour la division Puthod, hasardée seule au delà du Bober, jusqu'à la hauteur de Hirschberg. On ne pouvait avoir d'inquiétude pour la division Ledru, laquelle avait cheminé par la rive gauche qui nous appartenait, mais si la division Puthod n'avait pas profité du pont de Hirschberg pour revenir en deçà du Bober, son sort était évidemment compromis. C'était en effet ce qui devait arriver. Cette division ayant remonté le Bober par une rive tandis que la division Ledru le remontait par l'autre, n'avait point usé du pont de Hirschberg lorsqu'il en était temps encore, et s'était vue séparée par d'immenses masses d'eau de ses compagnons d'armes, qui lui tendaient vainement les mains du haut de la rive gauche. Le 29 elle imagina de descendre par la rive droite, vis-à-vis de Lowenberg, près de Zopten. Là, réduite de 6 mille hommes à 3 mille par la fatigue, la faim, le froid des nuits, l'abattement, elle fut assaillie par les troupes de Blucher, refusa de se rendre, se défendit vaillamment, et finit par être prise ou détruite. L'infortuné Macdonald, plus infortuné qu'elle encore, entendant de Buntzlau le feu de l'artillerie, devinant l'affreux sacrifice qui se consommait, voulait avec quelques troupes remonter par la rive droite à la hauteur de Zopten, mais on lui fit sentir le danger, l'inutilité peut-être de ce secours, et il fut obligé de laisser immoler sous ses yeux de malheureux soldats perdus à la suite de sa mauvaise étoile.

Le 30 on se trouva tous réunis sur la gauche du

Bober, mais au nombre de 50 mille hommes au plus, au lieu de 70 mille qu'on était quelques jours auparavant, et après avoir laissé cent pièces de canon dans les fanges. Le feu n'avait pas détruit plus de 3 mille hommes sur les 20 mille qui manquaient; mais l'ennemi en avait ramassé 7 à 8 mille, et il y en avait 9 à 10 mille débandés, qui avaient jeté ou perdu leurs fusils, et qui n'avaient guère envie d'en prendre d'autres. Une trop subite épreuve des souffrances de la guerre, succédant à une confiance aveugle, avait tout à coup réveillé en eux le sentiment qu'ils éprouvaient en quittant leurs chaumières six mois auparavant, celui de la haine contre l'homme qui les sacrifiait, à peine sortis de l'adolescence, à une ambition désordonnée. Braves, ils l'étaient toujours, et on pouvait tout attendre d'eux si on parvenait à les faire rentrer dans les rangs, mais c'était difficile. Irrités et dégoûtés, ils aimaient mieux vivre en pillant le pays ennemi que reprendre des armes pour un dieu cruel qui dévorait, disaient-ils, leur jeunesse sans pitié et sans motif. Macdonald se vit donc sur le Bober avec cinquante mille soldats découragés, et neuf ou dix mille traînards suivant l'armée, et alléguant le défaut de fusils pour ne pas revenir au drapeau. Poniatowski était resté sain et sauf à Zittau avec ses dix mille Polonais.

Les causes de ce malheur étaient de diverses natures : il y en avait d'accidentelles, il y en avait de générales. Les causes accidentelles, c'étaient le mauvais temps, l'ordre équivoque au maréchal Ney qui avait entraîné un mouvement rétrograde inutilement

fatigant pour les troupes, ramené l'ennemi préma-
turément, et poussé le maréchal Macdonald à prendre une offensive précipitée; c'étaient peut-être
aussi quelques fautes du général en chef, qui avait
envoyé deux divisions sur Hirschberg pour en expulser l'ennemi que notre présence à Jauer aurait
suffi pour en éloigner; qui pendant la bataille avait
laissé trop isolées les deux fractions de son armée, et en prenant pour les relier le parti d'occuper le plateau de Janowitz, ne l'avait fait qu'avec
des forces insuffisantes; qui avait trop méprisé enfin les difficultés naissant du temps et des routes.
Les causes générales, et celles-là beaucoup plus redoutables encore, c'étaient le patriotisme des coalisés, leur ardeur à revenir sans cesse à la charge
dès qu'ils voyaient la moindre chance de recommencer la lutte avec avantage, c'était surtout la jeunesse
de nos troupes, impétueuses au feu, mais trop nouvelles aux traverses de la guerre, parties avec le
sentiment qu'on les sacrifiait à une folle ambition,
oubliant ce sentiment devant l'ennemi, mais l'éprouvant plus vivement que jamais au premier revers,
et après s'être conduites vaillamment dans le combat, jetant leurs armes dans la retraite, par dépit,
découragement, épuisement moral et physique.

Ces mêmes causes avaient produit sur la route
de Berlin un revers moins éclatant, quoique tout
aussi fâcheux par ses conséquences.

On a vu quelle importance Napoléon attachait à
diriger un corps sur Berlin, afin de rejeter l'armée
du Nord loin du théâtre de la guerre, d'infliger une
humiliation à Bernadotte, de saisir l'imagination des

Allemands en entrant dans la principale de leurs capitales, de frapper au cœur le Tugend-Bund, de dissoudre le ramassis dont il croyait l'armée de Bernadotte composée, et de tendre enfin la main à nos
garnisons de l'Oder et de la Vistule. Pour atteindre
ces buts divers, il avait donné au maréchal Oudinot
outre le 12ᵉ corps que ce maréchal commandait directement, le 7ᵉ confié au général Reynier, et le
4ᵉ confié au général Bertrand. Le 12ᵉ, comprenant
deux bonnes divisions françaises et une bavaroise,
comptait environ 18 mille hommes; le 7ᵉ, formé de
la division française Durutte et de deux saxonnes,
en comptait 20 mille; le 4ᵉ ayant une seule division
française, excellente il est vrai, celle du général
Morand, et deux étrangères, l'italienne Fontanelli
et la wurtembergeoise Franquemont, était, comme
le précédent, fort d'une vingtaine de mille hommes.
Le duc de Padoue avec 6 mille chevaux formait la
réserve de cavalerie. C'étaient donc à peu près 64
mille hommes, au lieu de 70 mille qu'on avait
d'abord espérés, parmi lesquels beaucoup de *ramassis*, comme disait Napoléon, car dans l'effectif
total il entrait pour un tiers au moins de soldats de
toutes nations, quelques-uns très-médiocres, et la
plupart très-mal disposés. La composition sous le
rapport des chefs ne laissait pas moins à désirer. Le
maréchal Oudinot, aussi brave, aussi résolu sur le
champ de bataille qu'on pouvait l'être, n'avait jamais exercé un commandement de cette importance, avait la noble modestie de se défier de lui-
même, et osait à peine faire sentir son autorité à
ses lieutenants, les généraux Reynier et Bertrand.

Août 1813.

7ᵉ et 12ᵉ
corps.

Ces corps
comprennent
tout au plus
64 mille hom-
mes, au lieu
de 70 mille
qu'on s'était
flatté
de réunir.

Le général Reynier, officier savant et solide, comme nous avons déjà eu l'occasion de le dire ailleurs, mais malheureux, était plein de prétentions, se croyait supérieur à la plupart des maréchaux, se plaignait amèrement de n'être que lieutenant-général, et, comme Vandamme, était trop impatient peut-être de gagner une dignité qu'on lui avait tant fait attendre. Le général Bertrand, honoré de la faveur de Napoléon et y tenant, la justifiant par une grande application à ses devoirs, par la bravoure la plus sûre de toutes, celle du dévouement, mais plus propre aux travaux du génie qu'à la direction des troupes, ayant de l'esprit, mais ne l'ayant pas toujours juste, était un subordonné déférent en apparence, et plus obséquieux que soumis. Le maréchal Oudinot fort embarrassé d'avoir à dominer ces prétentions diverses, ne l'osait faire qu'avec des ménagements infinis, peu compatibles avec la vigueur et la promptitude du commandement. Placé plus près des lieux que Napoléon, recueillant tous les bruits du pays, il ne s'abusait pas sur la force de l'ennemi et sur la difficulté du terrain. Il savait que Bernadotte avec une certaine quantité de gens de toutes sortes, levés à la hâte, avait cependant un excellent corps suédois, un corps russe très-solide, et surtout un corps prussien, celui du général Bulow, très-nombreux, très-animé, très-disposé à se battre. Outre ce corps de Bulow, il y avait un second corps prussien sous le général Tauenzien, destiné d'abord au blocus des places, et duquel on avait tiré ce qu'il y avait de meilleur pour l'employer à la guerre offensive. Ces troupes réunies composaient un total de 90 mille hommes environ, campés en avant de Berlin. Le prince de Suède avait détaché sous le général Walmoden une vingtaine de mille hommes, comprenant ce qui méritait le nom de *ramassis*, pour tenir tête, derrière les nombreux canaux du Mecklembourg, au corps d'armée qui était sorti de Hambourg sous le maréchal Davout. Le reste des 150 mille hommes commandés par le prince de Suède avait été consacré au blocus ou au siége des places de l'Oder et de la Vistule.

Aout 1813.

Difficulté des lieux que le maréchal Oudinot avait à traverser pour se rendre à Berlin.

Le maréchal Oudinot était parfaitement informé de cet état de choses, et en était justement préoccupé. Les lieux ajoutaient à la difficulté de sa tâche. En s'avançant sur Berlin, entre l'Elbe et la Sprée, on devait cheminer entre une double ligne d'eaux tour à tour stagnantes ou courantes, lesquelles peuvent se désigner, l'une par la rivière de la Dahne qui se jette dans la Sprée au-dessus de Berlin, l'autre par la rivière de la Nuthe qui se jette dans le Havel à Potsdam. Au sein de l'angle formé par cette double ligne d'eaux, se trouvait l'armée du Nord, établie dans une bonne position, celle de Ruhlsdorf, couverte par une puissante artillerie, et gardée au loin par une cavalerie innombrable. On ne pouvait s'aventurer à travers ce labyrinthe de bois, de sables, d'étangs, de rivières, qu'en courant toujours un double danger, celui d'être débordé ou tourné si on marchait sur une seule route, et, si on voulait en tenir plusieurs, celui d'être séparé en deux ou trois corps, que la privation de communications transversales rendait incapables de se secourir l'un l'autre.

Au moment de partir pour cette expédition, le maréchal Oudinot se défiant à la fois de l'ennemi, des lieux, de ses lieutenants, de lui-même, aurait volontiers cédé à d'autres le périlleux honneur qu'on lui avait destiné. Napoléon lui avait bien écrit qu'il y aurait dans peu de jours plus de cent mille Français à Berlin, car dans ses calculs, malheureusement faits de loin, il avait compris les 30 mille hommes du maréchal Davout, et les 40 mille hommes qui devaient sortir de Magdebourg sous le général Girard. Mais avant que cette réunion pût s'effectuer, il fallait que la première difficulté eût été vaincue, celle de percer sur Berlin, et celle-là on devait la surmonter avec une armée de beaucoup inférieure à l'armée ennemie, et à travers un pays presque impénétrable. Le maréchal Oudinot n'avait donc pas pris ces promesses fort au sérieux, et il se voyait toujours, au milieu d'un pays des plus difficiles, obligé avec 64 mille hommes de marcher contre Berlin protégé par 90 mille. Le 18 août il était réuni à Baruth, à trois journées de Berlin, avec ses trois corps. Mais ayant à rallier la division de grosse cavalerie du général Defrance, qui devait faire partie de la réserve du duc de Padoue, et qui venait rejoindre l'armée par Wittenberg, il opéra un mouvement transversal de droite à gauche, et se porta de Baruth à Lucken-walde. (Voir la carte n° 58.) Après avoir rallié sa grosse cavalerie, il reprit sa route au nord, s'avançant entre Zossen et Trebbin, au centre de cette double ligne d'eaux qui viennent, comme nous l'avons dit, converger sur Berlin.

Le 21 il était en face de Trebbin, à quelques

heues de l'armée ennemie, qui commençait à se
concentrer à mesure que le terrain se resserrait et
que nous approchions. Entre les deux lignes d'eau
s'élevait une suite de coteaux boisés, et sur le flanc
de ces coteaux se développaient les deux routes
par lesquelles on pouvait s'acheminer sur Berlin.
L'une des deux routes, celle de gauche, passant à
Trebbin, avait un ruisseau à franchir, puis à gravir
un coteau couvert de bois, pour déboucher sur
Gross-Beeren. Celle de droite, entièrement séparée
de la précédente, après avoir gravi aussi des coteaux, allait déboucher par Blankenfelde sur la
droite et à quelque distance de Gross-Beeren. Le
maréchal Oudinot résolut de suivre ces deux routes
à la fois, par précaution d'abord, car il ne voulait
pas être tourné en négligeant l'une des deux, par
condescendance ensuite, car ses lieutenants aimaient
assez à marcher séparément, et il se flattait que ces
obstacles surmontés on se réunirait pour aborder
l'ennemi en masse.

Le 24 il attaqua Trebbin avec le 12ᵉ corps, dirigea
le 4ᵉ, celui du général Bertrand, sur Schultzendorf,
et achemina le 7ᵉ, celui du général Reynier, entre
deux, vers un village appelé Nunsdorf. La petite
ville de Trebbin assez bien retranchée, était occupée par un détachement des troupes de Bülow. Le
corps de Tauenzien gardait la route de droite, celle
de Blankenfelde. Le maréchal Oudinot commença
par accabler Trebbin de ses projectiles, puis il y
envoya une brigade de la division Pacthod, pendant
que le 7ᵉ corps menaçait par Wittstock de tourner
la position. Ces mouvements combinés produisirent

Août 1843.

à Trebbin
le 21 août.

Deux routes
à suivre,
l'une à gauche
passant
par Trebbin,
l'autre
à droite pas-
sant par
Blankenfelde.

Le maréchal
Oudinot
enlève
Trebbin le 21.

leur effet. La brigade de la division Pacthod entra
baïonnette baissée dans un faubourg de Trebbin,
et les Prussiens se voyant déjà débordés par le
7ᵉ corps, nous abandonnèrent cette petite ville, repassèrent le ruisseau qu'ils avaient mission de défendre, et se replièrent sur les coteaux en arrière.
Vers la route de droite, le général Bertrand avait
occupé Schultzendorf avec le 4ᵉ corps.

Le lendemain 22, il fallut franchir le ruisseau
disputé la veille, gravir ensuite les coteaux sur lesquels s'élevait la route de Berlin, et sur la route
de droite gravir également les hauteurs le long desquelles passait le chemin de Blankenfelde. Le maréchal Oudinot aborda le ruisseau sur deux points, par
Wilmersdorf et Wittstock. La division Guilleminot
du 12ᵉ corps, la division Durutte du 7ᵉ, ayant rétabli le passage avec des chevalets, assaillirent hardiment les redoutes de l'ennemi, et les occupèrent
sans perdre beaucoup de monde. Les troupes du
corps de Bulow les évacuèrent en se retirant définitivement vers la position centrale choisie par le
prince de Suède. Sur le côté opposé, le général Bertrand après une vive canonnade atteignit la position
de Juhnsdorf, conduisant à Blankenfelde. On avait
donc fait un nouveau pas dans ce fourré, où l'on
était condamnés soit à marcher divisés en cheminant
sur deux routes latérales presque sans communication entre elles, soit à marcher sans précaution contre un mouvement de flanc, si on prenait une seule
route. Sans doute il eût été possible de parer à cet
inconvénient, en s'avançant avec la masse de ses
forces par une route seulement, et en ne dirigeant

sur l'autre que quelques détachements de troupes légères, mais il eût fallu disloquer les divers corps, et pour cela exercer à l'égard de leurs chefs une autorité que le maréchal Oudinot, commandant direct du 12ᵉ, et plutôt conseiller que chef des 7ᵉ et 4ᵉ, n'osait pas s'attribuer.

Tout annonçait qu'on approchait définitivement de l'ennemi, et qu'on allait se trouver face à face avec lui. Le ruisseau sur le bord duquel on avait combattu la veille une fois franchi, on allait longer le flanc de coteaux boisés, et aboutir à un village nommé Gross-Beeren, vis-à-vis de la position centrale de Ruhlsdorf occupée par l'armée du Nord. On devait par la route de droite opérer un mouvement semblable sur le flanc des coteaux de Juhnsdorf et de Blankenfelde, et si on parvenait à y vaincre la résistance de l'ennemi, on était assuré de déborder de ce côté la position de Gross-Beeren.

Le maréchal Oudinot espérant ne rencontrer l'ennemi qu'après avoir dépassé Gross-Beeren, et lorsqu'on aurait eu le temps de se réunir, laissa par excès de condescendance une tâche distincte à chacun de ses lieutenants. Il décida que sur la route de droite le général Bertrand enlèverait Blankenfelde, pour se porter ensuite sur Gross-Beeren; que sur la route de gauche le général Reynier qui avait forcé la veille le ruisseau de Trebbin et gravi les coteaux au delà, cheminerait sur le flanc de ces coteaux en suivant la lisière des bois jusqu'à Gross-Beeren, et là s'arrêterait pour prendre position. Quant à lui, au lieu de marcher avec le 12ᵉ corps derrière le général Reynier pour lui servir d'appui, il imagina

Août 1813.

Combat
de Gross-
Beeren, livré
par le 7e corps
contre
la masse
de l'armée
prussienne et
suédoise.

de passer par Arensdorf sur l'autre versant des hauteurs que ce général devait parcourir, comme s'il eût craint d'importuner ses lieutenants par sa présence. Il devait ensuite déboucher sur Gross-Beeren, mais à deux lieues sur la gauche, distance à peu près égale à celle qui en devait séparer le général Bertrand sur la droite.

Le 23 août au matin chacun se mit en mouvement selon la direction qui lui était assignée. Sur la route de droite, le général Bertrand s'étant présenté devant la hauteur de Blankenfelde, y trouva le général Tauenzien fortement établi, et fut obligé d'engager avec lui une violente canonnade. Sur la route de gauche, le général Reynier, avec le 7e, longea pendant près de trois lieues le flanc des coteaux dont le maréchal Oudinot parcourait le revers, chemina sans grande difficulté, et déboucha devant Gross-Beeren. Sur-le-champ il attaqua ce village, et en débusqua la division du général de Borstell. Avec une impatience de succès très-mauvaise conseillère, il s'avança fort au delà de ce village au lieu de s'y établir, et aperçut en position, à Ruhlsdorf, l'armée du prince de Suède tout entière. A droite devant lui il avait la division de Borstell, repliée sur le gros du corps prussien de Bulow, au centre mais tirant un peu sur la gauche l'armée suédoise, tout à fait à gauche enfin les Russes, c'est-à-dire, sans compter le corps de Tauenzien, un rassemblement d'environ 50 mille hommes, couverts par une nombreuse artillerie. Il n'avait pour faire face à cette ligne formidable que 18 mille hommes, dont 6 mille Français, soldats excellents, et 12 mille

Saxons qui ne valaient plus ceux qui avaient fait sous ses ordres la campagne de Russie. Il n'éprouvait certes pas l'envie de se mesurer avec une pareille masse d'ennemis; mais s'étant assez avancé pour donner prise, il ne pouvait manquer de les avoir bientôt sur les bras.

Août 1813.

En effet les Prussiens du général Bulow brûlaient d'impatience de nous combattre, et de couvrir de leurs corps la route par laquelle nous prétendions arriver à Berlin. Bernadotte hésitait. C'était la première fois qu'il allait rencontrer les Français, et il les craignait encore plus que sa conscience. Il tremblait de voir disparaître en un jour le prestige dont il avait cherché à s'entourer au milieu des étrangers, en se donnant pour le principal auteur des succès de Napoléon. Il craignait aussi de compromettre l'armée suédoise, qu'il savait ne pouvoir pas remplacer si elle était détruite. Il s'agissait donc pour lui de jouer sa fortune, sa couronne en un instant, et il était saisi d'une hésitation qui faisait douter de son courage de soldat. Le général Bulow, comme tous les Prussiens, se défiant encore plus de la loyauté de Bernadotte que de sa valeur, n'attendit pas son commandement, et avec les 30 mille hommes qu'il avait sous ses ordres, marcha sur le général Reynier. Il se fit précéder de beaucoup de bouches à feu, et, pour l'ébranler plus sûrement, il porta sur le flanc de son adversaire la division de Borstell. Bernadotte ne pouvant plus reculer, mais ne voulant pas engager toutes ses forces, se contenta de détacher sa cavalerie avec une nombreuse artillerie contre la gauche de Reynier, dont la di-

Hésitation de Bernadotte, et ardeur des Prussiens.

Le gros de l'armée prussienne se jette sur le 7e corps.

vision Borstell menaçait la droite. Le général Reynier, qui une fois au danger s'y comportait avec la valeur d'un vieil officier de l'armée du Rhin, tint bon, espérant être bientôt secouru. Il exécuta un mouvement rétrograde pour prendre une meilleure position, et appuyant sa droite aux maisons de Gross-Beeren, sa gauche à une hauteur d'où son artillerie plongeait sur l'ennemi, il fit très-bonne contenance. Les Prussiens, malgré une épaisse mitraille, s'avancèrent résolûment, animés par le double désir de sauver Berlin et de saisir une proie qu'ils croyaient assurée. La division Durutte résista héroïquement; mais les Saxons, pour la plupart conscrits de l'année, joignant à la faiblesse de leur âge un très-mauvais esprit, travaillés par des officiers qui leur rappelaient que Bernadotte les avait commandés en 1809 et traités comme un père, ne résistèrent pas longtemps, et laissèrent sans appui la division Durutte. Celle-ci fut obligée de se retirer, mais elle le fit en bon ordre, et en ôtant à l'ennemi le goût de la poursuivre. De son côté la division Guilleminot, du 12ᵉ corps, s'avançant sous la conduite du maréchal Oudinot sur le revers de la position, se trouvait à Arensdorf au moment de la plus violente canonnade. Elle se hâta de courir au feu, et se rabattit par sa droite à travers les bois, afin de secourir Reynier par le plus court chemin. Arrivant trop tard pour faire changer la face du combat, elle servit toutefois à contenir l'ennemi, et se replia ensuite, assaillie plusieurs fois par la cavalerie russe sans en être ébranlée. Chacun se reporta sur le point de départ du matin,

le 12ᵉ corps sur Thyrow, le 7ᵉ sur Wittstock. Le 12ᵉ
était en bon état, le 7ᵉ se trouvait désorganisé par
la complète déroute des Saxons. Plus de 2 mille de
ces alliés avaient été pris, avec quinze bouches à
feu; quelques mille s'étaient débandés, les uns pour
aller joindre les Suédois, les autres pour s'enfuir sur
les derrières. Quant au général Bertrand qui dirigeait le 4ᵉ corps, il avait fait d'assez grands efforts
pour surmonter la résistance de Tauenzien à Blankenfelde, et n'y avait point réussi. Il ne l'aurait pu
qu'en poussant ces efforts à l'extrême, mais il le
croyait inutile, pensant que le succès du corps principal à Gross-Beeren obligerait Tauenzien à décamper. De la sorte, chacun avait combattu sans accord,
sans concert, comptant mal à propos sur son voisin,
les uns sans dommage comme Bertrand et Oudinot,
les autres au contraire avec un dommage notable
comme le général Reynier.

Cependant cet échec, si on n'avait eu que des
troupes exclusivement françaises, et d'un esprit
sûr, n'aurait pas pu être suivi de grandes conséquences, car, après tout, on n'avait perdu que 2 mille
hommes en ligne. Mais avec une moitié de l'effectif
total en troupes italiennes et allemandes toujours
prêtes à nous quitter, et une autre moitié de jeunes
soldats français, trop confiants d'abord, et maintenant tout étonnés d'un revers, il était difficile de continuer à s'avancer sur Berlin en présence de 90 mille
hommes, sur le corps desquels il aurait fallu passer.
Déjà plus de 10 mille alliés, les uns Saxons, les autres Bavarois, avaient quitté nos rangs et couraient
vers l'Elbe en poussant le cri de *Sauve qui peut!* Dans

Août 1813.

Retraite
de l'armée
française
à la suite
du
malheureux
combat
de Gross-
Beeren.

Pertes
considérables
par
la disposition
des troupes

Août 1813.

alliées à
se débander.

Motifs
du maréchal
Oudinot
pour se retirer
jusqu'à
Wittenberg.

Mésaventure
de la division
Girard sortie
de
Magdebourg.

Position

un pareil état de choses le maréchal Oudinot pensa qu'il fallait battre en retraite, et se rapprocher de l'Elbe. Le lendemain 24 août, il commença son mouvement rétrograde, l'exécuta en bon ordre, mais toujours pressé vivement par les Prussiens, ivres de joie et d'orgueil, accusant Bernadotte de trahison ou de lâcheté parce qu'il n'était pas aussi ardent qu'eux, et courant sans le consulter à la poursuite de l'ennemi, plus vaincu à leurs yeux qu'il ne l'était véritablement. Le maréchal Oudinot aurait pu s'arrêter et réprimer peut-être leur ardeur ; toutefois, dès qu'il n'était plus en marche sur Berlin, et qu'il devait renoncer à l'espérance d'entrer dans cette capitale, risquer une action douteuse avec des soldats ébranlés lui parut peu sage, le résultat d'ailleurs ne pouvant consister qu'à se maintenir entre Berlin et Wittenberg, dans un pays qui ne lui présentait ni appui ni ressources. Il prit donc le parti le plus sûr, celui de venir se placer sous le canon de Wittenberg, où il était assuré de ne courir aucun danger, où il couvrait l'Elbe, où il avait abondamment de quoi subsister, et pouvait enfin remettre le moral de ses soldats. Il y arriva les 29 et 30 août, toujours disputant fortement le terrain à mesure qu'il rétrogradait. Pendant ce temps, la division active de Magdebourg était sortie de cette place sous la conduite du général Girard, avait été assaillie par le général Hirschfeld et les coureurs russes de Czernicheff, et bientôt accablée par le nombre, était rentrée dans Magdebourg après avoir perdu un millier d'hommes et quelques pièces de canon. Aux environs de Hambourg, le maréchal

Davout, sorti de la place avec 30 mille hommes,
dont 10 mille Danois, s'était avancé dans la direction
de Schwerin, forçant le corps anglo-allemand qu'il
avait devant lui à se replier, et prêt à lui passer sur
le corps s'il apprenait un succès du maréchal Oudinot
dans les environs de Berlin. Mais, dans le doute, il
était obligé à beaucoup de circonspection, et se conduisait de manière à n'avoir pas d'échec, surtout
pas de désastre.

Dès que le corps principal, celui du maréchal Oudinot, n'avait pu pénétrer jusqu'à Berlin, la réunion
de plus de cent mille hommes dans cette capitale,
que Napoléon avait espérée, n'était plus qu'un rêve.
Sans doute il y avait eu quelques fautes commises :
le maréchal Oudinot n'avait pas tenu ses corps assez
réunis; ses lieutenants n'avaient pas eu le goût de
marcher ensemble, et il avait eu le tort de trop se
prêter à ce goût. Certainement il y avait ces fautes
à relever dans l'exécution du mouvement sur Berlin; mais le tort essentiel (il est à peine nécessaire
de le dire) était à Napoléon, qui avait trop méprisé ce qu'il appelait le *ramassis* de Bernadotte,
qui lui avait opposé à son tour un vrai *ramassis*,
où pour une moitié de Français prêts à bien combattre, il y avait une moitié d'Allemands et d'Italiens prêts à se débander, qui avait trop compté
enfin sur la jonction à Berlin de corps partant de
points aussi éloignés que Wittenberg, Magdebourg
et Hambourg. Évidemment le mieux eût été de ne
pas hasarder Oudinot sur Berlin, ce qui eût permis
de ne pas tenir Macdonald sur le Bober, et ici comme
toujours l'exagération des desseins politiques chez

Août 1813.

embarrassée
du maréchal
Davout,
engagé seul
avec 30 mille
hommes
au milieu
du Mecklembourg.

Fautes
diverses
qui avaient
empêché
le succès
du
mouvement
sur Berlin.

Août 1813.

Ce sont ces divers mécomptes qui avaient ramené Napoléon de Pirna à Dresde, et occasionné l'isolement de Vandamme.

Vaste et grande combinaison imaginée par Napoléon pour réparer les échecs essuyés par Macdonald et Oudinot.

Napoléon, avait rendu caducs les plans du général, réflexion qui devient oiseuse à force d'être répétée, mais que nous répétons malgré nous, parce que ce triste sujet la fait naître sans cesse, et que seule d'ailleurs elle explique les erreurs d'un aussi grand capitaine.

C'étaient ces graves mécomptes, et non point une maladie inventée par des flatteurs, qui avaient surpris Napoléon au lendemain de ses victoires du 26 et du 27 août, et qui, arrivant coup sur coup à sa connaissance, l'avaient ramené de Pirna à Dresde, et l'y avaient retenu les 29 et 30 août, tandis que Vandamme restait sans appui à Kulm. Ces mécomptes étaient d'une haute importance, car au lieu de Macdonald laissé victorieux en Silésie et poursuivant Blucher, avoir sur les bras Blucher victorieux et Macdonald en déroute; au lieu de cent mille hommes entrés dans Berlin, avoir Oudinot replié sur Wittenberg et privé de plus de dix mille hommes, Girard repoussé dans Magdebourg avec perte d'un millier de soldats, Davout enfin condamné à tâtonner avec trente mille au milieu des marécages du Mecklembourg, était une situation bien différente de celle que Napoléon avait espérée, en voulant de l'Elbe étendre son bras jusqu'à la Vistule. Le 30, ignorant encore le désastre de Vandamme, qu'il ne sut que le lendemain matin, il avait conçu après de profondes méditations un plan nouveau des plus vastes, des plus fortement combinés, car les revers de ses lieutenants étaient bien loin jusqu'ici d'avoir déconcerté son génie et ébranlé sa confiance dans la fortune. Plus d'une fois il avait songé à courir sur

Prague, à frapper l'Autriche dans une de ses capitales, et à briser en quelque sorte la coalition sur la tête de l'armée principale où résidaient les trois souverains alliés. Si en effet après la bataille de Dresde il eût suivi à outrance l'armée de Bohême, déjà si profondément atteinte, il est probable qu'il eût dissous la coalition, et sans les nouvelles venues de Silésie et de Berlin, il est certain qu'il l'eût fait. Le plus spirituel de ses lieutenants, dont il n'aimait pas l'esprit frondeur, dont il suspectait quelquefois la justesse de vues, mais dont il appréciait les rares talents, le maréchal Saint-Cyr, l'y conviait sans relâche. Mais il y avait des objections graves à ce plan. D'abord il fallait passer les montagnes de Bohême, livrer bataille au delà, avec le danger auquel venait d'échapper par miracle la grande armée des coalisés, celui de n'avoir, si on était battu, que d'affreux défilés pour retraite. Il fallait ensuite aller prendre Prague, dont les défenses relevées à la hâte pouvaient opposer une résistance imprévue. Enfin, si même on triomphait de cet obstacle, on aurait allongé sa ligne, déjà trop longue, de toute la distance qu'il y a de Dresde à Prague, distance fort aggravée par les lieux et par les montagnes. Napoléon se serait trouvé ainsi plus loin de son armée de Silésie, plus loin de celle du bas Elbe, et hors d'état de les secourir si elles éprouvaient des revers. Ces objections l'avaient toujours fort détourné du projet de se porter en Bohême, et il n'y avait songé qu'un instant, lorsque étant à Zittau, il avait espéré tomber à l'improviste au milieu des corps qui allaient former l'armée du prince de Schwarzenberg. Mais Macdonald étant vaincu, Oudinot étant ramené de Berlin sur Wittenberg, s'éloigner d'eux en ce moment était chose inadmissible; aussi Napoléon en apprenant leurs revers ne songea-t-il qu'à s'en rapprocher, et tout à coup, avec cette inépuisable fécondité qui était un des attributs de son riche génie, il imagina de faire non plus de Dresde mais de Berlin, le nouveau centre de ses opérations.

Il fallait battre Blucher, qui n'avait reçu les 22 et 23 août qu'un premier choc sans suite; il fallait battre Bernadotte, qui loin d'essuyer des échecs avait eu des avantages, dont il serait aussi utile que satisfaisant de rabaisser l'orgueil, de punir la trahison, de détruire la fausse renommée. C'étaient là de graves motifs de tourner nos coups de ce côté. En se dirigeant sur Berlin avec sa garde, avec une moitié de la réserve de cavalerie, c'est-à-dire avec quarante mille hommes, Napoléon recueillait en route Oudinot, accablait Bernadotte, entrait dans Berlin, y appelait la division Girard, le corps de Davout, y reformait cette concentration de cent mille hommes sur laquelle il avait tant compté, la dirigeait sur Stettin, Custrin, où nos garnisons avaient besoin d'être ravitaillées, donnait courage à celles de la Vistule, pouvait ensuite retourner de sa personne à Luckau, entre Berlin et Dresde, prêt à tomber dans le flanc de Blucher, si ce dernier avait osé se porter sur l'Elbe.

Six à sept marches séparaient Napoléon de Berlin : il fallait donc dix-huit ou vingt jours au plus entre aller et revenir, et il avait fait les dispositions

suivantes pour couvrir Dresde en son absence. Il
voulait y laisser Vandamme avec le 4er corps (car
le 30 au matin, moment de ces projets, Napoléon
ignorait le désastre de Kulm), outre Vandamme,
Saint-Cyr, Victor, Marmont avec une portion de la
réserve de cavalerie. Il se proposait de mettre ces
forces, constituant une armée de cent mille hommes,
sous Murat, et il comptait que celui-ci, appuyé sur
Dresde, adossé à Macdonald, qui devait dans ce
plan être ramené jusqu'à Bautzen, serait en mesure
de résister à un retour de l'armée de Bohême, retour que le désastre récemment essuyé par celle-ci
rendait peu probable avant quinze jours. Napoléon
espérait avoir ainsi le temps de revenir après avoir
frappé à Berlin un coup décisif, et à son approche
tout nouveau projet contre Dresde devait s'évanouir.
Blucher certainement en apprenant la bataille de
Dresde, et sachant Napoléon sur son flanc (car il y
serait sur la route de Berlin), n'oserait pas dépasser
Bautzen. En tout cas, Macdonald se rapprochant de
l'Elbe, et venant se mettre dos à dos avec Murat,
aucun d'eux n'aurait de danger sérieux à craindre.

L'expédition de Berlin terminée, le projet de Napoléon était de s'établir à Luckau, entre Berlin et
Dresde, d'y attirer le corps de Marmont et toute la
réserve de cavalerie, de laisser à Dresde et dans le
camp de Pirna 60 mille hommes, d'en laisser 60 mille
à Bautzen, tandis qu'avec 60 mille autres il serait
prêt à courir ou à Berlin, ou à Bautzen, ou à
Dresde, suivant le besoin, ce qu'il pouvait faire en
trois jours d'une marche rapide. Dans cette position
il était certain de suffire à tout, car placé à trois

Août 1813.

Dans
la supposition
du plan
qui précède,
Napoléon
se serait établi
de
sa personne
et avec
sa réserve
à Luckau,
entre Berlin
et Dresde,
et aurait
ainsi
transporté
la guerre

marches de Berlin, il serait de plus dans le flanc de Blucher, et assez près de Dresde pour y arriver à temps si l'armée de Bohème s'y présentait. Il est même probable qu'en suivant ce plan il aurait réussi à transporter la guerre au nord de l'Allemagne, car le rassemblement du nord étant dissous et Bernadotte puni, les Prussiens voudraient regagner leur pays pour le défendre, les Prussiens y attireraient les Russes, on ferait ainsi supporter aux plus hostiles des Allemands les horreurs de la guerre, et en découvrant un peu le haut Elbe, on couvrirait tout-à-fait le bas Elbe, c'est-à-dire Hambourg, où existait la plus belle des lignes de communication, celle de Hambourg à Wesel. Restait, il est vrai, dans ce cas, la chance de voir les Autrichiens se porter sur le haut Rhin, chance peu vraisemblable, car ils n'oseraient s'avancer si loin, Napoléon pouvant fondre sur leurs derrières. De plus Napoléon serait autorisé à se prévaloir auprès d'eux des soins qu'il mettrait à éloigner la guerre de leur territoire, et il pourrait en tirer une nouvelle occasion de négociations, ce qui n'était pas impossible, les Autrichiens étant de tous ses ennemis les moins engagés, les moins implacables, les seuls disposés à traiter raisonnablement.

Tel était son plan le 30 au matin, plan déjà écrit et accompagné d'ordres tout rédigés[1], lorsque la nouvelle de l'événement de Kulm vint bouleverser ses vastes conceptions. Il fut cruellement affligé en

[1] La note où ce plan est exposé et discuté, les ordres en conséquence de la note, existent à la secrétairerie d'État, et c'est d'après ces documents irréfragables que nous écrivons ce récit.

apprenant le désastre de Vandamme; c'étaient avec la Katzbach et Gross-Beeren trois échecs graves, qui égalaient en importance les succès obtenus autour de Dresde, et les surpassaient même, car le prestige de la victoire avait passé du côté des coalisés, et il ne restait du côté de Napoléon que le prestige toujours éclatant de son ancienne gloire. Pour la première fois il pensa qu'il avait peut-être trop présumé de ses forces, en refusant les conditions qu'on lui avait offertes à Prague, et il apprécia mieux l'inconvénient de la jeunesse chez ses soldats, de la contagion des sentiments germaniques chez ses alliés, du découragement chez ses lieutenants; peut-être alla-t-il jusqu'à regretter d'avoir ou disgracié, ou décrié lui-même, ou prodigué au feu des généraux en chef tels que Masséna, Davout et Lannes! Sans doute il avait encore de braves gens, des héros tels que Ney, Oudinot, Macdonald, Victor, Murat, mais ils étaient peu habitués au commandement en chef; il ne les y essayait que dans un moment peu propre à les encourager, dans un moment où les passions de l'Europe, la fortune, le vent du succès, tout enfin était tourné contre nous.

Août 1813.

Il fut pendant plus d'un jour atterré pour ainsi dire sous ces coups redoublés; mais son esprit toujours inépuisable n'en fut point frappé de stérilité; son énergie, son imagination, ses illusions même, tout se ranima le lendemain, et il forma un nouveau projet, qui moins vaste que le précédent, était cependant tout aussi fortement conçu. D'abord il voulut donner un autre chef aux trois corps destinés à marcher sur Berlin, et il choisit le maréchal Ney, qui

Napoléon
conçoit
un nouveau
plan fondé
sur le dernier
état
des choses.

Il place sous le commandement du maréchal Ney les trois corps confiés d'abord au maréchal Oudinot.

Il porte Ney à Baruth, à deux journées de Berlin, et songe à se placer lui-même avec sa réserve à Hoyerswerda, entre Baruth et Dresde, avec l'intention ou de pousser Ney sur Berlin, ou de se jeter dans le flanc de Blucher, si celui-ci est devenu trop pressant.

n'avait pas de supérieur en bravoure sur le champ de bataille, mais qui n'avait jamais dirigé de grandes armées. Napoléon fit ce choix, parce que l'âme intrépide et confiante de Ney n'avait pas reçu encore l'atteinte du découragement, déjà si visible chez nos autres généraux. Il l'envoya à Wittenberg en lui adressant les paroles les plus encourageantes, et les instructions les plus précises. Voici à quel plan général correspondaient ces instructions.

Napoléon lui prescrivit après avoir réuni et ranimé les 7e, 4e et 12e corps (le maréchal Oudinot devait garder le commandement direct de ce dernier), de se rendre à Baruth, à deux journées de Berlin, et d'y attendre les ordres du quartier général. Quant à lui personnellement, il résolut de se rendre à Hoyerswerda, distant de trois journées de Baruth, et de deux journées de Dresde, avec la garde, la plus grande partie de la réserve de cavalerie, et le corps de Marmont. Posté là en Lusace, entre Berlin et Gorlitz, il pouvait à volonté, ou se porter à gauche sur Berlin, et aider Ney à pénétrer dans cette ville, ce qui revenait à son vaste plan du 30 au matin, ou se jeter à droite dans le flanc de Blucher et l'accabler, si ce dernier, continuant à presser Macdonald, devenait inquiétant pour Dresde. Il était impossible assurément d'imaginer une combinaison plus savante et plus appropriée aux circonstances, car Napoléon était certain en joignant l'un de ses deux lieutenants, celui qui faisait face à Bernadotte, ou celui qui faisait face à Blucher, de rendre l'un ou l'autre victorieux. Seulement il ne se plaçait cette fois qu'à deux petites

journées de Dresde, dans le doute où il était sur
les dispositions de l'armée de Bohême. Si elle avançait de nouveau, remise de la défaite de Dresde par
le succès de Kulm, il revenait tout de suite lui
porter un second coup comme celui du 27 août. Si
c'était Blucher qui se montrait audacieux, il tombait d'Hoyerswerda dans son flanc, et le renvoyait
pour longtemps sur l'Oder. Et enfin si aucune des
armées de Silésie et de Bohême ne se montrait entre-
prenante, il pouvait d'Hoyerswerda pousser Ney sur
Berlin, sans même l'y suivre. Il suffisait en effet
qu'il l'appuyât jusqu'à Baruth, car l'impétueux Ney,
se sentant une pareille arrière-garde, était bien capable de se ruer sur Bernadotte, de lui passer sur le
corps, et d'entrer à Berlin. Une fois ce grand acte
accompli, Napoléon était libre de retourner à Hoyerswerda, d'où il menacerait Blucher ou Schwarzenberg, celui des deux en un mot qui essayerait
quelque chose. Tout était non-seulement profond,
mais vrai, juste, dans ces combinaisons, et il n'y
en avait pas une qui dix ans auparavant n'eût réussi
d'une manière éclatante, quand nos soldats étaient à
l'épreuve des dures alternatives de la guerre, quand
nos généraux étaient pleins de confiance, quand Napoléon ne doutait pas plus des autres que de lui,
quand ses ennemis, moins résolus à vaincre ou à
mourir, n'étaient pas décidés à persévérer même
au milieu des plus grandes défaites! Mais aujour-
d'hui, dans l'état moral de nos ennemis et de nous-
mêmes, tout était incertain, même avec des soldats
et des généraux restés héroïques[1].

[1] On a prêté sur cette époque à Napoléon, faute de connaître sa cor-

Après avoir donné les ordres convenables, Napoléon fit les plus habiles dispositions pour qu'en son absence Dresde ne demeurât pas découvert. D'abord il réorganisa le corps de Vandamme, dont il était déjà rentré de nombreux débris. Outre la 42ᵉ division, restituée au maréchal Saint-Cyr, laquelle avait assez peu souffert, quinze mille hommes environ de toutes armes, et appartenant au 1ᵉʳ corps, étaient revenus, ou isolément ou en troupe. Tout ce qui était Français avait rejoint le drapeau, sauf les hommes hors de combat ou pris par l'ennemi. On avait perdu le matériel d'artillerie et malheureusement quelques-uns des officiers les plus distingués. On ne savait pas ce qu'étaient devenus Haxo et Vandamme : on allait jusqu'à les croire morts l'un et l'autre. Le secrétaire du général Vandamme ayant reparu, Napoléon fit saisir les papiers du général pour en extraire sa correspondance militaire, et enlever la preuve des ordres envoyés à cet infortuné. Napoléon eut même la faiblesse de nier l'ordre donné de s'avancer sur Tœplitz, et sans toutefois accabler Vandamme, en le plaignant au contraire, il écrivit à tous les chefs de corps que ce général avait reçu pour instruction de s'arrêter sur les hauteurs de Kulm, mais qu'entraîné par trop d'ardeur, il s'était engagé en plaine, et s'était perdu par excès de zèle. Le récit authentique que nous avons présenté prouve la fausseté de ces assertions, imagi-

respondance et celle de ses lieutenants, les projets les plus chimériques et les moins raisonnables. Mais grâce à la possession et à l'étude approfondie de cette correspondance, nous ne lui attribuons aucun projet, aucun calcul, qui ne soient certains et constatés par preuves authentiques.

nées pour conserver à Napoléon une autorité sur les esprits, dont il avait en ce moment besoin plus que jamais.

Son premier soin fut de chercher pour ce corps si maltraité un chef aussi brave que Vandamme, mais plus circonspect. Il choisit l'illustre comte de Lobau, qui à une rare énergie joignait un remarquable discernement militaire et un grand savoir-faire, cachés sous des formes rudes et martiales. Le comte de Lobau possédait en effet et méritait l'entière confiance de Napoléon, qui l'avait toujours auprès de lui, soit pour les coups de vigueur, soit pour les missions qui exigeaient du jugement, de l'exactitude, de la franchise. Ce soldat intrépide et spirituel si connu des hommes de notre génération, joignant à une taille de grenadier, à une figure de dogue, la plus profonde finesse, se tirait de toutes les missions que lui confiait Napoléon sans le tromper et sans lui déplaire, s'arrangeant pour dire la vérité sans compromettre ni lui ni les autres. A son extrême adresse, à sa rare bravoure, il réunissait le talent et le goût de l'organisation des troupes, dans laquelle il excellait. On ne pouvait pas mieux choisir pour rendre au 1ᵉʳ corps l'esprit militaire qu'il avait dû perdre dans le désastre de Kulm. Napoléon distribua ce corps en trois divisions de dix bataillons chacune, lui restitua la moitié de la division Teste qu'on en avait momentanément détournée, lui ôta la brigade de Reuss qu'on lui avait aussi momentanément prêtée, et soit avec les soldats rentrés, soit avec quelques bataillons de marche venus de Mayence, lui procura encore un effectif d'environ

18 mille hommes. Il puisa dans les arsenaux de
Dresde, où un immense matériel avait été amené
par ses soins, de quoi remplacer les fusils perdus
et les soixante-douze bouches à feu abandonnées
sur le champ de bataille de Kulm. Il fournit des
souliers, des vêtements à ceux qui en manquaient,
et n'oublia rien pour remettre le moral des hommes,
soit par des encouragements, soit par des revues,
soit par ces petites satisfactions matérielles qui com-
posent le bonheur du soldat. Le comte de Lobau fut
chargé d'opérer cette résurrection en quelques jours,
Napoléon entendant se servir du 1ᵉʳ corps pour la
défense de Dresde pendant sa prochaine absence.

Quant à la conservation de Dresde, il y pourvut
de la manière suivante. Au lieu d'y laisser le 14ᵉ
corps seul, comme lorsqu'il avait marché sur la Silésie, il laissa le 14ᵉ (maréchal Saint-Cyr) au camp
de Pirna, le 2ᵉ (maréchal Victor) à Freyberg, et le
1ᵉʳ enfin (comte de Lobau) dans l'intérieur même de
Dresde, où celui-ci aurait plus de facilité pour se réorganiser. Le 14ᵉ corps, qui en recouvrant la 42ᵉ division en avait dès lors quatre, dut garder Kœnigstein et Lilienstein, le pont de l'Elbe jeté entre ces
deux forts, le camp de Pirna, le défilé de Péterswalde, et les débouchés secondaires de la Bohême
qui venaient tomber sur la droite de la chaussée de
Péterswalde. Le maréchal Victor à Freyberg veillait
à la fois sur la grande chaussée de Freyberg, et sur
le chemin de Tœplitz par Altenberg. La cavalerie de
Pajol galopait entre deux pour exercer une active
surveillance. En cas de nouvelle apparition de l'armée de Bohême, ces deux corps avaient ordre d'op-

poser une résistance modérée, suffisante seulement pour retarder sans se compromettre la marche de l'ennemi, et de se replier sur Dresde en y donnant l'éveil. Ils devaient venir se placer, Saint-Cyr sur la gauche du camp retranché où il avait déjà combattu vaillamment le 26 août, Victor sur la droite où il avait décidé le gain de la bataille du 27. Attaqués sérieusement, ils avaient ordre de rentrer derrière les redoutes, qui avaient été portées de cinq à huit, et beaucoup mieux armées. Napoléon pendant l'attaque de Dresde ayant remarqué plusieurs défectuosités dans leur établissement, avait nommé un commandant spécial pour chacune d'elles, augmenté leur artillerie, préparé des artilleurs de rechange pour les servir, défendu de laisser dans aucune des caissons de munitions, et fait construire avec des sacs à terre des espèces de réduits pour tenir lieu de magasins à poudre pendant le combat. Il avait distribué leur armement en artillerie de position nécessairement immobile, et en artillerie attelée qu'on porterait de la rive droite à la rive gauche de l'Elbe, selon qu'on serait attaqué par l'une ou par l'autre. Il avait soigneusement recommandé qu'on tînt des troupes en réserve derrière chaque redoute, pour reprendre à l'instant celle qui serait enlevée, et enfin il avait décidé que le 1ᵉʳ corps, sous le comte de Lobau, serait placé tout entier en réserve derrière les corps de Saint-Cyr et de Victor, pour déboucher au dernier moment, ainsi qu'avait fait la garde le 26 août, sur l'ennemi qui se croirait victorieux. C'était, comme on le voit, une répétition fort améliorée de la journée du 26, et qui promettait le même succès, car les trois corps de Saint-Cyr, Victor et Lobau réunissaient près de 60 mille hommes, c'est-à-dire plus que Napoléon n'en avait eu pour résister le 26 aux 200 mille de l'armée de Bohême. Ajoutant cette circonstance qu'au lieu d'être à quatre ou cinq journées, comme il était lors de la première apparition de l'ennemi, il ne serait plus qu'à deux en se plaçant à Hoyerswerda, Napoléon s'éloignait sans inquiétude pour la conservation de Dresde, si l'armée de Bohême renouvelait sa récente manœuvre, en opérant par la rive gauche de l'Elbe. Si au contraire, changeant de marche, elle attaquait par la rive droite, Poniatowski, Macdonald, Napoléon lui-même se rabattant sur elle, seraient en mesure de l'accabler. Ces dispositions si savantes une fois ordonnées, il expédia le 2 septembre la cavalerie de la garde sous Nansouty, avec deux divisions d'infanterie de la jeune garde sous Curial, et les porta sur Kœnigsbruck, à gauche de la route de Bautzen, dans la direction de Hoyerswerda. (Voir la carte n° 58.) Il comptait le 3 faire partir la vieille garde de Dresde, et le reste de la jeune garde de Pirna, toujours dans la même direction. Le 4 il avait le projet de partir lui-même pour se rendre de sa personne à Hoyerswerda. M. de Bassano devait rester à Dresde, informé de tout, même des mouvements militaires qu'il comprenait suffisamment bien, afin qu'avec cette activité dévouée qui rachetait chez lui une soumission trop aveugle, il pût transmettre à chacun et toujours à temps l'avis de ce qui l'intéressait.

Le 3 septembre au matin, Napoléon était occupé

à donner ses ordres, lorsqu'il reçut de Bautzen des dépêches pressées du maréchal Macdonald. Ce maréchal était, suivant l'expression de Napoléon, tout à fait *décontenancé* par la marche véhémente de Blucher sur lui. Blucher, qui n'était pas homme à s'arrêter dans un succès, s'était hâté, dès que les eaux avaient un peu baissé, de se porter en avant, pour tirer les plus grandes conséquences possibles de l'événement si heureux pour lui de la Katzbach. Plaçant son infanterie partie vers les montagnes, partie sur la grande route de Breslau à Dresde, lançant son immense cavalerie dans les plaines humides qu'arrosent successivement le Bober, la Preiss, la Neisse, la Sprée, il avait en débordant constamment le flanc gauche du maréchal Macdonald, obligé celui-ci à rétrograder de Lowenberg sur Löbau, de Löbau sur Gorlitz. Il disposait de 80 mille hommes contre Macdonald, qui n'en avait pas conservé 50 mille armés, et qui n'avait pu s'en procurer 60 mille en état de combattre, qu'en retirant Poniatowski du débouché de Zittau. Le maréchal Macdonald, malgré son intrépidité connue, craignait que le découragement chez ses soldats, l'aigreur de la défaite chez ses généraux, l'impulsion rétrograde chez tous, n'entraînât de nouveaux malheurs. Il demandait des secours à grands cris. Il se pouvait, à l'entendre, que sous vingt-quatre heures il fût ramené de Gorlitz sur Bautzen, peut-être sur Dresde.

Napoléon, qui ne mettait pas beaucoup de temps à prendre son parti, jugea que ce n'était pas le moment de se porter sur Hoyerswerda, c'est-à-dire à gauche de la grande route de Silésie et dans le flanc

Sept. 1813.

au matin, Napoléon reçoit la nouvelle que le maréchal Macdonald, vivement pressé par Blucher, est à Bautzen dans un véritable danger.

Napoléon renonce momentanément à sa dernière combinaison

de Blucher, car Macdonald était trop vivement pressé pour perdre une heure à manœuvrer. Secourir ce dernier directement, par la voie la plus courte, était la seule manœuvre adaptée aux circonstances. Napoléon comptait le joindre à Bautzen, le ranimer, le reporter en avant, et culbuter Blucher au delà de la Neisse, de la Queiss et des rivières qu'il avait dépassées. Napoléon cherchant surtout une bataille contre ceux de ses ennemis qui oseraient rester à portée de son bras, espérait la trouver dans cette nouvelle rencontre avec Blucher, et il se figurait que celui-ci, lancé comme il l'était, ne pourrait pas s'arrêter assez vite pour nous échapper encore une fois.

Sa résolution étant ainsi prise, il fit redresser le mouvement imprimé la veille aux deux divisions de la jeune garde et à la cavalerie qui les suivait. Il les avait dirigées sur Kœnigsbruck, il les ramena de Kœnigsbruck sur Bautzen par Camenz. (Voir la carte n° 58.) Il fit partir tout de suite la vieille garde de Dresde pour Bischofswerda, et pour Stolpen le reste de la jeune garde qui sous Mortier attendait ses ordres à Pirna. Le même mouvement direct sur Bautzen fut prescrit à la cavalerie de réserve de Latour-Maubourg, et à l'infanterie du maréchal Marmont. Mises en route le matin du 3, les troupes devaient être le soir à Bischofswerda, le lendemain 4 à Bautzen. Napoléon se disposa lui-même à quitter Dresde dans la nuit du 3 au 4, employant selon son usage la journée entière à expédier ses ordres, et se réservant pour dormir le temps qu'il passerait en voiture. Il fit prévenir Macdonald du mouvement considérable qui s'opérait vers Bautzen,

lui recommanda le secret, afin que Blucher non prévenu donnât en plein dans le gros de l'armée française. Il défendit à Dresde qu'on laissât passer par les
ponts même un seul paysan, espérant empêcher
ainsi que la nouvelle du départ de la garde ne parvînt à Blucher, et enfin il manda au maréchal Ney
que se détournant un moment d'Hoyerswerda, il
serait de retour dans cette direction sous trois ou
quatre jours, et qu'il lui assignait toujours Baruth
comme point de réunion, d'où l'on partirait ultérieurement pour Berlin.

Le 3 septembre au soir Napoléon quitta Dresde,
s'arrêta quelques heures à Harta, et arriva le lendemain matin à Bautzen. Il s'était fait précéder par
70 fourgons, portant des munitions, des fusils, des
souliers, afin de rendre aux soldats du maréchal
Macdonald une partie de ce qu'ils avaient perdu. Il
traita bien le maréchal Macdonald, sans s'appesantir
sur les fautes qui avaient pu être commises à la Katzbach, tenant grand compte à tout le monde des circonstances difficiles où l'on se trouvait, et sachant
qu'en pareille situation il fallait remonter les cœurs
en les encourageant, au lieu de les abattre en les
chagrinant par des reproches. D'ailleurs le maréchal
Macdonald inspirait tant d'estime, que le reproche
eût expiré sur la bouche, si par hasard on eût été
tenté de lui en adresser. Loin de se montrer Napoléon se cacha, voulant attendre pour se laisser voir
que la cavalerie de la garde et de Latour-Maubourg
fût arrivée, et qu'on pût fondre sur Blucher avec
des forces suffisantes.

Malheureusement au milieu de ces populations

germaniques où nous ne comptions plus que des ennemis, même parmi celles que notre présence forçait
à rester alliées, il n'y avait de secret possible qu'au
profit de nos adversaires. Plusieurs avis envoyés
de Dresde, soit pour l'armée de Silésie, soit pour
l'armée de Bohême, avaient déjà fait savoir, non
pas les desseins de Napoléon, que lui seul et ses
principaux lieutenants connaissaient, mais les mouvements de la garde commencés dès le 2 au matin.
Cette indication suffisait pour qu'on devinât que Blucher allait devenir le but des coups de Napoléon.
Aussi le général prussien, tout fougueux qu'il était,
fidèle au plan de se dérober aussitôt que Napoléon
apparaîtrait, se préparait à rétrograder, et, s'il
n'avait pas déjà battu en retraite, s'avançait cependant d'une manière moins vive. Parvenu à Gorlitz,
il avait poussé ses avant-gardes sur Bautzen, mais
avait arrêté son corps de bataille à Gorlitz même, et
de sa personne était venu se placer sur une hauteur
qu'on appelle le Lands-Krone, et d'où l'on aperçoit
toute la contrée de Gorlitz à Bautzen.

Le 4 septembre, vers le milieu du jour, Latour-
Maubourg et Nansouty étant arrivés, Murat s'était
mis à la tête de leurs escadrons, et avait fondu au
galop sur les avant-gardes de Blucher rencontrées
vers la chute du jour aux environs de Weissenberg.
D'immenses tourbillons de poussière avaient annoncé son approche, et sur-le-champ à cette vive
impulsion Blucher avait reconnu la présence du maître, sous les yeux duquel on ne rétrogradait jamais.
Ses avant-gardes vigoureusement assaillies furent
ramenées en arrière, en perdant quelques centaines

d'hommes. La nuit suspendit la poursuite. Blucher prit immédiatement la résolution de repasser la Neisse le lendemain, et de ne laisser à Gorlitz qu'une arrière-garde, laquelle occuperait la ville située de notre côté, pendant qu'on préparerait tout pour détruire les ponts.

Le lendemain matin 5 Napoléon à la tête de ses avant-gardes se porta en avant de Reichenbach, pour voir s'il pourrait enfin saisir les Prussiens de manière à leur ôter le goût de revenir si vite après son départ. Mais au premier coup d'œil il eut le déplaisir de reconnaître que Blucher allait encore, comme les 22 et 23 août, se soustraire à notre approche. Il fit en effet marcher en avant, et sa seule satisfaction en pénétrant à Gorlitz fut de prendre ou tuer un millier d'ennemis. Après avoir traversé la ville au pas de course, on trouva les ponts de la Neisse coupés, et l'arrière-garde prussienne achevant de détruire celui dont elle s'était servie pour se dérober à nos coups.

Dès ce moment il fut évident pour Napoléon que tout ce qu'il gagnerait à poursuivre plus longtemps les alliés, ce serait de fatiguer inutilement ses troupes, et de mettre une plus grande distance entre lui et Dresde. Il résolut donc de s'arrêter à Gorlitz, d'y passer deux ou trois jours pour y rétablir les ponts, y faire reposer ses soldats, et y ranimer par sa présence le corps de Macdonald dont le moral était fort ébranlé.

Mais le soir même du 5, des dépêches arrivées de Dresde dans la journée, vinrent encore changer sa détermination, et l'obliger à ne pas même pas-

Sept. 1813.

Le lendemain 5, on poursuit Blucher, et on le rejette au delà de la Neisse.

Entrée des Français dans Gorlitz.

Napoléon renonce à poursuivre Blucher, dans l'impossibilité où il se trouve de le serrer d'assez près.

Le 5 septembre au soir Napoléon

ser à Gorlitz les deux ou trois jours qu'il aurait
voulu y demeurer. On lui annonçait en effet une nouvelle apparition de l'armée de Bohême sur la route
de Péterswalde, c'est-à-dire sur les derrières de
Dresde, exactement comme à l'époque récente des
batailles des 26 et 27 août. C'était encore l'officier
d'ordonnance Gourgaud qui était l'organe des craintes du maréchal Saint-Cyr, et le narrateur trop animé
de ce qui avait eu lieu à Dresde. Était-ce une descente
véritable de l'armée de Bohême, voulant essayer
une seconde attaque sur Dresde, malgré le rude accueil qu'avait reçu la première? ou bien n'était-ce
pas plutôt une vaine démonstration de sa part, et
n'était-il pas vraisemblable qu'instruite à temps du
mouvement de Napoléon sur Bautzen, elle voulait le
rappeler à Dresde, se jouer ainsi de la promptitude
de ses déterminations, de l'agilité de ses soldats,
fatiguer lui et eux, les épuiser en mouvements in-
fructueux tantôt contre une armée, tantôt contre
l'autre, en ne leur accordant jamais l'avantage d'approcher assez près d'aucune d'elles pour l'atteindre

et la battre? Cette dernière supposition était la plus
vraisemblable, et si Napoléon avait eu la chance de
joindre Blucher, il ne se serait pas détourné de cet
ennemi pour courir au prince de Schwarzenberg,
avec certitude de ne pas le rejoindre. Malheureusement Napoléon ne faisait aucun sacrifice en s'arrêtant,
puisque Blucher, aussi prompt à marcher en arrière
qu'en avant, était déjà hors de portée, et il était
naturel que, n'ayant rien de bien utile à faire à Gorlitz, il revînt là où un symptôme de danger, quelque
léger que fût ce symptôme, ou une espérance de

bataille, quelque douteuse que fût cette espérance, se présentait en ce moment. Il ordonna donc à sa garde de ne pas aller plus loin et de se reposer, pour être prête à exécuter ses ordres le lendemain, et il retourna lui-même de Gorlitz à Bautzen pour se rapprocher des nouvelles, et apprécier plus sûrement la valeur des renseignements qu'on lui envoyait du camp de Pirna. Ne perdant pas un instant, il voyagea toute la soirée et la nuit, et fut rendu à Bautzen le 6 à deux heures du matin. Certes, on ne pouvait pas déployer plus d'activité et moins regarder à la fatigue, car, sorti de Dresde le 3 septembre au soir, arrivé le 4 au matin à Bautzen, ayant couru le 4 même jusqu'à Weissenberg, le 5 jusqu'à Gorlitz, il revenait dans la nuit du 5 au 6 à Bautzen. Par malheur ses troupes allant à pied ne pouvaient suivre que de très-loin la rapidité de ses mouvements.

Napoléon trouva en effet à Bautzen les détails mandés par M. de Bassano au nom du maréchal Saint-Cyr, et d'après lesquels il paraissait que la grande armée de Bohême avait débouché brusquement de Péterswalde, la droite sur Pirna, le centre sur Gieshübel, la gauche sur Borna, avec toute l'apparence d'une résolution sérieuse, et une telle vigueur d'attaque, que le maréchal Saint-Cyr avait cru devoir, en se retirant avec ordre, replier néanmoins ses quatre divisions. En présence de tels avis, surtout rien d'utile ne le retenant à Bautzen, Napoléon répondit qu'il allait partir immédiatement, de manière à être le soir même du 6 à Dresde, et qu'il se ferait suivre par toute sa garde. Cependant

Sept. 1813.

N'ayant rien d'utile à faire à Gorlitz depuis la retraite de Blucher, Napoléon revient à Dresde pour parer au nouveau danger qui menace cette capitale.

Malgré la vivacité des démonstrations de l'armée de Bohême, Napoléon ne se laissant

Sept. 1813.

pas abuser,
ne ramène
à Dresde
qu'une partie
de sa réserve,
afin de pou-
voir revenir à
son projet
sur
Hoyerswerda.

n'étant pas facile à tromper, et ne prenant pas encore comme très-sérieuse cette nouvelle démonstration, il donna ses ordres en conséquence de ce qu'il pensait. Ayant toujours en vue son mouvement sur Hoyerswerda, d'où il pourrait à la fois soutenir Ney vers Berlin, et contenir Blucher vers Gorlitz, il ne ramena décidément vers Dresde que la garde seule, jeune et vieille, comptant près de 40 mille hommes de toutes armes. Il dirigea Marmont, qui était en marche pour le rejoindre, vers Camenz et Kœnigsbruck, d'où il serait aisé de le rappeler à Dresde ou de le pousser sur Hoyerswerda. Il lui adjoignit un fort détachement de cavalerie, pour donner la chasse aux Cosaques, et le lier avec Ney et Macdonald. Il recommanda au maréchal Macdonald, après avoir replacé Poniatowski au débouché de Zittau, de se bien établir lui-même à Bautzen, de réarmer ses soldats débandés, et de tâcher enfin avec un effectif qu'il pouvait reporter à 70 mille hommes s'il parvenait à ressaisir ses maraudeurs, de garder au moins la ligne de la Sprée. Il était permis d'espérer que n'étant plus à cinq journées de Dresde, mais à deux, Macdonald serait moins prompt à rétrograder, et Blucher à s'avancer. Le maréchal Macdonald avec une modestie qui l'honorait, supplia fort Napoléon de l'exonérer du commandement en chef, offrant de rester comme divisionnaire à la tête du 11° corps, et de s'y faire tuer, mais ne voulant plus d'une responsabilité trop lourde, et se plaignant peut-être avec l'injustice du malheur du peu de concours de ses lieutenants. Napoléon n'avait plus le choix, car les généraux disparaissaient comme les soldats, par suite de l'affreuse consommation qu'il faisait des uns et des autres. Il écouta Macdonald, le consola, le traita comme il aurait traité un général victorieux, et après l'avoir encouragé de son mieux, partit pour Dresde, où il arriva le 7 au matin. M. de Bassano était venu à sa rencontre pour employer le loisir de la route à l'entretenir des affaires de l'Empire et des informations venues du quartier général du maréchal Saint-Cyr sous Pirna.

Après avoir séjourné une heure ou deux à Dresde, il partit pour Pirna, et s'arrêta près de Mugeln, où se trouvaient les arrière-gardes du maréchal Saint-Cyr. Voici ce qui s'était passé de ce côté. Les Prussiens et les Russes, sans les Autrichiens, avaient débouché de Bohême par la grande route de Péters-walde, dont nous avons déjà fait connaître la configuration, avaient essayé d'enlever d'un côté le plateau de Pirna, de l'autre le plateau de Gieshü-bel, et avaient poussé devant eux les quatre divisions de Saint-Cyr qui occupaient ces diverses positions. Un autre corps, sous le comte Pahlen, débouchant par la route de Furstenwald qu'avait suivie Kleist lors des événements de Kulm, était venu vers Borna, là où les montagnes moins abruptes commencent à se changer en plaine. Une immense cavalerie lancée dans cette direction avait fort inquiété celle de Pajol, et sans la vigueur de ce dernier, sans son savoir-faire, lui aurait causé de grands dommages.

Saint-Cyr se voyant ainsi pressé avait replié du camp de Pirna sur Pirna même sa 42ᵉ division, laissant comme de coutume quelques bataillons dans la forteresse de Kœnigstein, avait ramené la 43ᵉ et la

44ᵉ de Gieshübel sur Zehist, et la 45ᵉ, qui soutenait Pajol, de Borna sur Dohna.

C'est dans cette position que Napoléon le trouva, point déconcerté, beaucoup moins alarmé surtout qu'il n'avait affecté de l'être, et tout prêt à reprendre l'offensive. Que signifiait cette nouvelle apparition de l'ennemi ? Était-ce une continuation de la tactique au moyen de laquelle on semblait vouloir épuiser l'armée française, ou bien une attaque véritable ? Il valait la peine de s'entretenir de cette question obscure avec un officier aussi intelligent que le maréchal Saint-Cyr. Napoléon le questionna sur ce sujet avec beaucoup de confiance et de cordialité. Quoiqu'il eût peu de goût pour son caractère, il appréciait fort ses lumières, et d'ailleurs dans la situation présente il avait besoin de ménager tout le monde, surtout les gens de guerre

déjà bien fatigués. Par toutes ces raisons il s'entretint longuement avec le maréchal Saint-Cyr, et ne parut pas convaincu que cette dernière attaque fût sérieuse, ni qu'elle fût autre chose qu'une des alternatives de ce va-et-vient perpétuel qui semblait constituer en ce moment toute la tactique des coalisés. Au surplus Napoléon ne demandait pas mieux, d'après ce qu'il dit, que de réparer au moyen d'une action décisive tout le tort que lui avaient causé les journées de Kulm, de la Katzbach et de Gross-Beeren, mais il doutait avec raison que les coalisés, après la leçon reçue à Dresde, songeassent à s'en attirer une seconde du même genre. Évidemment ils ne voudraient point se présenter encore une fois la tête à Dresde, la queue aux défilés de l'Erz-Gebirge,

et quant à les aller chercher au delà, c'est-à-dire
en Bohême, c'était un jeu trop hasardeux, et qui
consistait à prendre pour soi la mauvaise position
dont ils ne voulaient plus après l'avoir essayée. Il
était plus vraisemblable que s'ils recommençaient
une entreprise sur nos derrières, ce serait plus en
arrière encore, c'est-à-dire par la grande route de
Commotau sur Leipzig, et l'apparition de quelques
coureurs dans cette direction, signalée depuis deux
ou trois jours, portait déjà Napoléon à le penser, ce
qui prouvait, comme on le verra bientôt, sa profonde sagacité. Du reste il répéta qu'il se réjouirait
fort d'avoir encore une fois l'armée de Bohême sur
les bras, entre Dresde et Péterswalde, mais qu'il
n'osait s'en flatter, qu'il était venu pour cela, que
ses réserves étaient en marche, qu'elles seraient le
lendemain matin à Dresde, le lendemain soir à Mugeln, et qu'on agirait suivant les circonstances.

Le maréchal Saint-Cyr parut être d'un autre avis.
Il croyait, lui, à une attaque déterminée du prince
de Schwarzenberg, à en juger par la vigueur avec
laquelle les divisions du 14e corps avaient été pous-
sées depuis deux jours, et il était étonné surtout de
voir ce prince s'avancer si près de Dresde, si c'était
pour une simple démonstration. Il soutenait comme
il l'avait déjà fait, que c'était vers la Bohême que
Napoléon devait chercher à gagner une grande bataille, qu'elle serait là plus décisive à cause de la
présence des souverains, dont il importait d'ébranler le courage; à quoi Napoléon répondait avec raison qu'il la trouverait bonne partout, meilleure sans
doute contre les souverains réunis, mais qu'il ne

Sept. 1813.

Sa
prodigieuse
sagacité.

Avis
du maréchal
Saint-Cyr.

dépendait pas de lui de l'avoir où il la désirait, et qu'il la livrerait là où la fortune voudrait bien la lui offrir.

Le maréchal Saint-Cyr était encore fort préoccupé d'une idée, celle-ci très-juste quoique bien peu vraisemblable, c'est qu'en ce moment les Autrichiens s'étaient séparés des Prussiens et des Russes, car on ne voyait devant soi que de ces derniers, sans un seul détachement autrichien. Dans ce cas, au lieu de 140 ou 150 mille hommes, c'étaient tout au plus 80 ou 90 mille auxquels on aurait à faire, et l'occasion était belle pour se jeter sur les coalisés et les accabler. Il y avait là cependant une contradiction singulière, car la séparation des coalisés excluait l'idée d'une tentative sérieuse sur Dresde, et Napoléon croyait plutôt que si les Autrichiens s'étaient éloignés, c'était pour préparer une marche ultérieure sur Leipzig, en se portant vers les directions qui pouvaient y conduire. Ces raisonnements entre deux militaires si compétents,

révélant si bien au milieu de quelles obscurités un général en chef est obligé de se diriger, n'importaient nullement quant à la conduite à tenir, puisqu'on était d'accord si l'armée de Bohême voulait s'y prêter, d'avoir tout de suite une grosse affaire avec elle, et qu'on n'était même empêché de l'entreprendre sur l'heure que par l'absence des réserves occupées à franchir l'espace entre Bautzen et

Dresde. Napoléon quitta le maréchal Saint-Cyr pour retourner encore le jour même à Dresde, où il avait des ordres de tout genre à donner à ses divers corps d'armée. Il fut convenu qu'au premier mouvement

de l'ennemi le maréchal lui enverrait un officier
pour le prévenir [1].

Pour mieux apprécier la difficulté du commandement, il faut savoir qu'en ce moment Napoléon et
le maréchal avaient raison l'un et l'autre, et l'un
contre l'autre. Voici ce qui s'était passé en effet du
côté des coalisés. A la première nouvelle venue de
Dresde d'une marche de Napoléon en Lusace, les
Autrichiens avaient exécuté un mouvement rétrograde, correspondant en Bohême à celui que Napoléon exécutait en Lusace, et avaient repassé l'Elbe
derrière le rideau des montagnes, entre Tetschen et

[1] Nous honorons fort dans le maréchal Saint-Cyr, outre beaucoup
d'esprit, une grande indépendance de caractère, nous regrettons seulement qu'elle ait été gâtée par un penchant excessif à la contradiction,
qui lui a fait commettre plus d'une faute dans sa carrière d'ailleurs si
glorieuse. Mais nous allons citer une étrange preuve de ce penchant,
à l'occasion même des journées dont on vient de lire le récit. Certes
il est difficile de voir des journées sinon plus heureusement employées, du moins plus activement, car Napoléon partit le 3 au
soir de Dresde, dormit trois ou quatre heures à Harta, arriva le 4 au
matin à Bautzen, y passa la journée du 4 pour assister à la poursuite
de l'ennemi, poussa pendant la journée du 5 jusqu'à Gorlitz pour
s'assurer de ses propres yeux si les Prussiens voulaient tenir, revint le
soir même à Bautzen sur le bruit d'une nouvelle apparition de l'armée
de Bohême, y arriva à deux heures du matin le 6, expédia le 6 tous
ses ordres, vint le même jour coucher à Dresde où il fut rendu dans
la nuit, et le 7 au matin se transporta auprès du maréchal Saint-Cyr
pour avoir la conférence que nous venons de rapporter. Marchant
pendant les nuits, passant les journées ou à cheval ou dans son cabinet
pour donner des directions à une multitude de corps dont il recevait à
chaque instant des nouvelles, Napoléon déployait dans ces circonstances l'activité d'un jeune homme. Voici pourtant les propres paroles du
maréchal Saint-Cyr dans ses Mémoires, tome IV, page 136... « Il lui
» restait (après la retraite de Blucher) la faculté de marcher sur
» Schwarzenberg, qui s'avançait par la rive droite sur Rumburg, et
« de la marche duquel je présume qu'il était instruit, comme il le fut
» par le 14° corps dans les journées du 3, du 4, de celle de l'armée

Leitmeritz. Ce mouvement avait un double but, premièrement de pourvoir aux cas imprévus, à celui notamment d'une opération de Napoléon sur Prague, secondement de se remettre quelque peu de la rude secousse essuyée par l'armée autrichienne dans la bataille de Dresde. On avait laissé les Russes et les Prussiens sur la grande route de Péterswalde, afin d'y rappeler Napoléon par de fortes démonstrations, de dégager ainsi l'armée de Silésie contre laquelle il marchait, et de continuer le plan convenu à Trachenberg, de se montrer fort entreprenant là où il ne serait pas, très-prudent là où il

---

« russe. Néanmoins, après la retraite de Blucher, il resta le 5, le 6 et » le 7 dans une indécision complète ; le 7, il fit écrire par le major général » au maréchal Gouvion Saint-Cyr une espèce de lettre de reproches.... » Sans chercher dans cette dernière phrase le secret du jugement porté par le maréchal Saint-Cyr, on peut voir par l'exposé que nous avons fait à quel point est fondée l'assertion de ce maréchal. Napoléon marcha le 5 sur Blucher, revint le 6 rappelé par le maréchal Saint-Cyr lui-même, n'employa que quelques heures à s'assurer si cet appel était fondé, heures qu'il ne perdit pas puisqu'il ne cessa de donner des ordres, et consacra le 7 à se transporter auprès du maréchal. Il ne perdit donc pas les 5, 6 et 7 en irrésolutions. La supposition que Napoléon devait être instruit du prétendu mouvement de l'armée autrichienne sur Rumburg, c'est-à-dire sur la rive droite de l'Elbe, est tout aussi fausse, car d'une part l'armée autrichienne n'exécuta point le mouvement dont il s'agit, et ne revint pas en arrière au delà de Tetschen, d'autre part Napoléon aurait pu ne pas connaître ce mouvement si en effet il avait eu lieu, car le rideau des montagnes et la mauvaise volonté des Allemands nous condamnaient à tout ignorer, à ce point que le 7 Napoléon et le maréchal Saint-Cyr étant réunis à Mügeln en arrière de Pirna, ne savaient pas s'ils avaient devant eux les Autrichiens, les Russes et les Prussiens, ou seulement les Russes et les Prussiens. Tout est donc inexact, jugements et assertions, dans le passage que nous venons de citer, et nous faisons cette remarque non point en flatteur de Napoléon, rôle que nous laissons à d'autres, ni en détracteur du maréchal Saint-Cyr, dont au contraire nous aimons fort l'esprit et l'indépendance, mais en historien préoccupé des difficultés de l'histoire. Certes, il

serait, jusqu'au moment où après l'avoir épuisé en
courses inutiles, on trouverait moyen de l'accabler. Wittgenstein et Kleist, qui commandaient les
Russes et les Prussiens sous Barclay de Tolly, et
qui étaient pleins d'ardeur, n'avaient pas exécuté
à demi les démonstrations dont ils étaient chargés,
avaient attaqué à fond les quatre divisions du maréchal Saint-Cyr, au point qu'il avait fallu à celui-ci
toute sa tenue, tout son talent dans la guerre défensive, pour s'en tirer sans échec. Pendant que les
corps russes et prussiens bataillaient ainsi à Péterswalde, Klenau encore tout ébranlé des coups reçus

semble qu'un témoin de ce mérite, placé si près des événements,
ayant passé à côté de Napoléon une partie des journées pendant lesquelles il prétend que Napoléon ne fit rien, aurait dû savoir la vérité,
et pourtant on voit comment, pour n'avoir pas lu ce que Napoléon
écrivit pendant ces journées, il a été exposé à prononcer de faux jugements. C'est une nouvelle preuve qu'il ne faut pas se hasarder à juger
les hommes qui ont figuré dans les grands événements sans avoir connu
leurs ordres, leurs correspondances surtout qui contiennent leurs vrais
motifs. Et quand on voit un personnage comme le maréchal Saint-Cyr,
qui avait commandé des armées, qui savait par expérience quelles
sottes déterminations les gens mal informés prêtent souvent à ceux qui
commandent, quand un tel personnage commet de telles erreurs, on
se dit qu'il ne faut prononcer que sur pièces authentiques, et après
avoir vu et compulsé toutes celles qui existent, et qu'on peut se procurer. Quant à nous, c'est ce que nous avons fait avec une attention
scrupuleuse, ne nous permettant d'affirmer que sur données certaines,
contrôlées les unes par les autres, ne cherchant à exalter ou dénigrer
ni ceux-ci ni ceux-là, n'étant ni le flatteur ni le détracteur de Napoléon, devenu pour nous un personnage purement idéal, ne cherchant
que la vérité, la cherchant avec passion, et la disant au profit de Napoléon quand elle lui est favorable, à son détriment quand elle le con-
damne. Le vrai, voilà le but, le devoir, le bonheur même d'un historien
véritable. Quand on sait apprécier la vérité, quand on sait combien
elle est belle, commode même, car seule elle explique tout, quand on
le sait, on ne veut, on ne cherche, on n'aime, on ne présente qu'elle,
ou du moins ce qu'on prend pour elle.

27.

à Dresde, était entre Commotau et Chemnitz occupé à se refaire, envoyait des partisans soit à Zwickau soit à Chemnitz, et préparait de la sorte l'opération décisive que les coalisés, sans l'oser tenter encore, méditaient toujours sur nos derrières, mais cette fois dans la direction de Leipzig, et non plus dans celle de Dresde.

Napoléon avait donc raison quand il croyait qu'on ne songeait pas à une seconde attaque sur Dresde, et qu'une nouvelle marche sur nos derrières, si elle avait lieu, s'essayerait plus loin, c'est-à-dire par Leipzig; et le maréchal Saint-Cyr se trompant sur ces points, avait raison de penser que les Russes et les Prussiens étaient actuellement séparés des Autrichiens, et que ce pouvait être une bonne occasion de les assaillir. Napoléon n'objectait rien à cette dernière opinion, et disait très-sensément que quelle que fût la vérité sur tout cela, il n'y avait qu'une chose à faire, c'était d'attendre la journée du 8, pour voir comment se comporterait l'ennemi, et pour donner à la garde et à la cavalerie de réserve le temps d'arriver. Il est rare, surtout lorsque la situation prête à des suppositions contraires, qu'il n'y ait qu'une conduite à tenir. C'était le cas ici, et Napoléon était retourné le 7 au soir à Dresde, prêt à revenir de sa personne au premier signal, mais dans l'intervalle voulant veiller aux mouvements de ses innombrables corps d'armée. En effet, tandis qu'il était aux aguets pour saisir en faute l'armée de Bohême, il se passait de nouveaux événements sur ses ailes.

On se souvient sans doute qu'en partant de Dresde,

Attente
des nouveaux
mouvements
de l'ennemi,
pour se jeter
sur lui dès
qu'il donnera
prise.

Mouvement

d'abord pour se diriger sur Hoyerswerda, puis pour se rabattre sur Bautzen, Napoléon avait donné au maréchal Ney rendez-vous à Baruth, dans l'intention de se réunir à lui, soit pour appuyer son mouvement sur Berlin, soit pour y marcher lui-même. Ramené sur Dresde par l'apparition des têtes de colonnes de Kleist et de Wittgenstein, il ne croyait guère, comme on vient de le voir, à leur intention sérieuse de s'engager encore une fois sur les derrières de cette capitale; il songeait donc dès qu'il serait entièrement rassuré à cet égard, à reprendre ses projets sur Berlin, et il était impatient de savoir ce que le maréchal Ney aurait fait de ce côté.

Ce maréchal, envoyé pour prendre le commandement des mains du maréchal Oudinot, était arrivé le 3 septembre à Wittenberg, jour même où Napoléon s'acheminait sur Bautzen, et voulant se mettre en marche dès le 5 au plus tard, il avait passé la revue de ses trois corps d'armée, qui depuis l'échec de Gross-Beeren avaient beaucoup perdu en matériel, en force numérique, en dispositions morales.

Le matériel, on l'avait remplacé au moyen du vaste dépôt de Wittenberg; la force numérique, on n'avait pas pu la rétablir, car une douzaine de mille hommes étaient les uns morts ou blessés sur le champ de bataille de Gross-Beeren, les autres dispersés sur les routes dans un état de complète débandade. On avait ramassé ceux d'entre eux qui étaient Français, et on leur avait remis un fusil à l'épaule, mais c'était le moindre nombre, et c'est tout au plus si les trois corps d'armée, la cavalerie du duc de Padoue comprise, présentaient en ligne 52 mille hommes, au lieu des 64 mille qu'ils comptaient à la reprise des hostilités. Quant aux dispositions morales, ils n'avaient plus cette aveugle confiance en eux-mêmes que les journées de Lutzen et de Bautzen leur avaient inspirée, et que le premier échec essuyé venait d'ébranler profondément. Les chefs n'étaient pas satisfaits. Le maréchal Oudinot, quoique ayant désiré d'être exonéré du commandement, ne pouvait pas voir avec plaisir l'envoi du maréchal Ney, qui semblait être une condamnation de sa conduite. Le général Reynier mécontent du maréchal Oudinot, tout prêt à l'être du maréchal Ney, joignant à sa propre humeur celle des Saxons qu'il commandait, ne pouvait pas être un lieutenant animé de bien bonne volonté, quoique toujours disposé à faire son devoir sur le champ de bataille. Le général Bertrand enfin, invariablement dévoué au service de l'Empereur, était celui duquel le maréchal Ney avait le moins à craindre, bien qu'il eût espéré une position plus indépendante que celle qui lui était échue. Du reste, le maréchal Ney, n'ayant presque jamais exercé le commandement en chef quoique ayant eu sous ses ordres directs de nombreux rassemblements de troupes, ne regardant guère à ses instruments et tout pressé de les employer, passa ses corps en revue le 4, et leur annonça qu'on partirait le lendemain 5. Ayant rendez-vous à Baruth, il devait se porter de Wittenberg à Juterbock, et pour cela se glisser en quelque sorte de gauche à droite, afin de se dérober à l'armée ennemie qui était tout entière devant Wittenberg, pourvue d'une immense cavalerie et ayant ainsi des yeux partout.

L'armée française était rangée en demi-cercle devant Wittenberg, le 7ᵉ corps (celui du général Reynier) à gauche, le 12ᵉ (celui du maréchal Oudinot) au centre, le 4ᵉ (celui du général Bertrand) à droite. On était tellement serré par l'armée du Nord que les avant-postes étaient sans cesse aux prises. Le maréchal Ney agissant ici avec beaucoup d'adresse, laissa sa droite formée par le 4ᵉ corps, en présence de l'ennemi toute la matinée du 5, et commença le mouvement projeté par son centre composé du 12ᵉ corps. Il le porta dans la direction de Zahne en passant derrière sa droite, et vint enlever Zahne au corps prussien de Tauenzien. Il y avait une petite rivière à franchir au bourg même de Zahne; on la força malgré quelque résistance, et on déboucha au delà. Le 7ᵉ qui formait la gauche suivit le 12ᵉ, dont il appuya les efforts sur Zahne, et quand ils eurent défilé tous deux, le 4ᵉ, ayant suffisamment occupé l'ennemi, leva son camp à son tour, et se réunit au reste de l'armée, qui en un jour se trouva ainsi rendue à Seyda, à cinq lieues sur la droite de Wittenberg. Ce mouvement, lestement et bravement exécuté, nous avait coûté un millier d'hommes, mais en avait coûté le double aux Prussiens. Toutefois il s'agissait de savoir, si précédés, côtoyés, suivis par une innombrable cavalerie, observés dans tous nos mouvements, il nous serait possible de continuer cette marche de flanc sans être assaillis par l'ennemi, et frappés dans le flanc même que nous lui présentions inévitablement.

Sept. 1813.

À droite manœuvre de Ney, qui défile avec son centre et sa gauche derrière sa droite immobile, pour se porter de Wittenberg à Zahne.

Nécessité où était Ney pour se porter à Baruth d'exécuter un mouvement de flanc continuel avec 30 mille hommes contre 80 mille.

Sept. 1843.

Ney se décide sans faire d'objections à exécuter immédiatement les ordres de Napoléon.

Si Napoléon avait formé des généraux en chef au lieu de former d'admirables lieutenants, seule espèce d'élèves qui pussent sortir de son école puisqu'il ne leur permettait jamais d'être autre chose, il n'aurait pas été exposé à voir ses ordres interprétés comme ils le furent en cette occasion. Bien qu'il eût prescrit au maréchal Ney de se porter à Baruth, ce qui impliquait absolument la nécessité d'un mouvement de flanc en présence de l'ennemi, le maréchal, moins soumis, eût plutôt différé l'exécution de ces ordres que de s'exposer aux chances d'une bataille générale, livrée dans une position fausse et contre des forces infiniment supérieures. Mais le maréchal Ney, habitué à ne pas même examiner la valeur des ordres de Napoléon, ne songeant qu'à s'y conformer ponctuellement et habilement, rendu plus confiant encore par son heureuse opération du 5, continua son mouvement de gauche à droite sans aucune hésitation.

Marche sur Juterbock.

Circonstances fâcheuses qui viennent aggraver la situation dans la journée du 6.

Le 6 il fallait percer sur Juterbock, après quoi on n'avait plus qu'une marche à exécuter pour être à Baruth. Le maréchal Ney décida que le général Bertrand, qui continuait à former avec le 4ᵉ corps la droite de l'armée, et qui avait été le moins engagé la veille, partirait le premier vers huit heures du matin pour se diriger sur Juterbock, que le général Reynier suivrait avec le 7ᵉ, le maréchal Oudinot avec le 12ᵉ. L'ennemi étant si averti et si rapproché, il eût été à propos de marcher en masse, parfaitement serrés les uns aux autres, surtout en opérant un mouvement de flanc et de jour avec cinquante mille hommes contre quatre-vingt mille. Mais les trois

corps étaient à une distance de deux heures les uns
des autres, et par surcroît de malheur ils chemi-
naient dans une plaine sablonneuse, et par un vent
qui soulevait des nuages d'une poussière épaisse,
tout à fait impénétrable à la vue.

De huit heures à midi, on s'avança toujours har-
celés en flanc par une nombreuse cavalerie que
la nôtre avait la plus grande peine à contenir. Que
Bernadotte fût instruit de notre projet, qu'il se fût
ébranlé en masse pour nous barrer le chemin de
Juterbock, il n'était pas possible d'en douter d'après
la direction qu'il avait prise et d'après le nombre de
ses cavaliers. Mais si on parvenait au défilé de Dennewitz qu'il fallait absolument franchir avant que
l'ennemi y fût en masse, on pouvait très-bien forcer
le passage et arriver les premiers à Juterbock. Alors
toute l'armée française était hors de péril, et le
prince de Suède était réduit à la suivre en queue,
sans espérance de l'atteindre.

Vers midi on fut tout à coup assailli par la mitraille, partie du milieu d'un nuage de poussière. On
était sans le savoir en présence du corps de Tauenzien, que la veille on avait poussé devant soi, qu'on
avait devant soi encore, et on touchait au défilé de
Dennewitz, seul obstacle un peu difficile à surmonter dans le parcours de cette vaste plaine. Voici en
quoi ce défilé consistait.

Transversalement devant nous coulait un ruisseau
peu profond, mais très-marécageux, allant de Niedergörsdorf à Juterbock, et qu'on ne pouvait franchir
qu'à deux endroits, à Dennewitz et à Rohrbeck. Ce
ruisseau, après avoir coulé de notre gauche à notre

Sept. 1813.

Possibilité
d'échapper à
l'ennemi,
en arrivant à
Dennewitz
avant lui.

Description
du champ
de bataille
de Dennewitz.

Sept. 1813.

droite, parvenu à Rohrbeck se détournait pour percer droit devant nous jusqu'à Juterbock, petite ville devant laquelle il coulait en décrivant divers contours. La grande route dont nous avions indispensablement besoin pour nos parcs dans cet océan de sable, traversant Dennewitz, il fallait forcer le passage à Dennewitz même. Le général Bertrand attiré par la mitraille accourut, et le nuage de poussière s'étant un moment dissipé, il reconnut les Prussiens. Il sentit qu'il fallait les culbuter, et passer malgré eux ce défilé de Dennewitz. Le maréchal Ney accouru à son tour, vit bien qu'il n'y avait pas autre chose à faire, et il en donna l'ordre immédiatement.

Les trois
corps
ne marchant
pas assez près
les uns
des autres,
le 4e arrive
le premier.

Position
prise par le 4e
corps au delà
du ruisseau
de Dennewitz.

La division italienne Fontanelli marchait en tête. Son général suivi de quelques bataillons entra dans Dennewitz en passant sur le corps d'un détachement prussien, et franchit ainsi le ruisseau. Mais ce n'était pas dans le village même de Dennewitz, c'était au delà, dans d'assez belles positions s'étendant en face de notre gauche, que l'ennemi avait résolu de résister, en nous opposant ce qu'il avait de forces actuellement réunies. Heureusement il n'y avait de présent sur les lieux que le corps de Tauenzien : celui de Bulow s'avançait en toute hâte, les Suédois et les Russes faisaient aussi grande diligence, mais ils étaient plus loin encore. Si de leur côté tous les corps français précipitaient leur marche, il se pouvait qu'ils arrivassent à temps pour traverser le défilé en écrasant Tauenzien, peut-être Bulow lui-même.

Long

À peine la division italienne avait-elle dépassé

le village de Dennewitz, que des milliers de cavaliers avec beaucoup d'artillerie fondirent sur elle.
Mais elle ne se laissa point ébranler. A la sortie
de Dennewitz nous étions dans une plaine bordée
à l'horizon par des bois, et terminée à gauche par
quelques mamelons surmontés d'un moulin. A
droite, dans le lointain, on apercevait Juterbock.
Ney, toujours fort habile sur le terrain, dirigea lui-
même toutes les dispositions. A gauche il plaça
près du moulin de Dennewitz la belle division Morand, dont le général Morand doublait la valeur
par sa présence, au centre la division italienne, à
droite dans la direction de Juterbock la division
wurtembergeoise. Notre artillerie bien postée sur les
parties saillantes du terrain, contint celle de Tauenzien, et réussit même à la faire taire. Alors la cavalerie ennemie très-nombreuse se jeta sur la nôtre,
qui rendit la charge, mais fut culbutée. Quelques-
uns même de nos escadrons vivement poursuivis, se
précipitèrent à travers les intervalles des bataillons
italiens, qui n'osèrent tirer de peur de tirer sur les
nôtres. Deux de ces bataillons se privant ainsi de
leurs feux furent renversés par la cavalerie ennemie, ce qui amena quelque désordre dans notre
ligne. A ce spectacle, le général Morand prit deux
bataillons du 13ᵉ, se porta en avant à gauche, et
couvrant notre ligne ébranlée lui donna le temps
de se remettre. Toute la cavalerie prussienne et
russe fondit sur lui, mais il la reçut en carrés, et
rendit impuissants tous ses efforts. Cependant il aurait fallu que nos corps arrivassent, car ceux de
l'ennemi approchaient, et déjà du village de Nieder-

Sept. 1813.

combat sou-
tenu en avant
de Dennewitz
par
les divisions
Morand
et Fontanelli.

Belle
conduite
du général
Morand.

Sept. 1813.

La plus grande partie de l'armée prussienne réunie contre le 4ᵉ corps, tandis que le 7ᵉ et le 12ᵉ sont encore en marche.

görsdorf, situé au-dessus de Dennewitz, on voyait déboucher le corps de Bulow, fort de vingt-cinq mille Prussiens très-animés. Le général Bulow, comme à Gross-Beeren, devançant les ordres de Bernadotte, avait marché en toute hâte, et ses têtes de colonnes apparaissaient vers notre gauche, tandis que sur nos derrières on n'apercevait encore ni Reynier ni Oudinot. Bientôt les colonnes de Bulow débouchant de Niedergörsdorf, rencontrèrent les deux bataillons du 13ᵉ, que Morand avait postés sur une éminence à gauche pour servir d'appui à notre ligne de bataille. Ces deux bataillons tinrent ferme, mais accablés par le nombre, ils furent forcés de céder le terrain sur lequel ils étaient établis. Notre artillerie de 12 placée un peu en arrière et au-dessus, les protégea en accablant les Prussiens de mitraille. Ney, de général en chef devenu général de division, prit deux bataillons du 8ᵉ, appartenant également à la division Morand, les porta en avant, et reconquit le terrain qu'avaient cédé malgré eux les deux bataillons du 13ᵉ. En même temps il dépêcha officiers sur officiers à Reynier et à Oudinot pour presser leur arrivée. Le corps entier de Bulow se déploya, mais la division Morand successivement engagée tint tête à toutes les forces de l'ennemi. Pressée par des flots de cavalerie, elle les reçut en carrés, et se fit autour d'elle un rempart de cavaliers ennemis, tués ou démontés. Le combat se soutint ainsi avec quinze mille hommes contre près de quarante.

Le 4ᵉ corps se maintient vaillamment dans la position qu'il a prise.

Commencée à midi, il y avait trois heures que cette lutte inégale durait avec des chances variées, sans qu'on pût nous faire abandonner le débouché conquis au delà du ruisseau de Dennewitz. Cependant on apercevait distinctement l'armée russe et suédoise s'avançant à marches forcées sur le village de Gölsdorf situé à notre gauche, en deçà du ruisseau que nous avions franchi, et faisant avec ce ruisseau un angle droit. Bulow y avait déjà un détachement, et si le progrès de l'ennemi continuait, la communication pouvait être coupée entre nos troupes engagées, et celles qui étaient encore en route. Reynier et Oudinot que Ney avait eu le tort de laisser à une trop grande distance de Bertrand, entendant le canon, mais l'ayant entendu de même la veille, et enveloppés par un nuage de poussière qui leur dérobait la vue des objets, ne s'étaient pas crus obligés de doubler le pas. Avertis enfin, ils s'étaient hâtés davantage, et le 7ᵉ devançant le 12ᵉ, était venu diminuer l'inégalité de forces sous laquelle le 4ᵉ corps avait failli succomber.

D'après l'ordre de Ney, qui lui avait enjoint de se former en potence sur notre gauche pour contenir Bulow, et faire face aux Suédois et aux Russes qui s'approchaient, Reynier retardé un moment par les bagages du 4ᵉ corps, poussa en avant la division française sur laquelle il comptait le plus, celle de Durutte, et l'établit en arrière de Dennewitz, en deçà du ruisseau. Cette division placée là sur une légère éminence pouvait faire un grand usage de son artillerie, et elle n'y manqua point. Reynier dirigea la division saxonne Lecoc sur Gölsdorf, et tint en réserve sa seconde division saxonne, celle de Lestöe. A peine ces dispositions étaient-elles exécutées,

que le général Durutte, se portant au sommet de
l'angle décrit par notre ligne, arrêta court les Prussiens qui débouchaient de Niedergörsdorf. De son
côté la brigade Mellentin de la division saxonne Les-
toc, pénétra dans Gölsdorf, en chassa les Prussiens,
et empêcha ainsi l'ennemi de s'établir sur notre gauche. Le combat se soutint de la sorte avec acharnement au milieu de nuages de poussière qui ne
laissaient voir autre chose que les troupes qu'on
avait immédiatement devant soi.

Enfin Oudinot arriva, passa derrière les corps qui
l'avaient précédé, et apercevant l'orage qui nous
menaçait à gauche, car de ce côté quarante mille
Suédois et Russes marchaient sur Gölsdorf, plaça
deux de ses divisions derrière les Saxons de Les-
toc, et garda la troisième en réserve. Grâce à ce
renfort, et sauf accident, il était possible encore
que les 50 mille soldats de Ney tinssent tête aux
80 mille ennemis qu'ils avaient sur les bras, et qu'ils
parvinssent à gagner Juterbock sans échec.

Mais en ce moment un effort combiné de Tauenzien et d'une moitié de Bulow sur le corps de Bertrand affaibli par une longue lutte, obligea celui-ci
à se replier, et vers quatre heures, ayant déjà perdu
plus de trois mille hommes, il céda du terrain, non
en repassant le ruisseau de Dennewitz, mais en appuyant un peu à droite vers Rohrbeck, et en restant toujours en avant de ce ruisseau. Ney, trop
préoccupé de ce qu'il avait sous les yeux, et ne songeant pas assez à l'ensemble de la bataille, craignit
que Dennewitz ne fût découvert par le mouvement
de Bertrand, et enjoignit à Reynier de placer la di-

vision Durutte à Dennewitz même. Il ordonna en même temps à Oudinot de se reporter de Gölsdorf, où il servait d'appui aux Saxons, à Rohrbeck, pour former réserve derrière Bertrand. C'était une double faute, car notre droite depuis que Bertrand s'était rapproché de Rohrbeck, était moins en danger que notre gauche repliée en potence et menacée par l'irruption de quarante mille ennemis. Le général Durutte, sur l'ordre transmis par Reynier, quitta avec une de ses deux brigades la bonne position où il était en arrière de Dennewitz, passa le ruisseau, et s'empara du moulin de Dennewitz abandonné par Bertrand. Sa seconde brigade réduite à elle seule ne fut plus suffisante pour garder le sommet de notre angle. Au même instant Oudinot quitta le côté gauche de cet angle, dont il formait l'appui indispensable, pour se porter vers le côté droit. Alors la division prussienne Borstell, appuyée par une nuée de cavalerie et toute l'artillerie russe et suédoise, attaqua Gölsdorf et l'enleva à la brigade saxonne Mellentin. Oudinot essaya bien avant de se retirer d'aider les Saxons à reprendre Gölsdorf, mais obligé de continuer son mouvement il les livra bientôt à eux-mêmes. Les Saxons qui par honneur s'étaient jusque-là bien comportés, mais dans le cœur desquels la haine était toujours prête à faire taire l'honneur, se croyant abandonnés des Français pour lesquels ils se battaient, voyant devant eux s'avancer la masse des Suédois et des Russes, commencèrent à reculer. De perfides alarmistes apercevant les flots de poussière que les troupes d'Oudinot soulevaient dans leur mouvement de Gölsdorf vers Rohrbeck, dirent

Sept. 1813.

Ney, pour le remplacer à Dennewitz, ordonne un mouvement de gauche à droite, qui amène une sorte de confusion.

Les Saxons se débandent, et il s'ensuit une déroute générale.

Sept. 1813.

que c'était la cavalerie ennemie qui avait tourné l'armée française. A ce bruit les Saxons se débandèrent malgré les efforts de Reynier, désertèrent Gölsdorf, laissèrent notre gauche entièrement à découvert, et se jetèrent confusément sur Oudinot à travers les rangs duquel ils passèrent. Par malheur tous les parcs et bagages s'étaient accumulés dans l'intérieur de l'angle formé par notre ligne de bataille. Une affreuse confusion se produisit alors, et une véritable déroute commença de toutes parts. Néanmoins la division Durutte, contrainte de quitter Dennewitz, se retira avec ordre; Oudinot, sur lequel la gauche s'était repliée confusément, ne s'ébranla point, et Bertrand put repasser sain et sauf au village de Rohrbeck le ruisseau tant disputé. Pourtant la bataille était perdue, car on avait cédé le terrain du combat, la route de Juterbock était fermée, et dès lors le but était manqué. Six à sept mille des nôtres jonchaient la plaine, et huit ou neuf du côté de l'ennemi la couvraient également. Mais dix à douze mille de nos soldats, surtout les Saxons et les Bavarois, s'enfuyant à toutes jambes, s'en allaient dire sur l'Elbe que l'armée française était en déroute, et même détruite. Le désordre fort accru par la fâcheuse circonstance d'une poussière épaisse, était tel, que plusieurs bataillons saxons entendant galoper autour d'eux, et croyant que c'était la cavalerie française, ne se mirent pas en défense, et ne s'aperçurent de leur méprise que lorsqu'il n'était plus temps de se former en carrés. Quelques-uns furent sabrés, le

Tristes
résultats

plus grand nombre pris. Pour ceux-ci c'était la dé-

livrance plutôt que la captivité, et il faut se plaindre
de leur fidélité plus que de leur courage, car ils
se battirent bien, jusqu'au moment où ils purent
nous quitter pour aller dans les rangs où les attiraient
leurs affections. Dans la soirée et le lendemain,
il partit la moitié du corps saxon, et au moins une
portion égale de la division bavaroise. Les Saxons
se cachant dans les villages n'eurent pas de peine à
regagner leur pays, qui était près de là. Les Bavarois coururent vers l'Elbe pour retourner dans leur
patrie en maraudeurs. Il n'y avait plus moyen de se
replier sur Wittenberg qu'on avait laissé à sept ou
huit lieues sur la gauche dans la marche de l'armée
vers Juterbock, et il n'y avait de retraite possible
que sur Torgau, qu'on devait rencontrer derrière
soi en revenant sur l'Elbe. Le maréchal Ney s'y
retira donc en assez bon ordre, mais après avoir
perdu une vingtaine de bouches à feu dont les chevaux avaient été tués, et plus de quinze mille hommes, dont la moitié au moins se composait de dé-
serteurs. Il était réduit à 32 mille combattants
environ. Les Italiens nous étaient restés fidèles suivant leur coutume, et s'étaient bien battus. Les
Wurtembergeois avaient conservé leur excellente
tenue militaire. Parmi les débandés on comptait bien
quelques jeunes soldats français, mais en petit nombre, et ne s'éloignant guère de l'armée qui dans ces
pays lointains était pour eux une véritable patrie.

Le 8 septembre, le maréchal Ney se trouva réuni
avec toutes ses troupes sous le canon de Torgau.
Comme il fallait s'y attendre, une aigreur extrême
régnait entre les divers états-majors. Ney se plai-

gnait de la lenteur de Reynier et d'Oudinot, mais
surtout du faible concours de Reynier, dont les divisions saxonnes avaient lâché pied. Reynier défendant les Saxons, accusait au contraire le maréchal
Ney d'avoir lui-même tout compromis par une fausse
manœuvre, celle qui avait porté les divisions d'Oudinot de gauche à droite. Oudinot, le moins aigre
des trois, disait qu'il avait marché aussi vite qu'on
le lui avait prescrit, et rejetait la faute de sa lenteur
sur le général en chef, qui n'ayant pas su prévoir
la bataille, n'avait pas dans cette journée tenu ses
corps assez rapprochés.

Ce qu'il y avait de vrai dans ces tristes récrim-
nations, tout le monde peut l'apercevoir par le
seul récit des faits qui précèdent. Le rendez-vous
de Baruth assigné par Napoléon d'une manière générale, pris trop à la lettre par le maréchal Ney
qui s'était hâté d'exécuter un mouvement de flanc
hasardeux et infiniment prolongé; ce mouvement
bien exécuté le premier jour, moins bien le second,
et sans les précautions suffisantes; la lente arrivée
des corps, imputable au général en chef, mais un
peu aussi aux lieutenants qui auraient dû de leur
côté prévoir une bataille, et y croire en entendant la
canonnade; la circonstance fâcheuse du vent et de
la poussière qui plaçait entre tous les corps un nuage
impénétrable à la vue; l'ardeur de Ney au feu, qui
l'avait porté à s'absorber dans le commandement
d'un seul corps au lieu de s'occuper de l'ensemble;
l'ordre regrettable donné à Oudinot de quitter la gauche pour la droite, et enfin le penchant des alliés à la
débandade, telles avaient été les causes de la perte

de cette bataille, causes dont quelques-unes étaient
sans doute accidentelles, mais dont la plupart se
rattachaient aux causes générales que nous avons
signalées tant de fois, et qui menaçaient nos affaires
d'une ruine prochaine.

Sept. 1813.

Arrivé à Torgau, Ney y trouva ce qu'il appelait
une *sorte d'enfer*. Outre le mécontentement des soldats et les récriminations des chefs qu'il lui fallait
subir, outre la cohue des fuyards qu'il lui fallait
faire rentrer dans l'ordre, outre la difficulté de pourvoir à tout ce qui manquait, surtout à l'approche de
l'ennemi déjà presque aux portes de Torgau, Ney
avait encore la crainte de voir les Saxons s'insurger.
Peu contenus par Reynier qui dans sa mauvaise humeur se faisait trop leur avocat, ils menaçaient tout
haut de défection. On avait ordonné de ramener du
bétail sur la rive droite de l'Elbe pour former les
approvisionnements de la place de Torgau, et ceux
de l'armée elle-même. Les Saxons non-seulement
s'y étaient refusés, mais s'étaient emparés d'un parc
qu'on venait de réunir, et avaient distribué les têtes
de bétail aux paysans saxons du voisinage. D'une
pareille désobéissance à une révolte ouverte il n'y
avait pas loin. Du reste il n'était pas surprenant que
dans une armée composée d'éléments si divers, deux
batailles perdues en douze jours eussent produit cet
ébranlement moral : il aurait fallu s'étonner au contraire s'il en eût été autrement. Ney, comme Macdonald, comme Oudinot, écrivit à l'Empereur pour
lui demander d'être exonéré du commandement. —
J'aime mieux, disait-il noblement, être grenadier
que général dans de telles conditions : je suis prêt à

Ney, retiré
à Torgau,
adresse
de vives in-
stances
à Napoléon
pour
être exonéré
du comman-
dement.

verser tout mon sang, mais je désire que ce soit utilement [1]. — Appuyé sur Torgau et sur l'Elbe, Ney pouvait bien empêcher le passage du fleuve quelques jours, il ne pouvait pas le disputer longtemps, du moins sans de nouveaux secours, surtout contre la réunion de forces qu'il était facile de prévoir vers cette partie de notre ligne de défense.

Pendant que ces événements avaient lieu, Napoléon rentré à Dresde le 7 au soir, avait été rappelé dès le 8 au matin à Pirna, auprès du maréchal Saint-Cyr, pour y tenir tête aux Russes et aux Prussiens qui paraissaient insister dans leur attaque, au point de rendre vraisemblable une entreprise sérieuse.

[1] Voici cette lettre curieuse, qui peint la situation mieux que tout ce qu'on pourrait dire :

Le prince de la Moskowa au major général.

« Wurtzen, 10 septembre 1813.

« C'est un devoir pour moi de déclarer à V. A. S. qu'il est impossible de tirer un bon parti des 4e, 7e et 12e corps d'armée dans l'état actuel de leur organisation. Ces corps sont réunis par le droit, mais ils ne le sont pas par le fait : chacun des généraux en chef fait à peu près ce qu'il juge convenable pour sa propre sûreté; les choses en sont au point qu'il m'est très-difficile d'obtenir une situation. Le moral des généraux et en général des officiers est singulièrement ébranlé : commander ainsi n'est commander qu'à demi, et j'aimerais mieux être grenadier. Je vous prie, monseigneur, d'obtenir de l'Empereur ou que je sois seul général en chef, ayant seulement sous mes ordres des généraux de division d'aile, ou que Sa Majesté veuille bien me retirer de cet enfer. Je n'ai pas besoin, je pense, de parler de mon dévouement, je suis prêt à verser tout mon sang, mais je désire que ce soit utilement. — Dans l'état actuel, la présence de l'Empereur pourrait seule rétablir l'ensemble, parce que toutes les volontés cèdent à son génie, et que les petites vanités disparaissent devant la majesté du trône.

« V. A. S. doit être aussi instruite que les troupes étrangères de toutes nations manifestent le plus mauvais esprit, et qu'il est douteux si la cavalerie que j'ai avec moi n'est pas plus nuisible qu'utile. »

Napoléon aurait bien voulu qu'il en fût ainsi, mais,
hélas! il ne l'espérait guère. Son grand tact militaire ne lui permettait pas de croire que lorsqu'il y
aurait une opération sérieuse elle pût être tentée sur
Dresde, après ce qui s'était passé les 26 et 27 août.
Il ne croyait donc qu'à une simple démonstration;
toutefois il était parti pour Pirna avec sa garde et
une portion de la cavalerie de réserve revenues de
Bautzen le matin même, et s'était encore transporté auprès du maréchal Saint-Cyr, pour combiner
avec lui ce qu'il y aurait à faire en cette nouvelle
occurrence.

Sept. 1813.

Les Russes et les Prussiens n'ayant pas aperçu
la garde et la réserve de cavalerie qui signalaient
toujours la présence de l'Empereur, avaient persisté
dans leur mouvement offensif, et Saint-Cyr, qui en
rétrogradant était arrivé jusqu'au bord de la petite
rivière de la Müglitz près de Mugeln, ne voulait pas
la repasser. Cette rivière coulant des montagnes de
Bohême, vient se perdre près de Mugeln dans l'Elbe.
En la repassant on abandonnait définitivement les
hauteurs, et on était tout à fait rejeté dans la
plaine. Le maréchal Saint-Cyr dans la vue d'un
prochain retour offensif, avait voulu se maintenir
au delà de la Müglitz et en avait défendu le bord
en restant à Dohna. Napoléon s'étant rendu sur les
lieux le 8 au matin, bien avant les renforts qui le
suivaient, avait pensé comme le maréchal Saint-Cyr,
qu'avec la certitude d'être prochainement appuyé le
14° corps pouvait, sans laisser de réserve, marcher
tout entier contre l'ennemi. Sur-le-champ en effet
trois des divisions du 14° corps s'étaient formées en

Forces
réunies
par Napoléon
en avant
de Pirna et
de Dohna.

Projet
d'une offen-
sive
vigoureuse
si l'ennemi
tient bon.

On le pousse
toute
la journée

colonnes d'attaque et avaient vigoureusement poussé de bas en haut les troupes de Wittgenstein et de Kleist. On avait d'un côté sur la route de Péterswalde recouvré le plateau de Gieshübel, et de l'autre, sur la route de Furstenwalde, refoulé dans la direction de Liebstadt les masses qu'on avait devant soi. Toutefois les coalisés s'étaient repliés sans précipitation, et de manière à laisser du doute sur l'attitude qu'ils prendraient le lendemain. Se retireraient-ils, ou tiendraient-ils ferme? Telle était la question que Napoléon et le maréchal Saint-Cyr n'étaient point en mesure de résoudre encore. Bien décidés du reste à marcher vigoureusement sur l'ennemi s'il voulait tenir le lendemain, ils passèrent la soirée ensemble, et firent avec Murat et Berthier un repas, comme on les fait à la guerre et pour ainsi dire au bivouac.

Dans ce moment, 8 au soir, un aide de camp apporta la nouvelle de la bataille perdue à Dennewitz le 6. C'était le quatrième événement malheureux depuis les deux grandes victoires de Dresde, car nous comptions déjà la Katzbach, Gross-Beeren, Kulm, Dennewitz, sans un seul succès pour compenser ces coups redoublés de la fortune. Ce dernier surtout avait une immense gravité, car outre l'effet moral croissant avec la série des malheurs, il mettait en péril la partie inférieure de l'Elbe, et nous exposait à voir ce fleuve franchi sur notre gauche, tandis que l'armée de Bohême descendant de l'Erz-Gebirge sur notre droite, menacerait de nous tourner définitivement, et de se joindre au corps qui aurait passé l'Elbe à Wittenberg. Napoléon sentit sur-le-

champ la portée de cet événement. Néanmoins il de-
meura calme, et même, aux yeux malicieusement
observateurs du maréchal Saint-Cyr, ne décela ni un
trouble ni un sentiment d'humeur contre le maréchal
Ney. Certes un instant d'emportement eût été excusable; pourtant dans cet épanchement familier de
militaires parlant entre eux de leur profession, il
sembla n'envisager dans ce qui venait d'arriver que
le côté de l'art. — C'est un métier bien difficile que
le nôtre! s'écria-t-il plusieurs fois, et comme pénétré
des difficultés de ce grand art, le plus grand de tous
après celui de gouverner, il releva avec une admirable précision de critique, et sans aucune sévérité,
les fautes commises pendant cette courte campagne
de trois jours, commencée à Wittenberg, et sitôt finie
à Torgau. Il ne voulut jamais voir dans ces fautes
que la preuve des difficultés inhérentes au métier,
répéta souvent que la guerre était une chose singulièrement difficile, qu'il fallait beaucoup d'indulgence envers ceux qui la pratiquaient, et se montra
lui-même de la plus rare équité, comme si un pressentiment surhumain l'avait averti dans le moment,
que lui-même aurait bientôt besoin de cette justice
indulgente qu'il réclamait pour les généraux malheureux. Entraîné par le feu de la conversation,
dans laquelle il était éblouissant quand il s'y livrait,
il dit que les généraux n'apportaient pas assez de
réflexion dans leurs opérations; que, s'il en avait
jamais le temps, il composerait un jour un livre;
dans lequel il leur enseignerait les principes de la
guerre, de manière à en rendre l'application claire
et facile à tous, et parla de ce projet d'écrire un

Sept. 1843.

Curieux
entretien avec
le maréchal
Saint-Cyr
sur l'art
de la guerre.

jour, comme s'il avait prévu qu'il passerait les six dernières années de sa vie dans un cruel exil, réduit à écrire sur un rocher de l'Océan ! Le maréchal Saint-Cyr, que son penchant pour la contradiction rendait souvent paradoxal, nia la science, même l'expérience, soutint qu'on naissait général et qu'on ne le devenait pas, que les généraux gagnaient peu à vieillir dans l'exercice de leur profession, et que lui Napoléon avait fait sa plus belle campagne à vingt-six ans. Napoléon lui concéda en effet que lorsque les généraux n'étaient pas doués par la nature de certaines facultés, l'expérience leur profitait peu, et plongeant dans le passé, Il n'y en a eu qu'un, s'écria-t-il, qui méditant sans cesse sur son métier, ait gagné à vieillir, c'est Turenne !... —

Prodigieuse faculté de se distraire dont Napoléon était doué.

Ainsi après une nouvelle terrible, qui changeait considérablement sa position, Napoléon passa la soirée à disserter sur son art, et à charmer ses auditeurs, qui n'étaient pourtant pas tous bienveillants ! Homme singulier et prodigieux, qui sans être né flegmatique, arrivait par la puissance de son esprit à s'arracher aux affaires présentes, à les oublier, à les dédaigner, à les juger de la hauteur de l'aigle, qui d'un vol vigoureux échappe à la terre pour planer dans les hauteurs du ciel !

Premier sentiment de la gravité de la situation.

Cependant il ne se faisait pas illusion, et songeant que dans son vaste empire tout avait été prévu pour la conquête, rien pour la défense, il voulut faire parvenir au ministre de la guerre l'ordre indirect de s'occuper des places du Rhin. Écrire lui-même au duc de Feltre qu'il commençait à douter de la possibilité de se maintenir en Allemagne, était un aveu penible, et surtout dangereux à faire, car l'émotion de celui qui recevrait une telle confidence pourrait bien en amener la divulgation. Il imagina donc le soir même de faire adresser par M. de Bassano au ministre Clarke, une lettre écrite en chiffres, et conçue dans les termes suivants :

Sept. 1813.

8 septembre 1813.

« Les événements se pressent de telle manière
» qu'en laissant à S. M. des chances heureuses
» et brillantes, il est cependant de la prudence
» d'en prévoir de contraires. Je crois devoir, mon
» cher duc, m'en expliquer confidentiellement avec
» vous.

Ordre secret
et indirect
au ministre
de la guerre,
pour la mise
en état
de défense
des places
du Rhin.

» L'armée russe n'est pas notre ennemi le plus
» dangereux. Elle a éprouvé de grandes pertes,
» elle ne s'est pas renforcée, et, à sa cavalerie près,
» qui est assez nombreuse, elle ne joue qu'un rôle
» subordonné dans la lutte qui est engagée. Mais la
» Prusse a fait de grands efforts. Une exaltation
» portée à un très-haut degré a favorisé le parti
» qu'a pris le souverain. Ses armées sont considéra-
» bles, ses généraux, ses officiers et ses soldats sont
» très-animés. Toutefois la Russie et la Prusse n'au-
» raient offert que de faibles obstacles à nos armées,
» mais l'accession de l'Autriche a extrêmement com-
» pliqué la question.

» Notre armée, quelque prix que lui aient coûté
» les victoires remportées, est encore belle et nom-
» breuse. Mais les généraux et les officiers fatigués
» de la guerre n'ont plus ce mouvement qui leur
» avait fait faire de grandes choses. Le théâtre est

» trop étendu. L'Empereur est vainqueur toutes les
» fois qu'il est présent ; mais il ne peut être partout,
» et les chefs qui commandent isolément répondent
» rarement à son attente. Vous savez ce qui est ar-
» rivé au général Vandamme. Le duc de Tarente a
» éprouvé des échecs en Silésie, et le prince de la
» Moskowa vient d'être battu en marchant sur Berlin.

» Dans de telles circonstances, mon cher duc, et
» avec le génie de l'Empereur on peut encore tout
» espérer. Mais il se peut aussi que des chances con-
» traires influent d'une manière fâcheuse sur les af-
» faires. On ne doit pas trop le craindre, mais on
» doit le regarder comme possible, et ne rien négli-
» ger de ce que commande la prudence.

» Je vous présente ce tableau afin que vous sa-
» chiez tout et que vous agissiez en conséquence.

» Vous feriez sagement de veiller à ce que les
» places fussent mises en bon état, et d'y réunir
» beaucoup d'artillerie, car nous faisons souvent
» dans ce genre des pertes assez sensibles. Vous de-
» vriez vous entendre secrètement avec le directeur
» général des vivres pour faire dans les places du
» Rhin des approvisionnements extraordinaires, enfin
» pour préparer d'avance tout ce qui convient, afin
» que dans une circonstance extraordinaire S. M. n'é-
» prouvât point de nouveaux embarras, et que vous
» ne fussiez pas pris au dépourvu. — Vous sentez
» que si je vous écris ainsi, c'est que j'ai bien ré-
» fléchi à ce qui se passe sous mes yeux, et que
» je suis assuré que je ne fais rien en cela que
» S. M. puisse désapprouver. Un grand succès peut
» tout changer et remettre les affaires dans la situa-

« tion prospère où l'immense avantage remporté par
» S. M. les avait placées.

» Accusez-moi, s'il vous plaît, réception de cette
» lettre. »

Le lendemain 9 Napoléon se rendit de très-bonne
heure sur le terrain pour observer de ses yeux les
mouvements de l'ennemi, et prescrire ses dispositions en conséquence. Il avait sous la main le
1⁰ʳ corps, récemment réorganisé par le comte de Lobau, et posté en avant de Zehist sur la route de
Péterswalde, le 14ᵉ sous le maréchal Saint-Cyr rangé
en avant de Dohna, sur la route de Furstenwalde. Il
avait un peu en arrière à Mugeln, mais en position
d'agir, trois divisions de la jeune garde sous le maréchal Mortier, et la cavalerie légère de la garde
sous Lefebvre-Desnoëtte. Le reste de la jeune garde,
la vieille garde, le corps de Marmont, la cavalerie
de Latour-Maubourg, étaient à Dresde, pour parer
aux accidents imprévus. Assez loin vers la droite,
à quelques lieues sur la route de Freyberg, le maréchal Victor avec son corps d'armée surveillait les débouchés de la Bohême aboutissant à Leipzig. Le 1⁰ʳ
et le 14ᵉ corps, les trois divisions de la jeune garde,
pouvaient monter à environ 55 mille hommes, force
suffisante pour accabler l'ennemi qu'on apercevait,
surtout si on avait su que les Autrichiens venaient
de commettre la faute de rétrograder en Bohême
jusqu'à Tetschen et Leitmeritz, et qu'on n'avait devant soi que Wittgenstein et Kleist. Mais il était impossible de le savoir d'une manière sûre, et on en
était réduit en ne voyant pas les Autrichiens, à se
demander où ils pouvaient être. Au surplus Kleist

Sept. 1813.

Matinée du 9
septembre
en face
du Geyers-
berg.

Distribution
des forces
de Napoléon.

et Wittgenstein faisaient bonne contenance, et ne paraissaient pas encore disposés à battre en retraite.

On était donc à Zehist et à Dohna sur deux routes à la fois, d'un côté celle de Péterswalde qui passait par Zehist, Gieshübel, Péterswalde, chaussée neuve, large, partout facile pour l'artillerie, et de l'autre celle de Liebstadt, passant par Furstenwalde, chaussée vieille, praticable à l'artillerie jusqu'à Furstenwalde seulement, et à partir de ce point franchissant la haute montagne du Geyersberg par des sentiers inaccessibles aux gros charrois. C'est cette dernière route que Kleist dans la fatale journée de Kulm avait suivie jusqu'à Furstenwalde, puis avait quittée pour gagner par un détour à gauche la chaussée de Péterswalde, et tomber sur Kulm à l'improviste. Le maréchal Saint-Cyr qui entendait aussi bien que personne l'art de profiter du terrain, proposa de prendre la vieille route de Bohême, en se portant rapidement avec le 14e corps et la jeune garde sur Liebstadt et Furstenwalde, de se jeter ensuite dans le flanc de la colonne ennemie qui avait pris la route de Péterswalde, de couper ainsi une portion plus ou moins forte de cette colonne, et même parvenu à Furstenwalde, de franchir le Geyersberg, et d'intercepter la retraite de l'ennemi vers la Bohême. Avec des efforts, avec beaucoup de sapeurs, on finirait bien, selon lui, par frayer un chemin à l'artillerie, et par arriver sur le revers du Geyersberg, c'est-à-dire sur les derrières de l'ennemi, avec une quantité suffisante de canons.

Napoléon approuva sur-le-champ ce plan ingénieux, bien qu'il ne sût pas si on pourrait passer le

Geyersberg avec de l'artillerie; mais en tous cas, on
avait toujours plus de chances de causer du mal à
l'ennemi en le côtoyant, qu'en l'abordant directement sur la grande route de Péterswalde. En conséquence, tandis que le comte de Lobau avec le
1er corps s'avançait de Zehist sur Gieshübel, de
Gieshübel sur Péterswalde, poussant l'ennemi de
front, Napoléon se tenant de sa personne auprès
de la colonne de Saint-Cyr, s'avança latéralement,
et d'un pas assez rapide, avec le 14e corps et la jeune
garde. On marcha ainsi toute la journée du 9.

Kleist et Wittgenstein, sans avoir aperçu les renforts amenés par Napoléon, avaient reconnu sa présence à la seule allure des troupes, et s'étaient aussitôt mis en retraite. Toutefois ils se repliaient sans
précipitation, et Napoléon cheminant parallèlement
à eux, sur la vieille route de Bohême, les voyait
toujours de flanc, et quoiqu'il n'eût pas assez
d'avance pour les couper en se jetant d'une route
sur l'autre, se flattait de les prendre à revers le lendemain, s'il pouvait, arrivé au pied des montagnes,
les franchir avec son artillerie. On bivouaqua le 9 au
soir à Furstenwalde.

Le lendemain matin 10 septembre on se porta
par Ebersdorf vers un col d'où l'on découvrait le
triste théâtre des événements de Kulm. A droite on
avait les hauteurs du Geyersberg, à gauche celles
du Nollenberg, le long desquelles se développait la
grande route de Péterswalde pour descendre en
Bohême. Napoléon franchit ce col accompagné du
maréchal Saint-Cyr et de ses troupes légères, et vit
à une certaine distance sur sa gauche les troupes en-

Sept. 1813.

Tentative
le
10 au matin,
pour passer
le Geyersberg
avec
de l'artillerie,
et couper
la retraite à
l'ennemi.

nemies se hâtant de repasser les montagnes, et menacées d'en être empêchées si on parvenait à traverser le col avec des moyens d'artillerie suffisants. Alors en prenant une bonne position sur l'une des hauteurs qui dominaient la route, on pouvait réduire l'ennemi à faire par des sentiers presque impraticables une retraite désastreuse, et se procurer une brillante revanche de Kulm.

L'artillerie pleine d'ardeur s'engagea bravement au milieu des rochers. Soldats et sapeurs se mirent à l'ouvrage, mais ne purent hisser leurs canons jusqu'à la hauteur du col, et l'artillerie se vit ainsi arrêtée par des obstacles insurmontables. Il lui aurait fallu vingt-quatre heures pour les vaincre, et dans cet intervalle l'ennemi devait avoir défilé tout entier. En ne franchissant le Geyersberg que le lendemain, ou en allant par un détour à gauche regagner la route de Péterswalde, on aurait pu, il est vrai, serrer les Prussiens et les Russes d'assez près pour les atteindre, et les assaillir hardiment si on avait su qu'ils étaient séparés des Autrichiens. Mais ce parti présentait bien des chances auxquelles la prudence ne permettait pas de s'exposer. En effet, l'absence des Autrichiens n'était qu'une conjecture; on ne les avait pas vus de ce côté-ci des montagnes, mais ils pouvaient être de l'autre, et ce n'était pas avec 55 mille hommes qu'il eût été sage d'en aborder 130 mille. Même sans les Autrichiens, Kleist et Wittgenstein devaient avoir près de 70 mille hommes, en comptant les gardes russe et prussienne restées au delà des montagnes, et quoique avec 55 mille hommes bien postés, on pût leur causer beaucoup

Sept. 1813.

de dommage, descendre dans la plaine à leur suite
n'était pas très-prudent, surtout quand on était rappelé vers Dresde par plusieurs raisons graves, telles
que la bataille perdue de Dennewitz, une nouvelle
agression de Blucher contre Macdonald, et enfin
l'apparition de nombreux partisans sur toutes les
routes aboutissant de la Bohême à la Saxe. Dès qu'il
était impossible de franchir le Geyersberg dans deux
heures pour couper la grande route, il n'y avait plus
rien d'utile à tenter, et Napoléon qui, saisissant
d'un coup d'œil tous les aspects d'une situation, ne
perdait pas de temps à se résoudre, prit sur-le-
champ le parti de s'arrêter. Toutefois comme il était
importuné de la nouvelle fréquemment répétée de
l'irruption des partisans en Saxe, il voulut que ses
troupes restassent en position, le maréchal Saint-Cyr
au Geyersberg, le comte de Lobau au Noflenberg,
l'un et l'autre au débouché des montagnes. Il avait
l'intention, si ces partisans n'étaient que les avant-
coureurs de corps plus considérables commençant
sur Leipzig une opération qu'il avait toujours crue
probable, de les retenir quelques jours en les inti-
midant par sa présence au-dessus de Kulm, ce qui
lui donnait le temps de faire des dispositions propor-
tionnées à ce nouveau danger.

En conséquence, sur ce terrain hérissé de rochers,
où les sapeurs et les soldats s'épuisaient en inutiles
efforts pour faire passer l'artillerie, Napoléon prit à
part le maréchal Saint-Cyr, et lui déclara qu'il renonçait à cette tentative, sans lui exprimer tous ses
motifs, trop nombreux pour être détaillés, et d'ailleurs pas tous bons à dire. Il lui ordonna de se tenir

Sept. 1813.

deux jours au moins dans une position menaçante au-dessus de Tœplitz, puis il quitta le maréchal qui fut fort étonné et fort mécontent de voir abandonner un projet dont il était épris, et dont il espérait de grands résultats[1]. Napoléon alla par Breitenau à Hollendorf, donner les mêmes instructions au comte de Lobau, lui prescrire par conséquent de garder une attitude menaçante au débouché des montagnes, puis revint coucher à Breitenau. Il consacra la journée du 11 à revoir toutes les positions de cette contrée, tant sur le plateau de Pirna que sur celui de Gieshübel, et rentra le 12 à Dresde.

Retour de Napoléon à Dresde.

Napoléon revenu à Dresde avait de quoi réfléchir à sa situation, qui était grave en effet, et commençait même à devenir inquiétante. Ce plan adopté à Trachenberg de marcher tous ensemble sur lui, en se dérobant dès qu'il était présent, et en avançant résolûment dès qu'on ne trouvait que ses lieutenants, de l'épuiser ainsi en courses inutiles, et

Réflexions auxquelles il se livre sur la gravité de sa situation.

Evidence du plan des coalisés, consistant à épuiser Napoléon, pour l'envelopper ensuite et l'accabler.

[1] Ici encore, toujours appliqué que nous sommes à rechercher la vérité rigoureuse, nous relèverons un passage des Mémoires du maréchal Saint-Cyr, qui, retraçant à sa manière les faits que nous venons de rapporter (tome IV de ses Mémoires, page 157 et suivantes), raconte avec étonnement et humeur le brusque changement de détermination de Napoléon, déplore de n'avoir plus retrouvé en lui ce jour-là le grand homme que le Saint-Bernard n'avait pu jadis ni intimider ni arrêter. S'il était vrai, ce qui n'est pas, que dans ces dernières campagnes on eût à regretter le grand homme de Rivoli et de Marengo, ce ne serait pas cette fois. D'abord il y a des faits que le maréchal Saint-Cyr a exagérés, il y en a d'autres qu'il a ignorés. Il prétend que le passage du Geyersberg était facile à rendre praticable ; or, une lettre de Napoléon à M. de Bassano, laquelle, par un hasard heureux pour l'histoire, rend compte de cette circonstance, dit positivement qu'il avait été impossible de frayer la route, et certes Napoléon y avait un tel intérêt, et il en avait de plus un tel désir, que si on l'avait pu (bien entendu dans le nombre d'heures nécessaire) il n'aurait pas manqué de le tenter.

puis quand on l'aurait suffisamment affaibli, d'essayer de l'envelopper pour l'étouffer, ce plan, qui exigeait une condition parfaitement remplie ici, l'ensemble et la persévérance des efforts, la résignation aux pertes quelles qu'elles fussent, ce plan n'était que trop évident, et suivi avec une constance funeste. Napoléon le discernait à merveille, et sans être découragé, il voyait clairement se former autour de lui le cercle de fer dans lequel on cherchait à l'enfermer. Quatre batailles avaient été perdues là où il n'était point, par les fautes que nous avons signalées, fautes remontant accidentellement à ses lieutenants, fondamentalement à lui. Ces batailles de la Katzbach, de Gross-Beeren, de Kulm, de Dennewitz, avaient dépassé en importance la victoire de Dresde; Napoléon quand il avait voulu y remédier, avait inutilement couru ces jours derniers sur Gorlitz, aujourd'hui sur Péterswalde, et il avait vu s'échapper sans cesse l'occasion d'une

Le maréchal appuie encore beaucoup sur la faute de n'avoir pas profité de l'absence des Autrichiens pour accabler Kleist et Wittgenstein : or, cette absence par lui soupçonnée, mais tout à fait inconnue alors, et peu présumable, n'est devenue une certitude que depuis beaucoup de publications historiques, et le jugement du maréchal n'est plus dès lors qu'un jugement porté après coup, et reposant sur des données qui sont inexactes en se référant aux circonstances du moment. Enfin le maréchal ignorait tout ce que Napoléon venait d'apprendre, et ne lui avait pas dit, de la situation de Macdonald, de celle de Ney, et de l'apparition des partisans en Saxe, apparition inquiétante et qui pouvait être interprétée de bien des manières. Le maréchal a donc porté un jugement erroné, faute de connaître tous les faits ou de vouloir les interpréter équitablement, et cette divergence d'opinion, entre deux hommes présents à la même heure sur les mêmes lieux, tous deux fort compétents, est une nouvelle preuve de la difficulté de bien juger les événements de cette nature, par conséquent d'écrire l'histoire en toute vérité.

Succès
de ce plan,
dû surtout
à l'étendue
que Napoléon
avait donnée
au rayon
de ses opéra-
tions.

grande bataille par laquelle il espérait tout réparer. Cette situation révélait le seul défaut de son plan de guerre concentrique autour de Dresde, celui d'en avoir trop étendu le rayon, de l'avoir porté à gauche jusqu'à Berlin, en face jusqu'à Lowenberg, tandis qu'à droite il était forcé de le pousser jusqu'à Péterswalde, ce qui faisait qu'il était trop éloigné de ses lieutenants pour les diriger et les soutenir, et que les courses qu'il était alternativement obligé d'exécuter lui enlevaient à lui son temps, à ses soldats si jeunes la force et le courage. Ce défaut Napoléon le sentait maintenant, et contraint par l'évidence, surtout par le fâcheux état de ses troupes, il forma le projet de rapprocher de lui ses lieutenants. C'est dans ces intentions qu'il s'en revint à Dresde, et c'est d'après elles que ses nouveaux ordres furent calculés et donnés.

Réduction
déjà
considérable
de ses forces,
et augmenta-
tion de celles
de ses
ennemis.

Napoléon à la reprise des hostilités avait environ 360 mille hommes de troupes actives sur l'Elbe, de Dresde à Hambourg, sans compter ni les garnisons de l'Elbe, de l'Oder, de la Vistule, ni le corps d'Augereau destiné à la Bavière, ni le corps du prince Eugène consacré à l'Italie. Il ne lui en restait guère plus de 250 mille à la suite des événements que nous venons de raconter. Au lieu de 80 mille hommes, Macdonald avec les 11ᵉ, 3ᵉ et 5ᵉ corps, en avait tout au plus 50, et avec Poniatowski 60. Au lieu de 70 mille, le corps d'Oudinot transmis à Ney n'en conservait pas plus de 32 mille. La cavalerie avait déjà perdu beaucoup de cavaliers et de chevaux dans ses allées et venues continuelles. Les corps demeurés autour de Dresde avaient fait aussi des pertes,

moins considérables, il est vrai, parce que la débandade, résultat le plus sérieux des défaites, ne les
avait pas atteints; pourtant ils en avaient fait d'assez
notables, et le total de nos troupes, comme on vient
de le voir, le corps de Davout compris, ne dépassait
pas 250 mille hommes, lesquels représentaient nos
forces disponibles de Dresde à Hambourg. C'était
donc une perte de plus de 100 mille hommes, due
au feu, aux fatigues, à la désertion des rangs, désertion très-grande chez nos alliés, bien moindre
chez les Français, et d'une autre nature, mais réelle
cependant. Les alliés, ou passaient à l'ennemi, ou
s'enfuyaient chez eux en habits de paysans, comme
les Saxons et les Bavarois; les Français n'allaient
jamais à l'ennemi bien entendu, ne cherchaient
qu'en petit nombre à regagner le Rhin, quoiqu'on
aperçût déjà quelques maraudeurs sur la route de
Mayence, mais erraient sans armes autour de l'armée, épuisant les ressources des villages où ils trouvaient un abri. Cette triste disposition à se débander,
que la fatigue, le froid et surtout la faim, avaient
développée d'une manière désastreuse dans l'armée
de Russie, commençait à reparaître dans notre armée d'Allemagne jusqu'à donner des inquiétudes,
et toute marche nouvelle, tout événement incertain,
toute défaite surtout l'aggravaient beaucoup. L'attention de Napoléon était à cet égard singulièrement
éveillée, et il était fort préoccupé entre autres soins
de celui des subsistances qui devenaient rares, tant
il y avait de milliers d'hommes qui depuis le mois de
mai vivaient autour de Dresde, dans un rayon de
vingt-cinq lieues.

Telles furent les réflexions qui l'assaillirent à son retour à Dresde, réflexions dont les maux éprouvés par l'ennemi ne le consolaient guère. Si en effet les coalisés avaient essuyé des pertes, c'était par le feu, et nullement par la défection ou les privations. Une ardeur inouïe chez les Allemands leur amenait à chaque instant de nouveaux soldats par les levées de volontaires; de grands efforts administratifs de la part des Russes, leur avaient procuré les recrues longtemps attendues. On parlait même d'une armée de réserve arrivant de Pologne sous le général Benningsen, et les Autrichiens dont les rangs s'étaient fort éclaircis à Dresde, en avaient été dédommagés par l'achèvement de leurs préparatifs qui à la reprise des hostilités n'étaient pas terminés. Les vivres abondaient parmi eux, grâce au concours des populations, aux subsides britanniques, et à un papier-monnaie soutenu par la bonne volonté universelle. Aussi la coalition loin d'avoir moins de soldats qu'elle n'en espérait, en avait davantage. Ses effectifs au lieu d'être descendus au-dessous de 500 mille hommes, approchaient de 600 mille. C'est à cette masse formidable que Napoléon devait tenir tête avec 250 mille soldats (220 mille en retranchant le corps de Davout relégué à Hambourg), jeunes, assez fatigués, déjà moins bien nourris qu'au début de la campagne, étonnés bien que non découragés par plusieurs échecs consécutifs, et du reste quoique comptant un peu moins sur la fortune de leur chef, ayant toujours une foi entière en son génie.

Napoléon sans songer encore à évacuer l'Elbe

pour le Rhin, sacrifice qu'on ne devait pas attendre de lui, sans songer non plus à porter le centre de ses opérations à Berlin, vaste projet que deux batailles perdues sur la route de cette capitale rendaient désormais impraticable, résolut seulement de resserrer sa position autour de Dresde, et de s'y concentrer pour avoir moins de chemin à parcourir lorsqu'il se porterait sur l'un des points de la circonférence, et pour être en mesure, en restreignant le cercle à garder, de réunir dans sa main une réserve plus forte.

Le maréchal Macdonald avait été obligé de quitter la Sprée et Bautzen par un mouvement que Blucher avait tenté contre Poniatowski, en rejetant ce dernier de Zittau sur Rumburg. Il était venu se ranger en avant de Dresde le long d'une petite rivière, la Wessnitz, qui coule transversalement vers cette capitale en décrivant de nombreux circuits, et vient un peu à droite tomber dans l'Elbe à la hauteur de Pirna. (Voir la carte n° 58.) Napoléon établit le maréchal Macdonald avec ses anciens corps et Poniatowski le long de cette rivière ou un peu en arrière, Poniatowski (le 8e) à Stolpen, Lauriston (le 5e) à Dröbnitz, Gérard (le 11e) à Schmiedefeld, Souham (le 3e) à Radeberg. Il pouvait en une heure avoir de leurs nouvelles, en deux heures être à leur tête, et en six avoir envoyé les quarante mille hommes de la garde au secours de celui qui serait attaqué.

Napoléon s'appliqua en outre à lier la position de Macdonald placé au delà de l'Elbe, avec celle du maréchal Saint-Cyr posté en deçà, et rien n'égale l'art, la profondeur de calcul avec lesquels il disposa

Sept. 1813.

prend
le sage parti
de resserrer
sa position
autour
de Dresde.

Admirables
combinaisons
imaginées
par suite
de cette réso-
lution.

Nouvelle
position
assignée à
Macdonald.

Retranche-
ments élevés
sur le plateau
de Pirna
et de Berg-
Gieshübel

toutes choses conformément au but nouveau qu'il se proposait. D'abord il ne voulait pas à chaque alternative de ce jeu de va-et-vient auquel l'ennemi continuait de se livrer, être forcé d'accourir, ce qui était à la fois fatigant et dérisoire, et il prit des mesures telles que l'ennemi, s'il descendait encore par Péterswalde sur Pirna, fût obligé d'emporter des positions extrêmement fortes, dès lors contraint de s'engager sérieusement, auquel cas il vaudrait la peine de se déplacer pour avoir affaire à lui. En conséquence Napoléon fit retrancher tous les abords des deux plateaux de Pirna et de Gieshübel, sur lesquels l'ennemi devait nécessairement déboucher en venant de Péterswalde. Le plateau de Pirna supérieur à celui de Gieshübel était abordable vers Langen-Hennersdorf. Napoléon y ordonna la construction de plusieurs redoutes, et y plaça la 42ᵉ division (Mouton-Duvernet) du corps de Saint-Cyr, laquelle gardait en même temps les deux forts de Lilienstein et de Kœnigstein sur l'Elbe. Le plateau de Gieshübel était traversé par la route de Péterswalde à Gieshübel même : Napoléon y fit construire également de nombreuses redoutes, et y envoya les trois divisions du 1ᵉʳ corps sous le comte de Lobau. Pour mettre de l'unité dans la défense, la 42ᵉ, séparée du 14ᵉ corps auquel elle appartenait, fut rangée sous les ordres du comte de Lobau, mais le comte de Lobau lui-même sous ceux du maréchal Saint-Cyr, ce qui replaçait tout dans la main de ce dernier. Pour le cas où les deux plateaux seraient forcés vers leur bord extérieur, Napoléon fit retrancher le château de Sonnenstein à l'extrémité du plateau de Pirna,

Sept. 1813.

et le Kohlberg à l'extrémité de celui de Gieshübel, de façon que l'ennemi eût une seconde ligne d'ouvrages défensifs à enlever. Enfin à droite de ces deux positions, en face de la vieille route de Tœplitz qui donnait par Liebstadt sur Borna, Napoléon posta le maréchal Saint-Cyr avec les trois autres divisions du 14e corps, et lui prescrivit d'élever des redoutes armées d'une puissante artillerie, en sorte qu'une nouvelle tentative contre ces positions bien retranchées, et défendues par sept divisions, ne pût être désormais une pure feinte.

Napoléon prépara en outre une réserve à ces sept divisions, et la fit consister en deux divisions de la jeune garde établies dans la ville de Pirna. Le reste de la jeune garde et toute la vieille, demeurèrent comme d'usage à Dresde. Napoléon ne s'en tint pas à ces précautions. Par un calcul des plus savants, il voulut créer un lien secret et ignoré entre les deux positions, de Macdonald au delà de l'Elbe, de Saint-Cyr en deçà. Il y avait, comme on l'a vu, deux ponts entre les forts de Kœnigstein et de Lilienstein; il en fit jeter un troisième à Pirna même, de manière que la jeune garde et une portion du corps de Saint-Cyr pussent passer l'Elbe à l'improviste, et tomber sur la gauche de l'ennemi qui attaquerait Macdonald, et que de son côté Poniatowski avec une portion de Macdonald pût venir se ruer sur la droite de l'ennemi qui attaquerait Saint-Cyr. Grâce à ces combinaisons, Napoléon pouvait espérer de n'avoir plus tant à courir, ou du moins de ne plus le faire en pure perte, contre des corps qui s'amuseraient à le troubler sans vouloir se battre sérieusement.

La garde placée en réserve à Dresde.

Lien secret établi à Pirna entre la position de Macdonald et celle de Saint-Cyr.

Le maréchal Victor dut rester à Freyberg, d'où il observait les autres débouchés qui, plus en arrière encore de Dresde, par la route de Commotau à Chemnitz, permettaient à l'ennemi de se diriger sur Leipzig. A Freyberg il n'interceptait pas précisément cette route, mais il lui était facile de s'y porter en une ou deux marches, et en même temps il n'était pas assez avancé pour ne pouvoir pas rétrograder jusqu'à la position du maréchal Saint-Cyr, si l'ennemi débouchait par Tœplitz sur Péterswalde ou sur Altenberg.

Quant aux partisans dont on voyait déjà un bon nombre, non-seulement sur la grande route de Commotau à Leipzig, mais même sur celle de Carlsbad à Zwickau, Napoléon s'occupa de mettre à leur poursuite une certaine quantité de cavalerie, afin de les pourchasser s'ils n'étaient que des partisans lancés à l'aventure, et de découvrir leur destination s'ils étaient l'avant-garde d'une armée marchant sur Leipzig. Il détacha de Dresde Lefèbvre-Desnoëtte, et le fit rétrograder sur Leipzig avec trois mille hommes de cavalerie légère. Ce brave général devait recevoir à titre de prêt momentané la cavalerie légère du maréchal Victor qui était à Freyberg, celle du maréchal Ney qui s'était fort rapproché depuis la bataille de Dennewitz, emprunter 2 mille hommes d'infanterie au général Margaron, qui avait à Leipzig beaucoup de bataillons de marche, et fondre avec ces forces réunies sur les partisans qui infestaient la Saxe, et avaient intercepté quelques-uns de nos convois. Ces partisans paraissaient dirigés par le général saxon Thielmann, le même qui avait passé à l'en-

nemi quelques mois auparavant, et qui avec de l'infanterie légère autrichienne, avec les Cosaques de
Platow, venait à la fois couper nos communications,
et tâcher d'insurger la Saxe sur nos derrières. Lefebvre-Desnoëtte avec 7 ou 8 mille cavaliers et 2 mille
fantassins, avait mission de le poursuivre sans relâche. Voici enfin ce que Napoléon ordonna relativement au maréchal Ney actuellement replié sur
Torgau. D'abord pour donner plus d'unité à son
armée, il avait prononcé la dissolution du 12ᵉ corps
spécialement commandé par le maréchal Oudinot,
et rappelé ce maréchal auprès de lui. Il avait ensuite
réparti les deux divisions françaises de ce corps entre
les 4ᵉ et 7ᵉ, pour procurer à ceux-ci plus de consis-
tance, et consacré à l'escorte des grands parcs ce
qui restait de la division bavaroise, car on ne
pouvait plus avec sûreté employer cette division
devant l'ennemi. Il avait dédommagé le maréchal
Ney des trois ou quatre mille hommes perdus par
cette nouvelle distribution, en lui accordant l'excellente division polonaise Dombrowski, laquelle
s'était conduite et allait encore se conduire héroïquement. Elle avait fait partie de la division active
de Magdebourg sortie de cette place sous le général
Girard, et condamnée maintenant à l'inaction pour
un temps indéfini. Le maréchal Ney renforcé quelque
peu en nombre, beaucoup en qualité de troupes,
n'ayant plus que des lieutenants généraux sous ses
ordres, fut établi entre Torgau et Wittenberg, afin
d'arrêter ou du moins de contrarier beaucoup le premier corps ennemi qui essayerait de franchir l'Elbe.
Comptant environ 36 mille hommes, dans lesquels

Sept. 1813.

Nouvelle
organisation
du corps
de Ney.

Son
établissement
à Torgau et
son rôle.

il n'y avait plus en fait d'Allemands que quelques mille Saxons bien entourés, il ne pouvait pas sans doute tenir tête à une grande armée qui voudrait résolûment passer l'Elbe, mais il pouvait disputer le passage jusqu'à ce qu'on vînt à son secours, ce qui était devenu facile depuis que Napoléon avait concentré si habilement, quoique si tardivement, ses forces autour de Dresde. Napoléon adopta provisoirement une mesure pour assurer au maréchal Ney les secours dont il aurait besoin, mesure combinée, comme toutes celles qu'il prenait, de manière à pourvoir à plus d'un objet à la fois. Il plaça le maréchal Marmont avec 18 mille hommes d'infanterie, le général Latour-Maubourg avec 6 mille hommes de cavalerie à Grossenhayn, un peu au delà de l'Elbe, et à mi-chemin de Dresde à Torgau. Ces 24 mille hommes, outre qu'ils étaient prêts à tendre la main au maréchal Ney, devaient protéger la navigation de Hambourg à Dresde, laquelle ne laissait pas d'offrir des difficultés, depuis que l'ennemi victorieux sur notre gauche s'approchait des bords de l'Elbe. Or on doit se souvenir que notre principale source d'alimentation était à Hambourg. Cette ville s'était rachetée au moyen d'une contribution de 50 millions de francs, acquittés en grande partie en blés, en riz, en viandes salées, en spiritueux, en cuirs, en chevaux. Une portion de cet approvisionnement avait remonté jusqu'à Dresde, et avait été consommée. Il en restait à Torgau une partie dont on avait déjà besoin, car malgré les soins constants de M. Daru, malgré l'habileté qu'il déployait pour l'entretien de l'armée, il avait peine à y suffire, surtout depuis

que les partisans interceptaient les routes de Leipzig
à Dresde, et empêchaient l'exécution des marchés
passés avec les habitants. Le corps cantonné à Grossenhayn devait donc assurer les arrivages par l'Elbe,
ainsi que les évacuations de blessés et de malades
que Napoléon avait ordonnées sur Torgau, Wittenberg et Magdebourg.

Sept. 1813.

Telles furent les dispositions de Napoléon rentré
à Dresde vers le milieu de septembre. Avec quatre
corps réunis sous Macdonald en avant de l'Elbe,
avec les corps de Lobau, de Saint-Cyr, de Victor en
arrière de ce fleuve, appuyés les uns et les autres
sur de bons retranchements et communiquant par
plusieurs ponts, avec Ney gardant aux environs de
Torgau l'Elbe inférieur, avec Marmont et Latour-
Maubourg placés entre Torgau et Dresde pour protéger les arrivages du fleuve et flanquer Macdonald,
ou descendre au secours de Ney, enfin avec toute la
garde concentrée à Dresde et prête à fournir un secours de 40 mille hommes à celui de nos généraux
qui serait en danger, sans compter 7 à 8 mille chevaux courant sur nos derrières après les partisans,
Napoléon croyait avoir suffisamment resserré sa position, et se flattait même, les vivres arrivant, de
pouvoir y passer l'hiver, sans être obligé de s'épuiser en courses vaines afin de parer à de trompeuses
démonstrations. Il espérait n'avoir dorénavant à se
déplacer que pour des tentatives sérieuses, qui vau-
draient alors la peine qu'elles lui coûteraient. Il n'y
avait dans cette nouvelle manière de s'asseoir qu'un
grave inconvénient, c'était la perte probable des
places de l'Oder et de la Vistule, dont les nombreu-

Ensemble
admirable
des
dispositions
de Napoléon,
ayant toutes
pour but
de
passer l'hiver
à Dresde.

ses garnisons bloquées depuis plus de huit mois, ne tiendraient certainement pas au delà de l'automne. Ces garnisons laissées au loin dans l'espérance de revenir sur la Vistule après une bataille gagnée, étaient un sacrifice fait au désir chimérique de rétablir sa grandeur en une journée. Napoléon n'y comptait plus guère aujourd'hui, et il voyait avec regret ces excellentes troupes sacrifiées; mais le mal était sans remède, et actuellement il ne songeait qu'à se maintenir sur l'Elbe, ce qui d'ailleurs était pour ces mêmes garnisons, tant qu'il y resterait, un sujet de confiance et une raison de persévérer dans leur résistance. Rien ne disait, après tout, qu'à la suite d'un événement heureux on ne pourrait pas obtenir encore un armistice, dont les conditions essentielles seraient de ravitailler les places de l'Oder et de la Vistule.

Tandis qu'il était à Dresde livré à ces pensées, un nouvel acte de l'ennemi le rappela tout à coup vers Pirna. Les Autrichiens ne s'étaient éloignés un moment des Russes et des Prussiens que pour se réorganiser un peu en arrière du théâtre de la guerre, et pour parer à quelque tentative sur Prague, qu'on avait pu craindre en voyant Napoléon marcher vers Bautzen et Gorlitz, comme il avait fait les 4 et 5 septembre.

Rassurés à cet égard par son retour à Dresde, remis de leur rude secousse des 26 et 27 août, ils étaient revenus à Tœplitz, sentant bien que c'était une faute grave que de laisser Kleist et Wittgenstein seuls devant la grande armée française. A peine Wittgenstein les avait-il sus de retour, que le 13 septembre au matin il résolut de repasser les montagnes, et de

se montrer de nouveau devant les camps de Pirna et
de Gieshübel. Il n'y avait pas grand effort à faire pour
entraîner le Prussien Kleist, et ils revinrent tous
deux à la charge contre Saint-Cyr et Lobau, surtout
contre ce dernier. Malheureusement les ouvrages ordonnés par Napoléon le 11 à Langen-Hennersdorf, à
Gieshübel, à Borna, ne pouvaient être exécutés le 13,
et le comte de Lobau fut obligé de se replier sur
Gieshübel, comme on l'avait déjà fait si souvent.
Bien qu'il n'y eût aucun goût et qu'il ne s'en promît
aucun résultat, Napoléon dut opérer un nouveau
mouvement vers les montagnes de la Bohême, pour
rejeter encore une fois au delà de ces montagnes les
incommodes et fatigants visiteurs qui venaient sans
cesse le troubler. Ayant d'ailleurs conservé une partie de la garde à Pirna même, il n'avait à déplacer
que sa personne qu'il ne ménageait guère, et il revint
avec la vague espérance à laquelle il se livra peu,
mais qu'il ne put absolument chasser de son esprit, de
punir une bonne fois l'ennemi si tracassier qu'il avait
sur sa droite, et déjà un peu sur ses derrières. Aspirant avec passion à une grande bataille qui seule
pouvait changer sa situation, il se laissait aller malgré lui à l'espoir de la rencontrer sur son chemin dès
que l'ennemi approchait.

Le 15 donc, se mettant à la tête de ses troupes,
il fit pousser l'ennemi de Gieshübel sur Péterswalde,
où il le ramena en grand désordre. Mais quelques
centaines d'hommes pris ou hors de combat furent
encore le seul résultat de ce mouvement. Toutefois
l'ennemi resta fièrement en avant des défilés de
Hollendorf, au pied du faîte qui sépare la Saxe de la

Sept. 1813.

Le 16,
Napoléon
après avoir
vivement
poursuivi
l'ennemi, se
trouve en vue
de Kulm
et en présence
de l'armée
de Bohême,
forte
de 120 mille
hommes.

Le 17,
un orage
affreux et l'in-
suffisance
de ses forces
ramènent

Bohême. On priait le ciel qu'il fût aussi fier le lendemain, mais on ne s'en flattait guère. Le lendemain 16 septembre, Napoléon, malgré un temps horrible, se remit en marche vers le défilé de Hollendorf, tandis qu'à sa droite le maréchal Saint-Cyr s'était dirigé de Furstenwalde sur le col du Geyersberg, qu'on n'avait pas pu franchir le 10. On poursuivit chaudement les Russes et les Prussiens, et une fois les gorges franchies, les lanciers rouges de la garde fondant sur eux au galop en piquèrent et en prirent un bon nombre. Dans l'une de ces charges, le colonel Blucher, fils du général de ce nom, tomba dans nos mains atteint de plusieurs coups de lance. Il fut traité avec beaucoup d'égards, et à son langage on put voir que la nécessité, mais non l'affection et la confiance, tenait les coalisés unis. Peu importait au reste le sentiment qui les rapprochait, s'il suffisait pour les faire marcher ensemble encore une ou deux campagnes! Sur la fin du jour on arriva aux environs de Kulm, et on trouva toute l'armée de Bohême établie dans de fortes positions, où il était difficile de l'attaquer avec succès. Elle y était au nombre d'au moins 120 mille hommes depuis le retour des Autrichiens, et Napoléon n'en avait pas plus de 60 mille. Il aurait fallu qu'il dégarnît les bords de l'Elbe pour en amener davantage, et l'occasion n'était vraiment pas assez belle pour qu'il risquât de découvrir les points importants de sa ligne.

Le lendemain 17 il employa la matinée à canonner les Russes, et à leur tuer ainsi quelque monde; mais un orage affreux, mêlé de pluie, de grêle, de neige, exposant le soldat à de graves souffrances, était une

raison suffisante pour se retirer. Il repassa la chaîne
des montagnes, dit adieu à ces plaines de Bohême
qu'il ne devait plus revoir, et vint se poser à Pirna,
près du pont qu'il avait fait établir en secret, afin
que l'ennemi ne se doutât point de la masse de
forces qui pouvait en quelques heures déboucher sur
l'une ou l'autre rive. Il y réunit toute la garde, et
se tint là aux aguets, prêt à saisir l'occasion et à
conduire quarante mille hommes au secours de Macdonald ou de Saint-Cyr, si une tentative sérieuse
était faite sur la rive droite ou sur la rive gauche du
haut Elbe. En ce moment le maréchal Macdonald
apercevait des mouvements singuliers chez l'ennemi. Il semblait que d'une part des troupes nouvelles remontaient de gauche à droite pour entrer
en Bohême par le débouché de Zittau, et que de
l'autre des troupes allant de droite à gauche quittaient Blucher pour rejoindre Bernadotte. Toutefois
comme les événements les plus graves paraissaient
devoir s'accomplir sur le front de Macdonald, Napoléon jugea convenable de rester à sa position de
Pirna. S'il fallait en effet fondre sur les assaillants qui
viendraient attaquer Macdonald, il aimait mieux au
lieu d'aller passer l'Elbe à Dresde, le passer à Pirna
ou à Kœnigstein, car outre le chemin épargné à
ses troupes, il prendrait ainsi en flanc et à revers
l'ennemi qui aurait abordé de front la position de
Dresde. De plus en se tenant à Pirna avec toute
sa garde, il conservait la facilité de se rabattre en
arrière sur le flanc de la colonne qui reviendrait
encore tracasser le comte de Lobau à Gieshübel.
Enfin par sa présence il accélérait et dirigeait les

Sept. 1813.

Napoléon à
Pirna.

Nouvelle
position qu'il
prend avec
sa réserve à
Pirna.

travaux ordonnés sur ces divers points. On ne pouvait donc mieux se placer, ni combiner ses opérations
d'une manière plus habile. Mais ces manœuvres si
savantes n'empêchaient pas la guerre de traîner tristement en longueur, d'épuiser nos jeunes soldats en
fatigues au-dessus de leur âge, d'éloigner surtout
ces événements décisifs auxquels Napoléon avait
habitué la France et l'Europe, et dont il avait besoin
pour soutenir le moral de son armée et déconcerter
la haine toujours croissante de ses ennemis. Aussi
était-il chagrin sans être découragé, et entendait de
nombreuses critiques même parmi ses officiers qui,
au lieu de condamner hardiment son imprudente
ambition, blâmaient à tort sa tactique admirable,
laquelle ne laissait rien à désirer, et quand elle péchait en quelque chose, ne péchait que par la faute
de sa politique. L'idée la plus répandue dans son
état-major, c'est qu'il aurait fallu se reporter sur la
Saale, ligne, comme nous l'avons dit, impossible à
défendre plus de huit jours, et vers laquelle on ne
pouvait rétrograder que pour se replier tout de suite
sur le Rhin, ce qui était l'abandon instantané de
toutes les prétentions pour lesquelles on avait con-
tinué la guerre. Cet abandon, il était à jamais regrettable de ne l'avoir pas fait deux mois auparavant,
mais aujourd'hui il était devenu presque impraticable. Évacuer l'Elbe militairement eût été difficile,
eût entraîné la retraite immédiate sur le Rhin, avec
le sacrifice de tout ce qu'on laissait sur la Vistule,
sur l'Oder, et peut-être sur l'Elbe, c'est-à-dire avec
le sacrifice de cent vingt mille hommes, et de trente
mille malades, avec chance de démoraliser l'armée

et de perdre quelque grande bataille en se retirant.
A l'évacuer, il eût mieux valu l'évacuer politiquement, en offrant sur-le-champ de rouvrir les négociations sur la base de l'abandon de l'Allemagne,
mais les coalisés enivrés d'espérance y auraient-ils
consenti dans le moment? C'était peu probable. La
faute donc d'être resté sur l'Elbe, non à cause de
l'Elbe lui-même, mais de tout ce qu'on avait la
prétention d'y défendre, condamnait presque à y
demeurer jusqu'à périr. Au surplus Napoléon était
loin de se croire réduit à une pareille extrémité.
Il entrevoyait toujours ou une petite guerre de va-
et-vient, dans laquelle il se proposait bien de ne plus
user les jambes de ses soldats, et qui lui permettrait
de gagner l'hiver sain et sauf, ou une entreprise
considérable sur ses derrières, partant de la Bohême
ou de l'Elbe inférieur, qui entraînerait une bataille
décisive. C'est cette dernière chance dont il se flattait le plus, et qui effectivement était le plus près de
se réaliser, mais dans des conditions qui n'étaient
pas celles qu'il avait toujours espérées.

En effet, les coalisés étaient résolus à terminer
la campagne par une rencontre directe avec Napoléon. Leur tactique consistant à l'éviter, pour tomber sur ses lieutenants, ne pouvait pas être éternelle, et elle avait déjà suffi pour le réduire à une
telle infériorité de forces, qu'ils étaient dans la
proportion de deux, et allaient être bientôt dans
celle de trois contre un. Mais il fallait en venir enfin
au moment, désiré et redouté tout à la fois, de se
jeter en masse sur lui pour l'accabler. Le désirer
était simple, surtout la saison commençant à s'avan-

Sept. 1813.

Son désir
d'un évène-
ment
décisif.

Résolution
chez
les coalisés
de terminer
la campagne
par
une bataille
générale,
et qui décide
du sort
de la guerre.

Sept. 1813.

L'armée
de Bohême
revient
à l'idée
de descendre
en Saxe,
et de marcher
sur Leipzig,
mais
elle voudrait
être jointe
par l'armée
de Silésie.

cer; l'exécuter ne l'était pas autant. La grande armée de Bohême, de beaucoup la plus forte et la mieux composée, presque remise depuis Kulm de la secousse essuyée sous les murs de Dresde, influencée en outre par la présence de souverains impatients d'arriver à un résultat, était disposée à tenter une nouvelle descente de Bohême en Saxe sur les derrières de Napoléon, mais pas aussi près, et elle revenait à l'idée première de se porter par Commotau et Chemnitz sur Leipzig. Les nombreux partisans lancés sous Thielmann et sous Platow, entre l'Elster et la Saale, étaient comme les avant-coureurs destinés à lui frayer la route. Toutefois, avant d'essayer une si vaste entreprise, qui allait amener un duel à mort avec Napoléon, elle aurait souhaité que deux des trois armées actives marchassent réunies, celles de Silésie et de Bohême par exemple. Pour cela elle aurait voulu que l'armée russe de réserve, depuis longtemps préparée en Pologne sous le général Benningsen, et actuellement rendue à Breslau, vînt prendre la place de Blucher devant Dresde, que celui-ci, profitant de l'occasion pour se dérober, allât par Zittau opérer sa jonction en Bohême avec l'armée de Schwarzenberg, et que tous ensemble ils marchassent sur Leipzig. A cette condition seulement le grand état-major des trois souverains osait concevoir l'idée de risquer une seconde bataille de Dresde, non pas à Dresde mais à Leipzig.

L'armée
de Silésie
désire
tout aussi
vivement
une opération

Ce n'était pas, on le pense bien, auprès de Blucher et de ses amis que devait fermenter avec moins de force la pensée de faire aboutir la campagne actuelle à un résultat prochain et décisif. Blucher et

ses officiers, tout fiers d'avoir ramené les Français
du Bober sur l'Elbe, brûlaient du désir d'arriver à
un dénoûment, et ils étaient prêts à tout braver
pour y parvenir. Dès les premiers jours de septembre Blucher avait envoyé en Bohême un personnage
de confiance, pour sonder les officiers prussiens qui
entouraient le roi, et susciter chez eux l'idée d'une
grande opération sur les derrières de Napoléon.
Cet émissaire les avait trouvés fort disposés à en
finir, remplis toutefois de l'idée que nous avons
exposée, et consistant à transporter Blucher lui-
même en Bohême pour descendre sur Leipzig avec
les deux armées de Bohême et de Silésie réunies.
Mais Blucher et ses amis du *Tugend-Bund* dont il était
entouré, avaient trop le goût de l'indépendance
pour se placer volontiers sous l'autorité directe de
l'état-major des souverains. Ils avaient toutefois
pour résister à ce qu'on leur proposait des raisons
meilleures que leur goût d'indépendance. Il était
difficile en effet que l'armée de Silésie parvînt à
dérober assez complétement sa marche à Napoléon,
pour qu'elle pût remonter en Bohême, traverser les
montagnes, et en longer le pied jusqu'à Tœplitz,
sans attirer sur elle quelque coup redoutable. Cependant comme il fallait tôt ou tard que Blucher, s'il ne
voulait pas se morfondre inutilement devant Dresde,
exécutât une manœuvre hardie ou sur le bas Elbe,
ou sur le haut, la raison alléguée n'était pas sans
réplique. L'état-major de Silésie en donna une encore plus forte, et à laquelle il était difficile de répondre. Les nouvelles qu'on avait de l'armée du
Nord étaient des moins satisfaisantes. Les généraux

Sept. 1813.

décisive,
mais elle
ne voudrait
pas se joindre
à l'armée
de Bohême.

Officier
envoyé
par Blucher
auprès
des généraux
prussiens
opérant
avec l'armée
de Bohême.

Blucher
et ses amis
aiment mieux
se réunir
à l'armée
du Nord,

russes et prussiens, mais surtout les prussiens, placés sous le prince de Suède, se plaignaient de son inaction pendant les batailles de Gross-Beeren et de Dennewitz. Ils l'accusaient formellement ou d'une prudence approchant de la faiblesse, ou d'une infidélité approchant de la trahison. Ils soutenaient que dans ces deux circonstances il avait tout laissé faire aux généraux prussiens, que les sachant dans l'embarras il s'était peu hâté de les en tirer, qu'ayant pu détruire l'armée française, il ne l'avait pas voulu, ou pas osé. Cette dernière supposition était la vraie. Il n'avait risqué qu'en tremblant sa fausse renommée, et son excessive prudence avait ainsi fait mettre en doute son énergie militaire ou sa loyauté. En ce moment encore, n'ayant devant lui que Ney réduit à 36 mille hommes, il restait blotti sous le canon de Magdebourg, et feignait sur l'Elbe des préparatifs de passage sans aucune envie de les exécuter.

En conséquence Blucher disait qu'à déplacer l'armée de Silésie pour la faire coopérer avec celle de Bohême ou celle du Nord, il valait mieux la réunir à cette dernière, qui certainement n'agirait que dominée et entraînée par une autre. Il proposait donc, au lieu de se rendre en Bohême, d'y envoyer l'armée de Benningsen, laquelle pénétrant par Zittau, couverte par lui pendant cette marche, n'aurait rien à craindre, et rejoindrait sans aucun péril le prince de Schwarzenberg à Tœplitz. Il offrait, ce mouvement terminé, d'exécuter une attaque simulée sur le camp retranché de Dresde, puis de laisser à sa place quelques troupes de cavalerie pour tromper les Français, de descendre avec 60

mille hommes sur l'Elbe inférieur, de forcer Bernadotte à passer ce fleuve vers Wittenberg, de remonter ensuite avec lui le cours de la Mulde jusqu'à Leipzig à la tête de 120 ou 130 mille hommes,
tandis que le prince de Schwarzenberg accru de
Benningsen y descendrait avec plus de 200 mille.
On aurait ainsi 320 mille hommes au moins sur les
derrières de Napoléon, et on l'obligerait à une bataille générale, désastreuse pour lui s'il la perdait,
et peu douteuse pour les souverains en la livrant
avec une telle supériorité de forces.

Ce plan, qui sans une bien grande profondeur de
conception, avait dans la puissance du nombre,
dans la passion des coalisés, de véritables chances de
succès, parut avec raison très-préférable à celui qu'on
avait conçu en Bohême, et le désir ardent du triomphe commun faisant taire tous les amours-propres,
on l'adopta. En conséquence il fut convenu que le
général Benningsen avec son armée de réserve, qui
était forte d'environ 50 mille hommes et avait déjà
traversé la Silésie, s'acheminerait vers le défilé de
Zittau que Poniatowski ne gardait plus, pénétrerait
en Bohême, passerait le haut Elbe à l'abri des montagnes, entre Leitmeritz et Tetschen, et joindrait le
prince de Schwarzenberg à Tœplitz; que ce dernier
alors comptant environ 200 mille hommes se mettrait en marche, et se bornant à masquer le défilé
de Péterswalde, déboucherait en Saxe par Commotau sur Chemnitz; qu'à cette même époque Blucher
exécutant de vives démonstrations contre Dresde,
se déroberait par un rapide mouvement sur sa droite,
irait passer l'Elbe à Wittenberg, forcerait Berna-

dotte à le franchir à Roslau, que l'un et l'autre remonteraient entre la Mulde et la Saale sur Leipzig, tandis que le prince de Schwarzenberg y descendrait en suivant le cours de ces deux rivières, qu'on tendrait ainsi les uns et les autres à se réunir dans les environs de Leipzig pour y livrer une bataille de géants. Le danger évident de cette manœuvre, parfaitement compris de ces élèves et ennemis de Napoléon, c'était d'être assaillis par celui-ci avant la jonction générale de toutes les forces de la coalition. Mais l'état-major de Blucher soufflant à tous la passion dont il était animé, on résolut de braver ce danger quel qu'il fût, car il fallait bien finir par s'exposer à un grand péril, si on voulait aboutir à un grand résultat. Seulement on se promit une extrême prudence dans la marche périlleuse qu'on allait entreprendre, et, une fois la bataille engagée, une énergie désespérée.

Tels étaient le savoir militaire et la haine implacable auxquels Napoléon avait amené tout le monde, en foulant depuis quatorze années l'Europe à ses pieds.

Le plan une fois adopté, on procéda sur-le-champ à son exécution. Le général Benningsen pénétra le 17 septembre dans les gorges de Zittau, et vers les 22 et 23 septembre fut rendu à Tœplitz. Blucher avait secrètement informé les généraux Tauenzien et Bulow de ses projets, les avait pressés d'occuper fortement les Français devant Wittenberg, Torgau, Grossenhayn, et lui-même s'était continuellement agité autour de Dresde, pour cacher le grand mouvement qu'il préparait par sa droite vers le bas Elbe.

Cette agitation incessante sur notre front, les apparitions des coureurs de Thielmann et de Platow sur notre droite et nos derrières, des préparatifs de passage vers l'Elbe inférieur (nous désignons ainsi l'Elbe au-dessous de Torgau), enfin la saison avancée, étaient des signes plus que suffisants pour inspirer à Napoléon l'idée d'événements graves et prochains. Il avait toujours pensé que ne pouvant l'aborder de front dans sa position de Dresde, on essayerait de le tourner, ou par sa droite en débouchant de la Bohême, ou par sa gauche en passant l'Elbe inférieur, et peut-être par les deux côtés à la fois. Il avait lui-même un tel désir d'un événement décisif, qu'il en était arrivé à souhaiter de semblables manœuvres, n'imaginant pas qu'une bataille où il serait de sa personne et avec toutes ses réserves pût être autre chose qu'un désastre pour ses ennemis, et ne trouvant dangereuse que cette tactique de va-et-vient qui avait déjà tant épuisé ses troupes, porté même une certaine atteinte à son immense prestige. Seulement il tenait sans cesse l'œil ouvert, pour n'être pas surpris, et pour tomber à temps sur le téméraire qui oserait le premier se risquer sur ses derrières.

Le 22 septembre un concours de petits événements éveilla fortement son attention. Le maréchal Marmont accru de la cavalerie de réserve du général Latour-Maubourg avait été placé, comme on a vu, à Grossenhayn, pour protéger les convois de vivres qui remontaient vers Dresde, et les convois de blessés qui en descendaient. Cette précaution avait réussi; un chargement de farines était parvenu à

Sept. 1843.

Napoléon
soupçonne
les projets
des coalisés.

Diverses
circonstances
de détail
lui
font supposer
que Blucher
va descendre
l'Elbe,
et pour
s'en assurer
il ordonne
une forte re-
connaissance

Dresde, et de nombreux blessés étaient arrivés sans accident à Torgau. Mais tout à coup la cavalerie légère du général Chastel fut assaillie par la grosse cavalerie du général Tauenzien, et vivement ramenée. En même temps le général Bulow qui bombardait Wittenberg, fit mine de jeter un pont aux environs de cette place, et plus haut le général russe Sacken qui formait la droite de Blucher en face du camp de Dresde, opéra divers mouvements très-apparents. Napoléon devinant aussitôt le plan des coalisés, se figura que toute cette agitation de Dresde à Wittenberg cachait une tentative de Blucher pour se porter sur le bas Elbe, et il se mit sur-le-champ en garde. Depuis ses dernières marches sur Kulm, pendant les journées des 15, 16, 17 septembre, il était resté à l'affût, prêt à se jeter par le pont de Pirna sur la rive droite ou sur la rive gauche de l'Elbe, suivant qu'il y aurait un téméraire d'un côté ou de l'autre. Il quitta immédiatement son poste, vint à Dresde, et enjoignit à Macdonald d'exécuter avec ses trois corps une reconnaissance à fond, de pousser à outrance l'ennemi sur Harta, même sur Bautzen, pour savoir au juste si Blucher était là, ou n'y était plus. Napoléon fit savoir à Macdonald qu'il serait lui-même à sa suite avec une portion de la garde, pour agir vigoureusement contre l'armée de Silésie, si toutefois elle était encore dans les mêmes positions.

Il s'y rendit donc de sa personne, et cette reconnaissance de tous les corps français composant l'armée de Macdonald, contre les divers corps formant l'armée de Blucher, commencée le 22 septem-

bre, continuée le 23 jusqu'à Bischofswerda, révéla la
présence de Blucher avec les mêmes forces, dans les
mêmes lieux. On ramassa en effet des prisonniers
appartenant aux trois corps de Langeron, d'York, de
Sacken ; Napoléon en conclut qu'il s'était trop hâté
de prêter à ses ennemis des desseins audacieux, et
en douta presque pour les avoir supposés trop tôt.
Le général Blucher employa une feinte inutile pour
le tromper, ce fut d'envoyer aux avant-postes par
un parlementaire, et pour son fils prisonnier, une
lettre signée de lui, et datée de Bichofswerda [1]. Il espéra ainsi persuader encore mieux à Napoléon que
rien n'était changé dans les dispositions des coalisés, et que rien ne changerait. Ce ne fut pas cette
lettre, à laquelle on n'attacha aucune importance,
mais une circonstance plus sérieuse, la présence à
Bischofswerda des trois corps composant l'armée de
Silésie, qui sans abuser Napoléon, sans l'empêcher
de croire au plan qu'il avait sitôt deviné, le disposa
seulement à en regarder l'exécution comme moins

Sept. 1813.

Macdonald est
chargé
d'exécuter.

Les
trois corps
de Blucher
trouvés
en place
trompent
Napoléon, non
sur le plan
des coalisés,
mais
sur l'époque
de son
exécution.

[1] M. de Muffling, dans ses intéressants Mémoires, s'applaudit fort
de cette feinte, et croit que c'est avec l'heureuse idée de cette lettre
qu'on endormit la vigilance de Napoléon. Il est dans l'erreur, et la correspondance militaire prouve que si Napoléon fut trompé, dans la mesure d'ailleurs très-restreinte où il le fut, c'est par la présence des trois
corps de l'armée de Silésie, qui le 22 et le 23 n'avaient pas quitté encore
leur position. C'est une nouvelle preuve de ce qu'il y a de hasards à la
guerre, puisqu'un acte de haute prévoyance de la part de Napoléon
amena, comme on le verra bientôt, le résultat qu'aurait pu avoir l'im-
prévoyance elle-même. Ce n'est pas un motif d'estimer et de pratiquer
moins la vigilance, mais c'en est un, tout en redoublant de soins et de
zèle, de se dire qu'il y a toujours une Providence supérieure qui déjoue parfois les calculs les plus profonds, et de chercher même dans des
raisons plus hautes, dans la justice ou l'injustice de la cause qu'on défend, le secret de l'insuccès du génie, à l'instant même où il déploie
ses plus grandes facultés.

Sept. 1813.

prochaine qu'elle ne l'était effectivement. Trouvant encore Blucher devant lui les 22 et 23 septembre, Napoléon n'en conclut pas qu'il y resterait toujours, mais qu'il en partirait moins prochainement, et il fit des dispositions moins promptes quoique tout aussi justes, qu'il ne les aurait faites autrement. Ainsi il résolut de resserrer encore davantage sa position, et de ne plus laisser devant Dresde que le seul 11ᵉ corps, celui que le maréchal Macdonald avait toujours commandé directement, et de satisfaire ce maréchal en le déchargeant du commandement des 3ᵉ, 5ᵉ et 8ᵉ. Il envoya le 3ᵉ (celui du général Souham) à Meissen, petite ville située sur l'Elbe, au-dessous de Dresde. Il ramena Marmont avec le 6ᵉ corps, Latour-Maubourg avec la grosse cavalerie, de Grossenhayn à ce même point de Meissen, pour qu'ils fussent plus à portée de secourir Ney, en cas d'une tentative de passage vers Torgau ou Wittenberg. Il amena le 5ᵉ (Lauriston) à Dresde même, et achemina le 8ᵉ (Poniatowski) sur la route de Waldheim et de Leipzig, afin d'aider Lefebvre-Desnoëtte contre les coureurs de Thielmann et de Platow, et de former la tête de colonne de l'armée s'il fallait se rabattre en arrière sur les masses ennemies venant de la Bohême. Napoléon prit donc ses précautions dans le vrai sens des desseins des coalisés, mais, nous le répétons, sans se hâter, car il ne croyait pas ces desseins si près de leur exécution qu'ils l'étaient réellement.

A ces mesures il en ajouta quelques autres qui prouvent qu'un vague pressentiment l'avertissait que bientôt la guerre pourrait se reporter sur le

Rhin, ou au moins sur la Saale. En effet il prescrivit au général Rogniat, qui dirigeait le génie
de la grande armée depuis la captivité du général
Haxo, de relever les défenses de Mersebourg sur la
Saale, d'y préparer des ponts, afin d'avoir sur cette
rivière une ligne de retraite assurée. Il ordonna
d'évacuer de Dresde sur Leipzig, de Leipzig sur Erfurt, d'Erfurt sur Mayence, tous les blessés et malades qu'on aurait le moyen de transporter par terre,
et voulut même qu'on fît aux officiers blessés ayant
les moyens de se déplacer à leurs frais, certaines
insinuations pour les décider à regagner le Rhin, en
mettant du reste un grand soin à ne pas rendre ces
insinuations alarmantes. Prévoyant que la guerre
serait longue et acharnée, il rédigea un décret pour
la levée de 120 mille hommes sur les classes anté-
rieures de 1812, 1811, 1810, et un autre pour la
levée de 160 mille sur la conscription de 1815, laquelle serait ainsi anticipée de deux ans. Celle de
1814 était déjà tout entière dans les dépôts. Il comptait, avec les réfractaires que des colonnes mobiles
pourchassaient en ce moment, porter cette levée à
plus de 300 mille hommes, et espérait en l'exécutant dans l'automne l'avoir toute disponible en hiver, et prête à combattre au printemps. Il rédigea
lui-même le discours que l'Impératrice régente adresserait au Sénat en cette occasion; il lui enjoignit d'y
aller en personne, et de tenir ainsi une espèce de
lit de justice, inutile assurément pour soumettre un
corps qui devait être soumis jusqu'au jour de la chute
de l'Empire. Enfin il donna des ordres directs au
ministre de la guerre pour la mise en état de défense

des places du Rhin, et surtout d'Italie. Cependant tout en prescrivant ces mesures de prudence sur ses frontières, il contremanda les vastes approvisionnements de vivres que le duc de Feltre avait ordonnés sur le Rhin, d'après la lettre de M. de Bassano, précédemment citée, et il les contremanda afin d'épargner aux populations des alarmes fâcheuses, et, suivant lui, prématurées.

Tandis que Napoléon prenait ces mesures, les coalisés exécutaient plus tôt qu'il ne l'avait supposé leur double mouvement sur Leipzig, par la Bohême et par l'Elbe inférieur. Le prince de Schwarzenberg se faisant précéder par une colonne autrichienne, marchait de Tœplitz sur Commotau, et Blucher, après être demeuré immobile en présence de Napoléon les 22, 23 et 24 septembre, se dérobait tout à coup pour descendre l'Elbe de Dresde à Wittenberg. Afin de mieux cacher son mouvement il avait porté en avant sa droite formée par le général Sacken, et lui avait ordonné de diriger une forte attaque contre Meissen, dans l'intention de défiler avec son centre et sa gauche derrière cette droite rendue si apparente, et de courir sur Wittenberg. Il se proposait ensuite de retirer sa droite elle-même, et de la réunir devant Wittenberg où il devait franchir l'Elbe.

Il entra en opération le 25 septembre, et, tandis que Sacken attaquait les avant-postes de Macdonald d'un côté, ceux de Marmont de l'autre, il se mit en marche vers l'Elbe inférieur. Il laissa pour le remplacer devant Dresde le corps russe de Sherbatow, fort de 8 mille hommes, ainsi que la division légère autrichienne de Bubna, forte de 10 mille, et chargée

de la garde de Zittau lorsque le prince Poniatowski
était sur ce point. Ce corps de 18 mille hommes environ était suffisant pour tromper les yeux même
les plus exercés, surtout après une reconnaissance
comme celle des 22 et 23 septembre, qui avait dû
paraître tout à fait démonstrative à Napoléon. Le
général Blucher réussit ainsi à se soustraire à nos re-
gards, et dans les journées des 26, 27, 28 septembre s'achemina sur Wittenberg sans être aperçu.
L'attaque si vive de Sacken parut d'abord inexplicable, et fut interprétée comme une manière de tâter
la gauche de Macdonald, et peut-être comme l'indice
d'une prochaine tentative contre le camp retranché
que nous avions en avant de Dresde. Napoléon ordonna de renforcer cette gauche pour la mettre à
l'abri de tous les efforts de l'ennemi.

Mais la marche du général Blucher, concourant
avec d'autres mouvements des généraux Tauenzien
et Bulow, et du prince de Suède lui-même, ne put
échapper à la vigilance du maréchal Ney, contre
lequel ces diverses opérations étaient dirigées. Il
avait vu Bulow jeter un pont à Wartenbourg et l'y
maintenir quelques jours, les autres corps du prince
de Suède préparer leurs moyens de passage soit à
Barby, soit à Roslau, et n'osant s'opposer à ces diverses tentatives avec 36 mille hommes, de peur de
s'en attirer 80 mille sur les bras, il s'était contenté
de résister plus particulièrement au passage tenté
près de Wartenbourg, parce que c'était le plus rapproché de Dresde, et le plus important dès lors à
empêcher. Il écrivit immédiatement à Napoléon pour
lui signaler l'état des choses, et lui annoncer comme

Sept. 1813.

Ney voyant
les
mouvements

s'exécutant à l'instant, ou devant s'exécuter sous peu de jours, un passage de l'Elbe entre Wittenberg et Magdebourg par des forces considérables.

Du côté de la Bohême les événements n'étaient pas moins significatifs. Le général Lefebvre-Desnoëtte avec quelques milliers de chevaux s'était mis à la poursuite de Thielmann, qui entré en Saxe par le débouché de Carlsbad à Zwickau, s'était dirigé sur Weissenfels comme s'il eût voulu couper nos communications avec la Saale. Le général Lefebvre-Desnoëtte lui avait d'abord fait essuyer plusieurs échecs, et l'avait rejeté jusque sur Altenbourg. Mais en ce moment Platow débouchant avec ses Cosaques et cinq mille Autrichiens, dont trois mille de cavalerie, avait assailli de front Lefebvre-Desnoëtte avec plus de dix mille hommes, tandis que Thielmann par un mouvement rapide le prenait par derrière. Lefebvre-Desnoëtte n'avait pu s'en tirer qu'en se repliant sur Leipzig, et en sacrifiant quelques centaines d'hommes. Cet échec avait été bientôt réparé par le prince Poniatowski, lequel, ayant repassé l'Elbe et rétrogradé jusqu'à Frohbourg avec le 8ᵉ corps et le 4ᵉ de cavalerie, avait fondu à son tour sur Thielmann et Platow, leur avait tué quatre cents hommes, et leur en avait pris trois cents. Ces diverses rencontres, alternativement heureuses ou malheureuses, avaient eu l'avantage de nous éclairer parfaitement sur la marche de l'ennemi, et nous avions pu voir sur les débouchés de Commotau à Chemnitz, de Carlsbad à Zwickau, tout autre chose que des partisans, car nous avions reconnu sur ces deux routes les têtes de colonnes de la grande armée de Bohême, composées à la fois d'Autrichiens, de Russes et de Prussiens. L'annonce d'ailleurs de sa prochaine arrivée était répandue dans toute la Saxe. Si Napoléon avait pu concevoir quelques doutes, non pas sur le fond des projets de l'ennemi, mais sur l'époque de leur exécution, il n'en devait plus conserver aucun après ces nouvelles parties en même temps du bas Elbe et des frontières de la Bohême. Il devenait évident que sur sa gauche l'armée du Nord, renforcée peut-être de Blucher, traversait l'Elbe inférieur pour remonter vers Leipzig le long de la Mulde; que sur sa droite l'armée de Bohême franchissant les montagnes de Bohême, descendait vers Leipzig en suivant aussi le cours de la Mulde, et que toutes deux ou toutes trois après s'être transportées sur la gauche de l'Elbe, allaient essayer de le prendre à revers. Quant à l'armée de Silésie, que le général russe Sherbatow et le général autrichien Bubna représentaient en ce moment devant Dresde, on pouvait croire encore qu'elle n'avait pas quitté sa position, et qu'elle se maintenait devant Dresde pour nous y retenir.

Mais Napoléon ne se laissa point abuser par ces fausses apparences, et sur-le-champ il commença un double mouvement pour diriger ses forces sur les deux points que l'ennemi menaçait en même temps, de manière à se placer avec ses réserves entre les deux armées coalisées, et à tomber sur l'une ou sur l'autre, suivant celle qui serait le plus à sa portée. Il avait déjà envoyé le prince Poniatowski en arrière de Dresde, sur la route de Leipzig par Waldheim et Frohbourg, d'où celui-ci avait pu arrêter Thiel-

Sept. 1813.

Promptes dispositions de Napoléon pour repasser l'Elbe avec toutes ses forces.

Il réunit les corps de Poniatowski,

mann et Platow. Il reporta également en arrière le 5e corps (celui de Lauriston), devenu disponible depuis qu'il ne restait plus que le 11e corps (celui de Macdonald) en avant de Dresde, et le dirigea sur Mittweyda, pour servir d'appui à Poniatowski. Le 2e corps (celui du maréchal Victor) était depuis longtemps à Freyberg, surveillant les débouchés de la Bohême en Saxe. Napoléon l'envoya plus loin encore, et le fit avancer jusqu'aux environs de Chemnitz. Ces trois corps auxquels était annexé le 4e de cavalerie, postés à une marche les uns des autres, pouvaient se réunir rapidement, et présenter à l'ennemi une première masse d'environ 40 mille hommes. Napoléon leur adjoignit le 5e de cavalerie qu'il venait de confier au général Pajol, afin qu'ils eussent le moyen de s'éclairer plus au loin, et les rangea tous sous les ordres de Murat. Ils devaient en rétrogradant vers la Thuringe, longer le pied des montagnes de la Bohême, et s'avancer avec précaution de manière à se trouver toujours entre la grande armée du prince de Schwarzenberg et Leipzig. Le maréchal Marmont établi à Meissen, au-dessous de Dresde, avec le 6e corps et le 1er de cavalerie, reçut ordre de repasser l'Elbe, et de se replier sur Leipzig, en laissant à Meissen le 3e corps (général Souham), qui avait été envoyé sur ce point depuis qu'on s'était concentré autour de Dresde. Le maréchal Marmont posté ainsi à Leipzig avec près de 30 mille hommes, infanterie et cavalerie, pouvait au besoin s'acheminer vers Murat, ou bien se réunir à Ney sur le bas Elbe, si le danger était plus pressant du côté de celui-ci. Il lui fallait une marche pour

rejoindre Murat, deux pour rejoindre Ney. Si avec
ses 30 mille hommes il se dirigeait sur Murat, il le
porterait à 70 mille; s'il se dirigeait sur Ney, qui
avec Dombrowski avait près de 40 mille hommes, il
le porterait à environ 70 mille, et de la sorte, deux
rassemblements considérables allaient être préparés
contre les armées de Bohême et du Nord, Leipzig
étant le centre où l'on devait s'interposer entre
elles. Napoléon dès que les mouvements de l'ennemi, encore assez confus, seraient complétement
éclaircis, voulait en laissant Saint-Cyr et le comte
de Lobau à Dresde, rétrograder lui-même avec les
40 mille hommes de la garde, avec Macdonald, avec
Souham qui de Meissen le joindrait en route, et
venir ainsi avec un renfort de 75 mille hommes à
l'appui de l'un ou de l'autre de ses deux principaux
rassemblements. Si le danger le plus menaçant était
vers Murat, il courrait de son côté, et formerait avec
lui une masse de 145 mille hommes; si le danger
était vers Ney, il irait à ce dernier, et en réunirait
de même 145 mille. Dans ces deux cas c'était assez,
selon lui, pour obtenir sur l'une ou l'autre armée,
et peut-être sur l'une après l'autre, une victoire décisive. Si même évacuant Dresde, sauf à y revenir
après la victoire, il ralliait à lui les 30 mille hommes
de Saint-Cyr et de Lobau, il pouvait avoir contre
l'armée de Bohême presque l'égalité de forces, et
contre celles du Nord et de Silésie une supériorité
accablante. Tels étaient ses calculs, et dans l'état
présent des choses il était impossible d'en faire de
plus habiles et de mieux entendus.

Les corps de Poniatowski, de Lauriston, de Victor,

les 4ᵉ et 5ᵉ de cavalerie, ayant été acheminés sous Murat dans la direction de Mittweida et de Frohbourg, les corps de Marmont et de Latour-Maubourg l'ayant été dans la direction de Leipzig, Napoléon se tint prêt au premier signal à rejoindre les uns ou les autres avec 75 mille hommes. Il fit payer quelques mois de solde aux officiers qui souffraient beaucoup, et fournit l'argent nécessaire de son propre trésor, celui de l'armée étant vide. Il fit donner des souliers aux soldats, préparer ses parcs de munitions, et tout disposer en un mot pour un mouvement général. Une colonne de 8 à 9 mille hommes de bataillons et escadrons de marche était arrivée à Leipzig. Il ordonna de l'y laisser pour garder cette ville conjointement avec les détachements que le général Margaron y avait déjà, et enfin il y appela en outre le corps d'Augereau qui avait été d'abord des-

tiné à rassurer et à contenir la Bavière menacée par un corps autrichien. Ce corps d'Augereau qui devait être de près de 30 mille hommes, avait été successivement affaibli pour envoyer des renforts sur l'Elbe. Il n'était plus que de 12 mille hommes, dont 3 mille à peu près de vieux dragons d'Espagne. Tel quel la présence de ce corps à Wurzbourg avait été de quelque effet sur la Bavière que l'Autriche dans ce moment encore essayait d'attirer à la coalition, tantôt par des menaces, tantôt par des caresses. Mais Napoléon sentant que le sort de la guerre se déciderait dans les champs de Leipzig, et que toutes les fidélités y seraient définitivement ou consolidées ou ébranlées, n'hésita pas d'y appeler Augereau. Ces dispositions ayant été arrêtées dans les journées des

28, 29 et 30 septembre, il attendit, l'œil et l'oreille bien ouverts sur tout ce qui allait se passer autour de lui.

Octob. 1813.

Pendant ce temps, les coalisés poursuivaient l'exécution de leurs desseins. Blucher ayant, comme on l'a vu, laissé les généraux Sherbatow et Bubna pour figurer à sa place devant Dresde, et ayant fait défiler son centre et sa gauche derrière sa droite qui feignait une attaque sur Meissen, était arrivé le 30 septembre devant Wittenberg. Il y avait remplacé le corps de Bulow, parti pour rejoindre l'armée du Nord, et s'était ensuite hâté de faire ses préparatifs de passage. Il avait mandé en même temps à Bernadotte, posté à une ou deux marches au-dessous, qu'il devait s'apprêter à franchir l'Elbe, car lui-même espérait se trouver sur la rive gauche dans deux jours. Wittenberg n'ayant pas cessé d'appartenir aux Français, il ne pouvait y opérer un passage. Il se prépara donc à jeter un pont un peu au-dessus, c'est-à-dire à Elster, là même où le général Bulow l'avait essayé quelques jours auparavant. Le 1ᵉʳ octobre il fit amener des bateaux, et le 2, ayant établi un pont, il déboucha sur la rive gauche. Mais il fallait enlever la position de Wartenbourg, qui n'était pas facile à forcer, car déjà le général Bulow y avait rencontré une résistance telle qu'il avait été contraint de replier son pont, ne croyant pas pouvoir s'en servir, et ne voulant pas l'abandonner aux Français.

Le maréchal Ney averti par ses reconnaissances de la présence de l'ennemi sur la gauche de l'Elbe, s'était empressé d'y envoyer le général Bertrand

Marche
des armées
coalisées.

Arrivée
de Blucher
devant
Wittenberg
le 30
septembre.

Passage
de l'Elbe.

Le 4ᵉ corps
chargé
d'arrêter
Blucher à
Wartenbourg.

31.

avec le 4ᵉ corps, afin d'empêcher, comme on l'avait
fait peu de temps auparavant, le succès de cette tentative de passage. Le 4ᵉ corps n'ayant pas encore
reçu la division Guilleminot qui lui revenait dans le
partage du 12ᵉ, se trouvait composé uniquement de
la division française Morand, de la division italienne
Fontanelli, et de la division wurtembergeoise Franquemont, ces trois ne faisant pas plus de 12 mille
hommes. C'était bien peu contre les 60 mille hommes de Blucher; mais les lieux, l'habileté, le sang-
froid, peuvent souvent compenser toutes les inéga-
lités de nombre. La circonstance dont il s'agit en
fournit bientôt un exemple mémorable.

L'Elbe en approchant d'Elster forme un coude
très-prononcé, et enveloppe ainsi un terrain bas et
marécageux, situé sur la rive gauche. C'est sur ce
terrain que se trouve le vieux château de Wartenbourg. Afin de le garantir des inondations on l'avait
jadis protégé au moyen d'une digue, venant s'appuyer aux deux côtés de l'Elbe comme la corde d'un
arc. Le château lui-même est à l'une des extrémités
de cette digue, le village de Bleddin à l'autre. L'ennemi ayant franchi l'Elbe à Elster, s'il voulait passer
outre, devait suivre une route qui venait aboutir
perpendiculairement au milieu de la digue. Le général Morand placé au château de Wartenbourg, et
au point de jonction de la route avec la digue, avait
été naturellement chargé de la tâche la plus difficile.
Un peu à droite étaient les Italiens; tout à fait à
droite, au village de Bleddin, les Wurtembergeois.

Le général Morand, l'un des trois héros du corps
de Davout, quand ce corps glorieux existait, avait

fait ses dispositions avec une sagacité admirable. Il avait rangé ses quatre à cinq mille Français derrière la digue, où ils étaient couverts jusqu'à la tête comme derrière un parapet, et il avait disposé à gauche, sur l'éminence sablonneuse du château de Wartenbourg, toute son artillerie. Il attendait ainsi, tel qu'un chasseur à l'affût, l'apparition des Prussiens.

Ils débouchèrent en effet le 3 octobre au matin par le pont jeté à Elster le 2, et s'avancèrent bravement sur la route, sans prévoir le terrible accueil qui leur était réservé. On les laissa venir, et puis quand ils furent à très-petite portée de fusil, un feu partant de tous les points de la digue, et embrassant leur colonne entière, les assaillit à l'improviste, et les décima cruellement. Au même instant le feu d'une nombreuse artillerie vint s'ajouter à celui de la mousqueterie, et ils furent rejetés en désordre sur le pont.

Ce n'était pas avec les passions qui les animaient soldats et généraux, qu'ils pouvaient s'arrêter devant un tel obstacle. Ils revinrent à la charge, et chaque fois accueillis de même, ils furent abattus en aussi grand nombre, sans pouvoir seulement arriver jusqu'à la digue. Blucher s'obstina, et ne réussit ainsi qu'à faire tuer une quantité plus considérable de ses soldats. Incommodé par le feu de l'artillerie établie sur notre gauche, il imagina de la faire contre-battre par une batterie placée sur l'autre côté de l'Elbe. Notre artillerie ne se déconcerta point, tourna une partie de ses pièces contre la batterie prussienne, la réduisit au silence, et se remit à tirer sur la route devenue bientôt un vrai champ de carnage.

Ce combat avait duré environ quatre heures, et près de cinq mille ennemis jonchaient cette plaine marécageuse, lorsque le général Blucher eut enfin l'idée de diriger sur notre droite une attaque vigoureuse contre le village de Bleddin, défendu par les Wurtembergeois. La colonne d'attaque ayant remonté le bord du fleuve à la faveur de quelques bois, assaillit Bleddin avec fureur, car c'était la seule route qui pût s'ouvrir à l'armée de Silésie, et elle finit par l'enlever aux Wurtembergeois qui n'étaient guère plus de deux mille. A cette vue le général Bertrand lança la brigade Hullot de la division Morand, sur le flanc de la colonne ennemie. Cette brigade renversa trois bataillons, les écrasa, mais arriva trop tard pour sauver Bleddin, où déjà l'ennemi avait réussi à s'établir. Le général Hullot fut obligé de revenir derrière la digue, et de rejoindre la division Morand.

Pertes considérables de Blucher.

Sans cette dernière attaque à découvert, nos pertes n'auraient pas dépassé une centaine d'hommes; mais cette sortie nous en coûta deux ou trois cents. Les Wurtembergeois de leur côté, en défendant vaillamment Bleddin, en perdirent un certain nombre. Toutefois nous n'eûmes pas plus de 500 hommes hors de combat, tandis que l'ennemi en eut cinq ou six mille. Cette superbe affaire, l'une des plus remarquables de nos longues guerres, et qui faisait grand honneur aux généraux Bertrand, Morand, Hullot, ne pouvait cependant, Bleddin étant pris, empêcher l'armée de Silésie de déboucher. Le

Le 4e corps obligé néanmoins

général Bertrand dut donc rétrograder sur Kemberg,

pour se rapprocher du général Reynier et de la division Dombrowski, établis le long de la Mulde de Düben à Dessau. (Voir la carte n° 58.) Les prisonniers recueillis nous apprirent qu'on avait eu sur les bras toute l'armée de Silésie, qui avait ainsi passé l'Elbe, et se trouvait sur la droite de Ney. D'autres reconnaissances nous révélèrent que l'armée du Nord avait commencé à franchir l'Elbe au-dessous de Wittenberg, de Roslau à Barby, et que Ney l'avait par conséquent sur sa gauche. Voici quelle était la configuration des lieux sur lesquels ces deux armées tendaient à se réunir contre le corps du maréchal Ney.

L'Elbe qui de Dresde à Wittenberg coule obliquement du sud-est au nord-ouest, coule de Wartenbourg à Roslau, et presque jusqu'à Barby, de l'est à l'ouest, c'est-à-dire, par rapport à la position que nous venions de prendre, de notre droite à notre gauche. De Wittenberg à Barby l'Elbe recueille la Mulde d'abord, qui s'y jette vers Dessau, et puis la Saale, qui y tombe près de Barby. Ainsi le maréchal Ney avait sur sa droite l'Elbe, coulant latéralement à lui jusqu'à Wittenberg, puis sur son front l'Elbe encore se redressant à Wittenberg, passant devant lui, et puis à sa gauche la Mulde venant à Dessau se jeter dans l'Elbe. Ney se trouvait donc entre Blucher qui avait passé l'Elbe sur sa droite à Wartenbourg, et Bernadotte qui ayant passé l'Elbe au-dessous du confluent de la Mulde, remontait la Mulde sur sa gauche. Il avait, il est vrai, l'avantage de posséder tous les ponts de la Mulde, puisqu'il avait conservé Düben, Bitterfeld, Dessau, d'être dès lors

Octob. 1813.

de se replier sur Kemberg.

Bernadotte passe l'Elbe de son côté dans les environs de Dessau.

Position de Ney ayant Blucher à sa droite, Bernadotte à sa gauche.

Il rétrograde lentement en remontant

en mesure de manœuvrer sur les deux bords de cette rivière, et de pouvoir s'en couvrir tantôt contre Blucher, tantôt contre Bernadotte. Malheureusement il comptait à peine 40 mille hommes, tandis que Blucher en avait 60 mille, et que Bernadotte après avoir laissé Tauenzien à la garde de ses ponts, en réunissait encore soixante et quelques mille. Il se conduisit avec beaucoup de prudence entre ces deux masses, tâchant de manœuvrer de manière à les tenir séparées, mais de manière aussi à pouvoir rétrograder rapidement vers Leipzig en remontant la Mulde. Pendant ce temps Blucher et Bernadotte cherchèrent à se voir, se virent en effet pour concerter leur plan d'opération, et tombèrent d'accord que dès qu'ils pourraient quitter sans danger les bords de l'Elbe, pour se porter derrière la Mulde et la remonter jusqu'à Leipzig, ils devraient l'entreprendre. Mais tous deux après avoir osé franchir l'Elbe devant les Français voulaient se ménager une porte de sortie, c'est-à-dire construire l'un à Wartenbourg, l'autre à Roslau, des têtes de pont parfaitement solides, afin de repasser l'Elbe en sûreté si la fortune était contraire aux armes de la coalition. Il ne leur fallait pas moins de trois à quatre jours pour vaquer à ces soins de première nécessité.

Pendant que ces événements se passaient entre l'Elbe et la Mulde, le maréchal Marmont, que ses instructions autorisaient à se rendre là où le péril lui semblerait le plus grand, s'était hâté au premier appel du maréchal Ney de quitter Leipzig, et de descendre la Mulde avec son corps d'armée et la cavalerie du général Latour-Maubourg. Il s'était arrêté

à Eilenbourg, derrière le maréchal Ney qui s'était
replié sur Düben.

De son côté Murat chargé d'observer les débouchés de la Bohême, s'était avancé avec Poniatowski, Lauriston, Victor et les 4e et 5e de cavalerie,
de Mittweida jusqu'à Frohbourg, longeant le pied
de l'Erz-Gebirge et couvrant Leipzig. (Voir la carte
n° 58.) Les têtes de colonnes de l'armée de Bohême
étaient maintenant très-visibles, et débouchaient en
deux masses principales, de Commotau sur Chemnitz, de Carlsbad sur Zwickau. Ney, Marmont et
Murat avaient exactement mandé à Napoléon tout ce
qui s'était passé sous leurs yeux.

Napoléon reçut le 5 octobre au matin le rapport
du beau combat de Wartenbourg, et le 5, dans la
journée, le détail de tous les mouvements opérés
par ses divers corps d'armée. Comme on lui disait
que le rassemblement qui s'était présenté à Wartenbourg, et qui avait réussi à franchir l'Elbe sur ce
point, était l'armée de Silésie, il fit sur-le-champ
exécuter une nouvelle reconnaissance en avant de
Dresde, c'est-à-dire au delà de l'Elbe, et il sut que
la sécurité fondée sur les reconnaissances des 22 et
23 septembre avait été trompeuse, car Blucher venait de défiler du 25 au 30 pour se porter sur Wittenberg. Dès ce moment il était évident qu'on n'avait
plus devant soi à Dresde qu'un rideau de troupes, et
que les armées de Silésie et du Nord réunies sur
l'Elbe inférieur, l'avaient traversé pour remonter en
commun le long de la Mulde jusqu'à la hauteur de
Leipzig, tandis que la grande armée de Bohême allait y descendre des montagnes, ce qui devait pro-

Octob. 1813.

Des
nouvelles ve-
nues
de tous côtés,
révèlent
à Napoléon
les
mouvements
des armées
ennemies.

chainement amener la réunion tant prévue de toutes les forces de la coalition sur nos derrières.

Napoléon n'en fut ni ému ni troublé. C'était l'annonce de ce qu'il désirait ardemment, c'est-à-dire d'une bataille générale, et dans sa confiance il ne craignait même qu'une chose, c'est qu'après un mouvement si audacieux les coalisés n'eussent pas le courage de persister dans leur entreprise, et qu'ils ne cherchassent à se dérober. Qu'il fallût rétrograder de Dresde pour marcher sur eux, ce n'était pas à mettre en doute. Mais sur laquelle des deux masses se jetterait-il d'abord, afin de les battre l'une après l'autre? c'était la seule question à poser, et celle-là même ne le fit pas hésiter un instant. L'armée de Bohême n'était pas près d'arriver à Leipzig; d'ailleurs Murat avec 40 mille hommes, en trouvant une douzaine de mille à Leipzig, devant recevoir bientôt les douze mille d'Augereau, ce qui lui procurerait plus de 60 mille hommes, pouvait prendre des positions successives pour couvrir Leipzig, gagner ainsi quelques jours, tandis que Napoléon, à qui il ne fallait que trois marches pour se porter à Düben sur la Mulde, aurait le temps de se jeter entre Blucher et Bernadotte, de les accabler l'un et l'autre, puis de revenir sur l'armée de Bohême et de la battre à son tour. Si cette armée qui tant de fois ne s'était montrée que pour se dérober presque aussitôt, ne l'attendait pas, et se hâtait de rentrer en Bohême, au lieu de courir après elle il se mettrait à la poursuite de Bernadotte et de Blucher vaincus, les suivrait l'épée dans les reins jusqu'à Berlin, réaliserait ainsi son projet favori de tendre une main secourable à ses garnisons de l'Oder et de la Vistule, et probablement dans ce cas transporterait le théâtre de la guerre sur le bas Elbe, où il avait les deux puissants points d'appui de Magdebourg et de Hambourg.

C'étaient là les chances les plus heureuses, et Napoléon, bien que très-confiant encore, n'était pas assez aveugle pour ne pas admettre aussi les chances malheureuses, surtout en voyant l'acharnement des coalisés. C'est dans cette prévision qu'il avait envoyé le général Rogniat à Mersebourg, pour s'y ménager des moyens certains de retraite sur la Saale. Si les événements étaient sinon fâcheux, du moins indécis, il se replierait sur la Saale, et en ferait sa nouvelle ligne d'opération pour plus ou moins longtemps, selon les moyens de résistance qu'il trouverait sur cette ligne.

Dans ces divers cas tout semblait devoir aboutir à l'évacuation de Dresde, et de la partie du cours de l'Elbe comprise de Kœnigstein à Torgau. Si en effet, après avoir vaincu l'armée de Silésie et du Nord Napoléon allait s'établir tout à fait sur le bas Elbe, ou bien si ayant eu des revers en Saxe il était obligé de repasser la Saale, il devait dans ces deux hypothèses renoncer à Dresde. Il est vrai aussi que si après avoir battu les armées de Silésie et du Nord il pouvait battre encore l'armée de Bohême, il était maître de la campagne au point de n'avoir besoin de rien évacuer. Mais c'était le cas le plus favorable, et la prudence ne permettait pas d'y compter assez pour en faire la base de ses calculs. Napoléon disposa les choses de manière à rendre

Octob. 1813.

Départ
de Dresde
les 6 et 7
octobre
au matin.

Préparatifs
pour
l'évacuation
de Dresde,
où restent
encore
les corps
de Saint-Cyr
et de Lobau.

son mouvement complet, et à évacuer jusqu'à la ville de Dresde elle-même. En conséquence il fit partir le 6 au matin toute la garde, jeune et vieille, pour le bas Elbe, c'est-à-dire pour Meissen. Le 3ᵉ corps (celui de Souham) s'était acheminé sur Torgau au premier bruit du combat de Wartenbourg. Il ordonna également à Macdonald de partir du camp de Dresde pour Meissen, mais en longeant la rive droite, ce qui était sans danger, l'armée de Silésie n'étant plus dans les environs, et ce qui avait en outre l'avantage de ne pas encombrer la rive gauche. La garde, les corps de Souham et de Macdonald, comprenaient environ 75 mille hommes, lesquels en deux jours allaient être près de Ney, et en trois sur l'ennemi. Restaient à Dresde les corps du comte de Lobau (le 1ᵉʳ), du maréchal Saint-Cyr (le 14ᵉ), comptant sept divisions et environ 30 mille hommes. C'était une force considérable, qui, dans les diverses hypothèses que nous venons d'énumérer n'était pas nécessaire à Dresde, et qui sur l'un des deux champs de bataille où l'on s'attendait à combattre, pouvait et devait même décider la victoire. Napoléon fit appeler le maréchal Saint-Cyr qui commandait les deux corps, et lui causa une grande satisfaction en lui exposant ses vues, car ce maréchal, outre qu'il était cette fois de l'avis de Napoléon, appréhendait fort d'être laissé à Dresde. Napoléon lui traça ensuite tout ce qu'il aurait à faire pour l'évacuation de cette ville. D'abord il devait évacuer successivement Kœnigstein, Lilienstein, Pirna, lever en même temps les ponts établis sur ces divers points, réunir les bateaux qui en proviendraient, en conserver une

partie à Dresde même pour le cas où l'on y retour-
nerait, charger les autres de vivres, de munitions,
de blessés, et les expédier sur Torgau. Tout en faisant ces choses qui ressemblaient si fort à une évacuation définitive, le maréchal Saint-Cyr devait dire
hautement qu'on ne songeait pas à quitter Dresde,
que loin de là on allait s'y établir, et se servir de ce
langage pour ôter aux habitants la velléité de s'agiter. Puis ces dispositions terminées, ses trente mille
hommes tenus sur pied, il devait décamper au premier signal, et rejoindre Napoléon par Meissen.
Telles furent les instructions données à ce maréchal,
et plût au ciel qu'elles eussent été maintenues! le
sort de la France et du monde eût été probablement
changé!

Restait à s'expliquer avec la cour de Saxe. On
ne pouvait sans inhumanité, et vraisemblablement
aussi sans péril, laisser à Dresde, au milieu de tous
les hasards, cette cour si timide, si peu habituée
aux horreurs de la guerre. On l'exposerait ainsi à
être témoin d'une attaque formidable repoussée par
des moyens extrêmes, ou bien si on la menait avec
soi, on la ferait peut-être assister à quelque horrible bataille, comme les hommes n'en avaient jamais
vu. L'alternative était cruelle. Napoléon lui offrit le
choix ou de rester à Dresde, ou d'accompagner le
quartier général. Le bon roi Frédéric-Auguste, qui
ne voyait plus d'autre ressource que de s'attacher
à la fortune de Napoléon, aima mieux être avec
lui qu'avec un de ses lieutenants, avec 200 mille
hommes qu'avec 30 mille. Il exprima le désir de suivre Napoléon partout où il irait. Il fallait donc se

Octob. 1843.

Pénible
situation
de la cour
de Saxe,
les Français
devant quitter
Dresde.

Cette cour
veut suivre
Napoléon.

résoudre à traîner après soi cette cour nombreuse,
remplie de vieillards, de femmes, d'enfants, car il y
avait des frères, des sœurs, des neveux, dignes et
respectables gens accoutumés à la vie la plus douce,
la plus régulière, se levant, mangeant, se couchant,
priant Dieu toujours aux mêmes heures, et rappelant, au scandale près, la simplicité, l'ignorance, la
timidité des Bourbons d'Espagne. Napoléon voulut
autant que possible les faire marcher en pleine sécurité, avec tous les honneurs qui leur étaient dus,
et ce n'était pas chose aisée au milieu des six cent
mille hommes, des trois mille bouches à feu, et des
vingt mille voitures de guerre, qui allaient pendant
quinze jours circuler à quelques lieues les uns des
autres. Il décida que lui partant le 7 octobre avec
ce qu'il appelait le petit quartier général, c'est-à-
dire avec Berthier, avec ses aides de camp, avec
un ou deux secrétaires et quelques domestiques,
le grand quartier général, composé des administrations de l'armée, de la chancellerie de M. de Bassano, des parcs généraux, escorté par quatre mille
hommes, partirait le lendemain 8. Le roi de Saxe,
protégé par une division de la vieille garde, devait
s'y joindre avec ses nombreuses voitures. M. de Bassano, façonné à la vie des camps, et ayant appris de
son maître à ne rien craindre, avait mission de
suivre le roi de Saxe pour lui tenir compagnie,
pour le mettre au courant des nouvelles, et le rassurer en lui peignant tout en beau quoi qu'il pût arriver. Un officier de la vieille garde devait toujours
être à sa portière pour écouter ses moindres désirs,
et y satisfaire. C'est ainsi, et à travers les embar-

ras des plus vastes armées qu'on eût jamais vues,
embarras dont il n'était pas le moindre, que l'excellent roi de Saxe allait voyager, marchant à petites
journées, entendant la messe chaque matin, vivant
en un mot comme à Dresde, à la suite de son terrible
allié qui marchait, lui, presque jour et nuit, dor-
mait et mangeait à peine, travaillait presque sans
interruption, bien qu'il eût acquis dès lors l'embonpoint de l'un de ces princes amollis des vieilles dynasties. Mais une âme de fer, un génie prodigieux,
un orgueil de démon, animaient ce corps déjà souffrant et alourdi, et le remuaient comme celui d'un
jeune homme !

Arrivée
de Napoléon
à Wurtzen.

Ayant acheminé une partie de ses troupes le 6
octobre, l'autre partie le 7, Napoléon se mit lui-
même en route dans la journée du 7, et après une
station de quelques heures à Meissen, il poussa jusqu'à Seerhausen, sur le chemin de Wurtzen. Sa
grande expérience de la guerre lui avait appris que
c'était vers minuit ou une heure du matin que les
nouvelles les plus importantes arrivaient, parce que
les généraux placés à dix ou quinze lieues expé-
diaient à la chute du jour le récit de ce qu'ils avaient
fait dans la journée, par des officiers qui en cinq ou
six heures exécutaient le trajet à cheval, ce qui
procurait la connaissance des événements quelquefois à minuit, quelquefois à une heure du matin. En
dépêchant la réponse sur-le-champ, les ordres nécessaires parvenaient le lendemain matin, encore
assez tôt pour être exécutés, et des corps placés à
une grande distance agissaient ainsi sous l'inspiration de Napoléon comme s'ils avaient été auprès de

Sa manière
de travailler,
et
son activité
prodigieuse.

lui. De cette manière la nuit, indispensable au repos des troupes, avait suffi pour demander des instructions et les obtenir. Mais cette prodigieuse machine ne pouvait recevoir l'impulsion qu'à condition que le génie, moteur principal, serait toujours debout et éveillé, du moins au moment le plus essentiel pour l'expédition des ordres. En conséquence, surtout depuis cette dernière campagne, Napoléon se couchait ordinairement à six ou sept heures du soir, se relevait à minuit, et dictait sa correspondance pendant toute la nuit. C'était en effet le cas de veiller sans cesse, ayant à mouvoir des masses immenses, au milieu d'autres masses immenses, et à les mouvoir avec une précision rigoureuse. Napoléon arrivé à Seerhausen lut quelques lettres, expédia quelques réponses, prit ensuite un peu de repos, et repartit dans la nuit pour Wurtzen, où il arriva le 8 d'assez bonne heure pour expédier ses ordres.

A Wurtzen il était sur la Mulde, à peu près à la hauteur de Leipzig sur la Pleisse, et pouvant se rendre à Leipzig ou à Düben dans le même espace de temps. Son projet en quittant Dresde avait été d'ajourner jusqu'à Wurtzen même ses résolutions définitives. Là il devait ou se diriger tout de suite sur Leipzig, si Murat poussé vivement ne pouvait plus tenir tête à l'armée de Bohême, ou bien si Murat avait le moyen de se soutenir quelques jours encore, descendre la Mulde jusqu'à Düben, et se débarrasser des armées de Silésie et du Nord, en les rejetant au delà de l'Elbe. Il devait aussi donner au maréchal Saint-Cyr le signal attendu de l'évacuation de Dresde.

Pendant toute la route il avait reçu des nouvelles, soit des débouchés de la Bohême (c'est-à-dire de sa gauche depuis qu'il tournait le dos à Dresde et la face à Leipzig), soit de l'Elbe et de la Mulde inférieure, c'est-à-dire de sa droite. Toutes s'accordaient à montrer le danger comme plus pressant de ce dernier côté, car Blucher et Bernadotte réunis étaient prêts à se jeter sur Ney, tandis que Murat, bien qu'il vît distinctement déboucher de Commotau sur Chemnitz, de Zwickau sur Altenbourg, deux fortes colonnes, n'était cependant pas encore serré d'assez près pour que l'on eût à concevoir des craintes sur son compte. De plus un fâcheux désaccord survenu entre Ney et Marmont était une raison assez urgente d'aller à eux. Voici ce qui s'était passé. Ney, après le combat de Wartenbourg, ayant rétrogradé jusqu'à Düben, et ayant pressé Marmont de venir à son secours, ce que celui-ci venait de faire en se portant à Eilenbourg, avait tout à coup quitté sa position, et passé derrière Marmont pour se rapprocher de l'Elbe dans la direction de Torgau. De la sorte Marmont, au lieu d'être placé en appui, se trouvait en tête, et assez compromis, outre que Leipzig par le mouvement qu'on avait exigé de lui, restait exposé aux entreprises de Bernadotte et de Blucher. Le motif qui avait déterminé le maréchal Ney à ce mouvement inexplicable, n'était autre que le désir de rallier à lui le 3ᵉ corps (général Souham). Ne se croyant pas capable d'exécuter grand'chose avec les corps de Reynier et de Bertrand (7ᵉ et 4ᵉ corps), il avait voulu recueillir lui-même, et le plus tôt possible, ce 3ᵉ corps qu'il avait longtemps

Octob. 1843.

commandé, et sur lequel il comptait beaucoup. Marmont ne sachant que penser de la conduite de Ney, et craignant pour Leipzig, avait à son tour rétrogradé jusqu'à Taucha.

Il y avait donc pour se jeter à droite sur la Mulde, le double motif de frapper d'abord Bernadotte et Blucher, puisqu'on en avait le temps, et de mettre d'accord des lieutenants désunis. Napoléon prit sur-le-champ son parti, et résolut de marcher de Wurtzen sur Eilenbourg, c'est-à-dire de descendre la Mulde avec les 75 mille hommes qu'il amenait, en reportant en avant Ney et Marmont. Il espérait ainsi en cheminant entre la Mulde et l'Elbe aussi loin qu'il le faudrait, gagner de vitesse Bernadotte et Blucher, et les rencontrer avant qu'ils eussent le temps de repasser l'Elbe. Les ayant toujours vus s'éloigner dès qu'il arrivait, son souci n'était pas de les éviter, quelque forts qu'ils pussent être, mais de les atteindre, car il craignait qu'ils n'eussent bientôt peur de ce qu'ils avaient tenté, et qu'ils ne cherchassent encore à s'enfuir à son approche. Ils n'en étaient plus là malheureusement, et plusieurs avantages successivement obtenus sur ses lieutenants, les avaient enhardis jusqu'à le redouter lui-même beaucoup moins qu'auparavant!

Blucher et Bernadotte battus, Napoléon se proposait de revenir sur le prince de Schwarzenberg, si celui-ci avait persisté à s'avancer avec l'armée de Bohême, ou s'il s'était replié à la nouvelle d'une bataille perdue, de continuer à poursuivre Blucher et Bernadotte jusqu'à Berlin peut-être.

Napoléon

En conséquence il prescrivit au maréchal Ney de

se reporter en avant avec Reynier, Bertrand, Dombrowski, Souham, et la cavalerie de Sébastiani (2ᵉ de réserve) qu'on avait attachée à son armée pour remplacer celle du duc de Padoue. Il lui ordonna de descendre entre la Mulde et l'Elbe, la gauche à la Mulde, la droite à l'Elbe, en se couvrant de sa cavalerie pour n'être pas surpris, et pour surprendre au contraire tous les mouvements de l'ennemi. Il ramena Marmont en avant, le fit marcher par la rive gauche de la Mulde presque à la hauteur de Ney, qui était sur la rive droite, et chemina lui-même avec toute la garde et Macdonald derrière ses deux lieutenants.

En même temps il fit part à Murat de ce qu'il avait projeté contre les armées réunies du Nord et de Silésie, lui recommanda de ne pas s'engager, de côtoyer sans le heurter l'ennemi qui débouchait de la Bohême, de se tenir toujours entre lui et Leipzig, où il trouverait de vingt à vingt-quatre mille hommes de renfort, ce qui lui procurerait soixante et quelques mille combattants. Napoléon en effet avait placé le duc de Padoue à Leipzig, avec une partie du 3ᵉ corps de cavalerie (distrait de l'armée de Ney pour courir après les partisans), lui avait donné en outre les bataillons de marche arrivés de Mayence, et l'ancienne division Margaron. Cette réunion pouvait former une douzaine de mille hommes de troupes actives, et 24 mille en y comprenant Augereau qui s'approchait. Napoléon ordonna à ceux-ci de se bien tenir sur leurs gardes, surtout du côté de la basse Mulde, de crainte que Bernadotte et Blucher ne fissent en se dérobant quelque tentative sur Leipzig. Par malheur, à toutes ces instructions si bien calculées, Napoléon ajouta une résolution justifiable dans le moment, mais infiniment regrettable. Il suspendit l'évacuation de Dresde à laquelle le maréchal Saint-Cyr était tout préparé. Il ne la contremanda pas précisément, mais il prescrivit de la différer, par le motif que l'ennemi s'engageant à fond, soit du côté de la Bohême, soit du côté de la Mulde et de l'Elbe, la bataille tant désirée devenait certaine, la victoire aussi, et qu'alors il serait bien heureux d'avoir conservé Dresde, où le quartier général rentrerait presque aussitôt qu'il en serait sorti. C'était évidemment parce que la grande bataille approchait qu'il eût fallu concentrer ses forces; mais Napoléon raisonnait ici pour Dresde comme il avait raisonné pour Dantzig, pour Stettin, Custrin, Glogau, avec l'espoir téméraire de refaire d'un seul coup une fortune compromise par des causes supérieures et déjà presque insurmontables.

Ayant passé à Wurtzen la soirée du 8 et la journée du 9, afin de laisser à ses troupes le temps d'arriver en ligne, Napoléon en partit le 10 dans la nuit, et parvint à quatre heures du matin à Eilenbourg. Il se mit lui-même à la tête de la cavalerie légère de sa garde, et marcha entouré de tous ses corps sur Düben, point essentiel où l'on devait rencontrer l'ennemi, et peut-être la bataille qu'on souhaitait avec ardeur. Dans ces moments suprêmes, Napoléon se tenait de sa personne au milieu de ses troupes, le plus souvent à l'avant-garde. Il s'avançait

avec 140 mille hommes environ dans l'ordre suivant. Ney en tête avec ce qui lui restait de la cavalerie du duc de Padoue (3ᵉ de réserve), avec le corps de Sébastiani (2ᵉ de réserve), descendait sur Düben, ayant à gauche Reynier au delà de la Mulde, au centre Dombrowski et Souham sur la Mulde même, à droite Bertrand marchant presque à égale distance de la Mulde et de l'Elbe. Napoléon suivait exactement dans le même ordre, ayant la cavalerie de la garde et de Latour-Maubourg en tête, Marmont formant la gauche sur un côté de la Mulde, toute la garde formant le centre sur la Mulde même, Macdonald formant la droite, entre la Mulde et l'Elbe. A deux journées en arrière venait le grand quartier général avec tous les parcs, et notamment avec les bons princes saxons cheminant du pas qui convenait à leurs habitudes. Napoléon leur expédiait à chaque instant des nouvelles. Jamais marche plus profondément calculée et plus vaste ne s'était exécutée dans aucune guerre. On s'avançait avec une précaution extrême, s'attendant à toute heure à voir apparaître l'ennemi, et le désirant vivement. On l'apercevait en effet dans toutes les directions, mais se repliant, et cette fois encore Napoléon put craindre de voir les coalisés, recommençant leur tactique d'offensive contre ses lieutenants, de retraite devant lui, se soustraire de nouveau à ses coups. Voici cependant ce qui s'était passé de leur côté.

Blucher dans une entrevue qu'il avait eue avec le prince de Suède le 7, en présence des principaux officiers des deux états-majors, était convenu avec lui de marcher en commun sur Leipzig, croyant n'avoir affaire qu'aux maréchaux Ney et Marmont. Le mouvement des armées du Nord et de Silésie devait commencer dès qu'elles auraient assuré par de fortes têtes de pont leurs moyens de repasser l'Elbe, dans le cas où elles seraient contraintes de battre en retraite. Les deux chefs de ces armées étaient loin de se plaire. La fierté, l'impétuosité, la défiance offensante de Blucher avaient peu satisfait Bernadotte, et la timidité de Bernadotte, cachée sous une morgue singulière, n'avait excité ni l'estime ni la confiance de Blucher. De froids égards avaient à peine dissimulé leur antipathie réciproque, et du reste ils s'étaient quittés en se promettant un concert d'autant plus nécessaire, qu'ils étaient engagés dans des opérations plus périlleuses. Le 9, des avis secrets venus du pays même avaient averti Bernadotte et Blucher de l'approche de Napoléon avec toutes ses réserves. C'en était assez pour troubler le futur roi de Suède, et pour lui faire prendre la résolution de repasser l'Elbe. Blucher qui n'en était pas d'avis, avait envoyé un de ses officiers au camp suédois, pour s'entendre sur ce nouvel incident. Bernadotte s'était hâté de déclarer qu'il allait se reporter derrière l'Elbe pour s'épargner un désastre, à moins que l'armée de Silésie ne vînt le rejoindre au delà de la Mulde, afin de réunir en une seule masse les armées du Nord et de Silésie[1]. L'avis était sensé, et le moindre des gé-

---

[1] Dans un atlas dressé pour l'intelligence de ses campagnes, et accompagné de légendes historiques détaillées, le prince de Suède a dit que le 7 octobre il avait provoqué une entrevue avec le général Blucher, et qu'au premier aspect de la distribution des corps sur la carte il avait aperçu le danger que courait le général Blucher, et qu'il lui avait donné le conseil de passer la Mulde pour se joindre à lui, conseil qui avait sauvé la coalition. Depuis cette publication M. de Muffling, dans

néraux l'eût conçu et adopté sans contestation.
Aussi le général Blucher s'était-il empressé de s'y
conformer, bien que ce mouvement eût l'inconvénient de lui faire perdre son pont de Wartenbourg.
Il fut donc arrêté que dans la journée du 10 le
général d'York, formant actuellement la droite de
l'armée de Silésie, passerait la Mulde à Jesnitz, que
le général Langeron en formant le centre, la passerait à Bitterfeld, et enfin que le général Sacken
qui était devenu sa gauche, la passerait à Düben.
Tous les corps de l'armée de Silésie étaient ainsi en
mouvement, défilant devant nous de notre droite
à notre gauche, le long du contour que la Mulde
décrit de Düben à Bitterfeld. (Voir la carte n° 58.)
Le corps d'York n'avait qu'un pas à faire pour
passer à Jesnitz. Celui de Langeron n'avait à franchir que les quatre lieues de Düben à Bitterfeld.

d'intéressants mémoires, empreints d'un caractère véridique quoique
respirant les passions du temps, a fourni le moyen de compléter et de
rectifier les assertions du prince de Suède. Dans l'entrevue du 7 on
ignorait le départ de Napoléon qui ne quitta Dresde que le 7, et
par conséquent le danger de Blucher. Ce jour-là, 7 octobre, il ne fut
question que de se porter sur Leipzig. C'est seulement le 9 qu'on
sut l'arrivée de Napoléon avec ses réserves, et le 9 Blucher envoya
un officier de confiance pour se concerter avec le prince de Suède.
Cet officier trouva le prince fort ému de l'approche de Napoléon, et
voulant repasser l'Elbe immédiatement si l'armée de Silésie ne venait
pas le rejoindre derrière la Mulde, pour aller ensuite s'abriter derrière
la Saale. Blucher y consentit, car il ne pouvait pas y avoir deux avis
à cet égard, même pour un sous-officier de quelque bon sens, et il se
mit en marche sur-le-champ afin de franchir la Mulde. Il n'y eut donc lieu
à aucune contestation, ni à aucun avis capable de sauver la coalition.
Les jours suivants, à la vérité, il y eut des divergences, et il ressort
du récit de M. de Muffling, que les avis décisifs pour le triomphe de la
coalition ne furent point suggérés par le prince de Suède, et qu'il fallut
au contraire pour les lui faire adopter de grands efforts de la part
du général Blucher et du ministre d'Angleterre.

Octob. 1813.

Mais Sacken, qui était à Mokrehna entre la Mulde et
l'Elbe, avait au contraire beaucoup plus de chemin
à parcourir pour venir à Düben, et surtout à manœuvrer très-près des Français, ce qui rendait pour
lui le trajet singulièrement périlleux.

Pendant
que Blucher
défile de notre
droite à notre
gauche
pour passer
la Mulde,
Ney heurte
fortement
le corps
de Langeron.

Tandis que dans la journée du 10 l'armée française à cheval sur la Mulde descendait cette rivière
vers Düben, le maréchal Ney marchant en tête,
heurta vivement le corps de Langeron, qui était
resté en arrière pour attendre le corps de Sacken et
lui livrer le pont de Düben. Il le repoussa brusquement, et lui enleva un parc de 300 voitures. Sacken
fort pressé par les troupes du général Bertrand, qui
avaient cheminé entre la Mulde et l'Elbe, se retira
comme il put, et trouvant Düben occupé par notre
avant-garde, opéra un grand circuit pour venir traverser la Mulde à Raguhn.

Napoléon
apprend par
des
prisonniers
le mouvement
qu'exécute
l'armée
de Silésie
pour
se couvrir
en passant
la Mulde.

Napoléon entré à Düben vers deux heures de l'a-
près-midi, se hâta d'interroger les prisonniers qu'on
avait recueillis, sut qu'il avait en présence l'armée
de Silésie tout entière, laquelle avait défilé, et défi-
lait encore devant lui, pour aller gagner la Mulde
sur notre gauche. Napoléon résolut de la poursuivre
sur-le-champ dans toutes les directions. Il ordonna
au maréchal Ney de se porter avec Souham à trois
lieues sur la gauche, à Gräfenhaynchen, route de
Dessau; aux généraux Dombrowski et Reynier de
se porter à droite, sur Wittenberg, au bord de
l'Elbe; au général Bertrand, avec son 4ᵉ corps et
la cavalerie de Sébastiani, de se diriger sur Wartenbourg, également au bord de l'Elbe, afin d'y
détruire les ponts de l'ennemi, à Macdonald enfin

d'appuyer Bertrand. Tous devaient culbuter les corps de Blucher, qui surpris en marche ne pouvaient guère opposer de résistance, et leur enlever partout les moyens de passage de la Mulde et de l'Elbe, afin de nous les approprier exclusivement. Napoléon s'arrêta à Düben même avec la garde, la cavalerie de Latour-Maubourg et le corps du maréchal Marmont, pour y combiner ses mouvements ultérieurs.

A voir la manière dont les choses se présentaient, un souci le préoccupait fortement. Il savait que l'armée du Nord était sur sa gauche derrière la basse Mulde, occupant les ponts de cette rivière, et ceux de l'Elbe au-dessous de sa réunion avec la Mulde, ayant par conséquent toute facilité pour repasser l'Elbe, et se soustraire à nos poursuites. Il savait que l'armée de Silésie, après avoir franchi l'Elbe à Wartenbourg sur notre droite, venait de défiler le long de notre front, pour traverser la Mulde à notre gauche, et se joindre à l'armée du Nord. Il n'y avait pas grande invraisemblance à supposer qu'elles allaient recommencer cette tactique évasive qui nous avait tant épuisés, et à notre approche repasser l'Elbe vers Acken ou Roslau. Pour Napoléon qui avait besoin d'une bataille décisive, et qui à chaque pas jonchait la route de jeunes gens malades ou dépités, c'était là un vrai malheur. Il était à craindre également qu'après avoir inutilement opéré un long trajet pour atteindre les armées de Silésie et du Nord, et voulant se rabattre ensuite sur l'armée de Bohême, il ne pût pas davantage atteindre celle-ci. Leur marche sur nos derrières annonçait sans doute des

Octob. 1813.

Il pousse tous ses corps en avant pour culbuter partout les détachements ennemis, et leur enlever leurs ponts de l'Elbe et de la Mulde.

Sachant que les armées de Silésie et du Nord sont réunies sur sa gauche et derrière la Mulde, Napoléon forme le projet de marcher sur elles d'abord, de les poursuivre à outrance dans la direction de Berlin, de laisser l'armée de Bohême descendre jusqu'à Leipzig, puis de la surprendre en remontant l'Elbe par la rive droite.

projets plus hardis que de coutume, mais elle pouvait bien signifier aussi le désir de ne combattre que lorsque les trois armées alliées seraient confondues en une seule. Or pour leur donner le courage de nous attendre, Napoléon ne pouvait cependant pas leur laisser l'avantage de se réunir, ce qui les aurait placées à notre égard dans la proportion de deux contre un, supériorité numérique trop dangereuse pour s'y exposer; et néanmoins, tant qu'il persisterait à s'interposer entre les deux masses ennemies, l'une descendant la Mulde, l'autre la remontant, il était présumable que chacune des deux individuellement menacée, chercherait à se dérober. Dans cette perplexité, ne voulant pas leur permettre de se réunir, et obligé de choisir celle qu'il attaquerait la première, il prit le parti de se jeter à outrance sur la masse qui était formée des armées de Silésie et du Nord, et pour les joindre, sans perdre le moyen de revenir plus tard sur l'armée de Bohême, il imagina tout à coup l'un des projets les plus audacieux, les plus savants, que jamais capitaine eût conçus, et qui recevait de la proportion des forces avec lesquelles il allait être tenté une grandeur inouïe [1]. Napoléon résolut de poursuivre sans relâche les armées de Silésie et du Nord, de passer à leur suite la Mulde

---

[1] On a beaucoup parlé de ce projet sans le connaître, et on l'a rendu presque ridicule par toutes les suppositions très-hasardées qu'on a faites, faute de savoir la vraie pensée de Napoléon. Nous pouvons, grâce à sa correspondance, mise en rapport avec la correspondance des généraux sous ses ordres, rétablir sa pensée véritable, jour par jour, heure par heure, et on verra qu'à la veille du plus grand des malheurs, nous ajouterons du plus motivé par ses fautes politiques, son génie militaire se déploya avec autant de force et de grandeur que jamais.

et l'Elbe, d'en détruire tous les ponts, excepté ceux qui nous appartenaient, de s'efforcer ainsi de mettre en complète déroute ces deux armées, puis comme dans cet intervalle de temps, le prince de Schwarzenberg continuant à descendre la Mulde aurait vivement poussé Murat sur Leipzig, et peut-être plus bas, de remonter lui-même l'Elbe, sans quitter la rive droite, de le remonter jusqu'à Torgau ou à Dresde, de repasser ce fleuve à l'un de ces points, et de fondre sur cette armée de Bohême, séparée des montagnes, et prise ainsi dans un vrai cul-de-sac, entre la Mulde et l'Elbe dont les ponts seraient à nous. Il fallait sans doute bien du bonheur, bien de la précision de mouvement, et de bien bons instruments pour que cette combinaison réussît, car elle était aussi vaste que compliquée; mais il se pouvait qu'après avoir fourni à Napoléon le moyen de battre les armées du Nord et de Silésie, elle lui ménageât encore le moyen de prendre dans un coupe-gorge et de détruire complétement l'armée de Bohême. C'étaient de prodigieux résultats, certains avec les soldats et les généraux de Friedland et d'Austerlitz, douteux aujourd'hui, mais possibles encore, même avec des soldats jeunes et des généraux déconcertés.

Octob. 1813.

Sur-le-champ Napoléon donna ses ordres en conséquence, et les donna en chiffres, recommandant à tous ceux qui allaient être dépositaires de son secret, de le bien garder, car, disait-il, ce serait pendant trois jours le *secret de l'armée et le salut de l'Empire*. Il prescrivit à Murat de se conduire avec une extrême prudence, de contenir l'ennemi et de l'attirer tout à la fois, de se replier sur Leipzig où il

Ordres donnés pour l'exécution du nouveau plan.

Secret fortement recommandé.

Instructions à Murat pour qu'il se replie

Octob. 1813.

lentement
sur Leipzig,
afin de donner
à Napoléon
le temps
de revenir
par
la rive droite
de l'Elbe.

rencontrerait le duc de Padoue et vraisemblablement Augereau, de s'y maintenir autant que possible, car il y avait un intérêt à la fois politique, moral
et militaire à conserver cette ville, mais plutôt que
de s'exposer à une lutte inégale, de rétrograder sur
Torgau ou Wittenberg, où il trouverait asile derrière
l'Elbe, en attendant que Napoléon repassant ce fleuve
par Torgau ou Dresde, vînt comme la foudre retom-
ber sur l'armée de Bohême, condamnée à périr dans
le piége où elle se serait laissé entraîner. Napoléon
ordonna au duc de Padoue de réunir tout ce qu'il y
avait à Leipzig de vivres, de munitions, d'habille-
ments, de souliers, de matériel précieux enfin, d'en
composer un vaste convoi et de l'acheminer sur la
route de Torgau, où le général Lefebvre-Desnoëtte
viendrait le recueillir par un mouvement rétrograde,
pour l'escorter jusqu'à Torgau même. De la sorte si
on était obligé d'évacuer Leipzig on n'y perdrait rien.
Napoléon prescrivit encore au duc de Padoue d'écrire
à Erfurt, à Mayence, qu'on était en pleine manœuvre, que les mouvements allaient être très-compli-
qués, qu'il ne fallait donc pas prendre l'alarme si
on apprenait que Leipzig fût occupé par l'ennemi,
qu'un pareil événement pouvait bien avoir lieu, mais
par le résultat de combinaisons qui se termineraient
vraisemblablement *par un coup de foudre.*

Napoléon avait le projet, arrivé jusqu'à Dessau à la
poursuite de Blucher et de Bernadotte, de ne pas lâcher prise avant d'avoir pu les joindre; cependant,
si après les avoir bien battus il fallait pour les suivre
encore perdre la chance d'atteindre l'armée de Bohême, il était résolu de les laisser traîner leurs dé-

bris jusqu'à Berlin, et quant à lui de remonter la rive droite de l'Elbe pour l'exécution de sa grande pensée, dont le succès serait ainsi devenu très-probable, car le fleuve qu'il aurait mis entre lui et l'armée de Bohême couvrirait son mouvement, maintiendrait cette armée dans l'ignorance de ce qu'on lui préparait, et ne lui permettrait de l'apprendre que lorsqu'il ne serait plus temps pour elle de rebrousser chemin vers la Bohême.

Octob. 1813.

Toutefois cette profonde combinaison avait un inconvénient, un seul, mais grave, c'était de résoudre définitivement la question de l'évacuation ou de la conservation de Dresde. Conserver cette ville devenait en effet nécessaire, puisque après avoir passé l'Elbe à la suite de Blucher et de Bernadotte, il fallait le repasser afin de surprendre l'armée de Bohême, et il était possible que pour y réussir il fallût le remonter non-seulement jusqu'à Torgau, mais jusqu'à Dresde. Par ce motif Napoléon enjoignit au maréchal Saint-Cyr, contrairement à ce qu'il lui avait d'abord annoncé, de rester définitivement à Dresde, de s'y bien établir, et de l'y attendre avec confiance, car bientôt probablement il le verrait reparaître sous les murs de cette ville, non par la rive gauche, mais par la rive droite, après de grands desseins accomplis, et à la poursuite de desseins plus grands encore. Malheureusement si ces desseins ne se réalisaient pas, et si on était amené à combattre où l'on se trouvait, c'est-à-dire entre Düben et Leipzig, c'étaient 30 mille hommes capables de décider la victoire qui manqueraient à l'effectif de nos forces, et s'il fallait après une bataille ou indécise ou perdue

L'inconvénient inévitable de la nouvelle combinaison imaginée par Napoléon, c'est d'empêcher l'évacuation de Dresde.

Ordre au maréchal Saint-Cyr de rester à Dresde.

repasser la Saale, c'étaient encore 30 mille hommes ajoutés à tous ceux qui, renfermés dans les places de l'Elbe, de l'Oder, de la Vistule, ne pourraient pas rentrer en France, et seraient réduits à capituler.

Après avoir enfanté ces vastes conceptions, Napoléon résolut de s'arrêter un jour à Düben, peut-être deux, pour y recueillir des nouvelles soit de Murat, soit des différents corps envoyés à la poursuite de Blucher et de Bernadotte, car il s'agissait de savoir s'il devait chercher les armées de Silésie et du Nord derrière la Mulde, en passant cette rivière entre Düben et Dessau, ou les chercher au delà de l'Elbe, en passant ce fleuve à Wittenberg. Il faisait un temps horrible, on marchait dans une fange épaisse, délayée par des pluies continuelles, ce qui augmentait beaucoup les peines du soldat, et Napoléon était contraint d'attendre le résultat des reconnaissances dans un petit château entouré d'eau, au milieu de bois déjà ravagés par l'automne et la mauvaise saison. Cette inaction forcée coûtait à son impatience, et quoique très-confiant encore, il ne laissait pas d'avoir de vagues pressentiments qui le jetaient parfois dans une sorte de tristesse. Il n'avait d'autre ressource

que de s'entretenir avec le maréchal Marmont, dont l'esprit facile, ouvert, cultivé, lui plaisait, et avec lequel il avait eu jadis les rapports familiers d'un général avec son aide de camp. Il passa la nuit entière du 10 au 11 à discourir sur la situation si extraordinairement compliquée des armées belligérantes entre l'Elbe, la Mulde et les montagnes de Bohême, et bien qu'il eût été amené à cette situation non par la confusion de son esprit qui était le plus net du

monde, mais par celle des choses, et qu'il sût parfaitement s'y reconnaître, il n'était pas exempt de
toute inquiétude en se voyant engagé dans un pareil labyrinthe, et à plusieurs reprises il s'écria :
Quel fil embrouillé que tout ceci! Moi seul je puis le
débrouiller, et encore aurai-je bien de la peine! —
C'est ainsi qu'il passa cette nuit, parlant de toutes
choses, même de littérature et de sciences, laissant
le maréchal Marmont épuisé de fatigue, et ne paraissant en éprouver aucune.

Le 11 les rapports des lieutenants annoncèrent
les résultats qui suivent. Le général Bertrand avec
le 4e corps s'était porté sur Wartenbourg, où il avait
trouvé la grande tête de pont commencée par Blu-
cher, et avait entrepris de la détruire, car il était
convenu qu'on ne souffrirait aucun moyen de passage hors des places de Wittenberg ou de Torgau qui
nous appartenaient. Les généraux Dombrowski et
Reynier avaient chassé des environs de Wittenberg
les troupes qui bloquaient cette place, s'y étaient
introduits, et, débouchant sur la rive droite de
l'Elbe, avaient couru sur les détachements prussiens. Le maréchal Macdonald était venu se placer
à Kemberg, derrière Wittenberg, pour appuyer
Dombrowski et Reynier. Enfin à gauche Ney s'était
approché de Dessau, et avait refoulé tous les détachements ennemis sur la droite de la Mulde. Les
prisonniers faits, les mouvements aperçus, étaient
de nature à jeter Napoléon dans la plus grande in-
certitude. En effet, à Wartenbourg sur notre droite,
à Wittenberg sur notre front, à Dessau sur notre
gauche, on avait vu non-seulement des détache-

ments, mais des corps entiers et d'immenses convois, de manière qu'il était impossible de dire si l'ennemi repassait sur la rive droite de l'Elbe à notre approche, ou s'il s'arrêtait derrière la Mulde, attendant pour livrer bataille que nous osassions franchir cette rivière devant lui. Il se pouvait aussi que les deux armées du Nord et de Silésie réunies derrière la Mulde, remontassent cette rivière pour opérer leur jonction avec l'armée de Bohème aux environs de Leipzig. Ce dernier mouvement de leur part nous exposait au péril très-grave d'avoir toute la coalition à la fois sur les bras. Il fallait donc en tâchant d'accabler Bernadotte et Blucher d'abord, manœuvrer de façon à demeurer toujours interposés entre eux et le prince de Schwarzenberg, c'est-à-dire entre la masse qui remontait du bas Elbe et celle qui descendait de Bohème. Dans cette vue Napoléon fit passer le pont de Düben au maréchal Marmont, et lui donnant une forte division de cavalerie, le porta sur la gauche de la Mulde vers Dölitzsch. Marmont allait être derrière un bras détaché de la Mulde qui coule de Leipzig à Jesnitz, tantôt formant des flaques d'eau, tantôt s'échappant en un maigre filet pour rejoindre le bras principal à Bitterfeld. Dans cette position Marmont était suffisamment couvert; il pouvait par sa cavalerie légère lancée au loin, éclairer les mouvements de l'ennemi, et s'il apprenait que l'armée de Silésie ou celle du Nord remontant derrière la Mulde, se dirigeassent sur Leipzig, il lui était facile d'y marcher en quelques heures, et d'y être avant elles. Joignant Murat avec 25 mille hommes, il le portait à près de 90 mille,

et c'était assez pour ménager à Napoléon le temps
de revenir, et de se tenir toujours entre les deux
masses qui voulaient se réunir pour l'accabler. Cette
sage et utile précaution prise, Napoléon fit ce qui
était nécessaire pour que son grand dessein n'en
souffrît pas, si, comme il l'espérait, la crainte d'un
mouvement de Blucher et de Bernadotte sur Leipzig
n'était qu'une chimère. Il prescrivit à Dombrowski
et à Reynier de déboucher de Wittenberg pour courir sur tous les corps ennemis qu'ils rencontreraient
au delà de l'Elbe, de descendre même le long de la
rive droite pour y détruire les ponts de Bernadotte
de Roslau à Barby, ce qui dans tous les cas était
pour les coalisés un grave dommage, car s'ils avaient
repassé sur la rive droite de l'Elbe pour se réfugier
vers Berlin, on leur ôtait tout moyen de revenir au
secours de l'armée de Bohême, et s'ils étaient restés
sur la rive gauche, on les enfermait dans un cul-de-
sac où Napoléon allait les prendre et les écraser. Il
enjoignit à Ney de se jeter sur les ponts de la Mulde
à Dessau et de les enlever. Il laissa Macdonald à
Kemberg pour soutenir Reynier et Dombrowski au
besoin, Bertrand à Wartenbourg pour y achever la
destruction de la tête de pont de Blucher; enfin il
concentra Latour-Maubourg et la garde autour de
Düben, prêt à suivre Ney à Dessau pour fondre au
delà de la Mulde sur les armées du Nord et de Silésie, ou à remonter en arrière vers Marmont, s'il
fallait rebrousser chemin du côté de Leipzig. Voilà
dans quelles perplexités, dans quels calculs profonds et continuels il passa la journée du 11, que
beaucoup de critiques, ignorant le secret de ses pen-

Octob. 1813.

Ordre réitéré
à Bertrand,
Reynier, Ney,
de détruire
tous les ponts
qui ne sont
pas à nous.

sées, lui ont reprochée comme une journée perdue.

Le 12, levé selon sa coutume entre minuit et une heure du matin, il se pressa de recueillir ce qui lui arrivait de toutes les directions. Deux indications, déjà très-prononcées la veille, paraissaient se prononcer davantage. Il semblait que l'une des deux armées du bas Elbe, celle de Bernadotte, avait repassé sur la rive droite de l'Elbe, et que l'autre au contraire, celle de Blucher, était restée sur la rive gauche, avec tendance à remonter vers Leipzig par derrière la Mulde. Les mouvements ordonnés la veille, particulièrement celui de Marmont, répondaient parfaitement à cette indication. Enfin une nouvelle importante, celle d'un combat heureux livré le 10 par Murat à Wittgenstein, était de nature à confirmer Napoléon dans sa disposition à se jeter tout de suite sur les armées du Nord et de Silésie. Voici ce qui s'était passé du côté de Murat. S'étant porté avec Poniatowski, Lauriston, Victor et les 4e et 5e de cavalerie sur Frohbourg, il avait réussi à intercepter la route qui conduit par Commotau et Chemnitz à Leipzig, mais il n'avait pas eu le temps d'intercepter celle qui conduit à cette ville par Carlsbad et Zwickau. Profitant de la voie restée ouverte, Wittgenstein avait pu occuper Borna, et Murat s'était trouvé dans la journée du 10, avec les Autrichiens sur sa gauche à Penig, et les Russes sur sa droite à Borna. Ne voulant pas demeurer dans cette position, et surtout ne voulant pas permettre que la tête de l'une des deux colonnes ennemies le devançât sur Leipzig, il s'était résolûment rabattu sur sa droite, et avait attaqué Borna avec la dernière vigueur. Les

Russes s'étaient vaillamment défendus, mais Poniatowski, Lauriston, les avaient assaillis plus vaillamment encore, et avaient repris Borna à la baïonnette.
Ce combat, qui avait coûté 3 à 4 mille hommes à
Wittgenstein, nous avait rendus maîtres de la route
de Leipzig, et avait replacé Murat dans sa situation
naturelle, celle de couvrir Leipzig contre les deux colonnes de Schwarzenberg débouchant de la Bohême.
A en juger d'après les premières apparences, Wittgenstein repoussé de Borna paraissait en retraite, et
notre cavalerie disait l'avoir vu s'en retournant vers
la Bohême. Murat en écrivant à Napoléon lui mandait
donc qu'il croyait l'armée de Bohême en retraite, et
l'engageait à ne rien négliger pour venir à bout des
armées de Silésie et du Nord. Ces nouvelles étaient
datées du 11 à onze heures et demie du matin.

Napoléon en recevant ces détails dans la matinée
du 12, en revint à penser que l'armée de Bohême
n'était pas très-pressée de s'engager, que les coalisés
avaient toujours le même penchant à l'éviter, qu'il
fallait donc commencer par se jeter sur les armées de
Silésie et du Nord, les poursuivre au delà de l'Elbe,
remonter ensuite ce fleuve par la rive droite, et surprendre l'armée de Bohême en repassant à l'improviste sur la rive gauche. Napoléon jusqu'à dix heures
du matin confirma ses premiers ordres, et fit ses préparatifs pour passer la Mulde, afin de se ruer d'abord
sur Blucher qui se montrait à notre gauche, et puis
sur Bernadotte qui semblait se tenir à notre droite,
à cheval sur l'Elbe. Il rapprocha même la garde impériale de Düben, pour pouvoir se joindre à Marmont
et marcher droit à Blucher au delà de la Mulde.

A dix heures
du matin,
le 12, les deux
armées
ennemies
de Blucher et
de Bernadotte
semblent plu-
tôt disposées
à se dérober
qu'à tenter
une grande
opération.

Mais à dix heures du matin, la face des choses changea subitement. Une seconde lettre de Murat écrite de la veille encore, c'est-à-dire du 14, mais à trois heures de l'après-midi, donnait des nouvelles toutes différentes. Au lieu de trouver l'ennemi en retraite, on l'avait trouvé en pleine marche sur Leipzig. La colonne autrichienne poursuivant son mouvement par la route de Chemnitz, continuait de s'avancer sur Frohbourg et Borna, et la colonne de Wittgenstein après s'être repliée un moment sur la route de Zwickau jusqu'à Altenbourg, avait ensuite repris hardiment sa marche sur Leipzig. Murat annonçait qu'il rétrogradait sur Leipzig, d'abord pour ne pas livrer bataille avec des forces disproportionnées, secondement pour couvrir toujours cette ville. Il allait s'établir à quelques lieues de Leipzig, dans une bonne position, espérait s'y maintenir, renforcé qu'il serait par les troupes qui l'y attendaient, engageait Napoléon à ne pas lâcher prise s'il était assuré d'atteindre les armées de Silésie et du Nord, promettant quant à lui de se dévouer en attendant à la tâche la plus ingrate, la plus périlleuse, celle de lutter contre un ennemi trois ou quatre fois supérieur. Au même instant les reconnaissances de Marmont avaient aperçu l'armée de Blucher quittant les bords de la Mulde pour ceux de la Saale qui coule parallèlement à la Mulde mais plus loin, et la remontant vers Halle, avec une tendance évidente vers Leipzig.

A ces nouvelles, Napoléon, avec la promptitude de l'homme de guerre supérieur, n'hésita plus, et changea tous ses plans. Il abandonna sa grande combinaison consistant à courir d'abord sur Blucher et Bernadotte pour revenir ensuite sur l'armée de Schwarzenberg par la rive droite de l'Elbe, et il résolut de se porter immédiatement par la voie la plus courte sur Leipzig. Tant qu'il avait pu espérer de se tenir entre les deux masses qui venaient l'une de Bohême, l'autre de l'Elbe inférieur, avec la faculté de se jeter à volonté sur l'une ou sur l'autre, son projet d'occuper celle de Bohême au moyen de Murat, tandis qu'il commencerait par assaillir celle de l'Elbe, avait été le plus habile et le plus sage. Mais à présent que la tendance de l'une vers l'autre était évidente, qu'il n'était pas sûr que Murat pût contenir plusieurs jours de suite l'armée de Bohême, comme il n'était pas sûr non plus qu'il pût lui-même joindre les armées de Silésie et du Nord en les tenant séparées de Leipzig, la plus urgente des manœuvres était de s'opposer à la jonction générale des trois armées coalisées, et pour cela de venir à Leipzig combattre le plus tôt possible celle de Bohême. Il n'y avait que ce moyen de sortir de la difficulté, car persister à se jeter par Dessau sur les armées de Silésie et du Nord, lorsqu'on n'était pas certain de les trouver réunies, puisque l'une semblait remonter vers Leipzig et l'autre repasser l'Elbe, s'exposer ainsi à n'atteindre que l'une des deux, tandis que l'autre irait rejoindre l'armée de Bohême à Leipzig, et que ces deux dernières accableraient Murat, n'était plus une conduite admissible de la part d'un capitaine tel que Napoléon, et il faut admirer la promptitude incroyable avec laquelle de l'un de ces projets il passa tout de suite

Octob. 1813.

nations, et renonçant à son premier plan, malgré les avantages qu'il s'en promettait, reporte toutes ses forces sur Leipzig pour empêcher la jonction des armées coalisées.

à l'autre. Mais de ce moment sa situation était déjà moins bonne, car ayant naguère l'espérance fondée de battre successivement les armées ennemies, peut-être même de leur faire essuyer une catastrophe, il était menacé à son tour d'une réunion de forces écrasantes, et son triomphe le plus grand allait être, non pas d'infliger un désastre à ses ennemis, mais de l'éviter. Il est vrai qu'il avait la chance d'accabler Schwarzenberg avant que Blucher survînt, et peut-être aussi Blucher lui-même avant que Bernadotte pût le rejoindre; mais il fallait pour obtenir ces deux résultats une précision et une rapidité de mouvements bien difficiles avec des soldats fatigués par des marches continuelles et par un temps épouvantable.

Marche successive de tous les corps français sur Leipzig.

A l'instant même, c'est-à-dire le 12 entre dix heures et midi, il fit ses calculs et donna ses ordres en conséquence. Murat qui le 11 avait vu recommencer le mouvement offensif de l'armée de Bohême, pouvait bien mettre toute la journée du 12 à se replier sur Leipzig, et s'y défendre le 13, le 14, même le 15, avec les secours qui allaient successivement lui parvenir. En effet Marmont déjà

Marche de Marmont, et appel d'Augereau à Leipzig.

porté à Dölitzsch n'était séparé de Leipzig que par une marche, et en lui expédiant immédiatement l'ordre de s'y rendre, devait y être le 12 au soir, ou le 13 au matin au plus tard. Ce renfort de près de 25 mille hommes, cavalerie comprise, joint à Augereau dont on annonçait l'arrivée, procurerait à Murat 90 mille hommes environ pour la journée

Marche de la garde et

du 13. La garde et Latour-Maubourg avaient été tenus autour de Düben, et pouvaient s'y replier dans

la journée pour franchir la Mulde et s'acheminer sur
Leipzig. S'il n'avait pas fallu passer par cet unique
pont de Düben avec d'immenses convois d'artillerie
et de bagages, la garde et Latour-Maubourg auraient
pu être le soir même de l'autre côté de la Mulde, et
avoir fait une première marche sur Leipzig, ce qui
leur aurait permis d'y être le lendemain 13 au soir.
En comptant la garde à 38 mille hommes de toutes
armes après les fatigues qu'on venait d'essuyer, Latour-Maubourg à six mille cavaliers (les effectifs sur
le papier étaient bien supérieurs), c'étaient encore
44 mille hommes qui, le 13 au soir ou le 14 au matin, allaient renforcer le rassemblement de Murat,
le porter à 134 mille hommes, et former entre l'armée de Bohême et celle de Silésie un mur impénétrable. Restaient Bertrand occupé près de Wartenbourg à ruiner les ouvrages de Blucher, Macdonald
envoyé dans les environs de Wittenberg pour appuyer Reynier et Dombrowski. Macdonald et Bertrand ramenés le 13 à Düben, pouvaient être le 14
au soir, ou le 15 au plus tard à Leipzig, et porter
ainsi à 160 mille hommes la grande armée qui s'y
formait. Enfin Dombrowski avec 5 mille hommes,
Reynier avec 15 mille, Sébastiani avec 4 mille chevaux, avaient été envoyés au delà de l'Elbe pour
détruire tous les ponts de ce fleuve jusqu'à Barby,
et Ney avec 15 mille hommes avait été chargé de
s'emparer de ceux de la Mulde, pour éloigner définitivement l'armée du Nord, qui semblait décidée
à se tenir au delà de l'Elbe. C'étaient encore 38 ou
39 mille hommes qui ramenés sur Leipzig devaient
porter la concentration générale de nos forces à un

Octob. 1813.

de Latour-
Maubourg.

Marche
de Bertrand,
Macdonald,
Reynier
et Ney.

total d'environ 200 mille combattants. Dans la position concentrique où ces 200 mille combattants
allaient se trouver au milieu de toutes les armées
des coalisés, on avait de quoi livrer une bataille qui
serait formidable sans doute, mais qui pourrait être
heureuse, les coalisés fussent-ils 300 mille et même
davantage, ce qui n'était pas impossible.

Napoléon expédia ses ordres de dix heures à
midi aux diverses masses destinées à se réunir sur
Leipzig, et devant partir, Marmont de Dölitzsch, la
garde et Latour-Maubourg de Düben, Bertrand et
Macdonald des environs de Wittenberg. Quant à la
dernière portion de 38 mille hommes, engagés les
uns au delà de l'Elbe par Wittenberg, les autres
au delà de la Mulde par Dessau, Napoléon calcula
que même en les ramenant dès le lendemain sur
Düben, ils ne pourraient pas y passer le pont de la
Mulde à cause de l'encombrement des hommes et
du matériel; il leur laissa donc terminer la tâche qu'il
leur avait confiée. Ayant des raisons de supposer
que l'armée du Nord avait repassé l'Elbe, il voulut
la mettre tout à fait hors de cause, en achevant de
détruire ses moyens de passage. En conséquence il
prescrivit à Reynier, Dombrowski, Sébastiani, de
terminer au plus vite l'opération dont ils étaient
chargés contre les ponts de Roslau, d'Acken, de
Barby, à Ney d'enlever ceux de Dessau, à tous
enfin de ne rien négliger pour ôter à Bernadotte,
qu'on supposait au delà de l'Elbe, la faculté de le
repasser.

Ainsi, dans ces ordres si profondément calculés,
il était pourvu à tout, autant qu'il est permis à la

projet de déplacer le théâtre de la guerre, et de le transporter dans le nord de l'Allemagne. — Vastes conséquences qu'aurait pu avoir ce projet. — A la nouvelle du désastre de Kulm, Napoléon, obligé de restreindre ses vues, réorganise le corps de Vandamme, en confie le commandement au comte de Lobau, envoie le maréchal Ney pour remplacer le maréchal Oudinot dans le commandement des trois corps retirés sur Wittenberg, et se propose de s'établir avec ses réserves à Hoyerswerda, afin de pousser d'un côté le maréchal Ney sur Berlin, et de prendre de l'autre une position menaçante sur le flanc du général Blucher. — Départ de la garde pour Hoyerswerda. — Nouvelles inquiétantes de Macdonald, qui détournent encore Napoléon de l'exécution de son dernier projet, et l'obligent à se porter tout de suite sur Bautzen. — Arrivée de Napoléon à Bautzen le 4 septembre. — Prompte retraite de Blucher dans les journées des 4 et 5 septembre. — A peine Napoléon a-t-il rétabli le maréchal Macdonald sur la Neisse, qu'une seconde apparition de l'armée de Bohême sur la chaussée de Péterswalde le ramène à Dresde. — Son entrevue aux avant-postes avec le maréchal Saint-Cyr dans la journée du 7. — Projet pour le lendemain 8 septembre. — Dans cet intervalle, Napoléon apprend un nouveau malheur arrivé sur la route de Berlin. — Le maréchal Ney ayant reçu l'ordre de se porter sur Baruth, avait fait dans la journée du 5 septembre un mouvement de flanc devant l'ennemi, avec les 4e, 12e et 7e corps. — Ce mouvement, qui avait réussi le 5, ne réussit pas le 6, et amène la malheureuse bataille de Dennewitz. — Retraite le 7 septembre sur Torgau. — Débandade d'une partie des Saxons. — Napoléon reçoit cette nouvelle avec calme, mais commence à concevoir des inquiétudes sur sa situation. — Avis indirect, donné par l'intermédiaire de M. de Bassano, au ministre de la guerre pour l'armement et l'approvisionnement des places du Rhin. — Conformément au plan convenu le 7 avec le maréchal Saint-Cyr, Napoléon, dans la journée du 8, pousse vivement les Prussiens et les Russes, afin de les rejeter en Bohême. — Sur l'avis du maréchal Saint-Cyr, on suit le 9 et le 10 la vieille route de Bohême, celle de Furstenwalde, par laquelle on a l'espérance de tourner l'ennemi. — L'impossibilité de faire passer l'artillerie par le Geyersberg empêche d'achever le mouvement projeté. — Ignorant qu'en ce moment les Autrichiens sont séparés des Prussiens et des Russes, et pressé de réparer les échecs de ses lieutenants, Napoléon s'arrête et revient à Dresde. — Évidence du plan des coalisés, consistant à courir sur les armées françaises dès que Napoléon s'en éloigne, et à se retirer dès qu'il arrive, à fatiguer ainsi ses troupes, pour l'envelopper ensuite, et l'accabler lorsqu'on le jugera suffisamment affaibli. — Déplorable réalisation de ces vues. — Les forces de Napoléon réduites de 360 mille hommes de troupes actives sur l'Elbe à 250 mille. — En considération de cet état de choses, Napoléon resserre le cercle de ses opérations, ramène Macdonald avec les 8e, 5e, 11e, 3e corps près de Dresde, établit le comte de Lobau et le maréchal Saint-Cyr au camp de Pirna, derrière de bons ouvrages de campagne, afin que l'ennemi ne puisse plus se faire un jeu de ses apparitions sur la route de

FIN DE LA TABLE DU SEIZIÈME VOLUME.